河北经贸大学学术著作出版基金资助
2013年度河北省社会科学发展研究民生调研专项课题(项目编号：201301056)

房价波动及其宏观经济效应研究

王重润　张　超◎著

图书在版编目（CIP）数据

房价波动及其宏观经济效应研究/王重润，张超著．—北京：经济管理出版社，2013．12
ISBN 978－7－5096－2749－5

Ⅰ．①房…　Ⅱ．①王…　②张…　Ⅲ．①房价—经济波动—宏观经济效益—研究—中国
Ⅳ．①F299．233．5

中国版本图书馆 CIP 数据核字（2013）第 259348 号

组稿编辑：张　马
责任编辑：张　马
责任印制：黄章平
责任校对：超　凡　王纪慧

出版发行：经济管理出版社
（北京市海淀区北蜂窝 8 号中雅大厦 A 座 11 层 100038）
网　　址：www．E－mp．com．cn
电　　话：（010）51915602
印　　刷：北京银祥印刷厂
经　　销：新华书店
开　　本：720mm×1000mm/16
印　　张：18．25
字　　数：360 千字
版　　次：2013 年 12 月第 1 版　　2013 年 12 月第 1 次印刷
书　　号：ISBN 978－7－5096－2749－5
定　　价：48．00 元

前　言

2003 年以来，我国大中城市房价不断上涨，出于对房地产泡沫的担忧，我国多次出台房地产调控措施，房地产调控政策和手段不断丰富和完善，但是房价上涨势头仍然强劲。据国家统计局公布的 2003 年 8 月 70 个大中城市新建商品住宅价格指数，70 个大中城市中，价格下降的城市只有 1 个，上涨的城市有 69 个。多个城市房价涨幅达到两位数，北京房价同比涨幅最大，达到 19.3%，上海为 18.5%。回顾近年来世界各国发生的金融危机，不论是 1998 年的东南亚金融危机，还是 2007 年底爆发的美国次贷危机，以及 20 世纪 80 年代末期日本泡沫经济破灭后长达 10 年的经济衰退，都可以发现房地产泡沫的影子。因此，深入剖析房价与宏观经济的关系，完善房地产市场调控，有助于宏观经济的稳定运行。房价与宏观经济的关系已经成为近年来国内外研究的热点。我国学术界从不同角度出发进行研究已硕果累累，但是仍有很多问题没有触及或者存在争议，需要做出回答和进一步解释，例如，房价持续上涨的原因与机制，房地产投资是否具有挤出效应，房价上涨能否带动消费增长，房价波动与通货膨胀的关系，货币政策应该如何应对房价波动，房地产税对房价的影响，等等。本书是基于我们近些年对这些问题思考的结果，其中部分内容已经见诸报刊，有些内容在研究生的房地产投融资专题课程上进行过讲授，在写作本书时，对这些内容作了必要的修改与补充。

本书写作断断续续持续了两年多时间，主要是由于教学任务繁重，加之行政事务缠身，难以抽出充裕时间来完成这项任务。随着时间的拖延，这项任务愈加变得紧迫起来，并且它总是无法令人满意。但是我们并不想放弃，因为对这些问题的思考如鲠在喉，不吐不快。还有来自我的学生们的鼓励与期盼。幸好此时我得到了赴美国纽约城市大学访问学习的机会，才得以抽身于繁琐的行政事务而专注于本书的写作。

本书的合作者张超博士，他在房地产金融领域有深入研究，熟悉数量分析方法，他承担了部分章节的写作任务，并对书稿进行了校对，对本书的最终完成做出了积极贡献。

另外要感谢我的研究生崔寅生、冀瑞珍、冯庆、刘文东等，为本书写作搜集整理资料，参与讨论，本书也吸收了他们的某些观点与看法。还要感谢金融学院各位同人，在我离开的这段时间，他们承担了我在学院的几乎全部行政工作。

本书的最终完成和出版还得益于河北经贸大学学术著作出版基金的资助。同时本书还是2013年度河北省社会科学发展研究民生调研专项课题（项目编号：201301056）的研究成果。

王重润

2013年10月于纽约

目　　录

第一章　房地产周期波动、长期趋势及其与经济增长的关系

第一节　房地产市场周期性波动

一、文献简要回顾

美国经济学家库兹涅茨（Simon Kuznets）在1930年出版的《产量与价格的长期运动》（*Secular Movements in Production and Prices*）一书中，对建筑周期（Building Cycles）进行了详细的论述。他认为经济中存在一种与房屋建筑业相关的经济周期，这一周期在15～25年，平均周期长度大约为20年。这种周期又称为Kuznets周期。在此之后学者们开始对房地产周期进行研究。“二战”以前的研究一致认为房地产周期与宏观经济周期有密切联系。Grebler和Burns（1982）通过对美国1950～1978年房地产总体建筑、公共建筑、私人建筑及住宅建筑数据的分析，得出GNP的波峰大约在建筑周期波动的11个月前，住宅建筑存在六个周期，非住宅建筑存在四个周期。Pritchett（1984）研究了1967～1982年美国经济周期对房地产投资的影响，认为房地产供求之间存在着“领先—滞后”关系，从而存在周期波动。写字楼、工业以及零售物业房地产周期各不相同，写字楼市场最易波动，工业房地产市场波动最小，而零售物业房地产波动介于二者之间。住宅建筑周期具有逆周期性质，而商业房地产周期与宏观经济周期高度相关。Guttentag（1960）将反周期的住房建筑行为解释为信贷与其他住房建设部门可用资源的函数。Green（1997）对经济周期与房地产投资周期之间的因果关系进行了格兰杰检验，研究发现当住房投资引起GDP波动的同时，非住宅投资却滞后于GDP。Hekman（1985）通过对美国14个大城市统计研究发现，办公楼市场

具有高度周期性，紧随着宏观经济波动。而区域经济条件对办公楼市场也有重要影响。这个发现被 Dokko、Edelstein 和 Urdang（1991）所证实，地方市场环境以及宏观经济条件，尤其是通胀预期，导致区域房地产市场周期性波动。Wheaton（1987）认为，在办公楼建筑和空置方面大概每 12 年有一个周期。Wheaton 和 Torto（1988）发现，办公楼租金的周期性波动要滞后于空置率的波动时间大约 1 年。

一种解释是房地产周期的原因经常被归因于房地产商的过度投资以及银行过度放贷。根据这些观点的逻辑，开发商在房地产开发中面临从开始建设到竣工较长的时间间隔。开发商不能准确预测未来市场状态。通常在开始建设时市场状况是有利的，而新建筑却是在不太有利的市场条件下形成的。这样，由于被动增加了可供出租的办公楼的空间库存，相对于有利的市场条件下预测的水平，空置率上升了，房租下降了。相反，当房地产市场处于供给紧缩时，由于建筑时滞，开发商并不能快速的应对增加的空间需求，因而相对于没有建筑时滞的情况，空置率水平较低，而房租较高。但是把房地产周期性波动仅仅归结为建筑时滞是不够的。一个原因是在建筑时滞存在的同时，开发商对未来不确定的预期能力不足。所以，很难说房地产市场具有自发的持续的过度供给和供给不足的周期波动。

另一种解释是贷款行为以及无追索权的融资是房地产周期的原因。根据这种观点，开发商是贪婪的，只要提供无追索权的项目融资，开发商就会建设。这个论断建立在贷款人会不断重复错误的贷款决策并且不会从过去的错误中总结经验的基础上。贷款人的这种行为模式又是对监管或者营利性约束的反应。这种约束导致了房地产信贷周期并与内在的房地产需求周期相互作用，进而造成房地产泡沫和破灭。尽管以上这两种解释能部分说明房地产周期的原因，但是还不够充分。

在 Chinloy（1996）的房地产周期模型中，房地产的不可分性被认为是引起周期性波动的重要原因，因为这会导致建筑部门在应对需求增长时，反应迟缓。他通过对凤凰城与图森市多家庭住房市场考察，发现房地产市场从上升到下降的周期长度在 3 年左右。对未来房租的预期以及建筑开始和持续时间长度对房地产周期变化有重要影响。如果市场低估房租水平，那么这意味着将来房租上涨，会带来超常收益，进而带来房地产开发热潮。Karser（1997）研究结果显示，美国房地产长周期的波峰之前往往伴随着一个高通货膨胀时期。其中原因是通货膨胀导致租金的增长低于运营支出的增长，引起净营运收入的提高，进而导致房价上涨。房价的不断上涨引起更多的资本流入房地产市场，进而引起房地产市场的过度繁荣。之后空置率的上升引起净营运收入逐渐下降至房地产市场繁荣前的水平。Wheaton（1999）利用存货流量模型来研究房地产市场，在模型中，他假定

市场未来预期、建筑时滞、市场弹性等都是可变的，他发现不同物业类型的房地产有不同的周期性波动。办公楼市场存在 10 ~ 12 年的周期性波动。当供给弹性大于需求弹性、建筑时滞延长以及资产的耐用性降低的时候，房地产市场更易于发生震荡，而市场参与者的前向预期有利于市场稳定，短视的投机行为则加剧市场波动。

其他的解释还包括应用实物期权理论来分析房地产周期。这种方法更强调需求层面的影响，把需求的波动作为房地产周期的原因。Grenadier（1995）开发了一个模型，把由租客搬迁引起的重要的调整成本包括进来。这种调整成本与房主、建设和开发行为相互作用，导致空置面积更长的空置期，以及被占用空间更长的占用期。

在国内，房地产周期一直以来是研究热点问题。早期的研究大多以指标法通过统计对比分析，来判断房地产市场波动周期。例如，何国钊、曹振良、李晟（1996）选择了商品房价格、城镇新建住宅面积、城镇住宅竣工面积、实有房屋建筑面积、实有住宅建筑面积、城镇住宅投资、房地产从业人员、房产买卖成交面积这些指标，利用景气循环法对各项指标进行分析，得出房地产市场周期波动形态，即 1981 ~ 1994 年可分为三个周期，每个房地产周期波动时间是 4 ~ 5 年。梁桂（1996）将房地产周期划分为：1986 ~ 1995 年为一个半周期，其中 1986 ~ 1991 年这 6 年为一个周期，1992 ~ 1995 年这 4 年为半个周期。刘洪玉（1999）认为除了有房地产供求关系决定的自然周期以外，由于房地产市场存在的投资行为也对房地产市场周期产生重大的影响，并形成房地产市场的投资周期。通过分析发现房地产周期波动经历了 1987 ~ 1989 年的起步发展时期，1989 ~ 1991 年的停滞观望时期，1991 ~ 1994 年的高涨时期，1994 ~ 1998 年的调整下滑时期，以及 1998 年开始的复苏时期。同时也指出房地产的自然周期和投资周期是相互联系和相互影响的，投资周期在第一阶段和第二阶段初期滞后于市场周期的变化，而其他阶段则超前于市场周期的变化。这个时期的研究带有较多的规范色彩，实证方法不够先进，再加上统计数据以及观察期的限制，早期的研究结论有较多局限性。

近 10 年来，随着实证研究方法的进步以及统计数据的丰富，对房地产周期的研究更加深入。徐国祥、王芳（2010）以 1998 年 1 月至 2009 年 12 月的国房景气指数作为反映房地产市场周期波动的分析指标，针对普通的谱密度分析存在分辨率低的缺点，采用加窗平均周期图谱分析和多次分辨法相结合的方法，将各主周期分量单独分辨出来，并通过对序列进行三角函数拟合来确定各主要周期长度的准确值，发现我国房地产市场自 1998 年 1 月以来存在为期 36 个月的主周期和 27 个月的次周期波动，且该周期波动与我国房地产政策的周期性是密不可分的。梁云芳（2012）综合运用合成指数方法、面板数据误差修正模型、可变参数模型、HP 滤波方法等，对 1995 年以来的房地产市场周期进行了研究，发现可以将 1996 年以后的房地产投资增长率周期波动分为三个阶段：第一个周期，1996 年 3 月至 1998 年 12 月，共计 34 个月，这是受亚洲金融危机影响的周期。第二个周期，1999 年 1 月至 2003 年 12 月，为期 60 个月，属于政策导向的房地产周期。第三个周期，2004 年 1 月开始属于新一轮周期，属于调控政策逐步成熟的周期。而房价周期波动在 1996 ~ 2006 年大抵经历了两次高于均衡价格和一次低于均衡价格的阶段。高于均衡价格的阶段分别为：1996 年第三季度至 1999 年第三季度，2004 年第二季度至 2006 年第三季度。

夏程波、庄媛媛（2012）运用 Markov 区制转移模型，分析了通货膨胀与房地产收益波动的关系。发现房地产收益率的波动具有区制依赖性特点；通货膨胀率预期成分在“低速增长区制”、“中速增长区制”阶段，均显著影响房地产收益率，并且方向相反；通货膨胀率周期成分在三个区制中都与房地产收益率显著相关，除了在高速发展阶段与房地产收益率负相关外，在其余阶段均为正相关。除了通胀率对房地产周期性波动有显著影响外，很多文献也指出我国房地产周期具有很强的政策性，属于政策主导型的房地产周期。周建军等（2011）利用 1987 ~ 2009 年的数据进行实证检验，对主要的金融政策——利率和信贷政策在平抑房地产周期波动的效应进行分析，结果显示，信贷政策和利率政策都能在不同程度上对房地产周期波动产生影响，但是信贷政策的效应表现得更迅速和显著，利率对房地产周期波动的影响小且滞后。

总之，通过以上文献回顾，房地产周期大致可以勾画如下：当经济周期下滑到谷底时，供求力量的变化导致入住率下降，这是因为前期过度建设开发以及由放缓的经济活动所造成的后续需求的减弱。入住率在房地产周期的底部达到最低。同时，租金水平也接近最低。租金波动周期通常滞后于入住率周期（Wheaton，1987）。而且，过度开发建设以及其他减弱的需求导致财务困境、资不抵债、抵押贷款拖欠和止赎增加，尤其是不太理想的物业。较低的租金收入、高风险以及悲观的市场预期等对房地产市场价值产生了向下的压力。在这样周期中，房地产市场价值经常大幅度低于重置成本。所以，投资者会根据市场入住率以及租金水平大幅度攀升来判断是否开始新的建设。在这样一个风险环境中，整体市场利率上限以及现值的折现率的计算都会提高。最后，因为经济形势和监管的压力，那些因借款人止赎而持有大规模物业的贷款人急于处理他们手持的房地产。金融机构处置房地产的后果是房地产市场价值会因此而陷入长期萧条。

随着经济周期转向顶峰，房地产市场的表现也发生巨大变化。需求增长，并在某个时点超过供给。入住率作为先行指标首先改善，紧接着是房租的上涨。随

后，当房地产净营运收入开始增长，房价亦开始上涨。房地产贷款人重新回到市场，提供新的债务资本，推动市场价值更快上涨。随着周期的反转，市场利率上限开始下调。

下面用图 1－1 来表示这一过程。从中可以看到，房地产周期先于商业周期波动。

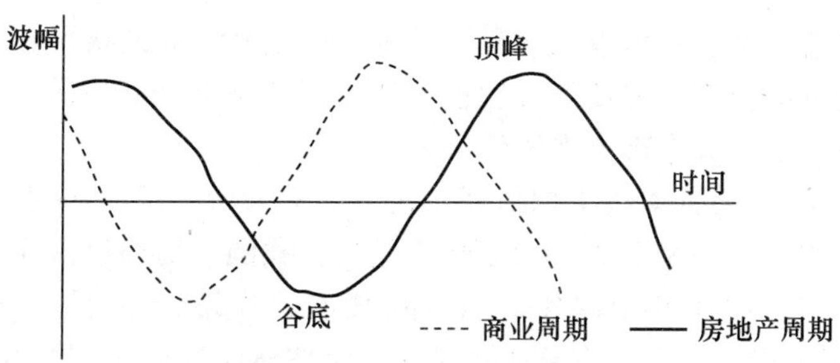

图 1－1　商业与房地产周期

二、我国房地产市场周期性波动的表现

（一）房地产周期指标的选择

国外学者一般用这样几个指标来刻画房地产周期，即空置率、租金率、吸收率（Absorption）、入住率、时滞、房地产现值、政府干预以及 GDP。国内学者卓菁（2009）总结了刻画房地产周期波动的指标，主要有三类：单指标法，扩散指数法（DI）和合成指数法（CI）。在单指标的选择上存在分歧。有人认为应该选择房地产销售量（梁桂，1996），有人认为应该采用商品房销售面积（卜胜娟，2006），还有人认为应该采用商品房销售价格（张涌，2003）。单指标法尽管易于理解，便于对比分析，但是过于简单，难以全面刻画房地产周期。扩散指数法是利用一组经济指标进行综合考察，避免仅依靠个别领先指标做出判断预测的弊端。它能比较准确的判断景气周期的转折点。比如，何国钊、曹振良、李晟（1996）选择了商品房价格、城镇新建住宅面积、城镇住宅竣工面积、实有住宅建筑面积、实有房屋建筑面积、城镇住宅投资、房地产业从业人员、房产买卖成交面积 8 项指标，先按环比增长率给出各单项指标的周期波动，利用景气循环法对各项指标进行分析，最后，利用扩散指数的计算方法，得到房地产周期。另外，谭刚（2001）对深圳市房地产业周期波动规律研究时，选取了六大类 16 项指标，依次是房地产业总量指标、房地产投资类指标、房地产生产类指标、房地产交易类指标、房地产金融类指标、房地产价格类指标。扩散指数法虽然对各种

时间序列加以综合，但未考虑到波动的振幅，没有反映出收缩的深度和复苏的力度。合成指数法不仅能反映景气变动的方向而且能反映景气循环的振幅，弥补了扩散指数不能测定波动幅度的不足，但指标选择和权重的确定较难。合成指数法具体又可采用层次分析法（AHP）或主成分分析法等来解决权重的问题，或干脆用简单算术平均法。如黄黎明（2006）用合成指数法（主成分分析法）分析了广州 1998 ~2005 年的房地产周期。选择的指标为：房地产业增加值增长率、房地产施工面积增长率、房屋竣工面积增长率、商品房实际销售面积增长率、商品房实际销售均价增长率、房地产开发投资增长率、GDP 增长率等。

（二）1992 年以来房地产市场的状况

我们以 1992 年为分水岭来探讨我国房地产市场状况与周期波动。有两个原因促使我们这样做。一是在 20 世纪 90 年代初，我国住房体制改革终于明确了市场取向的大方向。1991 年上半年，国务院发布了《关于继续积极稳妥地进行住房制度改革的通知》以及《关于全面推进城镇住房制度改革的意见》，住房市场商品化全面启动。二是大多数指标的统计是从 20 世纪 90 年代初期开始的。这既可以保证样本期的尽可能长，更容易分析趋势性的波动。

1. 需求波动状况

房地产市场的需求可由商品房屋的销售面积、销售额以及增长率来表示。由图 1 -2 可以看出，在 1998 年之前，房地产市场比较平稳，市场规模比较小，但是从 1998 年之后，受鼓励住房消费政策的刺激以及住房建设作为新的经济增长点的提出，再加上取消福利分房，房屋销售面积和销售额迅速扩大，只有在 2008 年有所回落，这是因为国际金融危机的影响，从 2009 年下半年开始，受益于大规模刺激政策，房地产市场快速走出低谷，2010 年后扩张速度减缓。

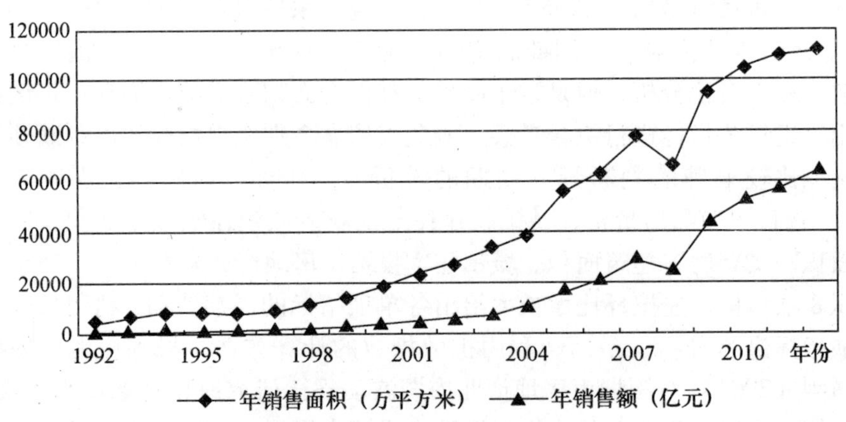

图 1 -2　商品房销售面积和销售额变化趋势

从增长率来看，我国商品房市场的高增长率主要出现在三个时期，即1992~1993年、1997~1998年，以及2008~2009年。在这三个时期，最高增长率达到了40%左右。如果按照从定点到定点来定义一个房地产周期的话，那么单就房地产销售面积增长率这个指标而言，房地产出现了三次周期波动，第一次为1993~1998年，为期6年，第二次为1998~2009年，为期11年长周期，第三次从2009年至今，尚未结束。

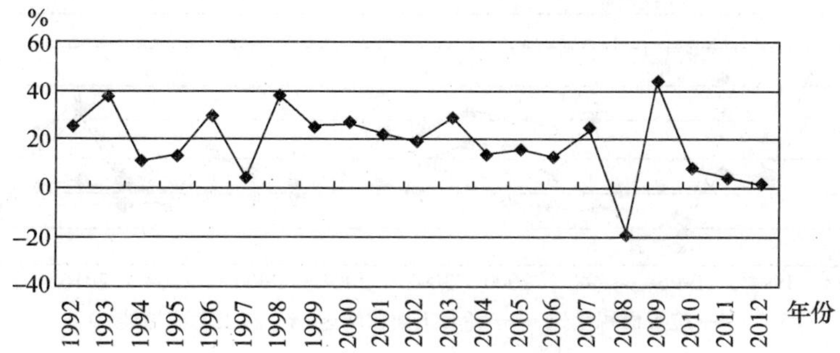

图1-3　商品住房销售面积增长率

2. 供给波动状况

我们以房屋竣工面积代表我国房地产业供给存量的情况，以新开工面积表示未来市场供给增量。

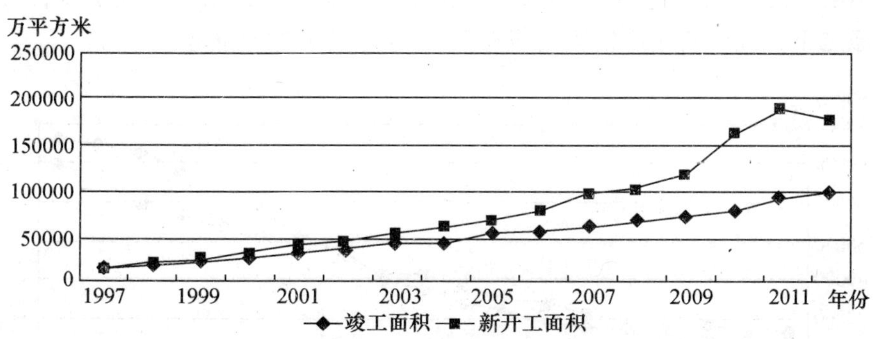

图1-4　我国房屋竣工以及新开工变化趋势

从图1-4中可以看到，新开工和竣工面积均呈现上升趋势。从1999年开始，新开工规模开始超过竣工规模，并且这种差距持续扩大，2011年以来新开工面积下降，差距略有缩小。

从增长率上来看，存在明显的供给波动。1992~2003年是第一个周期波动，谷底在 1997 年，背景是东南亚金融危机和香港房地产泡沫破灭；2003～2010 年是第二个周期，谷底在 2008 年，背景则是爆发了源于美国的世界金融危机；2010 年至今进入第三个周期波动，供给大幅度下滑，背景是房地产调控力度不断加强，房价上涨预期减弱。

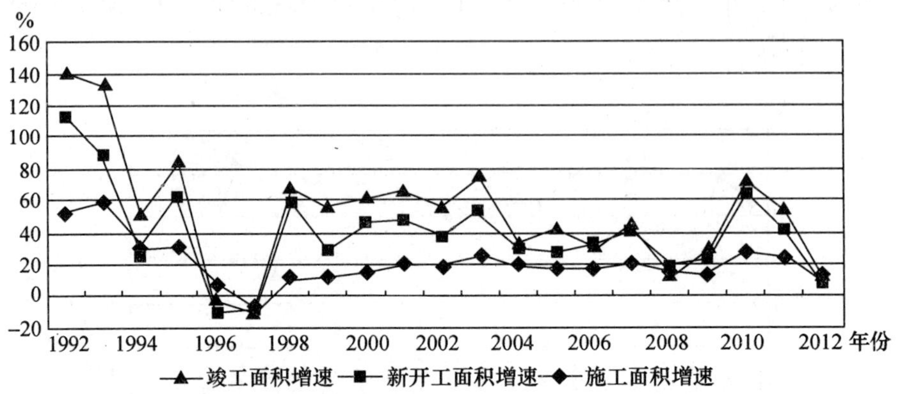

图 1－5　1992～2012 年房屋施工、新开工以及竣工面积增长率比较

（三）供给需求关系分析

在 2005 年之前，商品房销售面积一直小于竣工面积，但从 2005 年开始，销售面积开始超过竣工面积，反映了近年来我国商品房市场的需求旺盛，持续存在的需求缺口成为推动房价上涨的重要力量。另外，我国商品房销售面积的增长在 2008 年出现了转折，这与当年的金融危机有着很大的关系，但在扩张性经济政策刺激之下，我国商品房销售面积在 2009 年之后又重回升势。

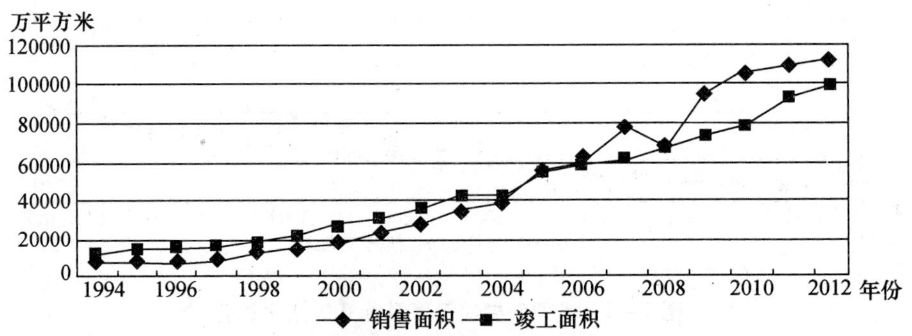

图 1－6　我国房屋竣工面积与商品房销售面积增长趋势

图 1－7 显示，需求增长的波动要大于供给增长的波动。竣工面积增长率方差为 0.014839，而销售面积增长率的方差为 0.022122。这说明需求的波动要大于供给波动。

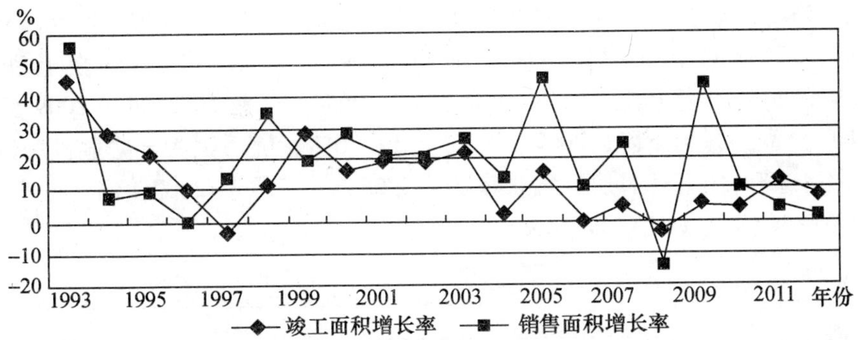

图1-7 我国房屋竣工面积与商品房销售面积增长率比较

另外，对两个时间序列进行格兰杰因果关系检验后（滞后一期）发现，销售面积时间序列（XSMJ）是竣工面积时间序列（JGMJ）的格兰杰原因。

表1-1 格兰杰因果关系检验

原假设条件（格兰杰因果性）	F值	概率P值	结论
XSMJ does not Granger Cause JGMJ	11.2739	0.0040	拒绝
JGMJ does not Granger Cause XSMJ	0.00069	0.9794	不拒绝

以上分析表明，以销售面积和销售面积增长率指标为代表的需求波动领先于房屋竣工面积和房屋竣工面积增长率指标为代表的供给波动，并且需求波动幅度要大于供给波动幅度。

（四）房价波动的周期

自1992年以来，房价一直维持上涨趋势，2003年以后，涨幅扩大。从1992～2011年20年间房价年均涨幅达到9.46%。

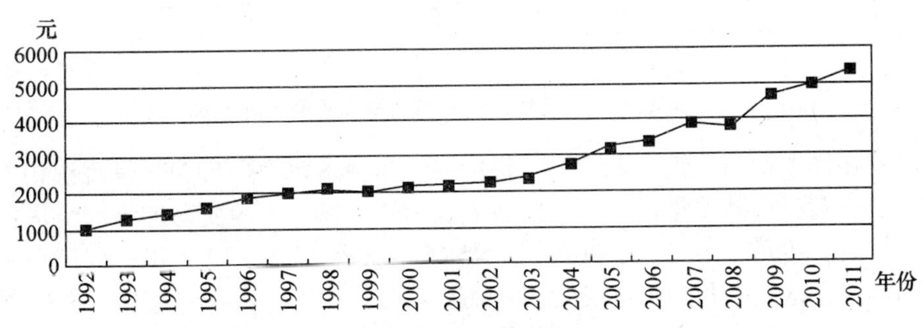

图1-8 我国商品房平均销售价格增长趋势

从价格增长率上看，有三个周期性波动：一是从1993～2004年，从1993年最高的29.74%的上涨率，一直下降到1999年到达谷底，价格上涨率为-0.48%，此后加速上涨，2004年达到17.76%；二是从2004～2009年，从2004年房价涨幅开始下降，2007年反弹至14.76%，随后因为金融危机房价涨幅迅速下探，2008年到达谷底，增长率为-1.65%；三是从2009年至今，2009年房价上涨率达到高点，为23.18%。

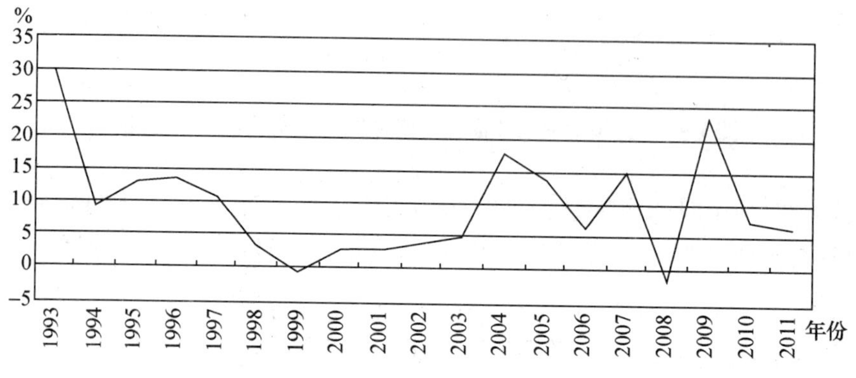

图1-9　商品房平均销售价格增长率

从图1-10可以看到，这个时期房价波动幅度要小于销售面积的波动。销售面积时间序列的均方差为0.1699，而销售价格的均方差为0.0791。

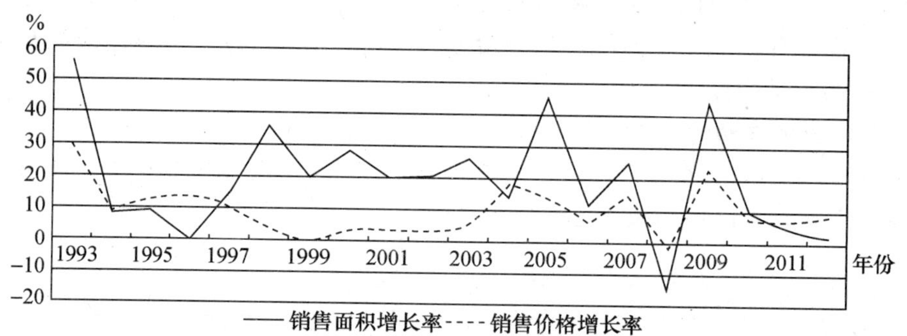

图1-10　商品房平均销售价格和商品房销售面积增长率比较

尽管在样本期间，销售面积与销售价格的相关系数为0.5334，呈现正相关关系，但是注意到在某些年份，以销售面积表示的市场需求的变动趋势却与房价运动方向背离。1996～1999年，2003～2005年，以及2011～2012年，都存在明显的背离趋势。这是否可以在一定程度上证明在这几个时期需求规律在发挥着作用，即价格上涨需求下降；反之，价格下降需求上涨。也可以说明房地产的商品属性占据了主导地位。但是在其他时间段上，出现了相同的变化趋势，说明市场

投机更加严重。

三、我国房地产周期的分析与预测

（一）预测方法与国房景气指数

现有房地产周期的研究方法多利用以下步骤：第一，根据产业与市场特点，选择对房地产发展有重要影响的因素；第二，在此基础上，通过影响因素的指标变量来构建指标体系，以反映影响因素之间的关系；第三，选择适当的计量方法，通过定量指标计算结果来判断周期特征，包括长度、振幅及频率等①，其中较为常用的方法是谱分析②，但谱分析除了对变量平稳性的要求之外，最大的问题在于时间序列的观测值要在200个之上③，而由于我国房地产业发展较晚，因此在数据的数量方面通常达不到要求，而这恰恰是多数国内研究所忽略之处。我们认为，就现有我国房地产业的发展历史及数据情况分析，对房地产周期的数量化研究尚不具备条件，因此运用简单定性估计的方法也许是当前最有效的方法。我们的研究对象是国房景气指数。国房景气指数也称国房指数，是“全国房地产开发业综合景气指数”的简称，它是国家统计局在1997年研制并建立的一套针对房地产业发展变化趋势和变化程度的综合量化反映的指数体系，是综合反映全国房地产业发展景气状况的总体指数。国房景气指数体系由8个分类指数合成运算，其编制方法是根据经济周期波动理论和景气指数原理，采用合成指数的方法计算。“国房景气指数”以100为临界值，指数值高于100为景气空间，低于100则为不景气空间。考虑到数据的可得性我们选择的是国房景气指数中的房地产开发综合景气指数。

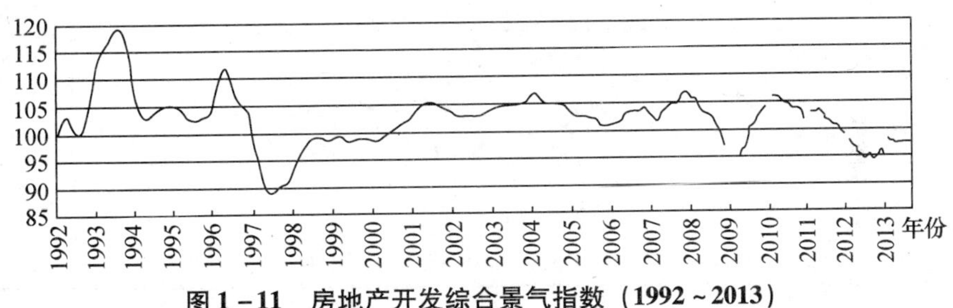

图1-11　房地产开发综合景气指数（1992~2013）

资料来源：中经网数据库。

---

① 王宏新，厉召龙．我国房地产业的调整与复苏周期：1987~2009［J］．改革，2010（6）．

② 卜胜娟．中国房地产业周期波动的谱分析［J］．统计与信息论坛，2006（5）；李进涛．基于谱分析的城市住宅价格周期关系研究——以武汉市为例［J］．湖北经济学院学报，2011（9）；谢娜，张红．基于谱分析法的中国住宅用地交易价格周期研究［J］．中国土地科学，2008（6）；徐国祥，王芳．我国房地产市场周期波动谱分析及其实证研究［J］．统计研究，2010（10）．

③ 王悦．谱分析方法及其在经济周期研究中的应用——以美国经济周期波动（1930~2009）的谱分析为例［J］．财经科学，2011（11）．

根据图 1－11 可以发现，以临界点 100 点为分水岭，按照从高峰到高峰的划分标准，我国房地产业从 1992 年 1 月至 2013 年 8 月共经历了五个周期。第一个周期从 1992 年 1 月的 100.11 点至 1996 年 4 月的 111.73 点；第二个周期从 1996 年 4 月的 111.73 点到 2004 年 2 月的 106.57 点；第三个周期从 2004 年 2 月的 106.57 点到 2007 年 12 月的 106.45 点；第四个周期从 2007 年 12 月的 106.45 点到 2010 年 3 月的 105.89 点；第五个周期从 2010 年 3 月至今，房地产开发一直处于向下调整过程。

（二）房地产景气指数及房价的预测

我们利用 Crystal Ball 软件包中的预测模块（CB Predictor）进行未来房地产景气指数变化的预测。Crystal Ball 是目前世界上集风险分析和预测评估于一体的综合的软件，其预测模块采用时间序列预测方法，通过历史资料来研究其发展趋势、周期性和随机性，从而更加准确地预测未来；并准确描述出最好的或是最令人满意的优化解决方案，并快速方便地生成浅显易懂的图表和报告①。相比其他预测工具，Crystal Ball 的优势在于其可以提供更丰富的时间序列模型进行选择，并能够根据相关指标自动选择最优预测结果。

表 1－2　房价预测方法的比较

	RMSE	MAD	MAPE	Durbin－Watson	Theil's U
Double Exponential Smoothing	0.4553	0.3079	0.305	1.945	0.775
Double Moving Average	0.5259	0.3775	0.374	1.508	0.901
Holt－Winters' Additive	0.9561	0.755	0.745	0.655	1.619
Holt－Winters' Multiplicative	0.9736	0.769	0.758	0.642	1.648
Seasonal Additive	2.4372	1.8573	1.842	0.165	4.149
Seasonal Multiplicative	0.9728	0.7678	0.757	0.642	1.647
Single Exponential Smoothing	0.5934	0.4482	0.444	0.627	1.001
Single Moving Average	0.593	0.4478	0.443	0.628	1

在表 1－2 中，RMSE（Root Mean Squared Error）、MAD（Mean Absolute Deviation）和 MAPE（Mean Absolute Percentage Error）是 CB Predictor 提供的三种不同误差测量方法，其值越小则模型越为合理。Durbin－Watson 检验（简称 DW 检验）又称自相关检验统计量，是指每一时间序列的值会对其随后的值产生影响，它也是自相关检验最常见的类型。统计量的取值范围在 0～4。根据取值的不同

① 朱煜明，陈玮，刘平利．基于时间序列方法集的某省成品油供需预测［J］．工业工程，2012（2）．

可分别表示弱自相关性、自相关、强自相关性。当 DW <1 时，误差是正相关，表明某一期的增长是随着其前期的增长而增长的；当 DW ＝2（接近于2）时，误差没有自相关性；当 DW >3 时，误差是负相关，表明某一期的增长是随着其前期的下降而增长的。Theils U 统计量是一种基于比较的误差度量法，它将预测结果与简单预测值（以最少的历史数据预测出的结果）进行比较，并对两者的差值进行平方处理，使得误差大的部分占更大的比重，从而达到扩大误差的目的。通过这一统计量能帮助排除存在较大误差的方法[①]。当 U <1 时，表明使用预测方法进行预测比猜测要好；当 U ＝1 时，表明使用预测方法进行预测和猜测同样好；当 U >1 时，表明使用预测方法进行预测不如猜测好。根据以上分析可知，相比其他预测模型，DES（Double Exponential Smoothing）模型所有预测指标均最为理想，因此，可以采用其作为未来房地产景气指数的预测。

未来 12 个月的预测结果，如图 1－12 所示。

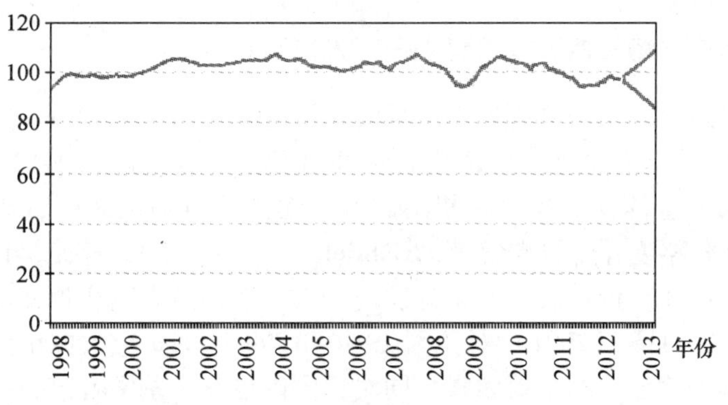

图 1－12　房地产开发景气指数的预测

第二节　影响我国房地产业长期波动趋势的因素——人口与城市化

近年来伴随我国房地产市场的迅速发展，多数大中城市的房地产价格都出现了迅猛上涨，快速上涨的房价在使房地产的“财富效应”急剧增加的同时也导

① 林芳仪．国内上市公司管理当局、分析师与统计模式预测能力之比较［M］．台湾：“国立台湾大学”，2000.

致了广大城市居民特别是年轻人购房的困难，因此，这种现象引起了社会广泛的关注。现阶段我国房价是否存在泡沫，房价未来是否会出现回落等问题已成为理论界、媒体乃至整个社会探讨的热点问题，而在这些热点中，未来中国房地产价格的预测则成为热点中的热点问题。面对近年来快速上涨的房价，对未来房价的预测主要分为多空两派观点（即对房地产价格看涨或看跌），虽然双方的论证均有理有据，但由于空方的预测迎合了多数期望房价下跌的社会公众的心理，因而在初期受到多数社会公众的支持①。但从我国房地产价格实际发展的结果分析可以发现，政府多轮宏观调控的无效与房地产价格的屡次上涨为空方所始料不及，反而从结果上肯定了多方的对房地产价格的预测②，并使越来越多支持空方的社会公众开始倒向多方，这也反映了房地产价格预测的复杂性。

虽然房地产市场的走向在短期内无法实现准确预测，但从长远分析，中国未来房地产市场的发展主要还是取决于人口及城市化两个社会发展的基本因素，对以上两个因素的分析可以使公众把握未来我国房地产市场的总发展趋势。

一、房地产市场长期影响因素之一：人口因素

人口因素通常被认为是房地产价格波动的重要原因。Mankiw 和 Weil（1989）认为，人口因素是导致美国房价变化的重要因素。Bartik（1991）研究调查了美国人口收入、建设成本和税后使用成本对房地产价格的影响，研究发现建设成本对房地产价格变化的影响显著。Gabriel 等（1999）对近年来美国加利福尼亚最大两个城市房地产价格波动的研究发现，人口迁移是影响房价变动的主要动力因素。Jud 和 Winkler（2001）对美国 1984～1998 年 130 个大城市的实证研究表明人口是影响房价变化的重要因素。同时，国内也有一些学者研究了人口变动与房价波动之间的关系，如袁颖辉（2006）认为人口增长对深圳房价具有支持作用。

（一）决定我国人口走向的主要因素的分析与展望

根据以 2010 年 11 月 1 日零时为标准时点，我国进行的第六次全国人口普查

① 例如，空方代表人物之一的牛刀，被誉为中国房地产最具影响力的独立评论家，其文章从影响中国房地产价格的各种因素出发论证中国房价，结论均是必跌无疑，代表预测包括《未来三年中国房价上涨概率基本为零》（2008 年 10 月）、《疯狂拿地是房价泡沫破灭的先兆》（2009 年 7 月）、《房价泡沫将从二三线城市开始破灭》（2009 年 8 月）、《从租金看一线城市房价要跌 80%》（2009 年 12 月）、《从空置率看一线城市房价顷刻暴跌》（2009 年 12 月）等。

② 多方代表人物之一华远地产上市公司董事长任志强，其文章中多次从土地、政府行为等角度认定中国房地产价格将会出现上涨，虽然其言论受到社会多方指责，但事后房地产价格的上市却事实上肯定了其预测。以下是任志强的一些代表性预测：《没有下半年的投资 明年必将出现房价报复》（2009 年 6 月）、《地价推高房价是个后浪推前浪的过程》（2009 年 7 月）《北京楼市将在 5 年内进入 5 万元时代》（2009 年 8 月）、《楼市拐点论不过是媒体的忽悠》（2009 年 9 月）、《房价必然上涨的 N 个原因》（2010 年 3 月）。

结果的主要数据显示[①]，本次人口普查登记的全国总人口为1339724852人，与2000年第五次全国人口普查相比，10年增加7390万人，增长率5.84%，年平均增长0.57%，比1990~2000年的年平均增长率1.07%下降0.5%。数据表明，近10年来我国人口增长处于低生育水平阶段。平均每个家庭户的人口为3.10人，比2000年人口普查的3.44人减少0.34人，家庭户规模也在继续缩小，这主要是由于我国生育水平不断下降、迁移流动人口增加、年轻人婚后独立居住等因素的影响。以上的统计结果对分析我国人口未来走向具有重要的参考依据，以下本书从生育率、生育意愿和人口结构三个最关键因素入手对我国未来人口走向进行分析。

1. 生育率

生育率是指不同时期、不同地区妇女或育龄妇女的实际生育水平或生育子女的数量。虽然国家统计局并没有公布第六次人口普查的确切的生育率数据，但由于生育率数据对我国人口发展走向乃至人口政策调整都至关重要，因此可以用其他数据进行粗略估计。比如0~14岁人口占16.60%，假设妇女平均生育年龄为25岁，那么2.2239亿0~14岁（1996~2010年出生）人口的母亲是1971~1985年出生的，第五次人口普查显示该年龄段出生的女性共1.5416亿人，得出1996~2010年平均生育率只有1.44左右[②]。而根据美国政府官方网站的数据，中国大陆总和生育率（Total Fertility Rate，TFR）为1.54（总和生育率是指一个国家如果所有妇女活到生育年龄的结束，并相应生了孩子的生育率，该指标显示了一国人口变化的潜力。每个妇女生育两个孩子的速度被认为是一个人口替代率，一国人口总数处于相对稳定）[③]，位列全球222个国家或地区的181位。整个排名最后六位的分别是韩国、日本、中国台湾、新加坡、中国香港和中国澳门，这也反映了整个东亚地区低生育率的现状，而随着未来我国经济的进一步增长，社会总和生育率将可能进一步下降。

2. 生育意愿

生育意愿是指人们关于生育行为的态度和看法，它具体包括三方面内容：一是为什么要生育子女；二是生育几个子女为理想子女数；三是生育什么性别的子

① 2011年4月28日，国家统计局马建堂局长、负责人口统计的张为民副局长（全国人口普查办公室主任）在新闻发布会上的讲话。

② 还可以用另一种更为精确的方法粗测。依照第六次人口普查数据，1996~2010年平均每年出生1483万人。可以从上次人口普查资料中得出某一年龄别的育龄妇女（15~49岁）总数，比如2010年育龄妇女是1961年到1995年出生的女子，共有3.7102亿。过去15年各年龄别的总育龄妇女平均为3.5795亿，那么生育率 =1483÷35795×35=1.45。

③ 美国政府官方网站，https：//www. cia. gov/library/publications/the - world - factbook/rankorder/2127rank. html？countryName = India&countryCode = in®#in.

女。本书从人口数量的角度出发，主要分析第二方面的内容。根据全国及各地方已有的统计数据分析，我国多数地区居民生育意愿与当前较低的生育率具有较高的吻合性。从全国范围看，进入 21 世纪后，我国曾进行过三次较大规模的居民生育意愿调查，分别为 2001 年全国计划生育与生殖健康调查、2002 年国家计生委宣教司组织的城乡居民生育意愿调查及 2006 年全国人口和计划生育调查。2001 年调查表明，有 56.2% 的人认为生育 2 个孩子最理想，35.4 % 的人认为生育 1 个孩子最理想。2002 年调查表明，在有计划生育政策限制的情况下，被调查者的意愿生育子女数平均为 1.78 个，在无计划生育政策的情况下，被调查者的意愿生育子女数平均为 2.04 个，城市分别为 1.39 个和 1.7 个，镇分别为 1.53 个和 1.78 个，农村分别为 2.01 个和 2.23 个。2006 年调查表明，有 25.12 % 的育龄妇女认为生育 1 个孩子最理想，60.14 % 的育龄妇女认为生育 2 个孩子最理想。从具体城市分析，以上海市为例，根据上海市人口计生委 2009 年 5 月对 1.2 万名 20 ~45 岁的户籍人口及在沪居住半年以上的来沪流动人口开展的生育意愿抽样调查的归总结果显示本市户籍人口平均生育意愿为 1.07 个，来沪流动人口平均生育意愿为 1.33 个①。

通过分析以上调查的数据可以发现，如表 1 –3 所示，虽然几次调查的数据略有差异，但其从整体上结论基本一致，即无论城镇，我国绝大多数居民的生育意愿都在两个孩子及以内，而且这种生育意愿伴随我国经济的发展特别是城市化的发展还存在下降的趋势，实际出生率甚至低于生育意愿②。可以得出的结论是，无论有无计划生育政策的影响，中国育龄妇女的意愿生育水平均低于更替水平，并且其生育意愿将在一定的时期内可以保持稳定③，这也意味着我国低生育率的现状将维持较长时间，甚至不会因为计划生育政策的调整而发生太大的变化。

表 1 –3　中国居民生育意愿的调查比较　　单位:%

年份	城镇			农村			总和		
	一胎	二胎	其他	一胎	二胎	其他	一胎	二胎	其他
2001	48	46.7	5.3	29.7	61.3	9	35.4	56.2	8.4
2006	31.14	52.1	16.76	21.98	64.28	13.74	25.12	60.14	14.74

资料来源：2001 年全国计划生育与生殖健康调查与 2006 年全国人口和计划生育调查（汪明明 .20 世纪 50 年代后我国居民生育意愿的变化［J］. 人口与经济，2009.）

① 施捷 . 上海人生育意愿继续下降养育费用高为主因［J］. 新民晚报，2009 –10 –22.

② 由于有不孕和单身家庭的存在，生育意愿通常远高于实际生育率，而考虑我国现有的计划生育政策以及实际抚养孩子的生活负担等方面因素的影响，我国人口实际出生率会更低。

③ 许静 . 中国低生育水平与意愿生育水平的差距［J］. 人口与发展，2010（1）.

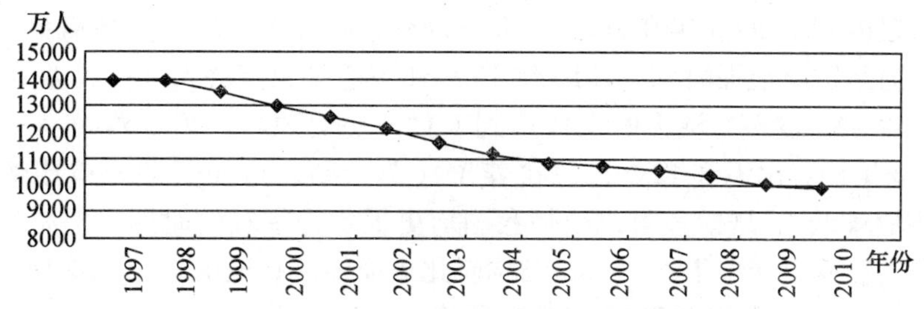

图 1-13　我国普通小学在校生数量的变化趋势

资料来源：教育部：历年《全国教育事业发展统计公报》。

3. 人口结构

人口结构是指将人口以不同的标准划分而得到的一种结果，构成这些标准的因素主要包括年龄、性别、人种、民族、职业、家庭人数等。本书分析的对象主要是我国人口中的年龄构成。改革开放之后我国先后在 1982 年、1990 年、2000 年和 2010 年进行了四次大规模的人口普查，根据普查结果全社会 0～14 岁人口占人口总量的比重分别为 33.6%、27.86%、22.8%和 16.60%，这反映出年轻人口总数在总人口中的比重在不断下降，而且，这将成为未来几十年内我国人口结构变化的总趋势。

一方面，根据教育部发布的历年全国教育事业发展统计公报的数据显示，伴随学龄人口的逐年减少，我国小学、初中校数、招生数、在校生数和毕业生数均在不断减少，其中小学在校生人数的持续减少更直接说明了我国未来人口结构的基本趋势①。分析图 1-13 可以发现，近年来我国普通小学在校生数量下降趋势明显，由此造成的直接后果即是我国中小学数量的大规模减少，而这也预示着未来我国人口结构将出现重大变化，即在未来很长的一段时间内，作为一个家庭乃至整个社会支柱的且是消费意愿和消费能力最强的中青年群体数量将出现大幅度萎缩，这种人口结构的变化对未来我国的经济、社会等各个方面都会产生深远的影响。

另一方面，根据最新的人口普查显示我国老龄化程度超过预期，60 岁及以上人口占 13.26%，比 2000 年人口普查上升 2.93 个百分点，其中 65 岁及以上人口占 8.87%，比 2000 年人口普查上升 1.91 个百分点，这显示出我国老龄化进程

① 我国历年《全国教育事业发展统计公报》显示，此项统计漏报率极低，而从统计动机的角度分析，教育部门即使从自身利益的角度考虑也没有理由故意少报在校学生人数（即多报的可能性远大于少报），因此其数据相对可信，而小学在校生数量一般不会受到辍学、出国留学等因素的影响，在我国已完成普及九年义务教育制度的今天其数据相比其他人口统计数据更为真实。

在提速。根据我国2000年和2006年人口普查资料分析，从人口结构看，目前中国综合国力是历史最强时期，2010年15～64岁劳动力年龄人口达到近10亿的历史顶峰，19～22岁最有活力的人口达到1亿的历史顶峰，20～39岁人口也还有4.3亿。老年扶养比不到12%，总扶养比（非劳动人口与劳动人口比例）只有34%（历史最低），现阶段可以说是我国历史上负担最轻的时期。但是从人口结构看，我国极有可能走上日本人口结构恶化进而经济衰退的老路，据预测，中国15～64岁的总劳动力将在2013年达到顶峰，然后开始减少①。

（二）我国人口因素对房地产市场的长期影响

房地产界流行着一句话："看懂了人口也就看懂了房地产。"人口因素，特别是其中人口结构的变化直接决定了未来房地产市场的需求，以美国为例，是指由于在1946～1964年，美国社会具有较高的出生率，因此这个时代也被称为美国的"婴儿潮"时代。到了20世纪80年代，婴儿潮时代出生的美国人正好处在需求最旺盛的25～45岁时期，其总人数有7700万人，占美国成年人的35%，由于其购房意愿十分强烈，因此美国房价在这种人口结构的推动下出现了持续大幅的上涨。与之相反，20世纪70年代后日本、德国等国家人口出生率开始大幅下滑，之后人口增长显著放缓，这导致了20世纪90年代以后这些国家的房地产价格趋于稳定，甚至出现一定程度的下跌。

从我国人口结构演进可以发现，新中国成立后在政府鼓励下出现的20世纪50～60年代一波婴儿潮与随着这些人的结婚生子后80年代出现的第二次婴儿潮对我国适龄购房人口主体数量的变化产生了巨大影响，特别是近年来我国房地产市场的迅速崛起与这两个阶段人群巨大的首次购房需求与改善性住房需求有着密切的关系。在近些年内，我国仍处于收取"人口红利"的黄金时期，人口对住房的支撑力还会延续②。

但从我国人口的出生率、生育意愿及人口结构的走向分析，我国未来人口总量将在未来5～20年内出现增长缓慢甚至人口绝对数量下降的问题，而受到收入、文化等因素的影响，外来移民也不可能成为优化我国人口结构的主力军，届时25～45岁的购房适龄人口数量将不可避免地出现较大规模的下降，这意味着从全国的角度分析，我国房地产市场的黄金时刻已经或即将成为过去时。

---

① 易富贤．从第六次人口普查看停止计划生育的急迫性［J］．经济观察报，2011－04－30. 关于我国人口何时达到顶峰然后开始走向下降通道的问题不同学者有不同观点，如张茉楠（2011）预计中国人口增速将在2015年后进入下降通道；易富贤（2011）认为我国总劳动力将在2013年达到顶峰，然后开始减少；招商银行（2009）更是认为在2008年我国25～45岁的购房适龄人口数量就达到了顶峰。

② "人口红利"，是指在一个时期内，人口的生育率迅速下降，少儿与老年抚养负担均相对较轻，总人口中劳动适龄人口比重上升，从而在老年人口比例达到较高水平之前，形成的一个劳动力资源相对比较丰富，对经济社会发展有利的时期。

二、房地产市场长期影响因素之二：城市化

（一）城市化与房地产业发展概述

城市化（也被称为城镇化或都市化），是由农业为主的传统乡村社会向以工业和服务业为主的现代城市社会逐渐转变的历史过程，其核心是城市人口总量占社会人口（包括农业与非农业）总量的比重（城市化率）不断提高，其具体内容包括人口职业的转变、产业结构的转变、土地及地域空间的变化等。在城市化的进程中，人口表现为向城市集中，城市人口不断增加，城市的数目增多，城市规模不断扩大，城市人口在总人口中的比重不断提高，农业人口不断转化为城市人口，城市用地扩展，城市建设水平提高，城市居民的生活方式和思想观念日益渗透到整个社会生活当中。对于究竟什么是城市化，学术界的认识并不统一。他们大部分是从自己的本专业角度出发来对城市化的定义做出不同的解释，如经济学家通常从经济与城市的关系出发，强调城市化是从乡村经济向城市经济的转化；地理学家强调城乡经济和人文关系的变化，认为城市是地域上各种活动的中枢，城市化是由于社会生产力的发展而引起的农业人口向城镇人口，农村居民点形式向城镇居民点形式转化的全过程。

城市化被视为房地产业发展的根本动力[①]。城市的重要功能之一是居住，因此城市化必将引起城市潜在住宅需求的增加。城市人口增长会扩大城市住宅的需求，不仅直接带动房地产业迅速发展，引起巨额的房地产开发投资，而且为居住及商业等各类地产带来巨大发展空间。同时，房地产行业的发展也会推动城市化进程。房地产作为城市化的一部分，它的发展促进了城市通信、交通等基础设施的建设及完善，不断改善城市的居住和生活、工作条件，吸引着更多的农村人口向城市迁移的同时也刺激了政府的公共投资。

2010 年进行的第六次人口普查显示，中国大陆 31 个省、自治区、直辖市和现役军人的人口中，居住在城镇的人口为 6.66 亿人，占 49.7%，即中国城市化率达到了 49.7%[②]，与 2000 年第五次全国人口普查相比，城镇人口增加 2.07 亿人，城镇人口占社会总人口的比重上升了 13.46 个百分点。人口的分布结果显示，我国东部地区人口占 31 个省（区、市）常住人口的 38.0%，中部地区占 26.8%，西部地区占 27.0%，东北地区占 8.2%。与 2000 年人口普查相比，东部地区的人口比重上升 2.41 个百分点，中部、西部、东北地区的比重都在下降，尤其西部地区下降幅度最大，下降 1.11 个百分点；其次是中部地区，下降 1.08 个百分点；东北地区下降 0.22 个百分点。这表明中国的人口出现了向东部集中

① 荆宝洁．城市化改变中国："人口红利"强力支撑房价［J］．21 世纪经济报道，2009－09－27.

② 城市化率是指市镇人口占总人口（包括农业与非农业）的比率。

的态势，因此其对于各种资源的需求尤其是对房产的需求也在逐年增加，具体表现则是近年中国东部房价涨幅也处于一个较高的位置。

根据世界各国城市化发展的规律分析，当一个国家或地区城市化率上升到30%以上时，城市化发展的速度就会进入一个加速发展的时期，而城市化发展最为迅速的阶段在城市化率由30%到70%的增长的过程中。我国1998年的城市化率第一次超过30%这一临界点，而根据联合国的估测，我国的城市化率在2050年将达到72.9%，一个国家城市化率在30% ~70%是高速发展期。这表明在未来相当长的一段时间内我国城市化率仍将继续提高。可以预计，今后我国城市化进程仍将进入空前快速发展的时期。

从整体上看，我国大部分城市目前正处于集中型城市化阶段，但许多城市的政府片面追求政绩，超越经济发展阶段和资源承受能力一味地扩大城市规模，把城市化简单地理解为扩大城市范围，很多城市没有及时对郊区和周围卫星城进行充分地开发，造成这些城市房地产供给不足，房价上涨过快。从房地产业的发展规律分析，房地产居住需求最终取决于人口的时间分布和空间分布。城市化形成的人口的时间分布和空间分布必然会影响到不同阶段和不同城市的房价表现。在城市化率低于50%的时候，人口流动主要以农村进入城市为主，这时全国各城市的房价涨幅比较接近，大城市的房价在该阶段后期会涨得更快一些；当城市化率超过50%的时候，人口流动主要以小城市进入大城市为主，大城市的房价涨幅将大幅度超出一般城市的房价涨幅。现阶段房地产业的快速发展已经成为对影响社会经济乃至城市化进程的一把双刃剑：一方面其可以拉动城市居民消费和社会投资，带动内需，从而推动社会经济发展；另一方面在相关政策和监管制度缺失的情况下，也可以较快的积聚风险总量并引发剧烈的市场动荡，甚至还可能激化社会矛盾，阻碍社会经济发展，并反过来又成为我国城市化进程的障碍。

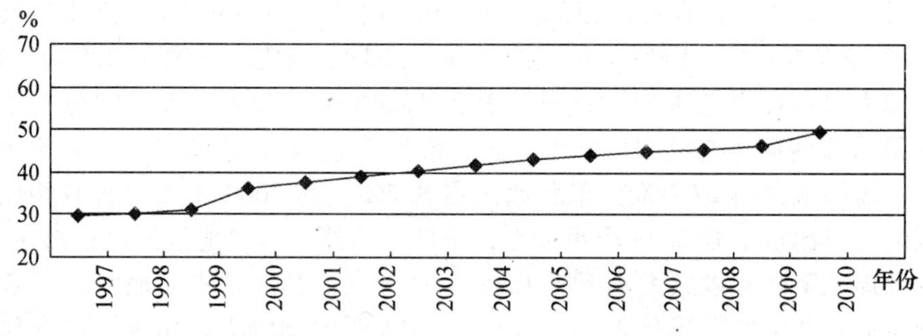

图1－14　我国城市化率变化趋势

资料来源：《中国统计年鉴》相关各年。

（二）我国城市化进程与房地产业发展互动关系的实证分析

1. 数据指标的选取

根据城市化的概念内涵，城市化综合评价指标体系可以包括人口指标、用地指标、经济指标、社会指标、生态环境指标等。城市化是农村人口减少、城市人口增加及其比重上升的过程。本书认为，用来评价一个区域城市化水平的指标主要是人口指标，即城市人口在总人口中所占比例往往以人口城市化率（水平）来反映，这是因为人口城市化是城市化的根本体现。人口向城市集中走城市化之路，是社会生产力、社会关系、人类精神世界和社会生活方式迈向现代化的综合反映，是社会发展的必然趋势。另外，一国的城市化水平主要是由城市人口在总人口中所占比例来衡量的，这也是分析社会现代化过程的重要指标。在城市化过程中，城市人口将不断膨胀，城市人口占全国（或地区）人口比重不断增加。

以城市人口占总人口的比例来表示，城市人口是指那些与城市的活动有密切关系的人口，他们常年居住生活在城市的范围内，构成该城市的社会主体，既是城市经济发展的动力建设的参与者，又都是城市服务的对象，他们既赖城市以生存，又是城市的主人。在我国历次人口普查中，城市人口均采用建成区人口的概念。

为了反映城市化发展情况及城市房地产业发展的水平，本书选择了以下指标：一是城市化率（Y），它具体用城市人口占总人口的比例来表示；二是全社会城镇房地产投资额（X_1），这一指标反映了当年全社会城镇房地产业总投入的情况，能较好地反映城镇房地产开发的投入水平；三是商品房销售额（X_2），这一指标反映当年商品房销售的情况，能够体现商品房市场的有效需求，能从一定程度上反映房地产市场的有效需求状况。我国城市化开始加速发展以及房地产市场化的改革均起步于20世纪90年代中期，因此本书选择1995年作为起始时间。

2. 单位根检验

本书主要分析城市化与房地产业发展的互动关系，而格兰杰因果关系检验实际上是建立在两个变量回归的基础上，所以在进行检验前都应考察序列的平稳性（即格兰杰因果检验要求系统中的变量是平稳序列）。这是因为在数据为非稳定的条件下，将使经济学中许多用于评价模型的统计推断失效，其结论不精确甚至错误，因此动态计量经济理论要求在进行宏观经济实证的分析时，首先必须进行变量的平稳性检验，否则分析时会出现“伪回归”现象。

由此提出了如何描述和检验数据的非稳定性问题，即要检验每个变量的平稳性。常见的非平稳时间过程就是单位根过程。检验变量是否稳定的过程称为单位根检验（Unit Root Test）。平稳序列将围绕一个均值波动，并有向其靠拢的趋势，而非平稳过程则不具有这个性质。本书采用的单位根检验方法是ADF（Augmented Dickey - Fuller Test）检验。

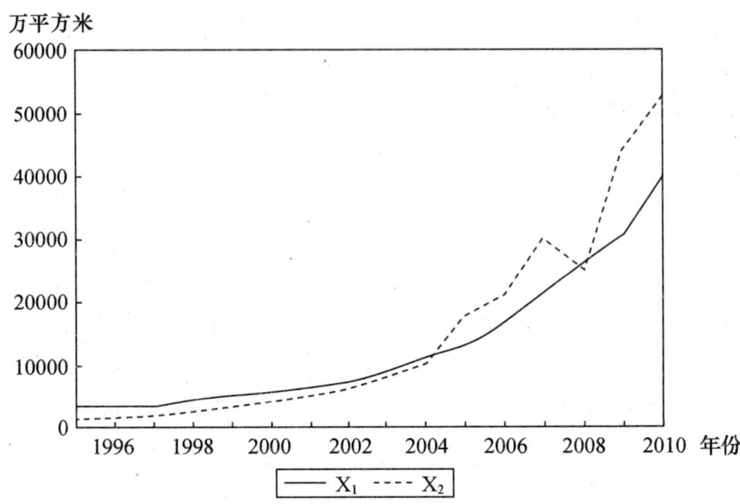

图 1 - 15　我国城镇房地产投资额（X_1）和商品房销售额（X_2）发展趋势

资料来源：中国社会科学院金融研究所数据库。

根据图 1 - 15 可以发现，我国历年的城镇房地产投资额（X_1）与商品房销售额（X_2）均呈现上涨趋势，且近年来增长速度特别是商品房销售额呈现加速之势，因此可知，序列 X_1、X_2 均不是平稳序列。为了进一步验证我国城市化水平、城镇房地产投资额和商品房销售额的平稳关系，本书对我国历年的城市化水平（Y）、城镇房地产投资额（X_1）、商品房销售额（X_2）三列时间序列数据进行单位根检验。表 1 - 4 是对序列 Y 的水平值进行 ADF 单位根检验的结果。假设序列 Y 有一个单位根，对序列 Y 的水平值进行 ADF 检验，得到其 t 统计量是 -0.165942，而 t 统计量在 1% 的置信区间的临界值是 -3.959148，在 5% 的置信区间的临界值是 -3.081002，大于所有的临界值，且其可能性为 0.9241，因此接受原假设，即存在单位根。

表 1 - 4　对序列 Y 的平稳性检验结果

Augmented Dickey - Fuller test statistic	(Prob. *)	0.9241
Augmented Dickey - Fuller test statistic	(t - Statistic)	-0.165942
Test critical values:	1% level	-3.959148
Test critical values:	5% level	-3.081002
Test critical values:	10% level	-2.681330

表1－5是对序列Y的一阶差分进行ADF单位根检验的结果。序列D（Y，1）的系数的t统计量－6.463085小于所有的临界值，因此拒绝原假设，即Y的一阶差分序列不存在单位根，是平稳的序列。

表1－5　Y的一阶差分ADF单位根检验结果

Augmented Dickey－Fuller test statistic	（Prob. *）	0.0004
Augmented Dickey－Fuller test statistic	（t－Statistic）	－6.463085
Test critical values	1% level	－4.200056
Test critical values	5% level	－3.175352
Test critical values	10% level	－2.728985

对于变量X_1、X_2，与其一阶差分序列是不平稳序列，而其二阶差分序列不存在单位根，是平稳序列。表1－4、表1－5分别给出了检验的ADF统计量和1%、5%、10%水平的临界值，由表可知，在1%的显著水平下，两个时间序列均不能拒绝“存在单位根”的原假设，因此，这两个变量在水平值上都是非平稳的，继续对这两个时间序列的一阶差分进行单位根检验，同样不能拒绝“存在单位根”的原假设，对这两个序列的二阶差分进行单位根检验，可以发现这两个变量的二阶差分序列在5%的置信水平上拒绝原假设，即为平稳序列。

表1－6　X_1、D（X_1）、D（X_1，2）的单位根检验

	Test critical values:	X_1	D（X_1）	D（X_1，2）
ADF test statistic		4.545329	4.274760	－3.798436
Prob. *		1.0000	0.9997	0.0318
t－Statistic	1%	－4.057910	－2.792154	－4.297073
t－Statistic	5%	－3.119910	－1.977738	－3.212696
t－Statistic	10%	－2.701103	－1.602074	－2.747676

表1－7　X_2、D（X_2）、D（X_2，2）的单位根检验

	Test critical values:	X_2	D（X_2）	D（X_2，2）
ADF test statistic		10.11534	2.652510	－3.351491
Prob. *		0.9999	0.9998	0.0379
t－Statistic	1%	－4.121990	－4.200056	－4.200056
t－Statistic	5%	－3.144920	－3.175352	－3.175352
t－Statistic	10%	－2.713751	－2.728985	－2.728985

由上述单位根的检验结果可知，城市化水平（Y）、房地产开发投资额（X_1）、商品房销售面积（X_2）三个时间序列皆为不平稳序列，但经过差分之后以上三个时间序列均可以转变为平稳序列，因此，不平稳的时间序列之间也可能存在长期的稳定关系。

3. 数据的平稳处理

本书考察城市化与房地产业发展之间的相互关系，由于本书所取的样本数据相对较少，因此直接选择经过 H－P 滤波后的平稳数据再进行因果关系分析。

一般而言，大多数宏观经济指标表现为不断的增长趋势叠加上复杂的波动。长期趋势是时间序列均值的长期变化，它描述了一定年份经济活动或产业活动持续的潜在的稳定性，表现为某种增长型函数；随机波动是指那些因为一些偶然事件或外生因素使序列发生小的随机振动，这种振动一般都是无法预测的。分析宏观经济的通用方法，是将宏观经济指数分解为经济增长趋势和经济波动两个分量。计量经济学常用的是时间序列的趋势消解（Detrending）。常用的趋势消解法有三种：一阶差分滤波器 FD（First－Differencing），对数线性趋势 LLD（Log－Linear－Detrending）滤波器和 H－P（Hodrick－Prescott）滤波器（Hodrick 和 Prescott，1981），三者的差别在时间窗的长短①。H－P 滤波器是一种时间序列在状态空间中的分解方法。利用 H－P 滤波可以将经济变量序列中的长期增长趋势和短期波动成分分离出来，经过 H－P 滤波处理得到的数据为平稳序列。H－P 滤波的基本原理如下：

设经济时间序列为 $Y=\{y_1, y_2, \cdots, y_n\}$，趋势要素为 $T=\{t_1, t_2, \cdots, t_n\}$，n 为样本长度。一般地，时间序列 y_i 中的不可观测部分趋势 t_i 常被定义为下面最小化问题的解：

$$\min\sum_{i=1}^{n}\{(y_i-t_i)^2+\lambda[c(L)t_i]^2\} \tag{1-1}$$

其中，正实数 λ 表示在分解中长期趋势和周期波动占的权数，c（L）是延迟算子多项式：

$$c(L)=(L^{-1}-1)-(1-L) \tag{1-2}$$

将（1－2）式代入（1－1）式，则 H－P 滤波的问题就是使下面损失函数最小，即：

$$\min\{\sum_{i=1}^{n}(y_i-t_i)^2+\lambda\sum_{i=1}^{n}[(t_{i+1}-t_i)-(t_i-t_{i-1})]^2\} \tag{1-3}$$

最小化问题用 $[c(L)t_i]^2$ 来调整趋势的变化，并随着 λ 的增大而增大。但

① 陈平．经济混沌和经济波动的非线性动力学理论．北大中国经济研究中心讨论稿系列 NO. C2000015，2000（10）．

要在趋势要素对实际序列的跟踪程度和趋势光滑度之间作一个选择。λ=0 时，满足最小化问题的趋势等于序列 y_i；λ 增加时，估计趋势中的变化总数相对于序列中的变化减少，即 λ 越大，估计趋势越光滑；λ 趋于无穷大时，估计趋势将接近线性函数。

本书运用 EViews6.0 计量经济学软件，对城市化水平（Y）指标的时间序列及房地产业发展水平的两个指标（X_1、X_2）的时间序列分别进行了 H－P 滤波处理，得到结果，如图 1－16～图 1－18 所示。

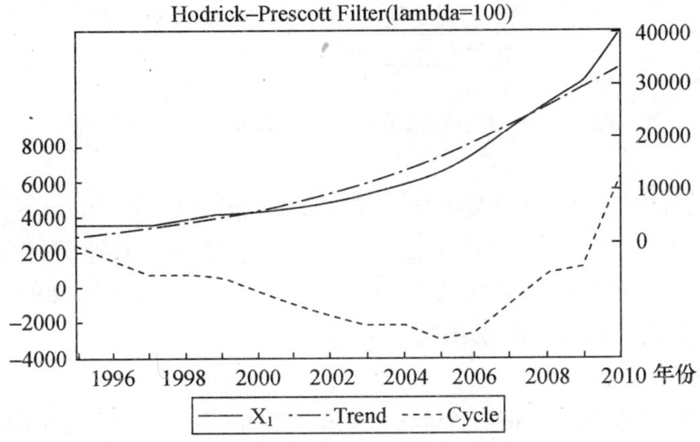

图 1－16　H－P 滤波处理后的城镇房地产投资额（X_1）

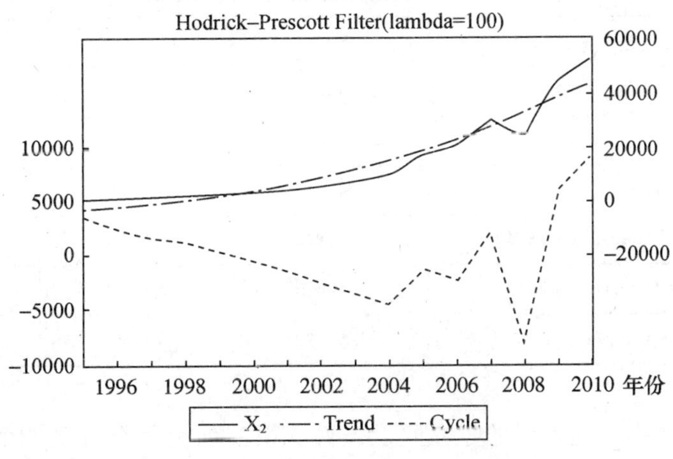

图 1－17　H－P 滤波处理后的商品房销售额（X_2）

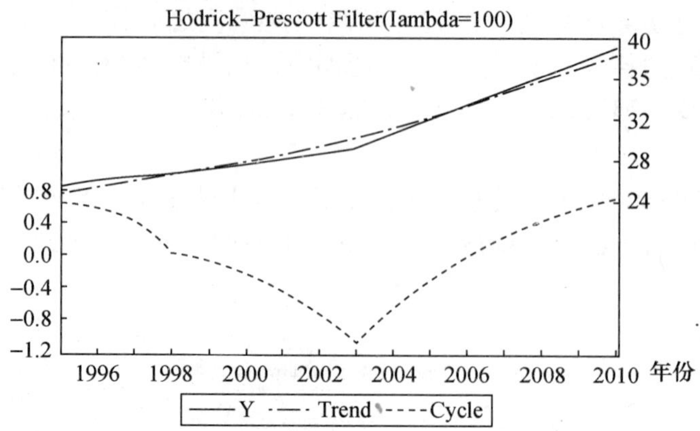

图 1－18　H－P 滤波处理后的城市化水平（Y）

经过 H－P 滤波处理得到城市化水平（Y）、房地产投资额（X_1）、商品房平均售价（HPX_2）三个序列，由于三个变量都是经过 H－P 滤波法消除趋势得到的，所以这三个时间序列都是协方差平稳的，因此本书直接选择经过滤波处理的时间序列数据进行 Granger 因果检验。

4. 格兰杰因果检验

本书选择滞后期为 3，将三个经过滤波的时间序列数据运用 EViews6.0 计量经济学软件进行分析，得到结果如表 1－8 所示。

表 1－8　Granger 因果关系检验结果

原假设条件（格兰杰因果性）	F 值	概率 P 值	结论
X_2 does not Granger Cause X_1	6.17613	0.0289	拒绝
X_1 does not Granger Cause X_2	42.5069	0.0002	拒绝
Y does not Granger Cause X_1	0.75615	0.5580	不拒绝
X_1 does not Granger Cause Y	0.91144	0.4894	不拒绝
Y does not Granger Cause X_2	8.49820	0.0140	拒绝
X_2 does not Granger Cause Y	5.67872	0.0347	拒绝

表 1－8 中第一列列出的是原假设条件，第二列是 F 统计量的值（F－Statistic），第三列是概率反映的显著性水平，第四列为结论。由结果可知，当确定 5% 的显著性水平时，X_2 在 2.89 % 的水平上为 X_1 的 Granger 原因，X_1 在 0.02% 的水平上为 X_2 的 Granger 原因，这说明城镇房地产投资额与房地产销售额互为因

果，是一种双向的关系。同理 Y 在 1.4% 的水平上为 X_2 的 Granger 原因，X_2 在 3.47% 的水平上为 Y 的 Granger 原因，这说明我国城市化水平与房地产销售额互为因果，是一种双向的关系。而根据概率值，我国城市化水平与城镇房地产投资额没有因果关系。

由上述因果关系的分析可知，从长期趋势分析，城市化水平的提高与房地产业的发展存在密切关系。一方面，城市化水平的提高，即城市人口的增加，导致房地产需求的增加，房地产价格的上涨，最终引起商品房销售额的增加；另一方面，房地产业的快速发展也必然使城市化水平得以提高。可以说，城市化进程与房地产业的发展，两者是双向互动、互为因果的发展过程。未来伴随城市化的不断发展，我国房地产业也将有一个持续发展的过程。

（三）城市化与人口因素的综合效应分析

根据上文的结论，伴随未来我国城市化的持续发展，我国房地产业还存在一定的发展机会，但从未来我国人口结构的角度分析，我国房地产业则面临社会总需求不足等问题。不仅如此，城市化效应与人口效应之间也将长期相互作用。一方面，城市化可以被定义为人类生产和生活方式由乡村型向城市型转化的历史过程，具体表现为乡村人口向城市人口转化以及城市不断发展和完善的过程。由此可见，城市化直接导致的结果即是城市人口数量的变化、城市人口在总人口中比例的变化以及城市人口结构的变化等，并对社会居民生育率、生育意愿等重要因素产生重要影响。另一方面，人口数量及结构的变化又反过来作用于城市化本身，即在年轻人口在总人口的比重不断下降的大趋势下，城市人口数量的增加速度将会不断减缓，最终使我国的城市化进程过早地结束。本书认为这两类作用相反的效应将在未来很长一段时间内对我国房地产业的发展产生影响。

已有的研究多从总量或平均分析的角度来看待我国未来房地产市场的走势，却忽略了房地产市场区域性的特点，特别是在我国，由于国土广阔，区域经济长期发展不平衡，城乡差距也一直较大，这些因素都将导致未来我国不同地区的房地产走向存在不同的趋势。本书认为，受到我国城市化的发展及人口因素的变化的影响，未来我国房地产市场的表现将是地区之间差距进一步拉大，房地产市场的区域性特点将更加明显。一方面，在我国现有的政治经济体制下，大中型城市特别是一些特大型城市将在未来很长一段时间内受益于我国城市化进程的好处，其房地产市场保持长期繁荣，房地产价格也将远远超过其他一般城市；另一方面，受到人口结构调整的影响，中小城市的城市化进程将在未来逐渐减缓，其房地产市场及房地产价格都将受到较大冲击。

第三节 房地产业发展与经济增长倒 U 形关系

房地产业是拉动国民经济增长的主要因素，被称为推动国民经济增长的支柱产业，根据《中国统计年鉴》（2012），2011 年我国房地产开发投资总额为 5.78 万亿元，占国内生产总值的比重为 12.23%，占全社会固定资产投资的比重为 18.56%，在整个宏观经济中起着举足轻重的作用。近年来，我国房地产业持续高速增长，在城市房价不断攀升的大背景下，我国政府对房地产业的宏观调控也在不断深入。根据国际经验，当一国经济增长到一定阶段，其房地产业发展速度会逐步减慢，直至与经济增长同速甚至低于经济的增长速度，房地产业的发展呈现倒 U 形曲线，以韩国为例，1970 ~ 1987 年韩国住房投资与 GDP 之比只有 4.9%，1988 ~ 1996 年上升为 7.4%，1997 ~ 2005 年再次下降到 5%，这表明其住房投资随经济发展阶段而呈倒 U 形。由于我国正处在高速经济增长时期，房地产市场也发展迅速，在高收益率的刺激下，我国房地产投资的增速已超过经济增长速度，这种房地产投资的过高热度容易导致房地产资本的过度积累，在影响经济增长的质量的同时还会诱发房地产泡沫。同时，我国房地产业的高速增长也可能会迎来其发展的瓶颈，即当经济增长到一定阶段，房地产业发展速度会逐步减慢，直至与经济增长同速甚至低于经济的增长速度。我国房地产业的高速增长是否也正在或即将面临这种发展的拐点？在当前阶段，为了提升宏观调控的效果从而促使我国房地产业实现长期稳定发展，这个问题应当引起足够重视。在本节中，在回顾相关文献的基础上，对我国经济增长与房地产业发展的关系进行研究，并对我国房地产业发展是否存在倒 U 形的问题进行深入探讨。

一、文献回顾

Kuznets（1955）提出了著名的倒 U 形理论，认为在经济发展中，收入分配不平等会经历一个先迅速扩大之后短暂稳定，然后再逐步缩小的过程。Robinson（1976）基于二元经济的划分提出了罗宾逊曲线，并通过数学推导论证了倒 U 形曲线存在的必然性。Burns 和 Grebler（1977）将倒 U 形理论引入房地产领域，相应提出一个著名的假说，“住宅投资与 GDP 之比会随着人均 GDP 增长而呈现倒 U 形”。Washinggton（1993）代表世界银行对很多国家的跨国研究发现，当人均收入很低时（人均低于 1000 美元），房地产业在国民经济中的作用很小，一般住宅投资与 GDP 之比为 2% 左右；当人均收入超过一定水平，进入中等收入

国家水平（1000～5000 美元），房地产业的重要性大为增长，进入高速发展期，住宅投资与 GDP 之比会达到 8% 左右；当进入更高经济发展水平时候，住宅投资与 GDP 之比又会跌到 3%～5% 的水平，这也就验证了房地产业发展的倒 U 形理论。Ball 和 Morrison（1995）的研究也得出了类似结论，他们分析和总结了住宅建设与各国经济增长的内在关系，认为住宅建设投资与人均 GDP 存在着内在联系，人均 GDP 在 500 美元以下时，住宅建设投资占 GDP 的比例在 2% 以下；人均 GDP 达到 2500 美元时，这一比例为 3%～5%；人均 GDP 达到或者超过 5000 美元时，这一比例达到最高值 6%～7%。此后，住宅建设投资随着人均 GDP 的增加，绝对值增加，但占 GDP 的比例呈下降趋势。在国内，曹振良（2003）指出，在一个国家经济起飞时，随着人均 GDP 的增长，房地产业以高于人均 GDP 的增长速度加速增长；但是随着人均 GDP 的进一步增长，房地产业发展速度逐渐放慢，直至与人均 GDP 同速，甚至低于人均 GDP 的增长速度，其发展轨迹呈倒 U 形曲线。对于倒 U 形曲线形成的原因，其解释为房地产业的发展受到常规因素和超常规因素两方面的影响，常规因素在任何时期都会对房地产业的发展起正向作用，而超常规因素在一个国家经济起飞初期到经济发展成熟时期起着推动房地产业加速增长的作用，而当这个国家的经济在经过了一个快速增长时期之后，进入平稳持续发展阶段，超常规因素则会阻碍房地产业的发展（如旧城改造等因素），即房地产业发展会出现拐点。经过拐点之后，房地产业作为支柱产业的地位将逐步下降，如图 1－19 所示。梁荣（2005）用计量经济模型方法证明了美国房地产发展“倒 U 形曲线”的存在，并预期 2010 年前后中国房地产业发展进入拐点。对于经济增长与房地产业发展的关系，国内外学者有较多研究。Richard（1996）运用系统分析法，通过对 1955～1996 年英国经济增长影响因素的分析，认为：住房建设投资对英国经济增长具有明显的影响，但在不同成长阶段表现出不同的作用，具有不同的变化规律。Green 和 Richard（1997）利用 Granger

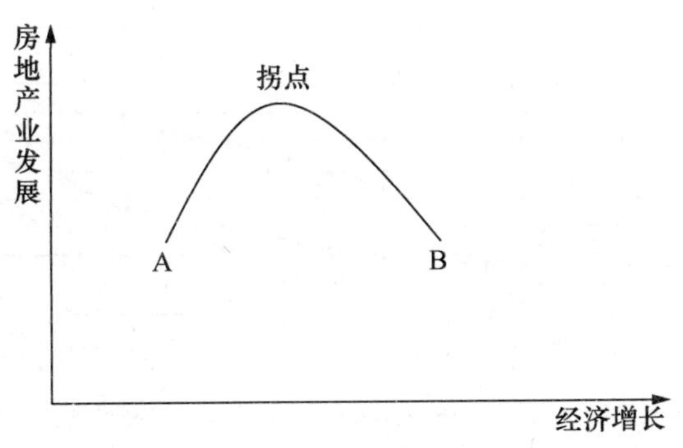

图 1－19　房地产业发展的倒 U 形曲线

因果关系检验发现，1952～1992 年美国的住宅投资是 GDP 的 Granger 原因，但 GDP 不是住宅投资的 Granger 原因。皮舜和武康平（2004）利用 Granger 检验，发现 1994～2002 年中国区域房地产市场的发展与经济增长之间存在着双向因果关系。沈悦和刘洪玉（2004）通过 Granger 因果检验，认为国内生产总值对房地产开发投资存在单向的较显著的 Granger 因果关系，国内生产总值能较大影响房地产开发投资。宁琰和许鹏（2008）通过 VAR 模型得出的结论是房地产投资和固定资产投资对 GDP 增长有着很大的贡献，GDP 增长也影响了房地产投资和固定资产投资。

根据已有数据，以北京、上海为代表的我国部分经济发达地区无论其住宅投资占 GDP 的比例还是人均 GDP 水平都已经达到甚至超过国际经验中的拐点，伴随经济增长，这些地区的房地产业发展已经呈现倒 U 形，而已有研究尚未对我国经济增长与房地产业发展的这种倒 U 形关系予以足够重视，究其原因，这与我国房地产业特别是房地产价格近年来始终呈现高速增长的表象有一定的关系。现阶段对我国房地产业发展是否符合倒 U 形理论的研究正当其时。

本书根据 2004～2011 年分省的相关数据采用面板数据回归的方法，对我国房地产业不同区域发展是否存在倒 U 形曲线进行了研究，并根据实证结果给出了结论及政策建议。

二、倒 U 形理论在中国房地产业的检验

（一）分省数据对倒 U 形理论的散点图检验

中国经济的快速增长主要发生在改革开放之后，而中国房地产业的迅速发展与 20 世纪 90 年代之后的房改密不可分。从图 1－20 分析可知，近年来无论是中国经济还是房地产业都处在快速发展阶段，因此住宅投资、住宅投资占 GDP 的比例与经济增长之间并不存在倒 U 形关系。

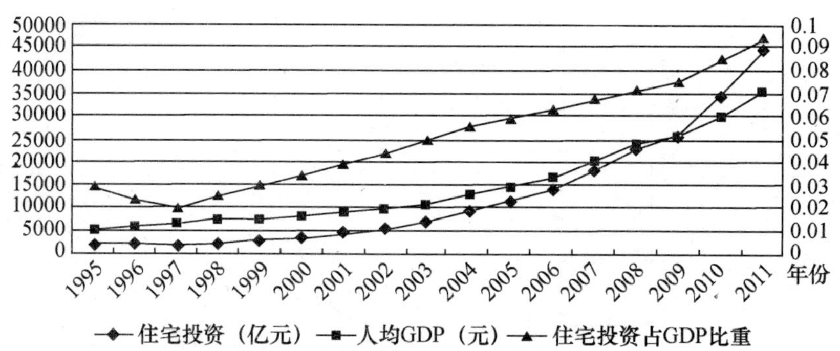

图 1－20　全国住宅投资、住宅投资占 GDP 比例与人均 GDP 关系

资料来源：历年《中国统计年鉴》。

考虑到我国房地产业发展的阶段性及数据的可得性，我们选取了 2004～2011 年全国 31 个省、自治区及直辖市历年住宅投资占 GDP 比例（设变量为 HR）与人均 GDP（设变量为 Y）的面板数据作为分析的基础。各地区住宅投资的总额、各地区 GDP 以及人均 GDP 的数据全部来源于《中国统计年鉴》（2005～2012）。选择面板数据的优点在于其可以克服相应时间序列数据样本过少的局限性，同时由于我国不同地区经济发展存在较大差异而地区间经济体制及政策却较为接近，因此，选择不同地区的面板数据有利于更为有效地验证我国房地产业的发展是否符合倒 U 形理论。

由图 1－21 可知，我国各省市住宅投资占 GDP 比例的散点随人均 GDP 的增长基本上呈现倒 U 形曲线的分布特征，限于我国整体经济水平较低，因此在转折点右侧的数据相对较少。而随着未来我国经济的不断发展，特别是各地区人均 GDP 的不断提高，转折点右侧的样本数据将会不断增多，整体数据呈现倒 U 形曲线的特征也会更加明显。

此外，根据图 1－21 可以发现，在人均 GDP 达到 40000 元附近时，房地产业的发展，即房地产投资在 GDP 中的比例将出现拐点，这也与 Ball 和 Morrison（1995）的“人均 GDP 达到 5000 美元时房地产业出现拐点”的结论相近似；另外，图 1－21 表明当住宅投资占 GDP 比例达到 8% 左右时出现拐点，这也与 Washinggton（1993）、Ball 和 Morrison（1995）以及韩国的实践经验相近似。

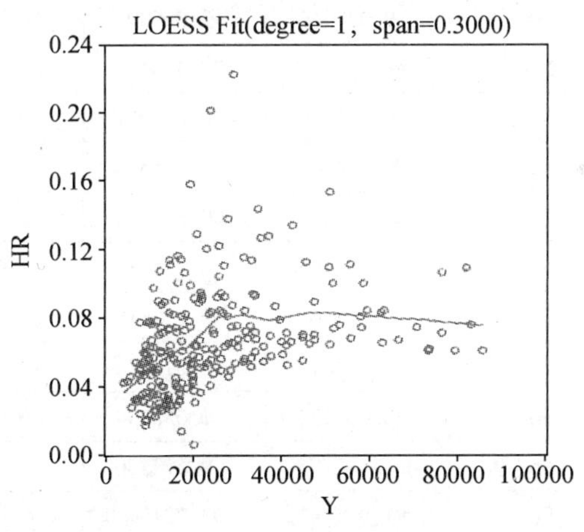

图 1－21　我国各省市住宅投资占 GDP 比例与人均 GDP 之间的散点

（二）分省数据对倒 U 形理论的回归分析检验

本书参考 Barro（1991）关于收入不平等对经济增长影响的倒 U 形实证模型，

以及 Clark、Xu 和 Zou（2003）的方法相应建立如下回归模型：

$$HR_{i,t} = \beta_0 + \beta_1 \ln Y_{i,t} + \beta_2 (\ln Y_{i,t})^2 + \varphi_i + \varepsilon_{i,t} \quad (1-4)$$

（1-4）式中下标 i 表示地区，t 表示年份。HR 为房地产投资占 GDP 的比例，它代表一个地区的房地产发展水平，Y 为一个地区的人均 GDP，它代表一个地区的经济增长情况，φ_i 表示地区固定效应，$\varepsilon_{i,t}$ 为误差项。β_1 和 β_2 分别表示 lnY 和 $(\ln Y)^2$ 的系数，如果式中 $\beta_1 \neq 0$，$\beta_2 = 0$ 则说明房地产业发展与经济增长之间存在线性关系；如果 $\beta_2 > 0$ 则意味着房地产业发展与经济增长之间存在正 U 形曲线关系；如果 $\beta_2 < 0$ 则说明房地产业发展与经济增长之间存在倒 U 形关系，或者说经济增长对房地产业发展的影响存在临界值，即经济增长达到一定程度时房地产业发展速度将会下降。考虑到不同地区的经济发展差异，根据国家统计局的分类法，我们将中国划分为东部、中部和西部三个地区①，并将（1-4）式转化为四个具体模型，分别是模型Ⅰ、模型Ⅱ、模型Ⅲ和模型Ⅳ，它们分别代表对全国所有省份、东部省份、中部省份和西部省份的回归。表 1-9 是本书实证模型中所有变量的描述统计。

表 1-9 变量的描述统计

		观察值	均值	标准偏移	最小值	最大值
模型Ⅰ	$HR_{i,t}$	248	0.066576	0.063351	0.006167	0.222897
	$\ln Y_{i,t}$	248	9.922466	9.896891	8.346405	11.35291
	$(\ln Y_{i,t})^2$	248	98.83769	97.94845	69.66247	128.8885
模型Ⅱ	$HR_{i,t}$	88	0.077259	0.069271	0.026367	0.222897
	$\ln Y_{i,t}$	88	10.43428	10.45156	9.153770	11.35291
	$(\ln Y_{i,t})^2$	88	109.1404	109.2354	83.79151	128.8885
模型Ⅲ	$HR_{i,t}$	64	0.058405	0.056489	0.020202	0.129090
	$\ln Y_{i,t}$	64	9.736660	9.721616	8.957768	10.55737
	$(\ln Y_{i,t})^2$	64	94.96481	94.51007	80.24161	111.4581
模型Ⅳ	$HR_{i,t}$	96	0.062232	0.058854	0.006167	0.143681
	$\ln Y_{i,t}$	96	9.577173	9.577130	8.346405	10.96775
	$(\ln Y_{i,t})^2$	96	91.97544	91.72156	69.66247	120.2915

① 西部省区包括四川、重庆、贵州、云南、西藏、陕西、甘肃、青海、宁夏、新疆、广西、内蒙古；中部省区包括山西、吉林、黑龙江、安徽、江西、河南、湖北、湖南；东部省区包括北京、天津、河北、辽宁、上海、江苏、浙江、福建、山东、广东和海南。

考虑到所使用的数据属于时间序列，为了避免虚假回归，首先对每一个变量进行单位根检验以确保所有变量符合同阶单整。本书采用的主要检验指标包括相同根情形下的单位根检验指标 LLC 检验、不同根情形下的单位根检验指标 IPS（Im - Pesaran - Skin）检验和 Fisher - ADF 检验。表 1 - 10 中的检验结果显示，全国、东部、中部和西部的 $HR_{i,t}$、$lnY_{i,t}$和（$lnY_{i,t}$）^{2} 序列的一阶差分在 10% 的显著性水平下 LLC 检验、Im - Pesaran - Skin 检验和 Fisher - ADF 检验均拒绝原假设，即接受不存在单位根的假设，这表明各变量之间存在一阶单整关系，进一步检验可知变量之间存在协整关系①，因此适合进行回归分析。

表 1 - 10 单位根检验结果

		$HR_{i,t}$	$\Delta HR_{i,t}$	$lnY_{i,t}$	$\Delta lnY_{i,t}$	$(lnY_{i,t})^2$	$\Delta(lnY_{i,t})^2$
全国	LLC	-4.811 ** (0.000)	-13.41 ** (0.000)	2.108 (0.982)	-14.400 ** (0.000)	5.591 (1.000)	-9.420 ** (0.000)
	IPS	1.412 (0.921)	-3.633 ** (0.000)	6.517 (1.000)	-5.255 ** (0.000)	8.584 (1.000)	-3.018 ** (0.001)
	Fisher - ADF	55.731 (0.699)	119.12 ** (0.000)	31.701 (0.999)	145.47 ** (0.000)	25.720 (1.000)	114.315 ** (0.000)
东部	LLC	-1.571 (0.0581)	-9.666 ** (0.000)	-4.119 ** (0.000)	-7.329 ** (0.000)	-3.274 ** (0.000)	-4.976 ** (0.000)
	IPS	0.373 (0.645)	-2.333 ** (0.009)	1.225 (0.889)	-2.859 ** (0.002)	2.071 (0.980)	-1.463 * (0.071)
	Fisher - ADF	23.406 (0.379)	44.324 ** (0.003)	25.030 (0.295)	47.891 ** (0.001)	22.250 (0.445)	38.343 ** (0.016)
中部	LLC	-4.840 ** (0.000)	-17.31 ** (0.000)	5.669 (1.000)	-7.695 ** (0.000)	7.739 (1.000)	-5.841 ** (0.000)
	IPS	0.058 (0.519)	-3.410 ** (0.000)	5.198 (1.000)	-1.986 ** (0.023)	6.096 (1.000)	-1.313 * (0.094)
	Fisher - ADF	18.579 (0.291)	38.284 ** (0.001)	2.153 (1.000)	33.085 ** (0.007)	1.333 (1.000)	28.719 ** (0.025)

① 面板协整主要采用的是 Johnsen（1995）、Pedroni（1999）和 Kao（2000）的方法。通过协整检验说明变量之间存在着长期稳定的均衡关系，其方程回归残差是平稳的。因此可以在此基础上直接对原方程进行回归，此时的回归结果较为精确。

续表

		$HR_{i,t}$	$\Delta HR_{i,t}$	$lnY_{i,t}$	$\Delta lnY_{i,t}$	$(lnY_{i,t})^2$	$\Delta (lnY_{i,t})^2$
西部	LLC	-1.437 (0.075)	-8.127** (0.000)	4.153 (1.000)	-10.383** (0.000)	8.708 (1.000)	-5.845** (0.000)
	IPS	1.879 (0.969)	-2.453** (0.007)	5.078 (1.000)	-4.075** (0.000)	6.847 (1.000)	-2.372** (0.008)
	Fisher-ADF	13.744 (0.952)	49.471** (0.001)	4.5169 (1.000)	64.501** (0.000)	2.136 (1.000)	47.254** (0.003)

注：括号内是各个变量 t 检验值；* 表示在 10% 的置信水平下显著；** 表示在 5% 的置信水平下显著。

（三）回归结果分析

根据我国的地区差别，利用 EViews 6.0 提供的面板数据回归模型，我们运用广义最小二乘法对（1-4）式进行参数估计，考虑到异方差的问题，采用了截面加权的方法，依据 F 统计量和 Hausman 检验的结果，我们确定了面板的固定效应模型进行分析。得到的结果如表 1-11 所示。模型Ⅰ结果显示 $lnY_{i,t}$ 和 $(lnY_{i,t})^2$ 的系数分别为 0.283 和 -0.013，通过了 5% 的显著性水平检验。所以，全国的面板数据结果证明了我国现阶段房地产业发展已存在倒 U 形曲线。同理，模型Ⅱ的回归结果显示 $lnY_{i,t}$ 和 $(lnY_{i,t})^2$ 的系数分别为 1.48 和 -0.068，也全部通过 5% 的显著性水平检验，这意味着东部省份的房地产业发展也符合倒 U 形理论。而且，相比模型Ⅰ，模型Ⅱ在显著性水平、模型的拟合程度等多方面数据均更优，这表明东部省份经济发展水平优于全国平均水平，因此，其房地产业发展的倒 U 形曲线更为显著。

模型Ⅲ和模型Ⅳ各项系数均未能通过 10% 水平的显著性检验，这说明模型设定存在问题，这同时也说明现阶段我国中西部地区的房地产业发展还不符合倒 U 形理论，究其原因，这与我国中西部地区经济基础薄弱，人均 GDP 水平较低以及房地产业发展在全国范围内相对滞后有一定的关系。

表 1-11 模型回归结果

解释变量	模型Ⅰ	模型Ⅱ	模型Ⅲ	模型Ⅳ
	全国（固定效应）	东部（固定效应）	中部（固定效应）	西部（固定效应）
$lnY_{i,t}$	0.283 (5.141)**	1.480 (13.217)**	0.227 (1.040)	0.092 (1.157)
$(lnY_{i,t})^2$	-0.013 (-4.663)**	-0.068 (-11.873)**	0.012 (-1.042)	-0.002 (-0.613)
C	-1.449 (-5.297)**	-7.897 (-14.141)**	-1.019 (-0.967)	-0.604 (-1.437)

续表

解释变量	模型Ⅰ	模型Ⅱ	模型Ⅲ	模型Ⅳ
	全国（固定效应）	东部（固定效应）	中部（固定效应）	西部（固定效应）
R^2	0.490	0.908	0.879	0.921
D.W. 统计量	0.385	0.727	0.542	0.834
F	25.441	35.345	21.489	43.776
样本数	248	88	64	96

注：括号内是各个变量 t 检验值；* 表示在 10% 的置信水平下显著；** 表示在 5% 的置信水平下显著。

本书将（1-4）式中模型Ⅲ和模型Ⅳ的 β_2 系数设为 0，重新进行回归后结果如表 1-12 所示。根据表 1-12 的结果，相比原模型，修正的模型Ⅲ其拟合程度和 F 统计量都有所提高，但其 $\ln Y_{i,t}$ 的系数仍未通过 10% 的显著性水平检验，这说明模型仍不理想；而修正的模型Ⅳ，其变量 $\ln Y_{i,t}$ 的系数和常数项分别为 0.044 和 -0.358，均通过了 5% 的显著性水平检验。以上结果说明我国西部地区因为整体经济落后，房地产业发展相对滞后，其整体尚处于房地产业快速发展阶段，房地产业的发展与人均 GDP 呈明显正向关系，因此，无法得到其房地产业发展符合倒 U 形理论的证据；而我国中部地区的整体经济发展，一方面低于东部地区，另一方面又高于西部地区，因此对其的回归既得不到倒 U 形理论的证据支持，其与经济发展的正向关系也相对不如西部地区明显，究其原因，相比我国东部地区已达到倒 U 形曲线的拐点和西部地区尚未达到拐点，我国中部地区房地产业的发展更可能处在接近倒 U 形曲线拐点的位置，即房地产业的发展已出现增速下降的苗头，但尚未达到明确的拐点。

表 1-12　修正的模型Ⅲ和模型Ⅳ回归结果

解释变量	修正的模型Ⅲ	修正的模型Ⅳ
	西部（固定效应）	中部（固定效应）
$\ln Y_{i,t}$	0.021 (1.096)	0.044 (3.324)**
C	0.271 (1.397)	-0.358 (-2.832)**
R^2	0.942	0.920
D.W. 统计量	0.720	0.827
F	52.522	46.442
样本数	64	96

注：括号内是各个变量 t 检验值；* 表示在 10% 的置信水平下显著；** 表示在 5% 的置信水平下显著。

三、结论及政策建议

本书利用我国不同区域经济增长及房地产投资指标，研究了我国及不同区域的房地产业发展是否存在倒U形曲线的问题。实证表明，不同区域的研究结果存在较大差异。全国范围特别是东部地区房地产业的发展已经达到倒U形曲线的拐点，而广大中西部地区则尚未达到房地产业的拐点，我国西部地区的房地产业的发展与经济增长呈现明显的正向关系。

通过本书的研究结果可以得到以下政策启示：

（1）房地产宏观调控的目标应由限制房价上升转为满足社会公众对住房的需求，调控重心应由限制产业发展转变为改革房地产业所处的不合理环境。根据本书的实证结果，现阶段我国一些地区房价屡创新高的现象所引发的社会对房地产业发展过热的担忧可能只是一种表象，从数据的角度分析，以北京为代表的东部地区很多省市其房地产业的发展已进入拐点，即伴随人均GDP的不断攀升，这些地区房地产业投资在GDP中的比例已开始出现下降趋势。本书认为，房地产业自身的发展并不是现阶段我国出现房价屡创新高的主要原因，巨额外汇占款导致的货币超发、土地行政垄断以及不合理的户籍制度等因素共同造成了我国城市房价不断攀升的结果。因此，现阶段房地产调控的目标应该以满足社会公众，特别是中低收入阶层对住房的需求为主，而不是一味地抑制房地产的发展而降低房价，同理，调控的重心也应从对房地产业发展的直接及间接限制转向对我国房地产业所处的不正常的经济环境的改革之上，如限制货币超发，通过农村土地确权等方式增加土地市场供给、尽快改革传统的户籍制度，特别是废除大城市中户籍所带来的特殊群体在升学、就业、养老等方面的特权，实现社会所有公民权利的一律平等。

（2）房地产的合理调控应减少政府对房地产市场的直接干预。根据倒U形理论，一国房地产业发展有其自身的规律，伴随经济增长，所谓的房地产过热并不会持久，房地产将迎来其发展的拐点。而当前我国的问题在于，政府过度干预房地产市场，其结果是即使一些地区已经迎来房地产业发展的拐点，但其房价相比所在地居民收入仍然显得偏高。本书认为，我国房价偏高与政府的干预有很大关系，如政府的土地财政所导致的地价飞涨、房地产交易者特别是房地产企业必须承担高额税费、各地区的造城运动所导致的地方政府进一步陷入“土地依赖症”等。此外，现阶段各级地方政府主导下的经济适用房及保障房建设在无法改变土地供给总量同时又无力克服分配存在腐败的情况下，也很容易造成城市商品房价格进一步提升，而现阶段依靠房产税调节房价的企图也只能造成房价越调越高的结果。所以，我国现阶段所陷入的房地产调控窘境的原因恰恰是政府干预过

度，而指望政府的进一步干预来抑制房地产市场的发展只能适得其反。尊重市场规律，减少对房地产市场的过度干预，特别是为房地产行业创造正常的市场环境才是各级政府宏观调控的主要工作。

（3）现阶段我国房地产调控应结合区域房地产行业的发展特点。我国东部地区经济发达，多数省份虽然房价居于高位但已率先进入房地产业发展的拐点，因此，所在地政府对房地产业的调控更应以减少过度干预，创造行业发展的良好社会环境为重点，而不是只看到房价的高企就一味地用行政手段进行打压。相比东部地区，我国中西部地区房地产业发展相对滞后，房地产发展的整体尚未进入拐点，因此，其在未来伴随经济的高速增长，房地产业还可能出现超常规增长，在经济水平不高、社会购买力相对有限的条件下，伴随房地产业的快速发展，中西部地区更容易形成房地产泡沫。因此，中西部地区政府的房地产调控应特别注意房地产业高速增长可能带来的房地产泡沫化，特别是东部发达地区高企的房价对中西部地区的传导作用。另外，由于我国区域的不平衡，即使是东部地区各省市之间，以及同一省份不同城市之间房地产业的发展也可能存在较大差异，因此，政府的宏观调控也应根据实际经济情况具体应对。

第二章　房价波动机制及其检验

第一节　文献综述

一、国外研究现状

(一) 基于经济基本面对房地产价格波动的研究

有关房地产价格波动的研究国外起步较早，研究比较深入，理论体系也比较完善。大量文献侧重于经济基本面对于房地产价格的影响，如 Gottlieb（1976）认为，房价的长期波动与经济发展同步。

20 世纪 90 年代以来，学者们开始从住宅市场动态调整角度，利用存量—流量模型（Stock – Flow Model）或者代表性个人模型（Representative Agent Model）来研究房价的决定。这两个模型将宏观经济基本面的经济变量（家庭可支配收入、人口因素、利率、预期通货膨胀率、建筑成本等）与房价联系起来。通过研究，研究结果大多倾向于宏观经济基本面对房地产价格有一定的影响。用来研究房价波动的自变量大多以收入、人口及其增长率、通货膨胀、建设成本、税收、货币供给等表示。

Fortura 和 Kushner（1986）使用加拿大 1981 年 30 个城市的数据建立的住宅价格方程得出，居民平均收入与住宅价格有较强的正相关关系。Case 和 Shiller（1990）通过分析美国四个大都市季度数据表明，人均可支配收入的变化与住宅价格存在正相关关系。Poterba（1991）通过分析指出，经济增长预期的改变将引起住房价格短期内较大变化。短期内住房供给缺乏弹性的原因，收入上升引起房地产需求增加进而引起房价上涨。Abraham 和 Hendershott（1996）研究得出住宅价格的上涨与收入直接相关。Potepan（1996）研究得出家庭收入和建筑成本是

影响不同城市住宅价格、租金和土地价格的重要因素。Dennis 和 Mack（2002）研究认为房价与可支配收入增长、人口增长以及建筑成本的变化高度相关。Geoff（1999）研究得出，收入与房地产价格正相关，与房地产需求正相关，抵押贷款利率会对房地产需求产生负影响。Hwang 和 Quigley（2006）等通过对房地产需求市场的，研究表明，收入导致住宅价格上涨。

在影响房价波动的因素中，人口也经常被用来解释房价波动及其走向。Mankiw 和 Weil（1989）通过分析得出，由于生育高峰期的一代人对于房地产市场的需求导致房价上涨。Engelhardt 和 Poterba（1991）根据 Mankiw 和 Weil 的研究，使用加拿大的数据进行实证，但却无法确立 Mankiw 和 Weil 的人口统计数据和房价变化之间的关系。Bartik（1991）研究得出人口和就业增加直接引起住宅价格上涨。Clapp 和 Giaccotto（1994）认为人口和就业人口的变动能够较好地预测住宅价格的变化。Potepan（1994）通过实证检验得出净迁入人口的增长是引起城市房价上升的原因。Gabriel（1999）认为，人口迁移和城市结构演变是近几十年来加利福尼亚住宅价格变化的主要因素。Atash（1990）从成本收益的角度研究认为住宅作为投资品的功能是房价加剧波动的内部原因，住宅需求对利率呈反方向变动。Collyns 和 Senhadji（2001）通过对泰国、韩国、新加坡和中国香港的研究得出，银行信贷的增长与房价上升有显著的同步效应。Iaeoviello 和 Minetti（2003）认为，货币政策通过影响房地产价格变动进而将引起宏观经济波动。

Breedon（1992）和 Joyce、Drake 等（1993）学者认为，虽然人口、收入对房地产价格的影响非常重要，但它们并不是影响住宅价格变动的仅有因素，如果仅依靠这些有限的变量来解释和预测房价的变化是不精确的。

Davies（1997）通过回归分析研究得出，地价不仅与住宅价格相关，而且与土地利润率和贷款利率相关。Raymond（1998）发现住宅价格与地价不存在因果关系。Tsoukis 和 Alyousha（1999）对英格兰 1981～1994 年的住宅价格与地价因果关系研究得出，住宅价格不是住宅用地价格的 Granger 原因。

（二）基于供需角度对房地产价格波动的研究

西方经济学认为商品的价格都是由商品的需求和供给这两方面因素共同决定的，多数关于住宅价格的研究都是利用供需原理进行分析的。

Nellis 和 Longbottom（1981）使用人口、抵押贷款的资产存量、商品住宅的平均价格、收入、消费品价格以及抵押贷款利率代表需求函数，住宅价格和住宅存量代表供给函数。利用供需原理，推导出商品住宅价格的公式，并得出影响住宅价格的主要因素是收入。Knight、John R. 和 Sirmans（1994）等通过对房地产市场中价格信号对供求的影响，得出价格主要反映卖方的信号，对买方信号反应滞后。M. Ball 和 T. Mrrison（1995）通过对多个国家住宅投资总量的研究，得出住宅建设投资与人均 GDP 有关。

Geoff Kenny（1999）认为，传统住宅市场的实证研究强调住宅的均衡价格由供给和需求共同决定。Stein（1995）研究表明，房价的变动产生自我强化的效应，通过预付、需求最终回到房价。Voith（1996）指出住宅供给是有弹性的，随着住房需求的增加，住房供给也会增加。Stuart A. Gabriel、Joe P. Mattey 和 William L. Washer（2000）通过建立包换供给和需求因素的住宅价格模型，分析得出，人口迁移和城市结构演变是引起过去 20 年里加利福尼亚州住宅价格变动的原因。Dennis J. Mckenzie 和 Richard M. Betts（2003）认为，住房供给受到住房存量的影响，住房需求受到人口、收入和消费者偏好的影响，同时研究认为住户对住房需求还包括房屋年龄、位置、大小、特征等需求。

（三）基于政府调控角度对房地产价格波动的研究

在政府对房地产市场调控方面，国外学者主要对房地产业的宏观调控政策与房地产投资和住房价格之间的关系进行研究，大多支持政府运用货币政策、财政政策和税收政策等手段维护房地产市场健康发展。

Fischel（1985）研究表明，在不完全竞争的住宅市场，政府对市场的调控很可能扩大住宅供需缺口，进而加大房价波动。Lillydahl 和 Singell（1987）认为，仅对住宅需求的控制并不能稳定房价的上涨。

Wachter（1990）认为，土地使用政策对房地产市场的影响会因为地区不同而有所不同。McMillan 和 McDonald（1991）研究认为，规划机构会对住宅市场需求有所反应，住宅用地规划倾向于根据市场做出行动，因此对于住宅价格的影响不会很大。Bramley 和 Glen（1992）认为，政府对房地产市场的宏观调控是为了调节市场失灵，规范房地产市场秩序并提供住房保障。Landies（1992）研究得出，规划对于住宅价格存在重要的影响。Evans 和 Alan（1992）通过研究得出，政府对于房地产投资增长的宏观调控，限制了房地产市场的供给，引起了房价的上涨，政府对房地产市场的干预措施并未达到预期效果。Sanuel R. Staley 和 Landies（1997）认为，政府在对房地产投资和房价上涨的调控中所起作用不大。Lum（2002）认为政府在向私有住宅供应土地的同时，同时能起到抑制私人房屋价格的作用。

Fratantoni 和 Schuh（2003）通过对美国 1966 ~ 1998 年货币政策对不同地区房地产价格的影响研究，他们发现在不同的地区房地产投资对货币政策的反应也不尽相同。Kosuke Aoki 等（2004）研究表明，金融政策对房地产投资、消费和价格的影响较大，信贷市场结构性变化将会增加金融政策对房地产消费的影响。Iacoviell（2005）用一个 VAR 模型估计了货币政策冲击对房地产价格的影响，结果显示政策冲击对房地产价格有显著的作用。Marco Del Negro 和 Christopher Otrok

(2007) 研究得出，尽管美国房地产价格的繁荣不完全是由放松的货币政策引起的，但松动的货币政策对房地产价格的繁荣却起到了重要的作用。Keith (2007) 研究了土地使用规划限制对房价和空地价格的影响，结果表明更多的限制会引起新建住房面积的增加。

(四) 对房地产价格过度波动的研究

在市场经济中，商品的价格围绕价值上下波动是正常的。但是如果资产价格偏离价值波动幅度过大，就容易产生泡沫。泡沫一旦破裂就会影响金融业的稳定，进而对整个经济造成很大的冲击，因此有必要研究房地产市场价格及其波动。

Blanchard (1979) 较早提出理性预期泡沫。Carey (1990) 提出，在信息不对称下的土地价格模型，分析了投资者数量和银行贷款数量与土地价格之间的关系。Bertand (1996) 通过研究全球房地产周期发现，由于金融的自由化和对金融管制的放松，金融机构违规借贷及金融风险的积累，加速了房地产周期波动和房地产泡沫的形成和破裂。Krugman (1999) 认为，房地产市场中的泡沫主要由银行融资产生。Grino 和 Sarno (2004) 建立了一个 3 期代际交叠模型，说明房地产购买者对未来价格的预期为何会导致价格泡沫。

二、国内研究现状

针对房价持续上涨的原因，国内学者也进行了大量研究。

(一) 房价与地价的关系

学术界研究发现，房价与地价的关系在长期与短期表现不一样，在不同的时间阶段上表现也不相同。有的学者研究认为短期内房价地价相互影响，长期内地价决定房价。比如，况伟大 (2005) 使用我国 1999 年第一季度至 2005 年第一季度的数据并运用 VEC 方法分析了房价与地价两者的关系，研究表明，短期内两者相互影响，长期内地价是房价的 Granger 原因。有的学者则得出了完全相反的结论，例如，严金海 (2006) 利用我国 1999 年第一季度至 2005 年第一季度的数据，运用 VEC 方法分析了全国与深圳的房价与地价之间的关系，研究发现，短期内房价决定地价，长期内两者相互影响。宋勃、高波 (2007) 使用格兰杰因果检验方法，利用 1998 ~ 2006 年的季度数据建立 ECM 模型，对我国房价和地价的关系进行研究，发现短期内地价是房价的格兰杰原因。长期内，房价和地价存在双向因果关系。也有学者认为，不论长期短期，房价与地价都相互影响。例如，郝寿义、王旺平 (2012) 在 ECM 模型的基础上，结合方差分解方法实证分析了我国房价与地价之间的关系。研究结果表明：房价与地价两者之间存在着双向 Granger 因果关系：房价与地价不论在长期还是在短期都相互影响，但是房价对地价的影响大于地价对房价的影响。且运用方差分解的方法也得到相同的结果。这就说明在房价与地价的关系中，房价对地价的影响比较大。但是，整体上看，更多的观点倾向于认同房价对地价的决定作用。比如周京奎（2006）利用1999～2004年的季度数据，运用VAR模型分析了我国房价与地价之间的关系，研究发现，从全国层面上看，房价是导致地价上涨的原因，但反方向关系不成立。

（二）基本面因素对房价的影响

大多数研究认为，经济基本面能够在一定程度上解释和预测房价。姜彩楼等（2007）使用协整和格兰杰因果检验方法对上海市2003～2006年的月度数据分析得出，宏观经济发展水平和房地产投资是影响上海房价的主要原因，而人均可支配收入、空置面积等对房价的影响较小。闫之博（2007）使用1987～2005年我国国内生产总值（GDP）、外商直接投资（FDI）和房地产销售年平均价格的时序数据，采用ECM模型对三者关系进行计量分析，得出国内生产总值、外商直接投资和房地产价格三者之间存在协整关系的结论，说明三者之间存在长期稳定的均衡关系。结果表明，国内生产总值、外商直接投资对房地产价格有正向的推动作用，但国内生产总值是主要影响因素。陈石清、朱玉林（2008）使用1991～2005年数据，采用协整分析方法和误差修正模型对我国房价和城市化水平之间的关系进行分析。实证结果得出我国城市化水平的提高是导致房价上涨的主要原因，并且得出我国房价与城市化水平之间存在一种长期稳定的正向变动关系。不过余华义（2010）提出了异议，他利用1998～2008年中国35个大城市面板数据，发现房价与经济基本面间缺乏稳定的对应关系，他认为中国特殊的房地产调控政策，尤其是土地政策，对房价的影响更大。土地供应量对房价有显著的负向影响，信贷对房价有显著的正向影响，反映房地产市场供需情况的房屋销售面积和空置面积对房价也有显著的负向影响。段忠东、曾令华（2010）在Hort动态资产市场模型的理论框架基础上，利用1998～2005年中国14个城市的年度数据，运用面板数据模型实证检验宏观经济基本面对房价的解释能力。研究结果表明，考虑到房价自相关影响时，宏观基本面对房价的解释能力大大降低，相对于宏观经济基本面，房价的历史信息对本期房价的上涨具有更强的解释力。在2001年以后，房价的上涨逐渐背离了经济基本面，这种背离从2003年以后进一步加剧，同时房价的正自相关影响也大大增强。这意味着房价的上涨中包含了越来越多的投资甚至投机成分。

（三）房地产信贷对房价的影响

一般认为，房地产信贷的过快增长是导致房价上涨的重要原因。武康平、皮舜、鲁桂华（2004）通过构建房地产与银行信贷市场的一般均衡模型，对房地产市场与金融市场共生性的作用机制进行研究，得出制度缺陷将导致房地产市场和

金融市场的风险相互正向积累。房价的上升引起银行信贷供给增加，而银行信贷增加将助长房价的上涨，增加信贷风险。肖本华（2008）使用格兰杰因果检验，通过对2003～2007年的数据分析，指出我国的信贷扩张是引起住房价格上涨的主要力量，而引起信贷增长过快的主要原因是货币供给的过快增长、实际利率偏低、存在高利差。梁云芳、高铁梅（2007）分析了造成各地区房价波动差异的原因，发现信贷规模对东、西部地区影响都比较大，中部地区较小，表明政府实施的信贷政策对调控东、西部地区的房价是有效的，实际利率对各区域影响差异不大，且影响较小。丁晨、屠红梅（2008）从内生货币供给的角度，分析了房地产价格变化与货币和经济波动的互动影响。邓宏乾、贾傅麟（2012）运用动态面板广义矩估计法对房价的影响因素进行测度，结果表明：在1999～2009年，住房信贷中开发信贷对住房价格的抑制作用较小，消费信贷对住房价格的拉动作用较大，住房信贷扩张对住房价格上涨有促进作用。

第二节　房价波动机制：一个基于需求层面的均衡分析

根据传统经济理论，价格由供求决定。供给超过需求的时候，价格下降，反之则价格上涨。住房虽然不同于一般的消费品，兼有投资品特点，但其价格决定问题仍然适用于供求分析的理论框架。

一、住房需求曲线的基本特征

在短期内，由于建筑时滞、土地稀缺性等原因造成房地产供给缺乏弹性，所以房价主要由需求的变动决定。从需求层面分析，住房需求包括消费需求和投资需求，并且符合一般需求规律，即需求量与价格反方向变动。对于消费者而言，租赁需求可以替代购买需求。在其他条件不变的情况下，如果房价上涨，超出消费者的支付能力，消费者选择租房；如果房价下降，消费者支付能力提高，就会选择购买房产，即一次付清全部房租。对于投资者而言，如果房价上涨，房地产投资收益率下降，意味着其他资产投资收益率上升，投资者会减少投资组合中房地产投资比重；反之，则增加房地产投资比重。

但是，住房消费需求弹性大于投资需求弹性，即消费需求曲线比投资需求曲线更平坦。这是因为，随着住房价值的增大，住房效用边际递减，但是住房对于消费者的边际效用递减速率小于住房对于投资者的边际效用递减速率，所以消费者对于房价变动更加敏感，这意味着消费需求曲线更平坦，如图 2－1 所示。其中 D_1 表示住房消费需求曲线，D_2 表示住房投资需求曲线。投资需求曲线更加陡峭。

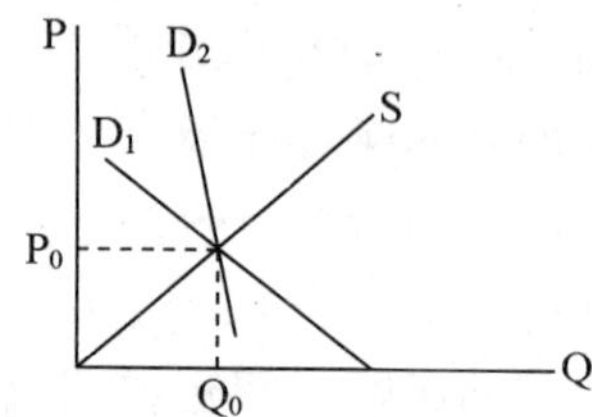

图 2－1　供求曲线的基本特征

市场需求曲线是由消费需求曲线和投资需求曲线加总得到的。市场需求弹性可以看作是消费需求弹性和投资需求弹性的加权平均。如果市场需求中投资需求的比重更大，那么市场需求弹性表现出更小的弹性，否则，市场需求弹性会比较大。由于短期内住房供给弹性比较小，所以住房供给曲线 S 比较陡峭。

二、短期均衡：需求决定房价

短期内房地产供给状况保持稳定，房价由需求状况的改变来决定。在图2－2中，当需求由 D_1 扩大到 D_2 的时候，房价由 P_1 上涨到 P_2，需求量由 Q_1 增加到 Q_2。

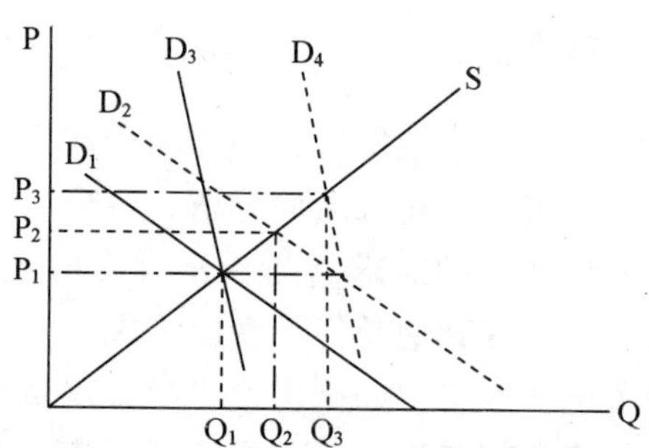

图 2－2　住房市场的短期均衡

需求价格弹性对房价涨幅有很大影响。在需求弹性比较小的情况下，同等幅度的需求的改变所引起的房价涨幅比较大。现在考虑一种新的需求状况，以图2－2 中 D_3 表示。需求曲线 D_3 与 D_1 比较起来，D_3 更加陡峭，这表示需求弹

性比较小。假如市场需求从 D_3 扩大到 D_4，变动幅度与 D_1 到 D_2 的变动幅度相同，但是由于市场需求弹性比较小，所以房价从 P_1 上涨到 P_3 而不是 P_2。这说明，如果房地产市场需求弹性小，那么由需求变动所导致的房价波动幅度会更大。

既然市场需求弹性的大小与需求结构有关系，而房价波动幅度受到市场需求弹性的影响，那么房价波动就与市场需求结构有关系。如果市场中投资者过多的话，那么房价波动无疑更大。在图 2－2 中，D_1 的投资需求比重要小于 D_3 的投资需求比重，因而 D_1 比 D_3 更平坦一些。

三、长期均衡：供给弹性可变

在长期，建筑时滞和土地约束消失，生产要素的配比可以进行调整，从而供给能够根据需求和价格的变动来做出相应调整，这意味着长期供给弹性变大，在图 2－3 中，长期供给曲线从 S_1 变动到 S_2，S_2 比 S_1 更加平坦，这表示长期供给对于价格变动的反应更具有灵活性。

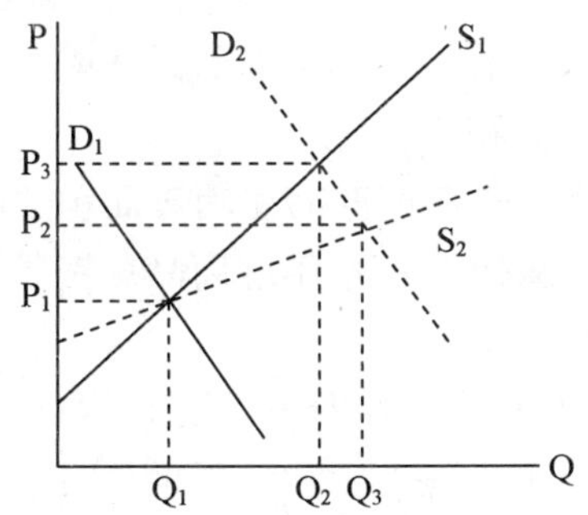

图 2－3　住房市场的长期均衡

由于长期供给弹性变大，对于既定需求的改变，供给能够及时做出调整，所以房价只需要较小幅度改变即可引导供给与需求恢复均衡。在图 2－3 中，当需求从 D_1 增加到 D_2 的时候，如果供给弹性小，如 S_1 所表示的情况，那么房价会从 P_1 上涨到 P_3，市场出清的数量从 Q_1 增加到 Q_3。但是，如果供给弹性增大，如 S_2 所表示的情况，那么房价会从 P_1 上涨到 P_2，市场出清的数量从 Q_1 增加到 Q_2。比较两种情况发现，当供给弹性增大后，对于既定需求的冲击，房价上涨幅度小。这说明，增大供给弹性，有利于缓解房价波动。

第三节　房价波动机制的实证分析

在上一节的理论分析中，我们提出这样一个假设，即较小的需求弹性以及供给弹性会导致更大的房价波动幅度。本节将对这个假设进行实证检验。

一、数据来源与变量含义

所有的数据来自于中经网产业数据库。样本期为 2000～2012 年。

被解释变量为房价涨幅 ZFP，定义为：（本年度商品房平均销售价格－上年度商品房平均销售价格）÷上年度商品房平均销售价格。

解释变量为供给弹性 TXGJ 和需求弹性 TXXQ。房地产供给以当年商品房竣工面积表示，房地产需求以当年商品房销售面积表示。

供给弹性 TXGJ 定义为：本年度商品房竣工面积涨幅÷本年度房价涨幅。其中，本年度商品房竣工面积涨幅＝（本年度商品房竣工面积－上年度商品房竣工面积）÷上年度商品房竣工面积。

需求弹性 TXXQ 定义为：本年度商品房销售面积涨幅÷本年度房价涨幅。其中，本年度商品房销售面积涨幅＝（本年度商品房销售面积－上年度商品房销售面积）÷上年度商品房销售面积。

控制变量设为住房抵押贷款涨幅 ZFM。定义为：（本年度住房抵押贷款规模－上年度住房抵押贷款规模）÷上年度住房抵押贷款规模。其中，住房抵押贷款的数据以房地产开发资金来源中的其他资金代替。其他资金来源主要是来自购房者的预收定金以及预付款，而购房者的大部分资金来自银行贷款。所以其他资金来源可以近似代替住房抵押贷款规模。

二、数据的统计特征

在实证分析之前，先对相关变量统计特征进行描述，以反映各变量在样本区间内的整体运行状况，并初步观察变量间的关联性。

观察图 2－4 可以看到，在样本期间，从 2003 年以后，房价涨幅波动剧烈，2008 年负增长，而 2009 年即转为增长并达到最大涨幅。住房抵押贷款增幅变动比较平稳。标准需求理论的解释是，房地产需求弹性在整个样本期间均为正数，并且 2008 年达到最大，这说明了一个有趣的现象，即房地产的投资属性压倒了消费属性，而当人们把房地产更多的看作投资的时候，那么“买涨不买落”的

心理就发挥了主导作用，即房价上涨不仅没有减少消费，反而增加了房地产购买，而当房价下降时，则抛售或者减少房地产购买。在这期间，房地产供给弹性基本符合标准理论的解释，即房价上涨带动房地产供给增加。只在2008年出现反常，在这一年，供给弹性反转为负数，达到最低点。这是因为在2008年房价出现了负增长。

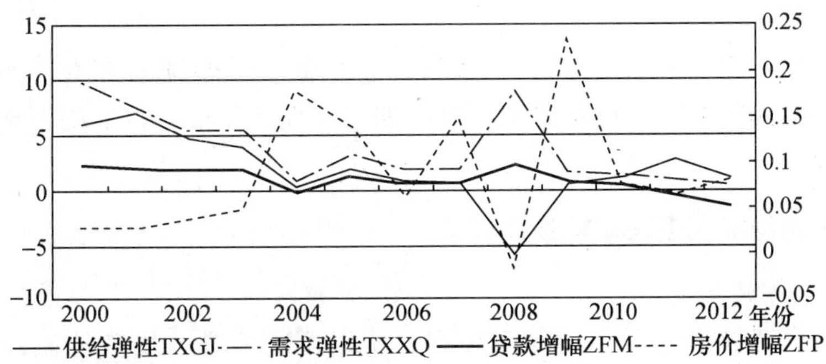

图2-4 2000~2012年相关变量走势

表2-1对相关变量进行了统计描述。可以看到，四个变量分布形态不具有正态分布特征，都有一定偏移。说明变量在不同时间上的变化具有一定相关性。

表2-1 变量的描述统计

	ZFP	TXGJ	TXXQ	ZFM
均值	0.085048	1.837284	3.718405	0.275981
中位数	0.064587	1.113193	1.882034	0.258636
最大值	0.231842	6.907842	9.752708	0.753296
最小值	-0.016563	-5.915399	0.219118	-0.114989
标准差	0.069880	3.227126	3.272489	0.201077
偏度（Skewness）	0.704233	-0.632664	0.703518	0.498813
峰度（Kurtosis）	2.641504	3.887697	2.056718	4.251193

三、单位根检验

经济时间序列大多是不平稳的。对四个变量的统计特征的描述也显示，可能存在一定的自相关。而对不平稳的时间序列进行回归容易产生虚假回归问题，参数估计有偏并且不一致。检验时间序列是否平稳的方法即为ADF单位根检验。四个变量的单位根检验结果如表2-2所示（括号中数字为发生概率）。

表 2-2 单位根检验结果

	ZFP	TXGJ	TXXQ	ZFM
截距	-4.077682 (0.0080)	-4.230804 (0.0060)	-5.013877 (0.0015)	3.340187 (0.0344)
趋势与截距	-4.773471 (0.0093)	-4.335187 (0.0193)	-4.991513 (0.0015)	-2.723504 (0.2446)

单位根检验表明，除了变量 ZFM 在含有趋势与截距项的模型下的检验不拒绝原假设外，其他情况下都拒绝原假设，即不存在单位根，以上四个变量均为平稳时间序列。

四、长期均衡关系与短期动态调整

（一）长期均衡关系

由于四个变量均为平稳的时间序列，所以不需要进行协整检验，直接利用 OLS 方法进行回归分析，确定长期均衡关系。表 2-3 是在 EViews 6.0 环境下得到的回归结果。

表 2-3 回归结果

变量	系数	标准差	t 值	p 值
C	0.059964	0.019299	3.107128	0.0126
TXGJ	-0.006448	0.002966	-2.173639	0.0578
TXXQ	-0.009220	0.002818	-3.271570	0.0097
ZFM	0.258043	0.047608	5.420122	0.0004
$\overline{R^2}=0.817044$　D. W. =2.070297　F=18.86318　P=0.000320				

回归结果显示，供给弹性以及需求弹性系数分别为 -0.006448 和 -0.009220，均小于零，说明如果供给与需求弹性增加 1%，那么房价涨幅会分别下降 0.006448% 和 0.00922%。或者是，如果需求和供给弹性变小，会导致房价波幅扩大，这与理论分析的结论相吻合。调整后的 R^2 为 0.817044，F 统计量概率为 18.86318，模型拟合优度较好。D. W. 值为 2.070297，由于样本较小，所以无法进行 D. W. 检验，但是 D. W. 值接近于 2，并观察残差序列图，可以基本确定误差项不存在自相关。

（二）短期动态调整

1. 基本模型

以上得到的是房价波幅与供给弹性、需求弹性以及房贷波幅之间在样本期间

的长期关系。下面，我们来考察它们的短期动态关系。首先建立（1，1，1，1）分布滞后模型，形式如下：

$$ZFP_t = \beta_0 + \beta_{11} TXGJ_t + \beta_{12} TXGJ_{t-1} + \beta_{21} TXXQ_t + \beta_{22} TXXQ_{t-1} + \beta_{31} ZFM_t + \beta_{32} ZFM_{t-1} + \beta_4 ZFP_{t-1} + \varepsilon_t \quad (2-1)$$

对（2－1）式进行适当变形，得到：

$$\Delta ZFP_t = \beta_{11}\Delta TXGJ_t + \beta_{21}\Delta TXXQ_t + \beta_{31}\Delta ZFM_t - \lambda\left(ZFP_{t-1} - \alpha_0 - \alpha_1 TXGJ_{t-1} - \alpha_2 TXXQ_{t-1} - \alpha_3 ZFM_{t-1}\right) + \varepsilon_t \quad (2-2)$$

其中，$\lambda = 1-\beta_4$，$\alpha_0 = \frac{\beta_0}{1-\beta_4}$，$\alpha_1 = \frac{\beta_{11}+\beta_{12}}{1-\beta_4}$，$\alpha_2 = \frac{\beta_{21}+\beta_{22}}{1-\beta_4}$，$\alpha_3 = \frac{\beta_{31}+\beta_{32}}{1-\beta_4}$。

ZFP 的变化决定于 TXGJ、TXXQ、ZFM 的变化以及前一时期的非均衡程度。（2－2）式括号内的项是 t－1 期的非均衡误差项。称为一阶误差修正模型（first－order error correction model，ecm）。重写（2－2）式如下：

$$\Delta ZFP_t = \beta_{11}\Delta TXGJ_t + \beta_{21}\Delta TXXQ_t + \beta_{31}\Delta ZFM_t - \lambda ecm_{t-1} + \varepsilon_t \quad (2-3)$$

ecm 的修正作用表现为：

若（t－1）时刻 ZFP 大于其长期均衡解 $\beta_0 + \beta_1 TXGJ + \beta_2 TXXQ + \beta_3 ZFM$，ecm 为正，则 $-\lambda ecm$ 为负，使得 ΔZFP_t 减少；

若（t－1）时刻 ZFP 小于其长期均衡解 $\beta_0 + \beta_1 TXGJ + \beta_2 TXXQ + \beta_3 ZFM$，ecm 为负，则 $-\lambda ecm$ 为正，使得 ΔZFP_t 增大。ecm 体现了长期非均衡误差对 ΔZFP_t 的控制。

2. 误差修正模型估计

根据长期均衡关系回归结果，以残差序列 resid 作为误差修正项 ecm，建立误差修正模型并进行回归，如表 2－4 所示。

表 2－4　回归结果

变量	系数	标准差	t 值	p 值
DTXGJ	－0.003231	0.003472	－0.930673	0.3793
DTXXQ	－0.007436	0.003606	－2.062230	0.0731
DZFM	0.244546	0.037437	6.532194	0.0002
ECM（－1）	－0.831354	0.329456	－3.737543	0.0057

$\overline{R^2} = 0.935548$　D. W. ＝1.929710　F＝27.83375

回归结果显示，如果上一年动态供给弹性系数提高 1%，那么本年房价涨幅会下降 0.003231%；如果上一年需求弹性提高 1%，那么本年房价涨幅下降 0.007436%。ECM（－1）的系数为－0.831354，符合误差修正模型预期，即如果上一年度 ZFP 偏离长期均衡 1%，那么本年度 ZFP 将向均衡值逆向恢复，速度为 0. 831354%。

3. 冲击响应函数

为进一步确定变量间的冲击变动，进行脉冲响应函数分析。进行脉冲响应分析时，要求变量间所建立的 VAR 模型稳定。基于此建立的 VAR（1）模型进行稳定性诊断，诊断结果如图 2－5 所示。

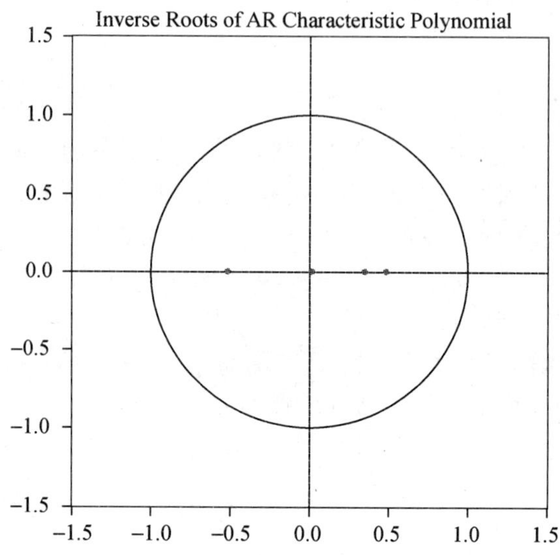

图 2－5　ZFP、TXGJ、TXXQ、ZFM 的 VAR（1）的稳定性检验

由图 2－5 可以看出，所建立的 VAR（1）模型的特征方程的根全部落在单位圆内，说明该模型是平稳的。VAR（1）模型如表 2－5 所示。

表 2－5　VAR（1）模型

	ZFP	TXGJ	TXXQ	ZFM
ZFP（－1）	0. 240364 (0. 59572)	－37. 63503 (－2. 03079)	－24. 69768 (－1. 33369)	－1. 036944 (－1. 24867)
TXGJ（－1）	－0. 007538 (－1. 36842)	0. 063179 (0. 24972)	－0. 129167 (－0. 51092)	－0. 029520 (－2. 60381)
TXXQ（－1）	0. 009122 (1. 61155)	－0. 111174 (－0. 42762)	0. 013225 (0. 05091)	0. 031193 (2. 67747)
ZFM（－1）	－0. 125862 (－0. 82735)	8. 517241 (1. 21898)	10. 52462 (1. 50741)	0. 022805 (0. 07284)

续表

	ZFP	TXGJ	TXXQ	ZFM
C	0. 082400 (1. 90767)	2. 620967 (1. 32111)	2. 530207 (1. 27632)	0. 281615 (3. 16777)
R – squared	0. 382089	0. 388772	0. 406495	0. 683867
Adj. R – squared	0. 073133	0. 083158	0. 109743	0. 525800
F – statistic	1. 236710	1. 272101	1. 369813	4. 326448

注：括号内为 t 统计量。

为了考察房地产供给弹性与需求弹性变化对房价波幅的影响，在模型 VAR（1）参数估计基础上，进行脉冲响应函数分析。图 2 –6 描绘了脉冲响应结果。可以看出，房价波幅对供给弹性以及需求弹性的脉冲响应初始值在第 1 期均为 0。在供给弹性波动的冲击下，房价波幅对脉冲的响应在第 2 期达到最大，此后呈下降趋势，且趋势明显，第 5 期后逐渐趋于 0。房价波幅对需求弹性的冲击响应在第 2 期达到峰值，此后呈下降趋势，于第 5 期后趋于 0。以上结果说明，供给弹性及需求弹性的变动对房价波幅均会造成显著影响，但是影响持续时间较短，如图 2 –6 所示。

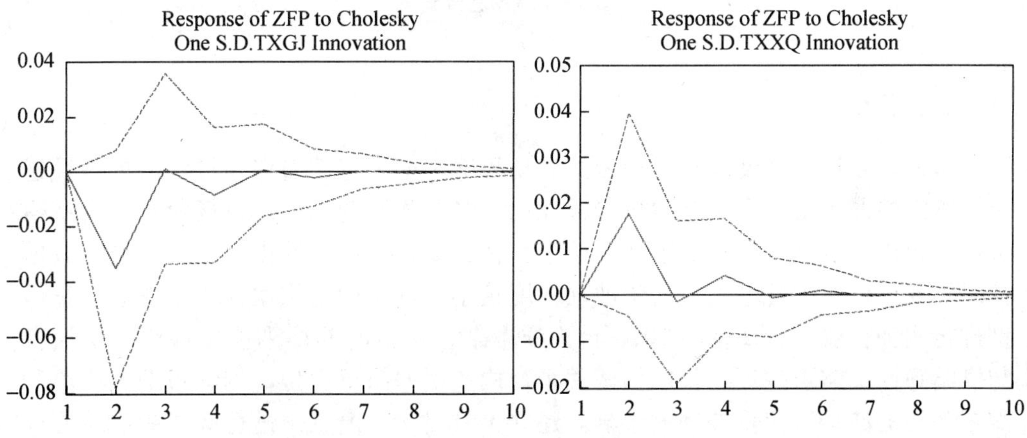

图 2 –6　脉冲响应函数分析

图 2 –7 表示方差分解结果，反映了预测期内供给弹性、需求弹性变动的冲击作用对房价波幅预测误差的相对贡献度。脉冲响应函数描述的是 VAR 模型中一个变量的冲击给其他变量所带来的影响，而方差分解通过分析每一个冲击对变

量变化的贡献度，进一步评价不同冲击的相对重要性。由预测方差分解结果可以看出，房价波幅的预测误差主要来自自身变动的不确定性，第 1 期自身贡献率为 100%，此后降低，第 2 期开始逐步稳定在 76. 45% 左右；供给弹性冲击对房价波幅预测的贡献在第 1 期为 0，而后上升，第 2 期后稳定在 20% 左右；需求弹性对房价波幅的预测误差贡献当期为 0，第 2 期后贡献率稳定在 3% 左右。

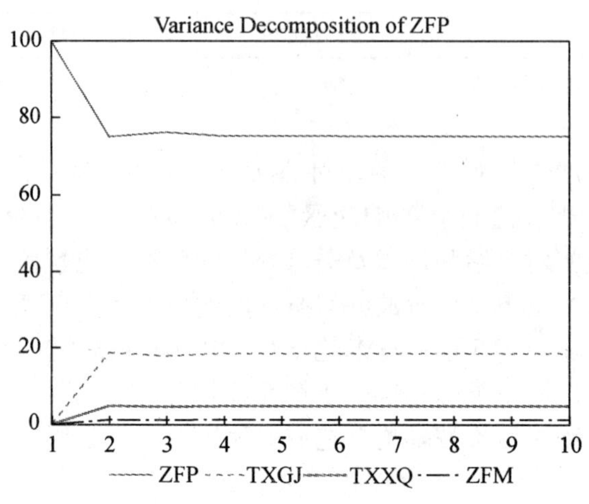

图 2－7 方差分解

五、总结

短期内，供给弹性较小，房价的波动幅度主要决定于需求弹性。需求弹性越小，既定的需求变动会引起房价更大波动。需求弹性的大小由市场投资者的结构决定。投机者越多，市场需求弹性越小。在长期，供给弹性更加灵活，给定其他情况不变，供给弹性越大，房价波动幅度越小。针对理论假设，本章建立计量模型进行实证检验。以 2000～2012 年为样本期，构造时间序列模型检验房价波幅与供给弹性、需求弹性的长期均衡关系，构造误差修正模型，刻画短期内供给和需求弹性的波动对房价波动的影响。建立 VAR（1）模型，进行脉冲响应分析以及方差分解，进一步分析来自供给弹性和需求弹性的变动对房价波动的影响。实证检验表明，较小的需求弹性以及供给弹性会导致更大的房价波动幅度。

第三章　房价波动的理论模型：另一种解释

第一节　基于多方行为博弈的房价波动分析

房价波动不是某些因素单独作用的结果，是多种原因相互作用而产生的。随着居民收入的增长、人口的增加和城市化进程加快，消费者对房地产的需求不断增加；由于短期内房地产供给缺乏弹性，使得房地产价格持续攀升；政府为了较快获得财政收入和提高其政绩水平，利用其干预力量和操纵能力“权力寻租”，大肆出让土地；房地产开发商为了赚取房地产价格上涨的资本利得，纷纷将大量资金投向房地产市场，进一步加快了房地产价格的上涨，导致市场上投机严重；银行也出于同样的目的大大增加住房信贷资金的投入量，也加快了房地产价格的攀升趋势；广大消费者在政府舆论的引导下，由于信息不对称，对房地产市场做出乐观的预期，促使价格的进一步提高。在以上多方面的作用之下，我国房地产价格出现了较为明显的波动。

一、市场主体的行为分析

（一）地方政府的寻租行为

我国很多城市和地区的房价波动同政府有着很大的关系。作为地方官员，其未来的升迁与政绩有着直接的关系，而所谓政绩必须是看得见、摸得着的，所以才会有“GDP 崇拜”、“政绩工程”、“面子工程”等提法。要拉动 GDP 增长最直接的手段就是靠投资，要搞政绩工程就得想办法弄钱。如果靠优化地方各方面环境，通过吸引投资增加税收来获得财政收入速度太慢了，最好能找到能够立竿见影增加财政收入的手段，这样的手段目前只有一个，那就是卖地。土地是房地产的基础和最主要的生产资料，而土地的供应者是政府。地方政府手中掌握着土地垄断的权力，通过它政府可以很轻易地抬高土地的出让价格，为自己带来可观的财政收入。同时在土地的定价和出让过程中政府官员还可以额外获得其他收入，比如开发商为获得土地资源而进行的行贿等。一些地方政府特别热衷城市的经营，急于通过出让土地筹集资金。因此很多地方政府不管土地的使用要求、出让的有关规定，放松了对土地的审批，过度下放土地的审批权限，无原则地突破土地规划，只为了收入的多少就把土地以拍卖的形式出让出去，甚至为了眼前的利益以权谋私。从而导致土地价格节节上升，土地批租过量，一些土地开发商很容易通过地价变动进行投机活动，土地炒作加剧，为房地产价格波动的产生埋下隐患。因此，地方政府的设租、寻租、贪污受贿是助长房地产价格波动的主要原因之一。此外，有些地方政府直接进入房地产市场，干预主管职能部门的决策，通过土地划拨、税收减免等优惠政策吸引投资。政府通过抬高土地价格可以进一步提高房价，从而使在这些高价土地上兴建的房屋价格成为全地区房地产交易的参考价格，这就是说政府通过控制土地价格进一步控制房地产价格。高涨的房价使得该地区房地产市场出现了巨额利润空间，吸引着开发商加大投资力度，同时也激励了购买者的愿望和信心。较高的市场价格使得旧区改造成为经济上可行的买卖，可以诱使开发商为了利益而主动进行投资改造，而不需要政府再投入更多的资源和财力，就能不费力地实现城市面貌的改变。而且开发商的大力投资可以有效地提高本地区的 GDP 水平，从而提高地方政府的政绩。地方政府对地方短期利益和自身政绩的追求使得土地价格和房地产价格不断提高，逐渐脱离了消费者的真实需求，反而为投机者创造了广阔的炒作空间，加速了房地产的波动。

上面的理论分析可以写成下面的公式。地方政府的收益函数可以表示为：

$$G = T(t, P, H) + R(r, L) + M(I) - C(I) \tag{3-1}$$

其中，T 为地方政府在房地产开发项目中所获得的税收收入，是税率 t、房价 P 以及房屋销售面积 H 的增函数；R 为土地出让收入，由单位土地面积租金 r 和土地出让面积 L 共同决定；M（I）为由房地产投资规模 I 决定的地方政府官员政绩，是房地产投资规模的递减函数，$\frac{\partial M}{\partial I}>0$，$\frac{\partial^2 M}{\partial I^2}<0$；C（I）表示房地产开发的政府成本，比如由于城市新增人口的养老、教育补贴以及开发等所带来的一些环境恶化的负效应，$\frac{\partial C}{\partial I}>0$，$\frac{\partial^2 C}{\partial I^2}>0$。房地产投资规模 I（t，H，P，r）决定于税率，销售情况 H、销售价格 P 以及土地成本 r，并且$\frac{\partial I}{\partial t}<0$，$\frac{\partial I}{\partial r}<0$，$\frac{\partial I}{\partial H}>0$，$\frac{\partial I}{\partial P}>0$。

（二）投资者的过度投机行为

过度投机也是导致我国房地产价格波动的一个重要原因。1992～1993 年我国沿海地区的房地产价格波动就是由投机和炒作房地产所引起的。目前来看，由于房地产市场存在着高额利润，很多房地产商将大量资金投入其中，想通过房地产交易从中牟取暴利。房地产开发商们千方百计地“圈地”，进行土地储蓄，等到时机成熟或将土地以高额的价格转让，或进行开发，并疯狂炒作，导致地价、房价飞涨。房地产商们不仅在炒作和投机中坐庄操作，而且还在房地产价格的垄断与操纵中随时合谋哄抬房价，不断找寻机会聚敛社会财富。大量投机资金的涌入刺激了消费提前和投机需求，进而产生了需求和价格的相互推动，导致许多“被炒”城市房价飞涨。随着我国经济的发展和城市化进程步伐的加快，人们对土地不断增长的需求与土地的稀缺之间的矛盾越来越突出，在这种情况下，有限的土地在反复转手交易的过程中价格飞涨，严重脱离了实际价值而产生地价泡沫。一些投资者认为高端租赁市场投资回报周期短，投资回报率高，因此始终坚持“只租不卖”、“以租养房”的心态，大量购买房子，造成短期内的房价居高不下。除了本国的房地产商肆意投机和炒作之外，外国投资资本的大量流入也在一定程度上带动投机需求，目前各种国际游资以各种隐蔽的方式进入中国，流入到房地产领域。

投资者的效用函数可以写为如下形式：

$$U = PD(y, P, g_c^e, i, t) - Z(i, P, t) \tag{3-2}$$

其中，Z（i，P，t）表示投资成本，包括借款利息等，$\frac{\partial Z}{\partial P}<0$，$\frac{\partial Z}{\partial i}>0$。D（P）表示投资需求，与一般需求函数不同，$\frac{\partial D}{\partial P}>0$。$g_c^e$ 表示投资者对未来房价走势的预期，$\frac{\partial D}{\partial g_c^e}>0$。这一特征体现了投机性，$\frac{\partial D}{\partial t}<0$，$\frac{\partial D}{\partial i}<0$。

（三）房地产开发商过度供给行为

信息不对称和消费预期。房地产市场与完全自由竞争市场的四个条件相差甚远，它是垄断竞争市场，作为市场两大主体的开发商和最终消费者所获取的信息是不对称的。一般的消费者和非专业型的，不能获取充分的信息。我国的许多房地产交易和定价是悄悄进行的，成交价不能反映出成交物业的真实价值。消费者不能对现有房产、地产做出近乎合理的估价，加之开发商无休止的炒作，以及收入水平的不断提高，人们很容易做出对未来收益过高估计的判断。使得房地产销售价格严重脱离其实用价值，产生房地产泡沫。消费者对房地产价格的预期在一定程度上影响消费者的需求。消费者的预期经常会受经济环境变化的影响，当经济环境发生较大的变化时，尤其是在这种环境变化本身还存在许多想象的空间时，就会很容易导致市场产生不符合实际情况的预期，而一旦预期高估了环境变化对价格的影响，就可能引发泡沫现象。房地产不同于其他商品。我国目前房价上涨火爆，房价越是高涨，消费者越是认为房地产价格今后还要上升，因此市场上需求量增加。而房地产持有人往往会惜售，使得供给量反而减少，这样一来就进一步刺激了房价的上扬。除了消费者自身根据市场环境进行的预期之外，政府的舆论导向也会对其消费行为产生影响。政府鼓励房地产投资也会使得消费者对房地产的未来走向看好，消费者的需求也会因此而增加，房价自然也会水涨船高。

开发商的利润函数：

$$\pi_d = \delta(t, i, r, g_d^e)\,PS(P) - C_d(i, r, t) \tag{3-3}$$

其中，g 表示房价增长速度。

（四）房地产信贷的过度扩张行为

近些年来，我国房地产市场持续升温，财富的诱惑吸引众多投资者进入房地产市场，市场供应和需求量增大，房地产价格快速上涨，房地产开发火热。房地产销售价格的上扬也提高了抵押物的市值，降低了抵押贷款的风险，从而诱使银行不断扩大住房抵押贷款的规模，大量银行贷款进入房地产市场。大量银行资金的介入又进一步加快了房地产价格的膨胀和泡沫的产生，这是一个加速上升的过程。银行信贷的非理性扩张不仅促进了房地产价格的快速上涨，还为各种投机行为的愈演愈烈创造了条件，不断累积金融风险。

$$\pi_b = iL(i, V(P)) \tag{3-4}$$

$$\frac{\partial L}{\partial i} > 0,\ \frac{\partial L}{\partial V} > 0,\ \frac{\partial V}{\partial P} > 0$$

二、四方参与者的一个静态博弈模型：共谋与泡沫

通过以上分析，我国房地产市场四方博弈可以表述为在土地出让金及各种税费的影响下，政府基于收益最大化的考虑因此默许房价的上涨，这样可以通过土地出让等方式获得最大化的税费收益；投资（投机）者在我国实际利率偏低的大背景下有很强的投机动机，在涨价预期下买入房地产，追求最高收益的杠杆效应使其必然需要商业银行的资金支持；商业银行在房地产价格上涨时也更倾向扩大房地产信贷的规模。在这四方的博弈中，政府起了最为关键的作用，这是因为政府可以通过土地市场对房地产开发商形成制约，通过调控政策和各类金融政策对投资者和银行形成制约。对于现阶段的我国政府而言，一方面房地产所带来的各种直接及间接受益使政府倾向于房价的上涨，但另一方面房价上涨过快过高所带来的负效应，特别是房价上涨过快可能导致的房地产价格泡沫的破裂又可能影响政府受益最大化的目标，因此政府现阶段的政策依然是通过宏观调控维持房地产市场的稳定，政府的这种政策也会对其他博弈的三方产生相应的影响。对于房地产开发商，由于政府增加保障房供应、收紧土地供给及限制“地王”出现等

措施对房地产开发商投资规模的扩大以及房地产供给结构的变化产生了一定影响；对于投资者，房地产限购及多套房贷款限制等政策对其形成了直接制约；对于商业银行，政府的贷款规模、贷款结构等政策也直接影响了商业银行资金向房地产市场的流入。以上分析可以用图3-1及（3-5）式进行表述，其中V代表房价波动的最终效用，它取决于政府行为（G）、房地产投资者行为（U）、房地产开发商行为（π_d）和银行信贷（π_b）四方博弈的最终结果。

$$V=f(G, U, \pi_d, \pi_b)$$

$$\text{s.t.}\begin{cases}G=T(t, P, H)+R(r, L)+M\\U=PD(y, P, g_c^e, i, t)-C_c(i, P, t)\\\pi_d=PS(P, g_d^e, i, t, r)-C_d(i, r, t)\\\pi_b=iL(i, V(P))\end{cases} \tag{3-5}$$

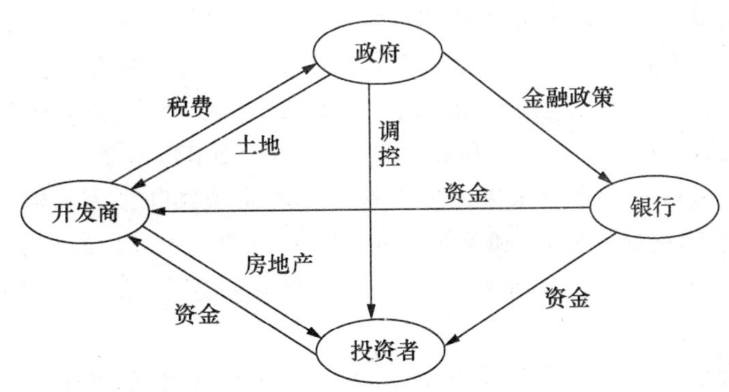

图3-1　政府、投资者、开发商、银行在房价波动中的四方博弈

第二节　预期、信息不对称与房价波动的理论模型

如果繁荣的住宅市场不能完全被基本面因素所解释，那么投资者的预期将可能是一个解释①。Case与Shiller（1988，2003）通过问卷调查美国4个城市买房居民对于未来住宅价格增长预期的看法，他们发现住宅价格水平很大一部分受居民预期的推动，而形成这种预期是以过去住宅价格的变化作为基准，而不是来自

① 陈建，陈英楠，刘仁和．所有权成本、投资者预期与住宅价格波动：关于国内四大城市住宅市场的经验研究［J］．世界经济，2009（10）．

基本面的任何信息①。

基于历史住宅价格增长的未来价格增长预期是国内学者研究住宅价格波动时关注的一个重要变量。沈悦和刘洪玉（2004）发现中国14个城市代表预期的住宅价格变化率的历史信息（滞后一阶和滞后二阶）对当前价格变化率的影响很低②。洪涛等（2007）认为，消费者的适应性预期推动了国内城市房地产泡沫的传导，而这种适应性预期受本城市房地产价格的历史增长率以及其他城市增长率的影响③。任荣荣等（2008）认为，国内居民对未来住宅价格增长的预期是一种近视预期，即根据过去两年房价增长率的平均值来确定未来价格的增长率。他们发现国内35个大中城市居民对住宅“未来价格会持续高涨”的预期会使房价膨胀④。就全国而言，梁云芳和高铁梅（2006）使用滞后一年全国住宅销售价格增长率作为预期的代理变量，发现上一年价格的增长率对本期价格增长率影响明显⑤。胡健颖等（2006）发现购房者的价格预期由滞后一至三期的房价增长所决定，价格预期决定的房价非基本价格对中国房地产价格影响不大，起主要作用的还是宏观经济基本面⑥。近年来投资者的货币幻觉作为一种非理性预期也逐渐为研究者所重视，并被用来解释房价的波动［参见 Brunnermeier 与 Julliard（2008）、Piazzesi 与 Schneider（2008）、刘仁和等（2009）］⑦⑧⑨。

预期本身是对某一事物未来发展态势的一种主观判断，因为数据获得的局限很难精确测度。Dipas - quale 和 Wheaton（1996）提出了三种最普遍的预期方法：

（1）外生价格预期，即家庭预测未来价格会随宏观经济而增长，不受当地住房市场状况的影响；

（2）近视价格预期，即家庭根据过去的住房价格趋势估计未来住房价格变动，认为过去的趋势会延续到未来；

---

① Case, KarlE and Shiller, Robert J. The Behavior of Home Buyers in Boom and Post - Boom Markets［J］. New England Economic Review, No - vember/December, 1988: 29 - 46.

② 沈悦，刘洪玉．住宅价格与经济基本面：1995 ~ 2002 年中国 14 城市的实证研究［J］．经济研究，2004（6）．

③ 洪涛，西宝，高波．房地产价格区域间联动与泡沫的空间扩散——基于 2000 ~ 2005 年中国 35 个大中城市面板数据的实证检验［J］．统计研究，2007（8）．

④ 任荣荣，郑思齐，龙奋杰．预期对房价的作用机制：对 35 个大中城市的实证研究［J］．经济问题探索，2008（1）．

⑤ 梁云芳，高铁梅．中国商品住宅销售价格波动成因的实证分析［J］．管理世界，2006（8）．

⑥ 胡健颖，苏良军，金赛男，姜万军．中国房地产价格有几成泡沫［J］．统计研究，2006（1）．

⑦ Brunnermeier, Markus K. and Julliard, Christian. Money Illusion andHousing Frenzies［J］. Review of Financial Studies, 2008, 21 (1): 135 - 180.

⑧ Piazzesi M. and Schneider, M. Inflation Illusion, Credit and AssetPrices, in John Y. Campbell ed., As-setPrices and Monetary Policy［M］. Chicago, IL: ChicagoUnⅣersity Press, 2008.

⑨ 刘仁和，陈英楠，程昆．货币幻觉与中国城市住宅估值［J］．财贸经济，2009（2）．

（3）理性预期，即家庭具有完全的关于市场运行状况的信息，所做出的预测与市场未来的实际变化情况是符合的①。

从我国现阶段的实际情况分析，目前我国房地产行业仍存在较为明显的信息不对称现象②，因此当前我国并不存在理性预期房价的基本条件，而房地产的区域性又使城市居民更关注当地的房价变动情况而不是宏观经济，这使我国城市居民对房价的预测多是依据过去房价波动的趋势，即近视价格预期。

一、基于预期的房价波动模型

设 D_{it} 为 i 地区 t 时刻房地产需求总量，它由本期 i 地区房价 P_{it}、对下一期房价的波动预期 $dP^e_{i,t+1}$、本地居民收入情况 Y_{it}、本期货币供应量 M_{it} 和本期市场利率水平 I_{it} 共同决定，设 α_1、α_2、α_3、α_4、α_5 分别为决定总需求的各项对应的系数。S_{it} 为 i 地区 t 时刻房地产供给总量，它取决于上一期的房地产供给量 $S_{i,t-1}$ 以及本期的房地产供给波动量 dS_{it}，设 β_1、β_2、β_3、β_4、β_5 分别为决定总供给各因素的对应系数。

$$\begin{cases} D_{it}=\alpha_0+\alpha_1P_{it}+\alpha_2dP^e_{i,t+1}+\alpha_3Y_{it}+\alpha_4M_{it}+\alpha_5I_{it}(\alpha_1,\alpha_5<0,\alpha_2,\alpha_3,\alpha_4>0) \\ S_{it}=\gamma S_{i,t-1}+dS_{it} \\ S_{it}=\beta_0+\beta_1P_{i,t-1}+\beta_2dP^e_{it}+\beta_3C_{i,t-1}+\beta_4M_{it}+\beta_5I_{it}(0<\gamma<1,\beta_1,\beta_2,\beta_4>0,\beta_3,\beta_5<0) \end{cases} \tag{3-6}$$

当 $D_{it}=S_{it}$ 时有 $\alpha_0+\alpha_1P_{it}+\alpha_2dP^e_{i,t+1}+\alpha_3Y_{it}+\alpha_4M_{it}=\gamma S_{i,t-1}+\beta_0+\beta_1P_{i,t-1}+\beta_2dP^e_{it}+\beta_3C_{i,t-1}+\beta_4M_{it}$ 预期下的市场均衡。

$dP^e_{i,t+1}=P_{i,t+1}-P_{it}$，$dP^e_{it}=P_{it}-P_{i,t-1}$，则房价波动π为：

$$\pi=dP^e_{it}=P_{it}-P_{i,t-1}=\frac{\alpha_2+\beta_1-\alpha_1}{\alpha_1-\alpha_2-\beta_2}P_{i,t-1}-\frac{\alpha_2}{\alpha_1-\alpha_2-\beta_2}P_{i,t+1}+\frac{\gamma}{\alpha_1-\alpha_2-\beta_2}S_{i,t-1}+\frac{\beta_3}{\alpha_1-\alpha_2-\beta_2}C_{i,t-1}-\frac{\alpha_3}{\alpha_1-\alpha_2-\beta_2}Y_{it}+\frac{\beta_4-\alpha_4}{\alpha_1-\alpha_2-\beta_2}M_{it}+\frac{\beta_5-\alpha_5}{\alpha_1-\alpha_2-\beta_2}I_{it}+\frac{\beta_0-\alpha_0}{\alpha_1-\alpha_2-\beta_2} \tag{3-7}$$

（3-7）式表明，准确预期的情况下本期房价的波动主要受到上期及下期房价的影响，以及房地产开发商前期的房地产供应量、居民收入水平和货币供应量的影响。

根据假设，有：

---

① 孔煜．市场预期与房地产价格波动［J］．中央财经大学学报，2009（2）．

② 周京奎．信息不对称、信念与金融支持过度——房地产泡沫形成的一个博弈论分析［J］．财贸经济，2005（8）．

$\frac{\partial(P_{it}-P_{i,t-1})}{\partial P_{i,t+1}}>0$ 意味着当市场预期未来房价越高则房价波动性也会越大，由于存在滞后的原因，因此房地产市场中的房地产需求者对未来房价较为敏感，这样当其预期到未来房价会出现上升时，其将增加对房地产的需求，因而导致房价波动幅度增加。

$\frac{\partial(P_{it}-P_{i,t-1})}{\partial P_{i,t-1}}<0$ 意味着上期房价越高则未来房价波动会下降。上期房价主要对房地产市场中的供给方产生影响，当上期房价较高时则房地产开发商倾向于增加房地产供给，这会造成未来房地产市场价格的平稳。

$\frac{\partial(P_{it}-P_{i,t-1})}{\partial S_{i,t-1}}<0$ 意味着上期房地产供给越高则未来房价波动幅度越小。这是因为如果上期房地产供给较高的话会使未来房价的上升受到影响，因而现实中较高的存量房对房价的上升存在抑制作用，并同时使房价趋于稳定。

$\frac{\partial(P_{it}-P_{i,t-1})}{\partial C_{i,t-1}}>0$ 意味着房地产开发成本越高则房价波动越大。伴随房地产开发成本的增加（如各种税费增加等），开发商房地产的供给将会受到影响，因而会导致房价出现更大的波动。因此，减少房地产波动的出发点之一应是减少房地产开发商的开发成本（如政府降低税费、降低房地产开发市场的准入门槛等）。

$\frac{\partial(P_{it}-P_{i,t-1})}{\partial Y_{it}}>0$ 意味着购房者收入的增加也会导致房价波动的上升。这是因为购房者收入的上升会使其对房地产的需求进一步增加，在其他条件既定的情况下房价会出现较大的波动。因此，阻止房价过度波动的方法之一是减少购房者收入，虽然调控者不能直接减少购房者收入，但其可以通过间接减少社会公众购房支出的方式（如抬高房贷门槛及利率，限购等）以实现房价波动的下降。

当 $\alpha_4>\beta_4$ 时 $\frac{\partial(P_{it}-P_{i,t-1})}{\partial M_{it}}>0$，而当 $\alpha_4<\beta_4$ 时则有 $\frac{\partial(P_{it}-P_{i,t-1})}{\partial M_{it}}<0$，这意味着当房地产需求者对货币政策的感受程度超过房地产开发商时，则货币供应量的增加将加大房地产市场价格的波动；反之当房地产需求者对货币政策的感受程度小于房地产开发商时，则货币供应量的增加将减少房地产市场价格的波动。从我国的经济现实分析，通常情况下，受人口及城市化等因素的影响，我国整体的房地产市场需求相对稳定，而房地产供给则受到经济及政策环境影响较大，如在经济萧条时期我国房地产开发商受制于资金来源，因此对货币政策敏感程度远较房地产需求者高，在这种情况下，如果政府不出台宽松的货币救市政策则房价会出现较大的波动（即下跌），而政府一旦出台宽松的货币救市政策则会使房价企稳（如我国2008 年的救市政策）。而在经济繁荣时期，因为此时房地产开发商有更多的途径获

得资金的支持，房地产开发商对货币政策的敏感程度较低，此时通过收紧货币政策，如减少货币供应量则有利于降低房价的波动（即上涨）。

当 $\alpha_5 > \beta_5$ 时 $\frac{\partial(P_{it} - P_{i,t-1})}{\partial I_{it}} > 0$，而当 $\alpha_5 < \beta_5$ 时则有 $\frac{\partial(P_{it} - P_{i,t-1})}{\partial I_{it}} < 0$，由于 α_5，$\beta_5 < 0$，这意味着当房地产市场的需求者对利率的敏感程度小于房地产开发商时，则市场利率的上升将导致房地产价格波动的增加；反之当房地产市场的需求者对利率的敏感程度大于房地产开发商时，则市场利率的上升将导致房地产价格波动的下降。在经济繁荣时期房地产开发商对利率敏感程度较低，这容易造成房地产市场需求者对利率的敏感程度超越开发商，根据模型结论，此时市场利率的上升将促使需求的减少而供给相对稳定，因此房价波动将减少。而在经济萧条时期，房地产开发商的利率敏感程度很容易超过房地产需求者，此时利率上升将导致房地产开发商雪上加霜，房价出现较大程度下跌，即房价出现较大波动，而如果此时市场利率降低则有利于开发商降低开发成本从而维持住房价格的均势，使房地产价格的波动变小。

二、实证分析

（一）回归检验

由于我国住宅市场真正的发展是从 1998 年开始，市场还不成熟，相关信息的公布制度还不完善，不同的市场主体对市场的认知程度、预期能力还存在差异，多数还是根据过去住宅价格波动的趋势来估计未来的房价走势。因此，本书实证部分主要考察近似预期对商品房价格波动的影响。在只考虑滞后 2 期的情形下，前者对未来房价增长率的估计为房价的预期增长率，可以表示为：

$$hpe_t = \frac{1}{2}\left(\frac{p_t - p_{t-1}}{p_{t-1}} + \frac{p_{t-1} - p_{t-2}}{p_{t-2}}\right) \tag{3-8}$$

本书选取了商品房销售价格、商品房价格预期增长率和土地价格 3 个变量①，其中土地价格由土地购置费用除以土地购置面积得到。表 3－1 是对各变量的单位根检验结果，可以发现，各变量一阶差分后均不存在单位根，一阶差分后的各变量是平稳的，即各变量单整阶数相同，可以进行协整检验。表 3－2 是我们利用 VAR 模型进行的 Johnsen 协整检验，结果表明，模型在 5% 的水平上拒绝了没有协整关系和至多一个协整关系，这表明模型有 95% 以上的可能性存在两个协整关系，因此，对变量进行回归是可行的。通过偏自相关系数检验，我们确定模型不存在自相关性，因此无须对变量进行差分可以直接进行回归分析，结果如表 3－3 所示。

---

① 本文在模型中尝试了已有研究中采用的利率、建筑成本等变量但均不显著，因此没有列入模型。

表3-1　单位根检验结果

变量	ADF值	检验类型	1%临界值	5%临界值	P值	结论
lnhp	0.865837	(c，0，2)	-4.057910	-3.11991	0.9908	不平稳
Δlnhp	-3.952369*	(c，0，2)	-4.121990	-3.14492	0.0132	平稳
lnhpe	-1.749462	(c，0，2)	-4.057910	-3.11991	0.3861	不平稳
Δlnhpe	-3.31006*	(c，0，2)	-4.121990	-3.14492	0.0382	平稳
lnlp	1.222851	(c，0，2)	-4.057910	-3.11991	0.9961	不平稳
Δ lnlp	-4.653974**	(c，0，2)	-4.200056	-3.175352	0.0050	平稳

注：检验类型括号里字母的含义为：c表示有常数项，数字表示滞后阶数；*和**分别表示在5%和1%的水平上显著。

表3-2　变量协整检验结果

假设	特征值	迹统计量	5%临界值	概率
无协整关系	0.969550	54.42170	15.49471	0.0000
至多一个协整关系	0.766777	16.01337	3.841466	0.0001

表3-3　回归结果

变量	系数	t统计值	对应概率
lnhpe	0.840210	3.168430	0.0089
lnlp	0.266562	25.2791	0.0000
c	4.810454	42.19249	0.0000
R^2=0.990423　D. W. =3.254308　F=568.7834			

表3-3结果表明，居民的房价增长预期、土地价格可以很好地解释房价的变化。房价对土地价格的弹性是0.2665，即土地价格每增长1%，房价将增长26.65%；回归结果说明预期对房价的增长起着重要的推动作用，对未来房价增长的预期在实际的房价增长中得到84%的实现，说明预期的确是推动房价增长的一个重要因素。

（二）VAR模型

为了进一步研究预期在房价波动中的作用，我们采用向量自回归模型（VAR）进一步进行分析。我们将房价视为模型的外生变量，房价预期（hpe）、土地价格（lp）和居民收入（in）作为模型的内生变量，根据AIC和SC准则取值最小的原则我们将模型的滞后长度设为2，相应得到VAR模型的估计结果，表3-4是模型中各个变量的估计结果。

$$\begin{bmatrix} hpe \\ lp \\ in \end{bmatrix}_t = \begin{bmatrix} -2.49 \\ -8.84 \\ -1.15 \end{bmatrix} + \begin{bmatrix} 0.11 & -0.08 & 0.04 \\ -1.14 & -0.51 & 1.70 \\ 0.11 & -0.41 & 0.07 \end{bmatrix} \begin{bmatrix} hpe \\ lp \\ in \end{bmatrix}_t +$$

$$\begin{bmatrix} -0.57 & -0.14 & -0.14 \\ 0.86 & 0.58 & -0.57 \\ 0.24 & 0.44 & 0.10 \end{bmatrix} \begin{bmatrix} hpe \\ lp \\ in \end{bmatrix}_{t-2} + \begin{bmatrix} 0.62 \\ 0.61 \\ 1.06 \end{bmatrix} hp_t + \begin{bmatrix} \varepsilon_0 \\ \varepsilon_1 \\ \varepsilon_2 \end{bmatrix} \tag{3-9}$$

表3－4　VAR模型中各个系数的估计结果

	方程1（hpe）	方程2（lp）	方程3（in）
R^2	0.95	0.99	0.99
$\overline{R^2}$	0.86	0.99	0.99
F	11.03	239.92	219.75
AIC	-4.98	-2.77	-3.57
SC	-4.65	-2.44	-3.24

图3－2分别反映了VAR模型房价预期动态模拟结果。动态模拟的结果反映了房价预期长期的波动趋势。

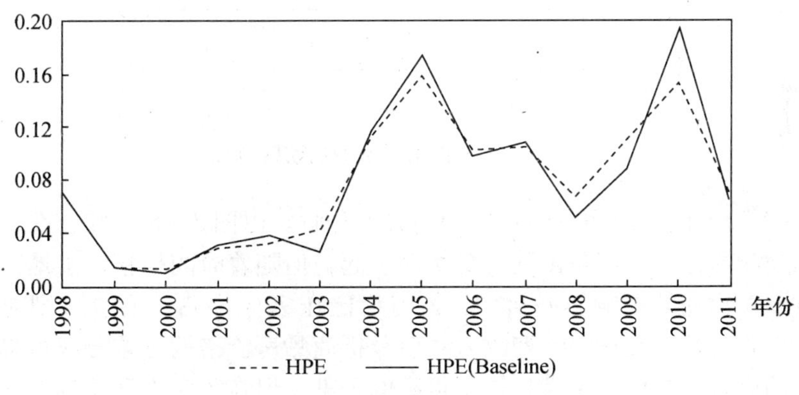

图3－2　房价预期的动态模拟

特征根检验证明模型是平稳的，因此，我们进一步对模型变量进行脉冲响应分析。在脉冲响应函数图形中，横轴表示冲击发生的时间间隔，本书设定脉冲响应函数的响应期为10个周期，纵轴表示脉冲响应函数大小，虚线表示正负两倍的标准差置信区间。由图3－3可知，商品房价格对预期扰动立刻做出响应，3

期后的响应达到了最大值 2 左右，且是正向的。之后房价对预期的响应有所下降，但到第 7 期附近又重新回到了高峰。在第 8 ~ 10 期房价对预期的响应以减速的方式增加，最后在第 10 期左右稳定地趋于 0。

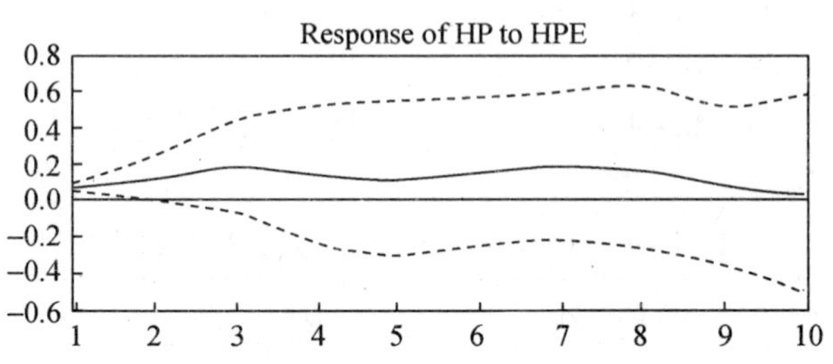

图 3 –3　房价对预期扰动的响应

在图 3 –4 中土地价格同样也对预期扰动迅速做出反应，但相比商品房价格，土地价格的响应在 10 期内最大值也只是达到了 0.4 左右，因此，相比商品房价格，土地价格对于市场对房价的预期敏感程度相对较低。

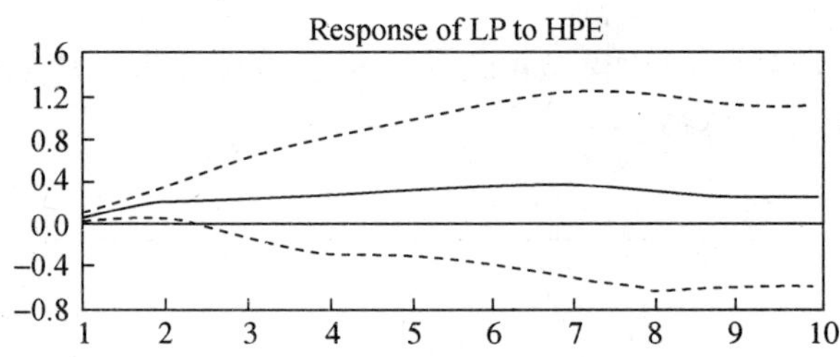

图 3 –4　土地价格对预期扰动的响应

图 3 –5 反映的是对房价增长预期的方差分解。由图 3 –5 可知，在一期预测中，预期预测的方差全部是由其自身扰动引起，但随着时间推移，土地价格增长的方差贡献对预期的影响不断增加，最终稳定在 70% 左右，而收入则对于预期没有提供方差贡献。在剔除预期收入之后分析商品房价格的方差分解可知，在商品房价格的方差构成中，预期提供了很高的贡献，但在 8 期之后预期对房价的方差贡献迅速下降，在 12 期附近达到最低，与之相对应，土地价格对房价的贡献则在 12 期附近达到最高，之后又开始迅速下降。

三、结论

在本节中，我们通过建立数理模型及对相关变量进行实证分析的方法研究了预期对房价的影响。根据实证的研究结果，在我国房地产市场，市场预期对于房

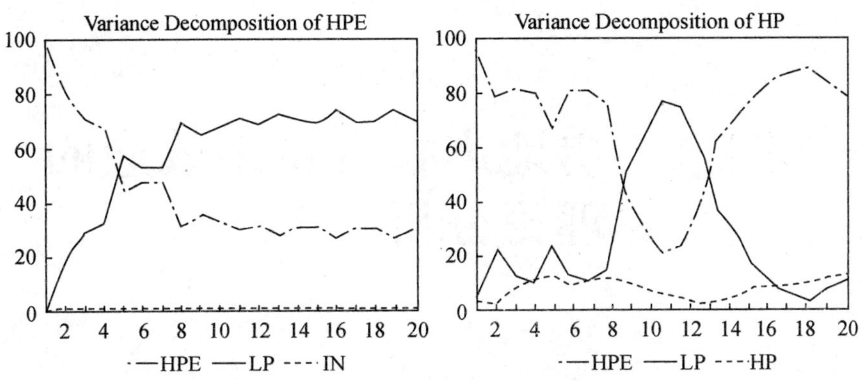

图 3-5 对变量的方差分解

价具有较为重要的影响力，因此，研究房地产价格波动必须重视当前市场预期的问题。目前，我国房地产市场还存在过热的现象，在一些大中城市，房价居高不下甚至屡创新高，而现有的调控政策多数只是针对房地产投机进行抑制，缺乏对市场预期的重视，事实表明，如果房价上涨的普遍市场预期不能得到改变的话，已有房地产调控政策仍将最终失效。因此，我国各地政府在制定房地产调控政策方面，应特别注意调控政策对市场预期的影响，在制定及实施相关政策前可以通过调查问卷、听证等方式多吸收各个社会阶层对房地产调控政策的意见，只有这样，最终实施的调控政策才能够真正影响到市场预期，最终实现调控政策目标。

第四章　房地产投资挤出效应的理论分析

第一节　房地产投资挤出效应产生机理分析

由于挤出效应的广泛存在性，对不同类型的挤出效应，所采用的分析起点是不同的。在分析财政政策的挤出效应时，往往是通过 IS – LM 模型进行分析的。财政政策挤出效应的大小取决于投资的利率弹性，投资的利率弹性大则挤出效应大；对于外商直接投资的挤出效应来讲则是从国际经济学的角度出发的，由于跨国公司对外投资以利润最大化作为根本目标，随着跨国公司在东道国的扩张，凭借其强大的市场力量，会对本国企业产生巨大的压力，可能会使得越来越多的本地企业被挤出市场。本书研究的房地产投资的挤出效应，将以外部性（金融外部性）、经济增长等角度进行理论分析。

一、房地产投资挤出效应的本质分析

（一）房地产业的金融属性

房地产业是一种资金密集型行业，对金融业有着很强的依附性。首先，房地产市场的发展与资金市场紧密相连。房地产业所需要的大量资金以及房地产开发运用的“财务杠杆原理”决定了房地产必须依靠金融工具融资。其次，房地产的投资功能。由于房地产是一种不动产，具有保值和增值功能，这就使得房地产成为金融行业中一种收益极佳的金融资产。购房行为既是一种消费行为，同时也是一种投资行为。

中国证监会 1999 年制定的《中国上市公司分类指引》，将房地产业作为单独门类，其中包括房地产开发经营业、物业管理业、房地产中介服务业及其他房地产活动。与此相对应，国际资本市场上最常用的产业分类标准 GICS 和 GCS 将房

地产业归于金融行业，将其与银行、保险归于一类。美国 1997 年推出的北美产业分类体系也将房地产业归为金融业。从以上分类我们可以看出，房地产业的金融属性在国内和国际上都得到了普遍承认。

（二）房地产投资外部性的属性

房地产投资的挤出效应是指由于房地产投资的增加，导致总体投资的比重向房地产投资倾斜，由于房地产具有金融属性，房地产投资并不能直接导致实体经济增加，同时由于房地产投资的增加，导致能够创造生产力的投资减少，造成经济增长放缓或者经济比例失调。房地产投资的挤出效应，就其本质而言，是房地产投资的金融负外部性。

外部性（Externality）指由于市场活动而给无辜的第三方造成的成本。在整个社会的生产过程中，任何产业或多或少的都会对其他产业的发展和社会总生产造成影响，也就是说，任何产业都会对第三方产生外部成本，房地产业也不例外。但是与其他产业投资不同，由于房地产投资具有金融属性，其外部性主要表现为金融正外部性和金融负外部性。

房地产投资的金融正外部性是房地产业收益的社会溢出。比如，因房地产投资开发活动使整个区域投资环境改善，带动相关产业的发展，再如由于房地产价格上给消费者带来的财富效应，都属于房地产投资的金融正外部性。房地产投资的金融负外部性是指房地产投资成本的社会溢出，而房地产投资的挤出效应可以理解为这种负效应。当房地产利益集团在投资时只考虑自己的利润最大化问题时，其行为既是个人理性同时也是非社会理性，使社会福利受到损失。此时房地产投资主体并不承担超过私人成本的那部分成本，因而其生产或消费就超过了社会所能接受的最佳数量，资源被过度占用。当地产经济投资主体产生负外部性时，其边际私人成本 MPC 小于边际社会成本 MSC，在需求 D 不变的条件下，会增加房地产的供给量 Q_1、Q_2；会导致偏离均衡产量 Q，造成房地产业膨胀。当负外部性存在时，其会导致社会总产出偏离均衡产量 Q，如图 4－1 所示。

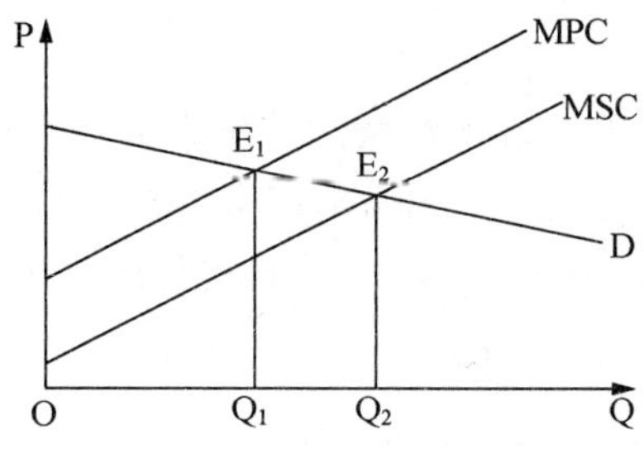

图 4－1　房地产投资的金融负外部性

二、房地产投资挤出效应的产生过程分析

房地产投资的挤出效应是一种宏观效应，它的产生和发展，是与整个宏观经济发展分不开的。因此，本节的研究出发点将以生产契约曲线、帕累托最优（Pareto Optimality）等经济学分析方法作为研究的出发点，进行静态的数理分析，进而考察房地产投资挤出效应的产生，并分析其对整个社会生产和社会福利造成的影响。

（一）研究假设

众所周知，房地产投资形成的微观渠道可以为拉动相关产业的发展、为其他产业提供支持，但同时也存在边际递减效应。倘若房地产业规模对经济增长的边际效应为正，那么金融规模的增加可以促进经济增长；倘若边际效应为零甚至为负，房地产投资的增加将抑制经济增长。为了便于研究和分析，本书做了如下假设条件：

（1）经济处于封闭状态，不存在跨境资本流动、借贷等其他渠道的资本供给，经济体系由房地产部门与其他产业部门构成。社会总资本 K 包括房地产资本 K_E 与其他资本 K_I。

（2）短期内经济结构不变，技术进步中性，资本在经济体系中自由流动，资本与其他诸多要素结合一直处于均衡状态。

（二）挤出效应的推导

在短期内，我们可以认为劳动力资源是无法改变的。因此我们可对劳动力资源进行容量限制，在生产均衡状态下，社会的实际产出函数可以写成：

$$Y = F(K_E, K_I)$$

$$s.t.\ K = K_E + K_I$$

假设规模经济不变，社会实际产出函数满足一次齐次函数约束条件，同时资本不存在异质性，社会产出函数 Y 可以改写为：

$$Y = K_I F(K_E/K_I, 1)$$

$$Y/K_I = F(K_E/K_I, 1)$$

用 $y = Y/K_I$ 表示单位其他资本存量的产出水平，即封闭经济体系中总产出与其他资本投入形成的存量的比值；用房地产资本投入与其他资本投入之比 k 来表示资本投入结构比率，满足 $k = K_E/K_I$。社会实际产出函数 Y 可以写成：

$$y = Y/K_I = f(K_E/K_I) = f(k)$$

进而有：

$$Y = yK_I = K_I f(k)$$

对上式中两个变量 K_E、K_I 分别求偏导，则有：

$Y'_{K_I} = f(k) - kf'(k)$

$Y'_{k_E} = f'(k)$

假设资本的产出效应边际递减，由上式可知，当 $f'(k) > 0$ 时，社会总产出 Y 是房地产业存量 K_E 的增函数；当 $f'(k) < 0$ 时，房地产业投入的产出效应边际递减；当 $\lim_{k \to \infty} f'(k) = 0$，表明房地产业结构比例 k 很小时，房地产投入资本的边际产出效应很大；当 $\lim_{k \to \infty} f'(k) = \infty$，表明房地产业占整体产出结构比例 k 很大时，房地产资本存量的边际产出效应则较小。

根据索罗（1956）提出的新古典经济增长理论的形式和性质，上述社会产出函数则满足下列约束条件：

$k' = K'_E/K'_E - K'_I/K'_I$

$Y'/Y - n = E(k)[K'_E/K'_E - n]$

$$k' = k[bY/K_E - n] = b \times Y/K_E \times K_E/K_I - nk = bf(k) - nk \quad (4-1)$$

其中，$E(k) = kf'(k)/f(k)$，表示房地产投入的产出弹性；$n = K'_I/K'_I$，表示其他资本投资增长率；$b = K'_E/Y$，表示房地产投资增量占社会产出的比例。

从（4-1）式中我们可以得知，当保持 b 和 n 恒定不变时，存在最优房地产投入比例 k^*，此时 $k' = 0$，房地产投入和其他资本投入以相同的比例 k^* 保持增长，此时经济处于稳定最优的增长状态，增长速度也为 k^*。当 $k > k^*$ 时，存在 $k' < 0$，此时 $k' = bf(k) - nk$ 为减函数，k 随着房地产投入增加速度的降低而下降，最终达到均衡状态：$k' = k^*$ 与 $k' = 0$。此时，$K'_E/K'_E = K'_I/K'_I = Y'/Y$。当 $k < k^*$ 时，存在 $k' > 0$，此时 $k' = bf(k) - nk$ 为增函数，k 随着房地产投入增加速度的提高而上升，最终也会达到均衡状态。

为了将 k 的动态过程描述得更清楚，我们设 $Y = F(K_E, K_I)$ 为等产量线，设 $K = K_E + K_I$ 为预算约束线，则在房地产资本投入 K_E 和其他资本投入 K_E 的坐标轴上，针对每一时刻 t 都存在相应的等产量线和预算约束线，当 t 时刻的等产量线和预算约束线相切时，整个经济都达到了房地产投资与其他资本投资的最优结构比例。如图 4-2 所示，当预算约束线为 L_1 时，其最佳产量和最优资本结构比的存在点为 L_1 与 Y_1 的切点 A。当房地产投资与其他资本投资以一个最佳增长比例 $K'_E/K'_E = K'_I/K'_I = Y'/Y = g^*$ 增长时，生产曲线 m 即为最优的生产路径。

然而，上述的均衡状态并非是稳定的，当某一部门出现超额利润时（包括生产收益、资本利得等），就会导致资本的重新分配，但是由于利润重新达到社会平均回报率短时间内难以达到，因此，经济在短时期内就会偏离均衡点运行，资本结构无法达到帕累托最优。房地产投资挤出效应就是在这前提下产生的。

根据上一节所做的分析，房地产投资具有金融属性，因此房地产业的利润

R（K_E）可以分为两个部分：

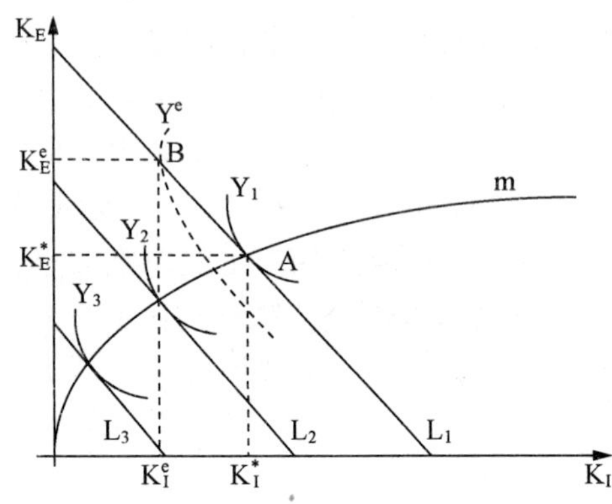

图 4－2　两部门经济的最优的生产路径和房地产投资挤出效应

$$R(K_E)=\pi(K_E)+\omega(K_E)$$

其中，π为行业利润，ω为资本利得。而其他行业的利润仅含π，而没有资本利得收益。当资本利得 ω（K_E）很大时，即使π（K_E）≤π（K_E），也会使 R（K_E）＞R（K_I）。由于房地产投资的收益大于其他产业的收益，因此资金开始向房地产业转移。然而，房地产投资收益中的 ω 并不会形成产出，由于资本的产出效应边际递减规律的存在，当房地产投资达到一定高度时，其边际产出会随着投资的增加而减小，在总前提 R（K_E）＞R（K_I）不变的情形下，房地产投资必然会造成社会资源的浪费。

考察图 4－2 上的点 B，假设房地产业出现了 R（K_E）＞R（K_I）的情形，使得经济的总投资向房地产业偏离，一定程度上造成了房地产业投资过度，同时由于资本产出边际递减的存在，k 越大 f（k）就会越小，从而整体产出就会越小。因此在经济运行在 L_1 阶段时，产出水平并未达到点 A 的水平而 Y_1 仅达到了 Y^e 水平。因此我们可以将 L_1 阶段的房地产投资挤出定义为：

$$\begin{cases}\Delta k=k^e-k^*\\ k'=bf(k)-nk<0\\ s.t.\ R(K_E)>R(K_I)\end{cases}\qquad(4-2)$$

由于房地产投资的总收益大于其他投资的总收益，使得房地产投资的增长速度超过了经济发展的均衡状态，进而导致了房地产投资与其他投资比例的变化值 Δk 即为房地产投资挤出效应。房地产投资挤出效应就其本质而言是一种投资的负外部性。

第二节 房地产投资挤出效应的作用机制分析

一、对实体经济的挤出效应

正如上一章中分析得到的结果一样，如果在其他条件不改变的前提下，当房地产业出现超额利润时，必将引起房地产投资的挤出效应，而由于挤出效应所造成的产业结构变化也必将引起社会总产出的减少。在目前我国房地产投资过热的大背景下，我国的房地产业的利润率在30%左右远大于其他产业的平均利润率8%，资金对房地产的过度追捧很有可能导致未来我国经济结构不平衡和资源配置长期的无效率。而挤出效应并不仅仅是一个短期效应，由于经济比例的暂时失调不可能是长期持续存在的，市场必定会向理性回归，而这个回归过程可能是缓慢的，也可能是剧烈的。因此，一旦房价出现大幅波动，整个房地产业会出现大幅调整，社会的整体产业结构会发生剧烈变化，房地产投资产生挤出效应在无形中为长期经济发展埋下了一颗定时炸弹，整个宏观经济风险被增加了。

房地产投资的挤出效应也可能对社会投资结构产业升级和技术进步造成负面效应。虽然房地产业在某些程度上可以促进经济的发展和产业结构升级，但众所周知，房地产既是一种资金密集型产业，同时又是一种技术层次偏低、高耗能型产业。对于任何一个国家来讲，过多的资金集中到这样一种行业来，必将影响到该国的整体经济结构的改变和产业结构的升级换代。同时房地产业过热也会对与房地产业相关的产业产生相应的影响，例如，在我国钢材产能的60%、水泥产量的30%都是用来满足房地产市场的，而满足房地产市场的钢材和水泥都是技术含量较低的长材产品，这就造成了两个行业的升级动力不足，同时高耗能问题也难以转变，经济发展受到了影响。

二、房地产挤出效应加剧了生产要素价格波动

房地产开发投资占全社会固定资产投资比重高，而且具有较强的关联性，因此，房地产开发投资的变化容易引起与其相关的生产要素价格波动。在经济上升周期，利率维持在较低的水平，出于对未来经济形势以及房地产市场向好的预期，房地产开发投资开始增加；由于经济持续发展的刺激，房价开始上涨，这种现实的变化进一步加强了房地产开发企业的预期，从而激发出更大规模的房地产投资量。现实房价的进一步上涨，房地产开发利润和投资收益增加，促使了更多

的非房地产开发企业进入房地产领域，房地产投资的挤出效应开始出现。伴随着房地产开发投资的拉动，房地产的关联产业的投资也随之增加，从而造成了与房地产业相关的产品价格如土地价格、相关工业产出品价格，房地产相关金融产品价格出现供不应求的局面，并促使其与房价同时增长。而当经济形势开始出现相反预期时，房地产业挤出了与其不相关产业的投资资源，其形成的社会资源浪费并不能及时转变，但是，房地产与其相关产业的产品价格由于供过于求的局面出现会使其迅速下降，从而造成整体的生产要素价格的剧烈波动，增加经济运行的宏观风险。

第五章　房地产投资挤出效应的实证检验

本章我们将主要考察房地产投资是否在外部条件具备的情况下对其他行业产生挤出效应即实际资本投入比例相对于最优资本投入比例的偏移。对于这个问题，本章将从区域内和产业间两个不同的角度分别考察房地产投资的挤出效应。

第一节　房地产投资在区域经济内的挤出效应存在性研究

在研究区域内房地产投资挤出效应时，本书借鉴了 Agosin 和 Mayer（2000）的思路。Agosin 和 Mayer（2000）模型最初应用于外商投资（FDI）对国内投资挤出效应的测算。为了适应房地产投资挤出效应的研究，本书对其进行了一定的延伸和改造。

很多以往关于区域房地产投资的实证研究中，学者们大都采用了省份作为分析的对象。本书认为，以省份的宏观房地产数据进行分析并非合理。众所周知，在不同省份中的不同城市的房地产投资发展存在显著差异。以广东省为例，房地产业发达的广州的房地产业固定资产投资就要比欠发达的韶关要多出近 8 倍。显然，在研究房地产投资地域性差异时，以省份作为划分对象，其回归结果严谨性很差。因此，为了保证实证研究的严谨性和准确性，本书将以我国的城市作为研究房地产投资挤出效应的微观单位，将我国城市按房地产业的发展程度进行划分，并以此进行实证研究。

一、Agosin 和 Mayer 框架下的理论模型推导

为了考察房地产投资对其他投资在地域层面上产生的挤入或挤出效应，必须

首先构建一个总投资模型。假设在一定时期的总投资等于房地产投资和其他固定资产投资，即：

$$T = I + R \tag{5-1}$$

在这里我们认为，投资本质上是期望资本存量和实际资本存量之间差异的调整反应变量。而投资部分地调整这种差异是因为公司面临流动性约束，由于投资的调整需要时间。我们确定的基本模型如下：

$$I_t = \lambda\ (K_{I,t}^e - K_{I,t}) \tag{5-2}$$

$$R_t = \mu\ (K_{R,t}^e - K_{R,t}) \tag{5-3}$$

其中，$K_{I,t}^e$，$K_{R,t}^e$为其他资本和房地产的期望存量，λ，$\mu < 0$。而其他资本存量和房地产存量与其投资存在着如下动态关系：

$$K_{I,t} = (1-\delta)\ K_{I,t-1} + I_{t-1} \tag{5-4}$$

$$K_{R,t} = (1-\delta')\ K_{R,t-1} + R_{t-1} \tag{5-5}$$

其中，δ 和 δ′表示折旧率。

根据新古典理论，最优的资本存量取决于资本租用成本和预期产量水平。假设企业的目的是利润最大化，而且市场是完美竞争的，那么企业的最优资本存量就可以由边际产出等于租金成本的条件求得。但在实际中，由于资本市场的不完善，很难找到准确替代的变量。因此，我们假设两种投资的最优资本存量都只取决于产出和期望经济增长率，但是两者对总产出和经济增长率的反应程度是不同的：

$$K_{I,t}^e = \theta_0 + \theta_1 G_t^e + \theta_2 y_t \tag{5-6}$$

$$K_{R,t}^e = \zeta_0 + \zeta_1 G_t^e + \zeta_2 y_t \tag{5-7}$$

两式中，θ_i，$\zeta_i > 0$；$i = 1$。

分别将（5-2）式、（5-4）式、（5-6）式，（5-3）式、（5-5）式、（5-7）式分别合并得到：

$$I_t = \theta'_0 + \theta'_1 G_t^e + \theta'_2 y + \mu I_{t-1} + \mu' I_{t-2} \tag{5-8}$$

$$R_t = \zeta'_0 + \zeta'_1 G_t^e + \zeta'_2 y + \lambda R_{t-1} + \lambda' R_{t-2} \tag{5-9}$$

其中，$\theta'_0 = \theta_0 + \lambda^2\ (1-\delta)^2 K_{I,t-2}$　　$\zeta'_0 = \zeta_0 + \mu^2\ (1-\delta')^2 K_{R,t-2}$

$\theta'_1 = \lambda\theta_1$　　$\zeta'_1 = \mu\zeta_1$

$\theta'_2 = \lambda\theta_2$　　$\zeta'_1 = \mu\zeta_2$

$\lambda' = \lambda^2\ (1-\delta)$　　$\mu' = \mu^2\ (1-\delta')$

将（5-1）式、（5-9）式代入（5-8）式得到：

$$T = (\theta'_0 + \zeta_0) + (\theta'_1 + \zeta'_1)\ G^e + (\theta'_2 + \zeta'_2)\ y + \lambda T_{t-1} + \lambda' T_{t-2} + (\mu - \lambda)\ R_{t-1} + (\mu' - \lambda')\ R_{t-2} \tag{5-10}$$

如果预期是理性的，不应预期增长系统地偏离实际的增长。在这种情况下，

理性预期的经济增长率与前期的增长率存在动态关系：

$$G^e = \eta_1 G_{t-1} + \eta_2 G_{t-2} \tag{5-11}$$

结合（5－10）式、（5－11）式得到：

$$T = \alpha + \beta_1 R_{t-1} + \beta_2 R_{t-2} + \beta_3 T_{t-1} + \beta_4 T_{t-2} + \beta_5 G_{t-1} + \beta_6 G_{t-2} \tag{5-12}$$

由此，我们可以得到以下的回归方程：

$$T_{i,t} = \alpha + \beta_i^1 R_{t-1} + \beta_i^2 R_{i,t-2} + \beta_i^3 T_{t-1} + \beta_i^4 T_{i,t-2} + \beta_i^5 G_{i,t-1} + \beta_i^6 G_{i,t-2} + \varepsilon_i \tag{5-13}$$

其中，T 为投资率（总投资/GDP），$T_{i,t}$、$T_{i,t-1}$、$T_{i,t-2}$分别为 t、t－1、t－2 年的投资率；R 为房地产投入量占 GDP 的比率，$R_{i,t-1}$、$R_{i,t-2}$分别为房地产投入量占 GDP 的比率；G 为 GDP 增长率，其中 $G_{i,t-1}$、$G_{i,t-2}$表示 t－1、t－2 年的 GDP 增长率；α 为常数；ε 为序列非相关（假设）的随机误差。

我们可以构造以下统计量来测定在一个较长时期内房地产投资对其他资产投资的挤入挤出效应：

$$\hat{\beta} = \frac{\sum_{j=1}^{2} \hat{\beta}_j}{\sum_{j=3}^{4} \hat{\beta}_j} \tag{5-14}$$

我们可以通过（5－14）式来判断房地产投资对其他资产投资产生的挤出效应。$\hat{\beta}$（j＝1，2，3，4）显著的情况下，$\hat{\beta}_j$ 值的大小可以衡量房地产投资在长期中是挤入还是挤出了其他资产投资：

（1）$\hat{\beta}=1$ 时，即长期中，R/GDP 每提高 1 个百分点，就变成 I/GDP 的 1 个百分点的提高，说明房地产投资与其他资产投资是平行的。此时，房地产投资对其他资产投资既没有产生挤入效应也没有产生挤出效应。

（2）$\hat{\beta}>1$ 时，即长期中房地产投资对其他资产投资产生了挤入效应，1 个单位的房地产投资变成了超过 1 个单位的总投资。

（3）$\hat{\beta}<1$ 时，即长期中房地产投资对总资产投资产生了挤出效应，1 个单位的房地产投资变成了少于 1 个单位的总投资，即房地产投资替代了其他资产投资。

（4）$\hat{\beta}\neq1$ 时，房地产投资产生了宏观经济外部性，如果是挤入效应说明产生了正的外部性，如果是挤出效应则说明产生了负的外部性。

二、基于面板数据的房地产投资挤出效应分析

（一）数据的选取和划分

根据（5－13）式的要求，我们选取了经济增长率、国内生产总值、房地产

业固定投资和全社会固定资产投资这几项指标作为回归分析的基础。在地域层次的数据选取方面，本书选择了我国261[①]座城市1999～2009年的数据作为房地产投资挤出效应分析的主体，并根据这261个城市房地产业的发展程度，通过以下标准进行了三个层次的划分："一线城市"，目前中国地产行业，上海、北京、深圳、广州四个城市明显领先于其他城市，四个城市代表着中国房地产行业发展的最高水准，一般作为一线城市。"二线城市"，除一线城市外，达到下列数据指标及以上的为二线城市：①国内生产总值2000亿元；②人均国内生产总值1.4万元；③城区常住人口100万；④城市建成区面积100平方公里；⑤全年商品房销售面积150万平方米；⑥商品房销售均价3000元/平方米。其符合标准的主要有天津、重庆、成都、南京、杭州、苏州、宁波、沈阳、大连、武汉、长沙、西安、昆明、贵阳、珠海等部分直辖市、计划单列城市、副省级城市、省会城市等几类，主体是省会城市。"三线城市"，单项或多项指标低于上述要求的城市，均作为三线城市。

在实证分析的过程中，由于"一线城市"所涉及的截面较少，而时间区间又较短，因此在实证过程中难以取得良好的回归效果。为了保证实证分析的真实性和可靠性，本书将"一线城市"和"二线城市"合并为一项统称为"发达城市"（共37座城市），将"三线城市"称为"发展中城市"（共185座城市）。

（二）面板数据简介

由于本书所选取的数据量很大，涉及的截面较多，时间区间又较短，因此采用面板数据的分析方法适合对本书所选取的数据进行处理。面板数据兼有截面数据和时间序列数据的优点。与截面数据和时间序列数据相比，面板数据能更好地在不同时期控制其他影响因素，因而能精确的确定变量之间的因果关系。

面板数据（Panel Data）也称时间序列截面数据（Time Series and Cross Section Data）或混合数据（Pool Data）。面板数据是同时在时间和截面空间上取得的二维数据。面板数据可用双下标变量表示。

y_{it}, i = 1, 2, …, N; t = 1, 2, …, T

N表示面板数据中含有N个个体。T表示时间序列的最大长度。若固定t不变，y_i（i=1, 2, …, N）是横截面上的N个随机变量；若固定i不变，y_t（t=1, 2, …, T）是纵剖面上的一个时间序列（个体）。根据Hsiao（2003）的分类，他将面板数据模型分为变截距（Variable Intercepts）和变系数（Variable Coefficient）模型两类。对于一般回归式：

$$y_{it} = \alpha + \beta x_{it} + \mu + \varepsilon_{it}, \quad i = 1, 2, \cdots, N; \ t = 1, 2, \cdots, T$$

① 由于个别城市的数据缺乏，因此我们剔除了这部分城市，最终我们进行分析时共采用了222个城市的数据。在实证过程中的所有数据均来自国研网（www.drcnet.com.cn）。

记向量 y_{it} 为因变量；记向量 x_{it} 为自变量；β 表示待估参数；μ 表示模型在时空上的共同均值项；ε_{it} 为随机误差项。误差项 ε_{it} 可分解为三种变量：

$$\varepsilon_{it} = \gamma_i + \lambda_t + \theta_{it} \tag{5-15}$$

一是随截面个体变化而变化，但不随时间推移而变化的变量 γ_i，如性别、家庭背景变量等；二是随时间变化而变化，但不随个体变化而变化的变量 λ_t，如价格、宏观经济变量等；三是随时间和截面个体变化而变化的变量 θ_{it}，如企业销售额、利润等。

记 $\gamma_i = (\gamma_1, \cdots, \gamma_n)'$，当其为随机变量时，（5－15）式为随机影响模型（Random－effects Model），此时，$VAR(\gamma_i) = \delta_\gamma^2 ee'$，e 为 T 维列向量，一般采用广义最小二乘法（GLS）进行估计；当 γ_i 为固定常量时为固定影响模型（Fixed－effects Model），有 $VAR(\gamma_i) = 0$，此时一般采用最小二乘虚拟变量法（LSDV）进行估计。实质上，固定影响模型是把个体特征之间的差异用不同的截距来反映，而随机影响模型是把各组的不同截距项看成是不同的随机扰动项相加而成。即是说如果模型中的系数为确定性变量，即模型中省略因素对个体差异的影响是固定不变的，就是固定影响模型，反之就是随机影响模型。

（三）实证过程和结论

1. 变量之间的平稳性检验以及协整关系检验

为了避免面板数据模型估计中存在的“虚假回归问题”，我们将对面板数据模型中的数据进行平稳性检验以及协整关系检验。我们的估计包括两步，首先，考察数据的平稳性，即对数据进行面板单位根检验。其次，考察各个数据之间是否存在面板协整关系，如果数据是非平稳的并且存在协整关系，则可以估计变量之间的长期协整关系。

表 5－1 面板数据的单位根检验

	Method	G	T	R
全国	LLC	－34.5775*	－9.89326*	－15.8816*
	IPS	－12.922*	1.78806*	－4.86846*
	ADF	965.045*	665.207*	823.546*
	PP	1114.39*	1011.38*	1138.21*
发达城市	LLC	－8.352*	－10.7201*	－16.702*
	IPS	－3.12596*	－6.37579*	－11.9572*
	ADF	109.988*	167.074*	242.627*
	PP	102.826*	274.307*	288.392*

续表

	Method	G	T	R
发展中城市	LLC	-31.5344*	-6.73452*	-8.84672*
	IPS	-12.4446*	2.29146*	-1.64902*
	ADF	778.173*	477.587*	526.845*
	PP	894.447*	713.8*	793.082*

注：* 表示在1%的检验水平下显著。

本书给出了四个面板单位根检验方法：①Levin，Lin 和 Chut；②Shin；③ADF - Fisher Chi - square；④PP - Fisher Chi - square。其中前两种检验假设变量服从相同的单位根过程，而后两种检验则假设各个序列的单位根过程可以不相同，检验的变量包括两个模型中所应用的变量（四种检验方法的零假设都是存在单位根）。在表5-1中的所有数据都在1%的检验水平下显著。因此，根据表5-1中得到的结果我们可以认为：房地产挤出效应分析中所应用的数据是平稳的，其回归结果不存在伪回归的过程，可直接运用模型拟合而不必进行协整关系检验。

2. 房地产挤出效应的实证分析

鉴于所选跨地区面板数据的样本特点，其截面个数远大于时期个数，而似然不相关法（Seemingly Unrelated Regression，SUR）对处理这样的样本具有很强的适应性，因此本书将主要使用这种方法来估计方程。为了确保方程设定形式的准确，同时使用Hausman检验来确定采用固定影响（Fixed Effect）还是随机影响（Random Effect）模型。并根据上文聚类分析得到的分类结果进行分析。根据（5-13）式，我们得到了表5-2中显示的回归结果。

表5-2　2000～2009年房地产投资挤出效应的实证结果①

变量	全国		发达城市		发展中城市	
	系数	t值	系数	t值	系数	t值
R（-1）	0.4669*	5.4086	0.3182**	2.0672	0.4580*	2.9289
R（-2）	-0.3541*	-3.8465	-0.4049**	-2.5799	-0.3124*	-2.6052
T（-1）	0.6113*	33.9386	1.1085*	28.6409	0.5435*	7.5752
T（-2）	0.1520*	9.2861	-0.1360*	-3.3524	0.1706*	15.6405

① 为了便于对比，此表省略了常数项。

续表

变量	全国		发达城市		发展中城市	
	系数	t值	系数	t值	系数	t值
G（-1）	0.1948*	3.4150	-0.5082*	-3.6026	0.2349**	2.3726
G（-2）	0.1266**	2.3940	0.2494***	1.9334	0.2012*	3.1390
调整后的 R^2	0.70		0.907		0.69	
D.W. 统计量	1.78		2.00		1.80	
Hausman 检验	失效		失效		失效	
β 效应	0.4766		-3.1555		—	
Wald 统计量	4.830**		3.09***		0.13	

注：①*表示在1%的检验水平下显著；**表示在5%的检验水平下显著；***表示在10%的检验水平下显著。②Wald 检验的约束条件为 $\beta_1+\beta_2+\beta_3+\beta_4=1$，在最后一行中的数值表示 Wald 统计量的值。通过对各个系数的显著性、调整后的 R^2 以及 D.W. 值的判定，我们可以认为我们对模型（5-13）的分析是基本有效的。

从表5-2得到的结果来看，在全国范围内，长期反应系数 $\beta=0.4766<1$（根据方程（5-14）可以算出），经过 Wald 检验，$\beta=1$ 的概率几乎为零，说明从长期来看，我国的房地产投资对其他固定资产投资具有挤出效应，1单位房地产投资的流入的增加会带来约0.5234单位其他固定资产投资的减少。在我国的发达城市中，长期反应系数 $\beta=-3.1555$，Wald 检验表明 $\beta=1$ 的概率趋近于0，说明从长期来看，在经济的发达城市中房地产投资对其他固定资产投资也存在强烈的挤出效应，1单位的房地产投资流入会带来4.155单位的其他固定资产投资的减少。发展中城市的回归结果接受了 $\beta_1+\beta_2+\beta_3+\beta_4=1$ 的原假设，因此房地产投资与发展中城市的其他固定资产投资之间存在的挤入挤出效应关系并不明显。

通过以上分析，本书得出了房地产投资挤出效应确实存在于我国经济发展过程当中的结论。同时，房地产投资挤出效应在经济较为发达的城市要比经济欠发达的城市表现得更为强烈。原则上这可以从两方面做出解释：第一，正如本书在第二章和第三章中做出的分析，我国房地产业的行业利润和投资收益都明显超过其他行业并明显形成了超额利润，致使我国的资本投入结构比率 k 偏离了最优资本投入结构比例 K^e。第二，近年来我国房地产投资热主要集中于大中城市，而中小城市房地产投资增长相对缓慢，因此房地产投资挤出效应在大中城市的明显程度大也是顺理成章的。然而，在地域范围内证明房地产投资挤出效应的存在和资本投入结构比率的变化是不够的，房地产业是一个关联度相当强的行业，它的发展能对多个行业造成影响，因此本书将从行业面对房地产投资的挤出效应进行进一步的分析和考察。

第二节　房地产投资对不同行业的挤出效应的存在性研究

一、房地产投资对不同行业的挤出效应的理论分析

本节中，将从房地产业投资对不同行业造成的影响继续对房地产投资的挤出效应进行考察。房地产投资对不同行业的挤出效应可以理解为由于房地产投资的过快增长，从而导致某个别行业的投资下降，进而造成了房地产业投资与某个别行业间的投资比例不协调，最终影响经济发展的过程。结合本书上一章的结论和我国三大产业投资的增长率的对比，我们也可以认为房地产投资确实影响到了其他行业投资的增长以及房地产投资增长率。事实上，房地产投资对其他产业投资并不是一味地带来负面影响，对于与房地产业高度相关的某些特定行业例如建筑业，房地产投资就能够对其形成促进作用。有的学者对房地产业投资的诱发作用角度对房地产业的带动效应做了计算，认为房地产业对建筑业、制造业的诱发作用远大于其他行业①。因此，在本章的行业层面的分析中，本书将对与房地产相关度高的行业和相关度较低的行业做出相应的划分，从而突出房地产业在不同行业间造成的影响方向以及影响程度。

本节研究的问题是房地产投资与逐个行业投资的相互关系。通过以往学者的研究经验来看，协整检验及 Granger 因果关系检验是判断两个变量或多个变量间相互关系以及相互影响程度的良好工具。因此，本书将对房地产投资与其他行业投资进行协整检验及 Granger 因果关系检验，从而判断房地产投资是否对其他行业的投资造成挤出效应。

假设房地产投资和某个投资变量是 I（d）阶单整的，求出两个变量的协整方程：

$$Re_t = \hat{c} + \hat{e}_{ti}\sum_{i=1}^{i} x_{it} \tag{5-16}$$

其中，Re_t 为房地产投资的自然对数、x_{it} 为其他投资的自然对数，通过（5－16）式中 $\hat{e}$ 的变化来确定两种投资的相互关系。当 $\hat{e}>0$ 时，说明房地产投资与

① 李启明．论中国房地产业与国民经济的关系［J］．中国房地产，2002（6）．

某项投资的长期反应关系增长为正，即房地产投资为这项投资带来了挤入效应；反之，当 $\hat{e}<0$ 时，说明房地产投资与某项投资的长期反应关系增长为负，房地产投资产生了挤出效应。最后，本书再通过 Granger 因果关系检验来确定这种挤入挤出效应是否有效，即房地产投资是否是某项投资增加或减少的真实原因。

二、房地产投资与其他行业投资协整及 Granger 因果关系检验

（一）变量选择与数据来源

在分析的过程中，本书主要运用了 2004 年 2 月至 2011 年 8 月我国农林牧渔业，采矿业，制造业、电力、燃气及水的生产和供应业，建筑业，交通运输、仓储和邮政业，信息传输、计算机服务和软件业，批发和零售业，住宿和餐饮业，金融业，房地产业，租赁和商务服务业，科学研究、技术服务和地质勘查业，水利，环境和公共设施管理业，居民服务和其他服务业，教育、卫生，社会保障和社会福利业，文化、体育和娱乐业，公共管理和社会组织等主要行业的固定资产月度数据，取自然对数作为协整检验和 Granger 因果关系检验的基本变量。上述所有固定资产投资的月度数据均来自国家统计局网站（www. stats. gov. cn）。

（二）实证方法简介

1. 单位根检验与协整

若序列的均值与时间无关、方差有限且不随时间 t 的推移产生系统变化，则称序列平稳。若序列在成为平稳之前需经 d 次差分，则称该序列为 d 阶单整，记为 I（d）。检验序列平稳及其单整最常用的是 ADF 单位根检验。检验方程有三种，分别为带常数项和时间趋势项、有常数项无时间趋势项和既无常数项也无时间趋势项。以下是方程之一：

$$\Delta x_t = \alpha + \sigma t + \rho x_{t-1} + \sum_{j=1}^{q} \zeta_i \Delta x_{t-i} + \varepsilon_t$$

其中，x_t 和 x_{t-1} 是 t 和 t-1 时刻序列表现，α 为漂移系数，σt 为时间趋势项，ε_t 是白噪声，q 是滞后期。在存在单位根的零假设下，对参数 ρ 的检验采用 Mackinnon 的改进临界值，依次对水平序列和差分序列进行平稳性检验，即可确定序列单整的阶。可通过检验房地产价格变量与通货膨胀变量序列的平稳性，判断两者是否同价单整，确定可能存在的长期均衡比例关系。

若序列向量 $x_t=(x_{1t}, x_{2t}, \cdots, x_{kt})$ 中分量均为 d 阶单整，且存在向量 $\alpha=(\alpha_1, \alpha_2, \cdots, \alpha_k)$ 使得 $Z=\alpha x_t \sim I(d-b)$。式中：$b>0$，则认为序列 x_t 是（d，b）阶协整，记为 $x_t \sim CI(d, b)$，α 为协整向量。Engle（1987）提出检验两变量是否协整的 Engle－Granger 两步检验法，首先用 OLS 方法估计方程：

$$y_t = \gamma + \delta x_t + e_t$$

得协整方程：

$\hat{y}_t = \hat{\gamma} + \delta\,\hat{x}_t$

非均衡误差：

$\hat{e}_t = y_t - \hat{y}_t = y_t - \hat{\gamma} - \delta\,\hat{x}_t$

检验 $\hat{e}_t$ 单整性，若 $\hat{e}_t$ 平稳，则 y_t，x_t 为（1，1）阶协整；若 $\hat{e}_t$ 为1阶平稳，则 y_t，x_t 为（2，1）阶协整，其中，（d，b）阶是一类非常重要的协整，其经济意义在于：两变量虽然具有各自长期波动规律，但若是（d，b）阶协整，则存在长期稳定比例关系。本书可利用（d，b）阶协整的特点明确经济意义，检验并确定通货膨胀与房地产可能存在的长期均衡比例关系。

2. Granger 因果检验

Granger 因果检验在检验零假设"x 不影响 y"时，首先根据 x 和 y 的滞后值对 y 回归（无限制回归），然后用 y 的滞后值对 y 回归（有限制回归）。

无限制回归：$y_t = \beta_0 + \sum_{i=1}^{n}\beta_i y_{t-i} + \sum_{j=1}^{n}\eta_j x_{t-j} + \varepsilon_{1t}$

有限制回归：$y_t = \beta_0 + \sum_{i=1}^{n}\beta_i y_{t-i} + \varepsilon_{2t}$

Granger 因果检验用 F 检验来判断 x 是否显著改善有限制回归的解释能力。Granger 因果检验可确定序列 $\{x_t\}$ 和 $\{y_t\}$ 之间因果关系的方向及强度。若引入序列及其滞后期可显著提高被其自身滞后期所能解释的程度，则存在从 x 到 y 的 Granger 因果关系。此时，称 x 是 y 的 Granger 原因，利用 Granger 因果关系可确定房地产投资对其他产业投资挤出效应的强度。

（三）实证过程与结果

1. 数据的平稳性检验

在进行协整检验之前，首先要对数据进行平稳性检验，以确定所有的数据是同阶单整的。从表 5 -3 中可以看出，大部分变量在一阶差分之后是平稳的，除了采矿业、住宿和餐饮业、信息传输、计算机服务和软件业之外，其余的行业变量都与房地产业是同阶单整的。下面本书将对房地产业和其他 12 个行业进行协整检验。

表 5 -3 ADF 单位根检验结果

行业	变量	ADF 统计量	变量	ADF 统计量
房地产业	RE	0.486396	ΔRE	-14.8055*
农林牧渔业	x_1	0.9893	Δx_1	-14.6536*
采矿业	x_2	-3.13981*	Δx_2	—
制造业	x_3	0.283432	Δx_3	-15.7392*
电力、燃气及水的生产和供应业	x_4	-0.82241	Δx_4	-19.9071*

续表

行业	变量	ADF 统计量	变量	ADF 统计量
建筑业	x_5	1.992518	Δx_5	-27.4784 *
交通运输、仓储和邮政业	x_6	0.577644	Δx_6	-28.7905 *
信息传输、计算机服务和软件业	x_7	-1.06479	Δx_7	-2.2189
批发和零售业	x_8	-0.2024	Δx_8	-33.6133 *
住宿和餐饮业	x_9	-3.69622 *	Δx_9	—
金融业	x_{10}	0.200157	Δx_{10}	-3.11203 **
租赁和商务服务业	x_{11}	-0.12923	Δx_{11}	-3.52955 *
科学研究、技术服务和地质勘查业	x_{12}	0.689224	Δx_{12}	-3.09892 **
教育	x_{13}	0.763469	Δx_{15}	-3.45355 *
其他服务业	x_{14}	0.868667	Δx_{18}	-2.73057 ***

注：*、**和***分别代表了10%、5%和1%三种显著水平。

2. 协整检验

由于涉及的变量较多，本书将采用 Johnsen 协整检验（JJ 检验法）对上述单整变量进行检验。在进行协整检验之前，首先要确定协整检验的滞后阶数，通过表 5-4 可以判断出滞后 1 阶，是协整检验分析的较好选择（几项判断标准中，AIC、SC、HQ、FPE 值越小越好，LR、LogL 值越大越好）。

表 5-4 滞后阶数检验结果

Lag	LogL	LR	FPE	AIC	SC	HQ
0	732.539	NA	2.44E-23	-18.0135	-17.6562	-17.870
1	1377.20	1079.809	9.26E-29	-30.53	-25.88508	-28.668
2	1554.07	243.1996	5.09E-29	-31.3519	-22.4193	-27.771
3	1771.21	233.4243	1.57E-29	-33.1803	-19.9601	-27.88
4	1980.78	162.4126	1.36e-29	-34.81944	-17.3115	-27.8

表 5-5 Johnsen 极大似然检验结果

无限制的协整秩检验（迹特征值）				
假设的协整方程数	特征值	特征值统计量	0.01 临界值	伴随概率
None *	0.8525	554.8630	351.2421	0.0000
At most 1 *	0.7631	399.8310	300.2879	0.0000
At most 2 *	0.5972	283.1961	253.2348	0.0001

续表

无限制的协整秩检验（迹特征值）				
假设的协整方程数	特征值	特征值统计量	0.01 临界值	伴随概率
At most 3	0.4755	209.5328	210.0548	0.0108
At most 4	0.3885	157.2594	171.0905	0.0660
At most 5	0.3479	117.4162	135.9732	0.1417
At most 6	0.2803	82.7840	104.9615	0.2777
At most 7	0.2532	56.1416	77.8188	0.3723
At most 8	0.1820	32.4880	54.6815	0.5852
At most 9	0.1151	16.2204	35.4582	0.6967
At most 10	0.0750	6.3180	19.9371	0.6580
At most 11	0.0000	0.0000	6.6349	0.9969
Trace test indicates 3 cointegrating eqn (s) at the 0.01 level				
* denotes rejection of the hypothesis at the 0.01 level				

表 5-6 无限制的协整秩检验（最大特征值）

假设的协整方程数	特征值	特征值统计量	0.01 临界值	伴随概率
None *	0.852507	155.032	83.70662	0.0000
At most 1 *	0.763057	116.6349	77.49528	0.0000
At most 2 *	0.597244	73.66332	71.2606	0.0053
At most 3	0.475521	52.27333	64.996	0.1781
At most 4	0.388531	39.84321	58.66895	0.5051
At most 5	0.3479	34.6322	52.30821	0.4835
At most 6	0.280299	26.64244	45.869	0.6581
At most 7	0.253246	23.65358	39.37013	0.4811
At most 8	0.181952	16.26757	32.71527	0.643
At most 9	0.115075	9.90245	25.86121	0.7538
At most 10	0.075035	6.317945	18.52001	0.5728
At most 11	4.81E-07	3.90E-05	6.634897	0.9969
Max-eigenvalue test indicates 3 cointegrating eqn (s) at the 0.01 level				
* denotes rejection of the hypothesis at the 0.01 level				

表 5-5 给出了协整检验的结果，从结果中可以得出，房地产投资与其他投

资存在协整关系，并至少存在三个有效方程。根据协整方程的最优选择原则，本书选取了特征值最大的方程作为最优的拟合结果，表5-7给出了具体的协整参数，括号里的内容为参数的标准差。

表5-7　标准化协整参数

Cointegrating Equation (s)			Log likelihood = 1588.447		
Normalized cointegrating coefficients (standard error in parentheses)					
RE	x_1	x_3	x_4	x_5	x_6
1	-0.19414 (-0.046)	-0.76874 (-0.114)	-0.25892 (-0.0733)	-0.31195 (-0.0443)	0.242953 (-0.0639)
x_8	x_{10}	x_{11}	x_{12}	x_{13}	x_{14}
1.231494 (-0.069)	0.257977 (-0.037)	-0.71413 (-0.077)	0.341194 (-0.0855)	-0.20541 (-0.07146)	-0.66378 (-0.16842)

在确定了变量间的协整关系之后，我们可以得出初步结论。房地产业投资与其他投资的协整方程（不含常数项）为：$RE = 0.19414x_1 + 0.76874x_3 + 0.25892x_4 + 0.31195x_5 - 0.242953x_6 - 1.231494x_8 - 0.257977x_{10} + 0.71413x_{11} - 0.341194x_{12} + 0.20541x_{13} + 0.66378x_{14}$。其中$x_6$、$x_8$、$x_{10}$、$x_{12}$对房地产业的弹性为负，即出现了挤出效应；$x_1$、$x_3$、$x_4$、$x_5$、$x_{11}$、$x_{13}$、$x_{14}$对房地产的弹性为正，即产生了挤入效应。

3. Granger 因果检验

由于房地产与其他投资都是I（1）时间序列，且存在协整关系。因此，可以通过Granger因果检验来确定房地产与其他投资之间的因果关系。依照上面给出确定的滞后阶数，本书得到以下分析结果：

表5-8　Granger 因果检验结果

Null Hypothesis	F - Statistic	Prob.
x_1 does not Granger Cause RE	11.6116	0.001
RE does not Granger Cause x_1	14.8258	0.0002
x_3 does not Granger Cause RE	11.5346	0.0011
RE does not Granger Cause x_3	13.2419	0.0005
x_4 does not Granger Cause RE	1.09552	0.2984
RE does not Granger Cause x_4	0.2484	0.6196

续表

Null Hypothesis:	F – Statistic	Prob.
x_5 does not Granger Cause RE	3.38357	0.0696
RE does not Granger Cause x_5	1.23329	0.2701
x_6 does not Granger Cause RE	4.70674	0.033
RE does not Granger Cause x_6	1.00627	0.3188
x_8 does not Granger Cause RE	12.5581	0.0007
RE does not Granger Cause x_8	5.24675	0.0246
x_{10} does not Granger Cause RE	10.9835	0.0014
RE does not Granger Cause x_{10}	1.39323	0.2414
x_{11} does not Granger Cause RE	16.0927	0.0001
RE does not Granger Cause x_{11}	4.52734	0.0364
x_{12} does not Granger Cause RE	9.6492	0.0026
RE does not Granger Cause x_{12}	0.37149	0.5439
x_{13} does not Granger Cause RE	1.51827	0.2215
RE does not Granger Cause x_{13}	0.14621	0.7032
x_{14} does not Granger Cause RE	9.49186	0.0028
RE does not Granger Cause x_{14}	0.10903	0.7421

从表5－8可以看出，大多数行业投资和房地产投资的相互影响并非是双向的，而是大多数行业会引发房地产投资的变化，房地产投资的变化并不会影响其他投资的变化。这个结果说明了很多行业的资金均为自愿流入或流出房地产业，而非房地产业的投资增加并非会直接导致其他行业投资的强制转移。也就是说，房地产投资挤出效应的产生是整个市场投资结构的自愿转变，而非是房地产投资的硬性增加而导致的其他行业投资减少。

4. 实证结论

在本小节中，笔者通过协整及 Granger 因果检验的方法，证明了房地产投资挤出效应在行业间是存在的，并对房地产投资对其他行业产生的效应做出了大致的判断。如表5－9所示，房地产投资挤出效应主要表现在交通运输、仓储和邮政业，批发和零售业，金融业，科学研究、技术服务和地质勘查业这几个行业。通过 Granger 因果检验，本书揭示了房地产投资与其他投资流入流出机制，即不

论房地产投资的挤出效应还是挤入效应，都是资本在利润最大化条件下自愿流动的结果。

表5－9　房地产投资与各行业投资的相互关系

挤出效应	挤入效应	不相关	无法判别
x_6：交通运输、仓储和邮政业 x_8：批发和零售业 x_{10}：金融业 x_{12}：科学研究、技术服务和地质勘查业	x_1：农林牧渔业 x_3：制造业 x_5：建筑业 x_{11}：租赁和商务服务业 x_{14}：其他服务业	x_4：电力、燃气及水的生产和供应业 x_{13}：科学研究、技术服务和地质勘查业	x_2：采矿业 x_7：信息传输、计算机服务和软件业 x_9：住宿和餐饮业

第六章　房地产投资对国民经济影响的实证研究

第一节　房地产投资对经济增长的作用研究

房地产对投资与经济的影响主要可分为以下几个方面：

（1）直接带动作用，即房地产业作为一项产业直接形成社会财富，直接促进或拉动国民经济的增长。

（2）间接带动作用即挤入效应，是指由于房地产业的发展，从而带动其他相关产业的发展，从而增加其对经济增长的贡献。

（3）对经济增长的消极影响（挤出效应），即由于房地产投资的增长而导致经济发展不协调，从而使某些行业投资减少，抑制经济的增长。根据前文得到的分析结果，房地产对经济增长的负面影响是房地产挤出效应的最直接表现。

本书将对房地产投资对经济增长的正面和负面作用进行综合考虑，研究房地产投资对经济增长造成的总效应。

一、Feder 两部门经济模型的建立

Feder（1982）两部门模型在经济学研究中有着广泛的应用，最初它运用于估计出口对经济增长的作用。之后它被广泛地运用于国内学者关于外商直接投资的“溢出效应”研究，其代表主要有汪立鑫和曹江（2000）、何洁（2000）等；同时它也被运用于研究金融业对经济增长的作用研究中，如 Odedokun（1996）、Wang（2000）以及阳小晓等（2004）。鉴于这一建模方法的优点在于较好地突出了两部门产业差异性，能够明确的说明房地产业对其他经济部门是产生了“技术抑制效应”还是“技术溢出效应”。鉴于上述优点本书也根据 Feder（1982）在

估计出口对经济增长的作用时的研究思路，以两个部门的生产函数为基础推导出最终的计量方程。

假设整个经济活动中只由房地产业和其他产业两个部门组成，其生产函数如下：

$$R_t = R\ (L_{R_t},\ K_{R_t}) \tag{6-1}$$

$$I_t = I\ (L_{I_t},\ K_{I_t},\ R_t) \tag{6-2}$$

$$Y_t = I_t + R_t \tag{6-3}$$

其中，R_t、I_t、Y_t 分别指 t 时刻房地产部门、其他经济部门和社会总产值，L_{R_t}、L_{I_t}、K_{R_t}、K_{I_t} 分别指 t 时刻房地产部门和其他经济部门所雇佣的劳动力和使用的资本。由于房地产业外部性的存在，其他部门产出不仅仅是资本和劳动力函数，房地产业的生产结构、资金水平及其自身的发展也会影响到其他经济部门的发展。因此 I_t 的发展过程中受到了外溢因素 R_t 的影响。同时，假设要素边际生产率在部门之间存在差异，即：

$$\frac{R_L}{I_L} = \frac{R_K}{I_K} = 1 + \delta \tag{6-4}$$

R_L、I_L、R_K、I_K 分别为房地产业和其他产业两部门劳动和资本的边际生产率。由于两部门经济存在差别，两个部门的生产效率是显然不同的，所以我们假设 $\delta \neq 0$。显然，当 $\delta > 0$ 时，房地产业的边际生产率大于其他部门的边际生产率；反之，当 $\delta < 0$ 时，房地产业的边际生产率大于其他部门的边际生产率。对（6－1）式和（6－2）式全微分得到：

$$dR_t = R_L dL_{R_t} + R_K dK_{R_t} \tag{6-5}$$

$$dI_t = I_L dL_{I_t} + I_K dK_{I_t} + E_t dR_t \tag{6-6}$$

上式中，d 为全微分符号，E_t 代表了房地产业对其他部门产生的挤出效应。由（6－3）式可以得到 $dY_t = dI_t + dR_t$，并由（6－4）式、（6－5）式、（6－6）式可以推出：

$$I_L dL_{R_t} + I_K dK_{R_t} = \frac{1}{1+\delta}\ (R_L dL_{R_t} + I_K dK_{R_t}) = \frac{dR_t}{1+\delta} \tag{6-7}$$

由（6－4）式、（6－5）式、（6－6）式、（6－7）式以及 $F = dK_{R_t} + dK_{I_t}$ 和 $dL_t = dL_{R_t} + dL_{I_t}$ 可以得到：

$$dY_t = I_K F + I_L dL_t + \left(\frac{\delta}{1+\delta} + E_t\right) dR_t \tag{6-8}$$

假设两个部门中劳动力的边际生产率与整个经济体内的人均产出存在线性比例关系，即 $I_L = \alpha Y_t / L_t$，将（6－8）式两边同时除以 Y_t，并设 $I_K = \beta$，$\bar{\delta} = \delta/(1+\delta)$ 后得到：

$$\frac{dY_t}{Y_t}=\alpha\frac{dL_t}{L_t}+\beta\frac{F}{Y_t}+(\bar{\delta}+E_t)\frac{dR_t}{R_t}\frac{R_t}{Y_t} \quad (6-9)$$

由（6-9）式可知，房地产业的发展对经济增长的影响可以通过$\frac{dR_t}{R_t}$和$\frac{R_t}{Y_t}$的乘积项来反映。$\frac{dR_t}{R_t}$是房地产投资的增长率，$\frac{R_t}{Y_t}$表示房地产业在经济中的重要程度，二者的关系表明在考察房地产业对经济增长的影响时，既要考虑房地产投资的增长率，又要考虑房地产投资在经济中的重要程度。房地产投资对经济增长的影响程度是通过系数$\bar{\delta}+E_t$来反映的，E_t表示房地产投资对经济发展的挤入或挤出效应，通过前一章的分析，房地产投资在全国范围内的效应表现为挤出效应，因此我们认为$E_t>0$；$\bar{\delta}$表示房地产业对经济发展的贡献程度，当房地产投资对经济增长的贡献越大。当$\bar{\delta}+E_t>0$时，说明房地产业对经济增长的贡献为正；反之，当$\bar{\delta}+E_t<0$时房地产业即为经济发展带来了负面影响。

为了适应实证的需要，本书最终将（6-10）式作为最后的计量模型，其中$\frac{dY_{it}}{Y_{it}}$为经济增长率，$\frac{F_{it}}{Y_{it}}$为固定资产投资占国内生产总值的比重，$\frac{dR_{it}}{R_{it}}$为房地产投资增长率，$\frac{R_{it}}{Y_{it}}$为房地产占国内生产总值的比重，$\frac{dY_{it-1}}{Y_{it-1}}$为上一期经济增长率（控制变量），$\mu_{it}$为就业人口增长率及其他影响因素，$\varepsilon_{it}$为随机扰动项。

$$\frac{dY_{it}}{Y_{it}}=\beta\frac{F_{it}}{Y_{it}}+(\bar{\delta}+E_{it})\frac{dR_{it}}{R_{it}}\frac{R_{it}}{Y_{it}}+\beta\frac{dY_{it-1}}{Y_{it-1}}+\mu_{it}+\varepsilon_{it} \quad (6-10)$$

同时，为了体现房地产投资挤出效应，我们提出了一个不含房地产投资挤出效应的产出模型作为对比。假如生产函数包括房地产投资、其他方面投资以及劳动力：

$$Y=f(K_1, K_2, L)$$

其中，Y为社会总产出，K_1为房地产投入，K_2为其他资本投入，L为劳动投入。对上式取对数得到：

$$\ln Y=C+\beta\ln K_1+\gamma\ln K_2+\delta\ln L$$

对上式进行整理得到：

$$GDP_{it}=\theta_i r_{it}+\pi_i i_{it}+\rho_{it} l_{it}+C+\varepsilon_{it} \quad (6-11)$$

其中，i=1，2，3，…，n为截面单元，t=1，2，3，…，n为时序期数。GDP、l、r、i分别为社会总产出、劳动人口、房地产投资、其他固定资产投入的自然对数，C为常数项，ε_{it}为误差项。θ、π和ρ分别代表各自变量对国民生产总值的弹性。这样我们就可以通过（6-11）式求解出房地产投资对经济增长的影响。

二、房地产投资对经济发展影响的实证分析

（一）数据的选取和研究方法

为了保证研究的一致性和可操作性，本书依然选用分析区域内房地产投资挤出效应时的城市房地产数据和经济发展数据作为分析的基础，在城市分类上也和上一章保持一致，并采用面板数据的方法进行分析。在指标方面，经济增长率、固定资产投资占国内生产总值的比重与上一部分的分析数据基本相同，房地产投资增长率和房地产占国内生产总值的比重的乘积可以通过计算得出。在不含挤出效应的模型当中，选取了2003～2009年全国城市的GDP、劳动人口、房地产投资、其他固定资产投入的自然对数作为回归时的数据，以上数据均来自国研网（www.drcnet.com.cn）。

（二）实证的过程和结论

1. 面板数据的单位根与协整检验

在进行面板回归之前，我们要首先对数据进行平稳性检验，由于上一章本书已经对部分数据进行了单位根检验（见表5－1），在这里，本节列出了房地产投资增长率和房地产占国内生产总值的比重的乘积（re）、国内生产总值（GDP）、劳动人口（l）、房地产投资（r）、其他固定资产投入（i）的单位根检验结果。

如表6－1所示，与表5－1中的变量类似，变量re的单位根检验在1%的置信水平下平稳，因此在模型（6－10）的面板数据不存在伪回归的问题。对于模型（6－11）来说，其水平数据的检验结果说明该面板序列存在单位根，即非平稳的。因此本书给出了其一阶差分后的结果，表中显示，所有指标的数据在一阶差分后平稳，即所有数据是一阶单整的。

表6－1　面板数据的单位根检验

	Method	re	GDP	ΔGDP	l	Δl	r	Δr	i	Δi
全国	LLC	－35.6*	11.68	－24.4*	－17.5*	－37.3*	4.318	－51.3*	－14.1*	－32.6*
	IPS	－12.9*	26.43	－10.1*	2.854	－9.65*	18.5	－21.46*	6.01	－15.7*
	ADF	1021*	92.72	881.7*	482.3	892.4*	260.5	1391.4*	482.2	1169.4*
	PP	1025*	42.56	968.8*	682.0*	1114.65*	459.5	1579.2*	820.8*	1293.4*
发达城市	LLC	－8.95*	2.858	－6.68*	－3.58*	－14.6*	－3.15*	－16.8*	－5.83*	－8.041*
	IPS	－3.35*	9.104	－2.72*	3.012	－4.39*	1.65	－7.9*	2.40	－2.95*
	ADF	131.9*	21.78	111.0*	55.63	149.0*	96.2**	208.8*	75.3	125.2*
	PP	139.1*	6.417	103**	90.3***	198.6*	172.2*	277.6*	145.88*	141.1*

续表

	Method	re	GDP	ΔGDP	l	Δl	r	Δr	i	Δi
发展中城市	LLC	-33.0*	11.23	-33.0*	-18.0*	-33.1*	8.06	-48.06*	-9.62*	-30.8*
	IPS	-11.9*	23.41	-11.9*	1.769	-8.58*	19.146	-19.2*	6.37	-15.2*
	ADF	797.3*	60.26	797.3*	383.9	682.9*	141.3	1066.3*	328.2	947.4*
	PP	798.9*	31.08	798.9*	541.0*	849.7*	230.0	1145.7*	551.7*	1041.6*

注：*、** 和 *** 表示在 1%、5% 和 10% 的检验水平下显著。

由于模型（6-11）的变量是不平稳且是一阶单整的，因此，我们有必要对其进行面板协整检验，以确定模型回归的有效性。面板数据模型的协整检验按方法分为两类：一类由 EG（Engle-Granger）两步法推广而成的面板数据协整检验方法，如 Pedroni 协整检验法、Kao 协整检验法；另一类由 Johnsen 迹统计量推广而成的面板数据协整检验方法，如 Fisher 协整检验法。考虑到序列的相关性，本书主要采用 Kao 提出的 ADF 检验来检验变量的协整关系。其中，滞后阶数 p 的选择以保证随机项不存在自相关为原则。检验结果见表 6-2（零假设为不存在单位根）。

表 6-2　CD 生产函数下的面板协整检验结果

	ADF 统计量	伴随概率
全国	-20.0381	0.000
发达城市	-10.3392	0.000
发展中城市	-17.6676	0.000

从 Kao ADF 检验中可以看出，CD 生产函数下的面板模型在 1% 的置信水平下拒绝了原假设，因此，GDP、l、r、i 存在明显的协整关系。

2. 实证过程和结论

表 6-3　Feder 两部门经济模型下的面板数据检验结果

变量	全国		发达城市		发展中城市	
	系数	t 值	系数	t 值	系数	t 值
β	0.03086*	11.3763	0.0193*	3.4071	0.0402*	12.0953
$\delta + e_t$	-1.89E-05**	-2.4247	0.0006*	2.7662	-3.62E-06	-0.07876
γ	0.39033*	23.2567	0.6352*	21.711	0.3288*	20.0930

续表

变量	全国		发达城市		发展中城市	
	系数	t 值	系数	t 值	系数	t 值
c	6.8437*	38.5422	4.0867*	8.4061	7.2187*	41.2028
调整后的 R^2	0.626		0.763		0.594	
D. W. 统计量	1.79		1.936		1.73	
Hausman 检验	失效		21.762*		失效	

注：* 和 ** 表示在 1%、5% 的检验水平下显著。Hausman 检验的零假设为接受随机效应模型。下同。

表 6-4　CD 生产函数下的房地产投资对经济增长影响的实证结果

变量	全国		发达城市		发展中城市	
	系数	t 值	系数	t 值	系数	t 值
i	0.4581*	46.2330	0.3987*	15.0009	0.4591*	39.5238
r	0.1250*	16.9261	0.2132*	10.0350	0.1153*	13.2106
l	0.3131*	18.7058	0.1731*	5.3603	0.2707*	12.3764
C	3.2897*	16.0314	5.0047*	10.4098	3.9045*	14.3459
调整后的 R^2	0.817		0.818		0.783	
D. W. 统计量	1.87		1.81		1.83	
Hausman 检验	失效		失效		38.620*	

在 Feder 两部门经济模型中，全国面板和发达城市面板通过了检验，房地产投资对经济增长的反应系数均与零接近，其中，全国的系数为负，而发达城市面板的反应系数为正。在发展中城市的面板中，房地产投资对经济发展的反应系数没有通过检验，因此可以认为在该面板的数据房地产投资对经济增长的总效应不明显。在 CD 生产函数的模型当中，房地产投资对经济增长的反应系数均为正，从结果来看，经济越发达房地产投资的正效应就越大。进一步来看，Feder 两部门经济模型和 CD 生产函数模型的分析结果是截然不同的，CD 生产函数模型的分析结果认为，房地产投资在经济发展过程中贡献是非常大的，房地产投资对 GDP 的弹性都达到了 0.1 以上，在大城市中，其弹性系数甚至达到了 0.2 以上。反之，从 Feder 模型的分析结果来看，当考虑到房地产投资挤出效应后，房地产投资对经济增长的贡献几乎为 0，在全国范围内，房地产投资甚至出现了微弱的负效应。

通过上述分析，我们可以认定，房地产投资对其他投资存在挤出效应，同时房地产投资挤出效应影响到了房地产投资对经济增长做出的贡献，房地产投资过热所造成的资源浪费已经可以与房地产投资对经济增长造成的直接推动相抵消。因此，在我国房地产发展的现阶段，房地产投资挤出效应并非是一种可以忽略不计的外部效应。

第二节　房地产投资与我国生产要素价格波动的关系研究

一、研究背景和方法选择

在前面，笔者简单阐述了房地产投资与我国生产要素价格上涨之间的关系。当房地产投资产生挤出效应时，房地产投资的增加会对生产要素价格产生一定的影响。向量自回归模型（Vector Auto Regression，VAR）是一种基于数据的统计性质建立模型，它的好处在于可以不必对内生变量和外生变量做出事先确定，同时处理多个相关经济指标的分析。在本章中，我们将建立房地产投资与其他生产资料和生活资料的价格变化的 VAR 模型，从实证的角度来研究房地产投资的变化是否对生产要素价格产生影响。我们可以通过建立（6－12）式的 VAR 方程，来确定房地产投资与生产要素价格变化的关系，其中 Rg_t 为房地产投资变化率矩阵，X_t 为生产率要素价格变化矩阵，Y_t 为控制变量的变化矩阵。

$$Rg_t = C + E_tX_t + E_tY_t \quad (6-12)$$

二、VAR 模型下的房地产投资与我国生产要素价格关系的实证研究

（一）数据来源与选择

本书选取了 8 个经济变量的 2004～2010 年季度数据作为分析的样本，具体包括：房地产投资增幅变化指数（Rg），原材料、燃料、动力购进价格指数（OFE），建筑材料购进价格指数（BM），工业品出厂价格指数（PPI），生产资料出厂价格指数（PPX），土地交易价格指数（LPI）6 个生产要素价格的变量；居民价格消费指数（CPI），股票价格指数（SI）2 个控制价格指标。上述变量中，Rg 和 SI 均通过房地产投资的数据和上证综指的走势计算得到；OFE、BM、PPI、PPX、CPI 等指数均经过了由月度数据向季度数据的转化。LPI 的季度数据为直接取得的。为了消除异方差影响，以上所有数据均取自然对数。本章所使用

的上证综合指数月度收盘价来自上海证券交易所（www. szse. cn）。所使用的价格统计数据均来自国研网（www. drcnet. com. cn）。

（二）VAR 模型简介

1. 向量自回归（VAR）基本模型

向量自回归模型通常用于分析相关时间序列系统的相关性和随机扰动对系统的动态影响。因为它避免了结构方程中需要对系统中每个内生变量关于所有内生变量的滞后值函数的建模问题，所以运用更为广泛。VAR（r）的基本模型为：

$$Y_t = A_t Y_{t-1} + \cdots + A_r Y_{t-r} + B_1 X_1 + \cdots + B_s X_{t-s} + \varepsilon_t$$

其中，Y_t 和 X_t 分别是内生变量向量和外生变量向量，A_t 和 B_s 是待估参数矩阵，t 和 s 是滞后期。

2. 脉冲响应函数

脉冲响应函数（Impluse Response Function）用于衡量来自随机扰动项的一个标准差冲击对内生变量当前和未来取值的影响。考虑下面的两变量 VAR 模型：

$$P_t = a_{11} P_{t-1} + a_{12} M_{t-1} + \varepsilon_{1,t}$$

$$M_t = a_{21} P_{t-1} + a_{22} M_{t-1} + \varepsilon_{2,t}$$

上面的 VAR 模型中，如果 $\varepsilon_{1,t}$ 发生变化，不仅当前的 P 值立即改变，而且还会通过当前的 P 值影响到变量 P 和 M 今后的取值。脉冲响应函数试图描述这些影响的轨迹，显示任意一个变量的扰动如何通过模型影响所有其他变量，最终又反馈到自身的过程。如果新息是相关的，它们将包含一个不与某特定变量相联系的共同成分。通常，将共同成分的效应归属于 VAR 系统中第一个出现（依照方程顺序）的变量。

在经济系统中，扰动项一般用于刻画从模型中省略下来而又集体地影响着变量的全部变量的替代物。如果扰动项对经济系统的当前值和未来值冲击程度较高，说明该经济系统对经济环境的依赖作用较强，反之则相反。除此之外，由于扰动项是通过模型中各变量的滞后值对各变量的未来值施加影响，脉冲响应检验也可以反映各变量对其他变量未来值和现期值的影响程度。

3. 方差分解

方差分解提供了另一种研究系统动态特性的方法。其主要思想是，把系统中每个内生变量（共 m 个）的波动（k 步预测均方误差）按其成因分解为各方程新息相关联的 m 个组成部分，从而了解各新息对模型内生变量的相对重要性。方差分解能提供与冲击响应函数同样的信息，但与冲击响应函数不同的是，方差分解把一个内生变量的变化分解为 VAR 模型中所有内生变量冲击，它显示了 VAR 模型中各变量随机误差的相对重要程度。

（三）实证过程和结果

1. 数据的平稳性检验

变量的平稳或变量间存在 D（I）阶协整关系，建立 VAR 模型的基础，因此按照惯例，本章首先给出了所有 8 个经济变量的 ADF 单位根检验结果。表 6－5 显示，所有的变量均为 0 阶平稳，其符合建立 VAR 模型的前提条件。

表 6－5　变量的单位根检验

变量	t 统计量	伴随概率
Rg	－3. 79701	0. 0087
BM	－4. 3711	0. 0021
LPI	－5. 37918	0. 0002
OFE	－4. 08979	0. 0041
PPI	－4. 18196	0. 0033
PPX	－3. 97967	0. 0053
SI	－3. 48689	0. 0175
CPI	－3. 41735	0. 0195

2. VAR 模型的建立

与 Johnsen 协整检验相类似，VAR 模型的建立首先也要确定滞后阶数。根据表 6－5 提供的数据，滞后 2 阶符合以下所有准则的最优标准。因此，我们在下面的分析中建立了 VAR（2）模型并对 VAR（2）模型的稳定性进行了检验。对 VAR 模型的稳定性检验主要是指 AR 根检验，当所有的单位根都落在单位圆内，VAR 模型就是稳定的。如图 6－1 所示，VAR（2）模型的所有单位根均落入了单位圆之内，因此本章建立的模型是稳定的。

表 6－6　滞后阶数检验结果

Lag	Log L	LR	FPE	AIC	SC	HQ
0	529. 257	NA	5. 33E－28	－40. 0967	－39. 7096	－39. 9853
1	693. 019	214. 1502	3. 14E－31	－47. 7707	－44. 2868	－46. 7675
2	814. 275	83. 94618	2. 35e－32	－52. 1750	－45. 5942	－50. 27996

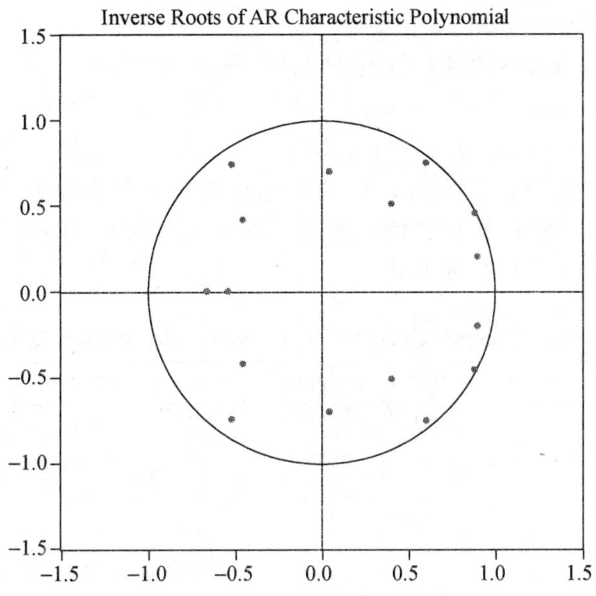

图 6-1 VAR 根检验

表 6-7 VAR 模型分析结果

R-squared	0.972	0.868	0.992	0.989	0.890	0.981	0.984	0.982
A. R-squared	0.921	0.634	0.978	0.970	0.695	0.947	0.955	0.950
Sum sq. re	0.004	0.134	0.00	0.000	0.007	0.002	0.001	0.001
S. E. eq	0.020	0.122	0.004	0.004	0.028	0.016	0.009	0.012
F-statistic	19.23	3.704	69.65	51.75	4.556	28.75	33.98	30.96
Log l	78.64	31.55	118.3	119.1	69.50	85.18	98.64	91.99
Akaike AIC	-4.74	-1.12	-7.79	-7.85	-4.04	-5.25	-6.28	-5.77
Schwarz SC	-3.92	-0.30	-6.97	-7.03	-3.22	-4.42	-5.46	-4.97
Determinant resid covariance (dof adj.)						4.20E-34		
Determinant resid covariance						8.66E-38		
Log likelihood						814.2749		
Akaike information criterion						-52.17499		
Schwarz criterion						-45.59418		

表 6-7 给出了 VAR（2）模型给出的具体结果，由于涉及的变量及方程矩阵数目较多，因此这里省略了具体的回归方程。从总体的结果来看，整个 VAR 的分析结果还是比较理想的。下面本章将进行变量的 Granger 因果检验以及脉冲响应函数分析和方差分解。

3. 基于 VAR 的 Granger 因果检验

基于 VAR 的 Granger 因果检验是对 VAR 系统中的每一个方程输出每一个内生变量与其他内生变量滞后期的联合 Wald 统计量，并对所有变量报告了在这个方程中检验所有滞后内生变量联合的 Wald 统计量数值，如表 6－8 所示。从分析结果来看，除去土地价格指数外，其他价格指数很难解释房地产投资的增长速度；与此相反的，房地产投资的增长速度可以很好地刻画出除股票价格及土地价格指数之外的其他价格指数的变化。

表 6－8　VAR Granger Causality/Block Exogeneity Wald 卡方检验结果

	Rg	SI	BM	CPI	LPI	OFE	PPI	PPX
Rg	—	0.224 (0.894)	8.233 (0.016)	10.271 (0.006)	2.120 (0.347)	5.092 (0.078)	6.530 (0.038)	6.016 (0.049)
SI	2.599 (0.273)	—	32.567 (0.000)	9.021 (0.011)	0.321 (0.852)	14.401 (0.001)	17.525 (0.000)	17.799 (0.000)
BM	1.505 (0.471)	9.150 (0.010)	—	6.938 (0.031)	1.380 (0.502)	4.984 (0.083)	8.204 (0.017)	6.535 (0.038)
CPI	3.315 (0.191)	13.738 (0.001)	3.772 (0.152)	—	1.508 (0.470)	16.468 (0.000)	20.907 (0.000)	21.702 (0.000)
LPI	5.160 (0.076)	3.553 (0.169)	6.250 (0.044)	0.575 (0.750)	—	2.036 (0.361)	3.982 (0.137)	3.718 (0.156)
OFE	2.442 (0.295)	1.621 (0.445)	1.025 (0.599)	2.668 (0.263)	0.271 (0.873)	—	0.601 (0.740)	0.468 (0.791)
PPI	0.985 (0.611)	15.593 (0.000)	3.076 (0.215)	6.408 (0.041)	0.794 (0.672)	6.729 (0.035)	—	9.407 (0.009)
PPX	0.412 (0.814)	14.754 (0.001)	2.422 (0.298)	6.050 (0.049)	0.836 (0.659)	6.602 (0.037)	6.613 (0.037)	—
All	101.153	50.651	148.431	105.767	14.627	88.602	98.744	96.338

注：括号内数据为卡方值对应概率。

4. 脉冲响应函数和方差分解

Granger 因果检验结果仅说明变量之间的长短期因果关系，但不能说明变量之间因果关系的强度和路径。因此，需要在 VAR 基础上运用脉冲响应函数来考察。脉冲响应函数反映了来自随机扰动项的一个标准差大小的信息冲击对内生变量当前和未来取值的影响，以及其影响的路径变化。图 6－2 给出了 Rg 对其自身和其他价格指数的 1～8 期的累积脉冲响应函数。

从图 6－2 中可以看出，房地产投资增长率对其自身的冲击和影响是最大的，在两年的期间内，一直稳定在 0.2% 以上；房地产投资增长率对土地价格指数的

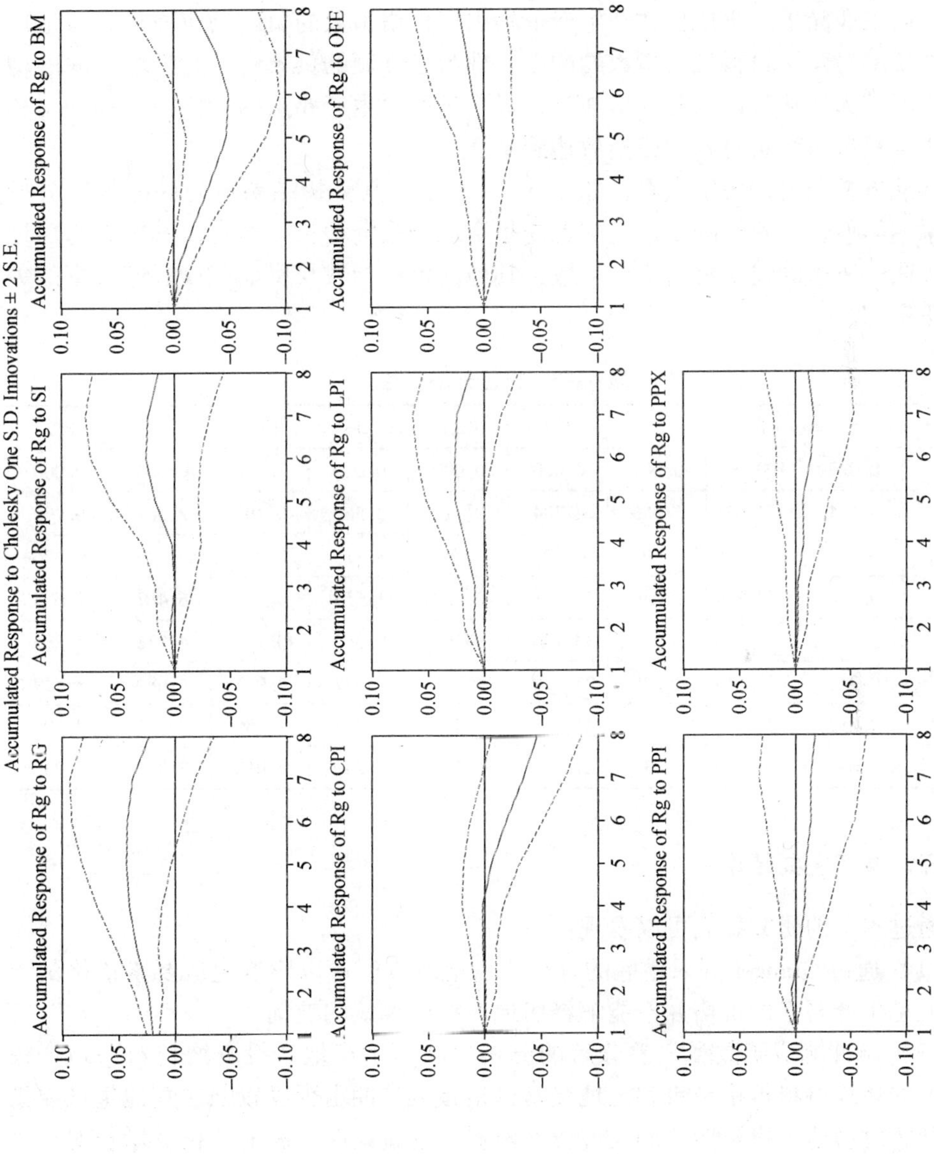

Accumulated Response to Cholesky One S.D. Innovations ± 2 S.E.

Accumulated Response of Rg to RG

Accumulated Response of Rg to SI

Accumulated Response of Rg to BM

Accumulated Response of Rg to CPI

Accumulated Response of Rg to LPI

Accumulated Response of Rg to OFE

Accumulated Response of Rg to PPI

Accumulated Response of Rg to PPX

图 6－2　脉冲响应函数

脉冲影响总体也比较稳定，在8期内，基本表现为0.2%以内的正响应；房地产投资对股票价格和原材料、燃料、动力购进价格指数的冲击主要集中在第4期以后，其表现是正向的；居民消费价格指数、工业品出厂价格指数和生产资料出厂价格指数对房产投资增长的反应基本为负响应，居民消费价格指数的负向反应程度大，而工业品出厂价格指数和生产资料出厂价格指数的负向反应较小；房地产投资增长率对建筑材料价格指数的冲击表现为累计额的负效应，并随着时间的增加而不断扩大。从整体来看，房地产投资增长率对生产要素的价格指数的冲击幅度较小，只有对建筑材料价格指数达到了0.5%。

再从方差分解的角度来看，如表6－9所示，其分析结果也与脉冲效应分析的结果相类似，方差贡献度最大的首先是房地产投资增长率本身，其次是与房地产业关联较紧密的建筑材料价格指数，其他的价格指数与房地产投资增长率的关系并不密切。

表6－9 方差分解示意

Period	S. E.	Rg	SI	BM	CPI	LPI	OFE	PPI	PPX
1	0.020	100.00	0.000	0.000	0.000	0.000	0.000	0.000	0.000
2	0.024	74.631	3.056	4.384	0.116	14.560	0.101	2.361	0.791
3	0.030	55.472	3.691	24.026	0.751	8.710	0.085	6.789	0.476
4	0.036	42.749	3.056	32.768	0.539	11.653	0.095	6.467	2.673
5	0.043	30.229	13.925	33.147	3.702	12.372	0.161	4.578	1.885
6	0.048	24.554	14.238	27.110	10.585	10.042	4.973	4.680	3.819
7	0.052	21.578	12.137	27.513	17.433	8.604	5.266	3.961	3.509
8	0.062	20.896	11.017	29.994	16.279	10.259	5.011	3.301	3.242

三、本节主要结论

通过本节的研究我们可以发现：

（1）通过Granger因果检验的分析，房地产投资可以影响生产要素价格的走势，但是生产要素的价格并不能解释房地产投资增长的波动。

（2）脉冲响应函数和方差分解的分析反映出了房地产投资增长对房地产投资相关的建筑材料价格指数和土地交易价格指数的冲击程度较强，其他生产要素价格指数对房地产投资增长的反应程度较弱，这就证明了房地产投资增长对整个社会的生产价格要素价格的波动并未造成实质性的影响。

（3）除去房地产投资增长自身、股价指数和土地交易价格指数以外，房地产投资增长对生产要素价格的变化影响大都是负向的。

第七章　房价波动的财富效应研究

第一节　文献综述

一、国外研究动态

国外关于房地产价格的财富效应的研究较多，但是关于房地产财富效应的存在性与影响程度，不同的文献观点也不同。

（1）房地产市场不具有财富效应。Skeiner（1995）认为，房地产价格上涨，没有住房的人或者租房者会为购买住房而增加储蓄减少消费，这样住房拥有者因房价上涨而带来的消费的增大可能会被抵消。Tracy 等（1999）认为，虽然住房价格的变动带来的财富变化可能比股价变动带来的财富效应变动要大，但是住房财富效应可能要小于金融资产的财富效应。对于计划长期居住房屋的消费者来说，住房价格上升所带来的有利的财富效应可能会被使用住房成本的上升所抵消，而对于不想在现住房长期居住的人来说，住房居住成本增加的贴现值要小于房价增加带来的正的财富效应，消费者可能会增加非住房消费。

（2）房地产财富效应较小。Yoshikawa 等（1989）认为，在日本当房价较高时，计划购买住房的人会提高其储蓄率，买房的发生率较低，房价上涨带来的效应是自有住房者和住房租赁者增加消费。Levin（1998）的分析发现，住房资产对消费基本没有影响。Engelhardt（1996）利用 PSID 数据发现，住宅资产价格上升对消费几乎没有影响，住宅资产价格下降 1 美元可能使消费下降 30 美元。Hoynes 和 McFadden（1997）发现，住宅资产对消费只有有限的影响。Poterba（2000）认为，由于自己居住而不能兑现的房地产具有较低的边际消费倾向，自主性的房产通常被看作一种长期资产。Campbell 和 Cocco（2005）利用英国家庭的支出数据研究后认为，年纪大的自有住房者对住房价格变化比较敏感，而年轻租房者的消费对住房价格变化不敏感。

有些学者将房地产财富效应与股票市场的财富效应进行比较分析。Case（2001）等人通过分析14个国家25年的面板数据及美国各州20世纪80～90年代的数据后发现，住房价格上涨对家庭消费的促进作用要明显大于股市的财富效应。Bayoumi和Edison（2002）利用16个国家30年的数据得到的一个主要结论是，住房财富对消费的影响要大于股市对消费的影响。Benjamin等以美国1952年第一季度到2001年第四季度的数据为样本，研究发现不动产增长1美元可使消费增加8美元，而金融资产增加1美元只能使消费增加2美元。实际上，美国2000年和2001年的股市下跌对总需求的影响有限，这是因为房地产的MPC要高于金融资产的MPC，不动产的财富效应抵消了其负面影响。Carroll等（2006）认为，尽管美国在21世纪初期股票市场下跌幅度大而工资增长缓慢，但是消费和投资均出现较为强劲的增长，这得益于房地产市场的财富效应。认为房地产短期的财富效应为MPC＝0.02，房地产长期的财富效应为MPC＝0.09，房地产效应要大于股票资产的财富效应。ZHI Da－lin等（2007）基于VAR模型运用协整理论和向量误差修正模型，结合格兰杰因果检验，运用1996年第一季度到2006年第二季度的数据对中国股票市场和房地产市场的财富效应进行研究，结果表明股票市场在MPC为0.1时，不存在财富效应；而房地产市场的价格波动对居民消费支出有重大影响。Raphael Bostic等（2007）运用美国消费者财务状况和消费开支统计调查的单个匹配数据集，汇集了1989～2001年的年度具体数据，以测试家庭金融和住房资产价值的财富弹性。总体而言，研究结果表明存在较大的住房财富效应。1989～2001年，对于业主房屋财富弹性估计为0.06左右。形成鲜明对比的是消费支出相对于金融财富估计弹性较小，幅度在0.02范围内。

二、国内研究动态

近几年来，我国学者也开始对房地产的财富效应进行研究，由于数据、指标及模型等方面的选取不同，其实证研究结果也不同。

（1）我国房地产市场不存在财富效应。朱新玲等（2006）利用2000年第一季度到2005年第一季度的季度数据，通过应用格兰杰因果检验和协整分析进行实证研究，结果表明城镇居民可支配收入是社会消费品零售总额的格兰杰原因，房价变动是社会消费品零售总额的格兰杰原因。同时指出收入每增加1个单位，导致消费增加0.05187个单位，而房价上涨1个单位，会使消费下降0.353395个单位。因此目前我国房地产市场不具有财富效应，房价上涨不仅不会引起消费增加，反而会使资金流向房市，消费减少。石弘（2007）利用2001年第一季度到2006年第四季度的季度数据，通过建立VAR模型进行实证研究，结果表明住房价格对消费产生抑制作用，并且社会消费品零售总额变动与住宅价格消费指数间不存在因果关系，通过脉冲响应函数与方差分析住房资产财富效应短期内存在负向效应，但是长期来看具有正向效应。文章认为目前我国房地产市场不具有财富效应。姚玲珍等（2007）在生命周期假说的基础上，构造了一个城镇居民资产与人均消费的关系模型，将居民资产分为以住宅为代表的实物资产和以股票为代表的金融资产两部分，利用1978～2006年的数据，分段进行回归分析，发现我国城镇房地产市场不具有财富效应而具有挤出效应。李成武等（2010）在传统生命周期模型基础上构建消费函数，采用31个省年度面板数据对其进行空间自相关检验，表明房价和消费呈现空间正相关，并且东中部空间聚集现象明显；通过建立空间自回归模型（SAR）和空间误差模型（SEM），进而分析得到我国房地产市场呈现负向财富效应。

（2）我国房地产市场存在财富效应。王子龙等（2009）利用1996～2007年房地产价格和居民消费的季度数据，对房地产财富效应进行实证研究，结果表明房地产价格变化是居民消费增加的Granger原因，居民消费的增加是城镇居民可支配收入上升的Granger原因。无论从长期还是短期分析，房地产价格变动都会给居民消费带来财富效应。并且通过脉冲响应函数分析得到，房地产价格的冲击对居民消费带来的正效应，导致居民消费增长，验证房地产财富效应的存在。骆祚炎（2008）以居民1985～2006年的年度数据为样本进行实证研究，结果表明住房资产比例每增加1个单位，将使居民边际消费倾向提高0.047个单位，我国居民住房资产存在较为微弱的财富效应。宋勃（2007）考虑了通胀因素，利用1998～2006年的房地产价格和居民消费的季度数据建立ECM模型，结果表明从短期来看房价与消费存在Granger因果关系，长期来看，房价上涨是居民消费增加的Granger原因，通过脉冲响应分析，居民消费受到房屋价格1个单位正向标准差冲击后会上升，因此房屋价格对居民消费存在正效应。

也有学者将股票市场财富效应与房地产市场财富效应进行比较分析。李玉山、李晓嘉（2006）通过建立ECM模型，对中国居民证券资产与住房资产的财富效应进行研究，得出短期来看住宅资产的财富效应为负，长期而言住宅资产的财富效应为正，而证券资产财富效应则不显著，消费需求最终取决于可支配收入。陈淑云等（2008）利用1998～2007年的上证综合指数、房地产价格和消费的月度数据建立计量模型对股市和房地产市场的财富效应进行实证研究，结果表明房地产市场财富效应要大于股市，但二者均不显著。刘建江等（2005）通过LC－PIH模型从理论上深入分析了房地产价格财富效应的作用机制，即持续上涨的房地产价格，通过增加公众财富、增强消费者信心、增加消费信贷等渠道来促进消费。也指出房地产市场财富效应比股票市场财富效应要显著。

还有部分学者研究某个地区的房地产财富效应。刘国风（2009）借鉴生命周期理论下的财富效应模型，通过建立误差修正模型，运用天津市 2002 年 7 月至 2008 年 6 月的月度数据进行了实证研究，结果表明天津市房地产市场存在负的财富效应。刘丽、刘爱松（2008）运用 2003 ~ 2007 年的 60 组月度数据对广州市房地产市场进行实证研究，结果表明，广州房价每上涨 1 个单位，会使得消费下降 0.13 个单位，房价上涨对消费起到了抑制作用。陆勇（2007）运用 1982 年 1 月至 2006 年 3 月的季度数据，利用协整检验、格兰杰因果检验、脉冲响应及方差分解等多种技术对香港 1982 ~ 2006 年是否存在房地产市场财富效应及长短期关系进行分析，指出香港房地产市场存在正财富效应，从长期来看，房价变动 1%，消费支出变动 0.27%，同时得出房价增值对消费刺激可能会大于收入。

三、国内外研究评论

通过对国内外相关文献的梳理，可以看出国内外对房地产的财富效应的研究存在如此大的分歧，国内外的区别主要是由于市场背景和制度角度的不同。各国之间在房地产市场、信贷市场、消费习惯上存在显著的制度差异。首先，与西方国家成熟的房地产市场相比，我国房地产市场起步较晚，政府对房地产市场的监管和法律规范还不够完善，房地产市场存在过度投机，市场未体现真实的供求。其次，在房价上涨市场预期的作用下，房价一路飙升，致使房地产价格远远超出居民的收入水平，这样财富效应很难发挥作用。再次，与西方发达国家相比，我国房地产金融市场不发达，特别是住房金融工具不完善、房地产抵押贷款限制较多等问题都对消费信贷产生约束，制约房地产财富效应的发挥。主要体现在：第一，住房抵押贷款市场规模。房产拥有者可以将其房产进行抵押来获得流动性，以此来增加消费支出。虽然近年来我国个人住房抵押市场发展迅速，但是与发达国家相比，住房金融市场开放程度不大，住房抵押市场的规模较小，显然住房抵押贷款市场的欠发达制约了财富效应的发挥。第二，住房权益变现工具。当房价上涨时，贷款者的抵押品价值增加，此时他可以增加抵押品的数量，或者依此申请更高金额的贷款，从而可以放松信贷约束，增加消费支出。从西方发达国家的经验看，例如在美国个人权益贷款余额已超过万亿美元，而我国住房权益变现工具的发展还处于起步阶段，只有少数几个城市提供住房权益变现工具，大多数的住房所有者还不能利用住房权益变现来增加消费支出，房地产财富效应受到了制约。第三，贷款首付比。我国居民住房贷款首付款要超过 30%，为了防止房地产市场过热，国家对房地产信贷政策进行了限制，首付基本稳定在 40% 左右，这样远远高于西方国家的水平。较高的贷款首付比使得消费者的资金可得性受到制约，限制了房地产财富效应的有效发挥。最后，与西方发达国家“用明天的钱办今天的事”的消费观念不同，我国传统的消费观念是消费必须建立在已有财富的基础上，对信贷消费方式持否定态度。加之我国社会保障体系不健全，居民为了子女教育和医疗等未来的大宗消费支出进行预防性储蓄，在这种情况下，就严重制约了财富效应的发挥。

经对国内学者关于房地产财富效应的研究相关文献的梳理，可以看出这些研究大部分采用的是全国总体宏观数据，运用时间序列计量方法进行实证分析，并且在研究方法、指标选择及数据处理上差异不大，但是结论存在巨大差异，即结论认为房地产财富效应微弱、显著为正或显著为负均存在。究其原因在于样本数量有限，我国房地产价格指数的编制主要是从 1998 年结束福利分房开始的，按季度样本数据容量算也只有 50 多个，并且再考虑数据的可得性，学者在研究时真正使用的样本容量更少。而根据 Pierse 和 Snell（1995）研究：第一，修正的 ADF 单位根检验方法以及协整检验的 E－G 二步法，均要求样本容量要足够大，否则协整参数估计是有偏差的，样本容量越小，偏差越大。第二，样本容量较小，会使得 Johnsen 协整检验结果很低，进而得到的协整检验结果不可靠。第三，在考察长期影响建立误差修正模型时，滞后项阶数选择是敏感的。因此由于样本数据容量有限，导致计量方法结果出现偏差。

第二节 房地产价格财富效应的理论分析

一、基本理论

（一）基于莫迪利安尼的生命周期理论的分析

生命周期假说（Life Cycle Hypothesis）又称为消费与储蓄的生命周期假说，是由美国经济学家弗兰科·莫迪利安尼（Franco Modigliani）和艾伯特·安多（Albert Ando）提出来的。生命周期假说强调了消费支出与个人生命周期阶段之间的关系以及收入与财产积累之间的关系。莫迪利安尼认为人们的消费方式是根据整个生命周期计划的，不仅支出当期的收入，也支出其过去积累的收入，人们是在收入波动较大的情况下，根据生命周期状况来平滑自己的消费，使其消费稳定。

该理论认为，理性的消费者为实现效用最大化，根据一生中的收入来安排消费和储蓄，使得一生的收入和消费相等。家庭收入包含劳动收入和实际财富，其消费函数的基本形式为：

$$C = a \cdot WR + c \cdot YL,\ (0 < a,\ c < 0) \qquad (7-1)$$

其中，C 为消费支出，WR 为实际财富（或称财产收入，包括股票、房产及储蓄等），YL 为劳动收入，a 为实际财富的边际消费倾向，c 为劳动收入的边际消费倾向。

理性的消费者根据一生中的财富现值来计划安排当期消费支出，储蓄则用于平滑不同生命周期阶段的消费支出，以备不时之需。以居民家庭住宅消费为例，受到金融市场发达程度和住宅消费信贷的影响。金融市场越发达，居民出售所持股票等金融资产进行融资的能力越强，这样会增加居民消费融资，从而增加住宅及非住宅的消费；住宅信贷的发展利于家庭减少为购买住宅而进行的储蓄，进而刺激居民的消费支出。

（二）基于弗里德曼的持久收入理论的分析

持久收入假说（Permanent – income Hypothesis）是美国经济学家米尔顿·弗里德曼（Milton Friedman）在 1957 年出版的《消费函数理论》中提出的。该理论将居民收入分为持久性收入与暂时性收入，同时指出当期消费取决于持久性收入，持久性收入不仅包括预期劳动的收入（人力财产或人力资本回报），而且包括持有资产而获得的预期收益（非人力财产）。理性消费者即使在某一时期收入出现意外增加，消费支出也保持不变或者增加较少。弗里德曼认为，收入的持久性变动对消费有重要影响，而暂时性的收入变动对消费的影响是微不足道的。其消费函数的基本形式为：

$$C = kY^{p} = k\theta Y = k\theta Y_{t} - k\ (1-\theta)\ Y_{t-1},\ (0 < k,\ \theta < 1) \qquad (7-2)$$

其中，k 为边际消费倾向，Y^{p} 为持久性收入，θ 为收入中持久性收入的比例，Y_t为当期收入，Y_{t-1}为前一期收入。

假设房地产市场持续繁荣，对于投资房地产的消费者来说，本来属于其暂时性收入的投资收益此时从持久收入假说的角度可以看作持久性收入。同时，由于市场繁荣，房价不断上涨，消费者产生了财富增加的预期，进而促使消费者信心增强，并且持久性收入 θY 增加，根据持久收入理论的消费函数式，可知整个社会消费支出会越来越旺盛。

（三）基于 LCH – PIH 模型的分析

R. 霍尔（Robert E. Hall，1978）和 M. 费莱文（Marjorier Flavin，1981）将理性预期理论、生命周期理论及持久收入理论进行了结合，构成了 LCH – PIH 模型，其消费函数的基本形式为：

$$C = a \times WR + k\theta Y_{d} - k\ (1-\theta)\ Y_{d-1},\ (0 < a,\ k,\ \theta < 1) \qquad (7-3)$$

其中，a 为实际财富的边际消费倾向，WR 为实际财富，k 为收入的边际消费倾向，Y_d 为当期可支配收入，Y_{d-1}为上一期可支配收入。当房地产市场持续繁荣时，假设股票市场财富效应不变，居民实际财富 WR 将增加为 WR + ΔH，房产投资者的收益由暂时性收入转化为持久性收入时会增加，消费者信心同时增强，即持久性收入比重增加为 $\theta+\Delta\theta$，收入的边际消费倾向相应增加。在这几个方面共同作用下，消费支出进一步扩大，公式如下：

$$C=a(WR+\Delta H)+k(\theta+\Delta\theta)Y_d-k[1-(\theta+\Delta\theta)]Y_{d-1},(0<a,k,\theta<1) \tag{7-4}$$

相反，如果房地产市场持续低迷，假设股票市场财富效应不变，居民实际财富 WR 将减少为 $WR-\Delta H$，房产投资的消费者也就减少了持久性收入增加的预期，消费者信心减弱，则持久性收入的比重减少为 $\theta-\Delta\theta$，收入的边际消费倾向相对减少，这样在其共同作用下，消费支出将大幅度下降，公式如下：

$$C=a(WR-\Delta H)+k(\theta-\Delta\theta)Y_d-k[1-(\theta-\Delta\theta)]Y_{d-1},(0<a,k,\theta<1) \tag{7-5}$$

由（7-4）式与（7-5）式可以看出，房地产财富效应受到房地产规模程度、房地产市场繁荣程度、消费者边际消费倾向等因素的影响。

二、房地产价格财富效应的传导机制

（一）模型分析基础

现有文献多采用描述性方法对房地产价格财富效应的传导机制进行分析，本节根据最优化理论推导出消费函数，并结合房地产财富效应的实际情况对消费函数进行修正，以解释不同的传导渠道。

根据最优化理论，在既定的约束条件下，运用拉格朗日函数可推导出最优化的消费函数，推导过程如下：

假定仅有一种无风险资产，效应是二次型的，那么一个代表性消费者期望效用最大化模型为：

$$\max E_t\left[\sum_{t=0}^{T}(1+\theta)^{-t}u(c_t)\right]$$

$$\text{s.t. } A_{t+1}=(A_t+Y_t-C_t)(1+r_t)$$

若无风险利率 r_t 为常数并且等于贴现率 θ，则一阶条件：

$$E[C_{t+1}|t]=C_t$$

这个一阶条件意味着最优消费路径为[①]：

$$C_t=\frac{r}{1+r}A_t+\frac{r}{1+r}\sum_{i=0}^{\infty}(1+r)^{-i}EY_{t+i}$$

这说明，消费者的每期消费是资产价值与持久收入的线性函数。其中，$\frac{r}{1+r}$

① 布兰查德，费希尔．高级宏观经济学［M］．北京：经济科学出版社，1998.

可以看作当期财富的边际消费倾向。

再假定收入遵循一阶自回归过程 AR（1），则：

$Y_t = \mu Y_{t-1} + \varepsilon_t$

那么消费可以表示为当期财富与当期收入的线性函数形式：

$C_t = \beta A_t + \eta Y_t$

其中，β 和 η 分别是利率 γ 和系数 μ 的函数。

假定消费者全部资产为实物资产与金融资产，其中实物资产主要是指房地产，令 W 表示金融资产价值，H 表示房产价值，那么消费函数可以表示为：

$$C_t = \beta_1 W_t + \beta_2 H_t + \eta Y_t \quad (7-6)$$

（二）基于消费函数的房地产财富效应传导机制分析

Ludwing 和 Slok（2002）对房地产财富效应进行总结指出，房地产价格的变化是从兑现的财富效应、未兑现的财富效应、预算约束效应、流动性约束效应及替代效应五个方面对消费产生影响的。本节在他们观点的基础上，结合消费函数，从房价上涨与下跌两方面对传导渠道进行综合分析。

1. 兑现的财富效应

对于房产所有者来说，房地产价格的变动会影响其净财富的大小，进而会影响消费者的当期消费行为。

将 $H_t = P_f \times Q_f$ 代入（7－6）式，得到：

$$C_t = \beta_1 W_t + \beta_2 (P_f \times Q_f) + \beta_3 Y_t \quad (7-7)$$

其中，β_1 表示居民将金融资产用于消费的比例，β_2 表示可兑现的房地产财富用于消费的比重，β_3 表示可支配收入的边际消费倾向，P_f 表示房地产价格，Q_f 表示房产所有者拥有的房屋数量。

假定在消费系数 β_1、β_2、β_3、金融资产 W_t 及可支配收入 Y_t 均保持不变的前提下，当房地产价格 P_f 上涨时，使得 $P_f \times Q_f$ 增加，即房产财富 H_t 增加，进而引起消费支出的增加；当房地产价格 P_f 下跌时，使 $P_f \times Q_f$ 减少，即房产财富 H_t 减少，进而引起消费支出的减少。

具体来说，由于房地产具有投资和消费双重性质，因此对于拥有投资性房产的消费者和拥有消费性房产的消费者因房价波动所带来的消费支出的变动程度是不同的。对于投资性房产的所有者来说，可以通过出租、出售以及抵押贷款等方式来实现收益，若房价上涨，则其获得的收益增加，进而促使消费支出扩大；若房价下跌，则其收益减少，消费支出也会随之缩减。

对于消费性房产的所有者来说，通过抵押房产来得到的流动性可以影响消费支出，若房价上涨，抵押房产可以获得更高的流动性，进而刺激消费；若房价下跌，抵押房产只能获得较低的流动性，房主的消费倾向会受到抑制。

2. 未兑现的财富效应

未兑现的财富效应可以从房价上涨与下跌两方面来进行分析。如果房地产价格上涨，即使房产所有者并没有出租或出售房产，也没有将其抵押来进行再融资，但由于财富贴现价值的提高，持有人预期比以前更加富有，尽管财富没有兑现，但仍可以刺激当期消费。反之，则会对消费产生不利影响。

令 $H_t = e^{-\rho} \times P_f \times Q_f$，并将其代入（7-6）式，得到：

$$C_t = \beta_1 W_t + \beta_2 (e^{-\rho} P_f Q_f) + \beta_3 Y_t \qquad (7-8)$$

其中，ρ 表示贴现率，$e^{-\rho}$表示房地产价值的贴现公式，则 $e^{-\rho}P_fQ_f$ 表示房地产的贴现价值。

假定其他条件不变的前提下，当房地产价格 P_f 上涨，其房地产财富 H_t 增加；即使房产拥有者当期未将房产变现，但其贴现价值 $e^{-\rho}P_fQ_f$ 增加，会使消费者对自身财富的预期增加，进而促进其消费。当房地产价格 P_f 下跌，房地产财富 H_t 减少，同时贴现价值 $e^{-\rho}P_fQ_f$ 也随之减少，进而消费者会调低对自身财富的预期，抑制自身的消费。

3. 预算约束效应

预算约束效应对房屋承租者与出租者的影响有所不同。首先，对于没有住房并且又暂时没有能力购买住房、需要租赁住房的居民来说，由房价变动导致的租金变化对租房者消费支出的影响。具体来说，随着房屋价格上涨，租金也会相应上涨，这样就会增加其居住成本，用于住房的消费支出就会增加，在其总收入一定的前提下，用于其他消费的支出就会受到挤压而减少；反之，则会刺激消费。

在（7-6）式的基础上，进行适当变形得到：

$$C_t = \beta_1 W_t + \beta_2 [Y_t - \gamma(P_f) Q_z] \qquad (7-9)$$

其中，$\gamma(P_f)$ 表示单位租金，Q_z 表示租房者租住的房屋数量，即 $\gamma(P_f)Q_z$ 表示租房者需支付的租金总额。当房屋价格 P_f 上涨，会带动租金 $\gamma(P_f)$ 上涨，导致需支付更多的房租。由于房屋支出增加，在总收入不变的条件下，会使用于其他消费的支出下降，引起其他消费产生缩减。

对于房屋出租人来说，预算约束效应是指房价的变动引起的房屋出租成本的变动，进而对房东消费支出的影响。由于房价的上涨，房屋出租成木诸如水电费、装修费、物业管理费等相关住房配套性设施的费用和服务的价格将会增加，从而增加了房屋出租人的预算约束；反之，则会缓解其预算约束。

在（7-6）式的基础上，进行适当变形得到：

$$C_t = \beta_1 W_t + \beta_2 [Y_t + \gamma(P_f) Q_z] - \beta_2 c(P_f) Q_c$$

其中，$\gamma(P_f)$ 表示单位租金，Q_z 表示出租房屋的数量，即 $\gamma(P_f)Q_z$ 表示出租者需收取的租金总额。$c(P_f)Q_c$ 表示在出租房屋中所耗费的成本。当房屋

价格 P_f 上涨，c（P_f）Q_c 会增加，一定程度上会增加出租人的预算约束。一般情形下，γ（P_f）Q_z 大于 c（P_f）Q_c，总的来说是缓解出租人的预算约束。但是如果政府对租金实施限额，c（P_f）Q_c 可能会大于 γ（P_f）Q_z，从而会挤占其他消费。

4. 流动性约束效应

当房地产价格上涨时，消费者可以用升值的住房作抵押来申请更高额度的贷款，进而获得更大的流动性；同样的道理，如果房地产价格大幅度下降，银行会从风险管理的角度考虑，对住房价格进行重新评估，并要求住房者提供更多的信贷保障，这样就会加大对消费者的流动性约束。

在（7－6）式的基础上，进行适当变形得到：

$$C_t = \beta_1 W_t + \left(\beta_2 - \gamma^{-(p_f^t - p_f^{t-1})}\right) P_f Q_f + \beta_3 Y_t \tag{7-10}$$

其中，β_2 表示无风险条件下流动性收益占房地产财富值的比例，γ 表示银行为了规避房价变动引致的房屋抵押贷款风险，而对房屋抵押贷款施加的约束程度。当房屋价格 P_f 上涨时，房屋价值升幅较大，房屋抵押贷款风险较小，银行对其施加的约束较小，故 $\beta_2 - \gamma^{-(p_f^t - p_f^{t-1})}$ 较大，因此能获得较大的流动性；反之，当房屋价格 P_f 下降时，房屋价值缩水，从而使房屋抵押贷款风险较大，故银行会要求房主增加信贷保障，即对其施加更大的流动性约束。

5. 替代效应

替代效应是指房价变动引起计划买房者购房支出的变动而对其他消费支出带来的影响，在预算约束的既定条件下，若房价上涨，计划买房者的购房支出增加，用于其他消费支出会随之减少；反之，其他消费支出会增加。

在（7－6）式的基础上，进行适当变形得到：

$$C_t = \beta_1 \left(1 - \alpha_1^{\Delta p_f^t}\right) W_t + \beta_2 \left(1 - \alpha_2^{\Delta p_f^t}\right) Y_t \tag{7-11}$$

其中，β_1 表示居民将金融资产用于消费的比例，β_2 表示可支配收入的边际消费倾向，$\alpha_1^{\Delta p_f^t}$ 表示金融资产中用于购房消费的支出比例，$\alpha_2^{\Delta p_f^t}$ 表示可支配收入中用于购房消费的支出比例。当房价上涨时，金融资产和可支配收入中用于购房消费的支出比例会增大，消费者会相应减少对其他消费的支出比重；反之，消费者用于其他消费的支出比重会上升。

第三节　基于面板数据 GMM 方法的实证研究

一、引言

根据莫迪利安尼和弗里德曼提出的 LCH－PIH 理论，资产是除持久收入之外影响消费行为的最重要因素。资产价格变动意味着财富的变化。而财富的增减变化对居民消费支出产生影响。这种资产与消费之间的关系就是所谓的财富效应。随着经济与金融市场发展，家庭拥有的资产越来越多，来自资产的财产性收入不断增加，资产价格变动对消费的影响越来越重要。认识这种影响并加以利用和控制，有利于消费支出的稳定增长。

房地产与股票是家庭所持有的两种重要资产。清华—花旗中国消费金融与投资者教育调研结果显示，2009 年中国城镇家庭年均税后总收入 50997 元，家庭总资产为 406536 元，其中房产占家庭总资产的比重为 73.44%。相对而言，目前股票在家庭总资产中占比较低。统计显示，2011 年股票在家庭金融资产中占 15.45%，落后于储蓄存款①。股票占家庭总资产的比重尽管不高，但是有 22% 的家庭持有股票，并且从总量角度来看，股票市场规模在不断扩大，家庭持有股票资产持续增加。除居民储蓄存款外，股票资产已成为居民持有金融资产的最主要形式。由于股价的波动远远大于储蓄存款利率的波动，股价波动对财富的影响更显著，所以本书以股票来代表家庭金融资产。

近年来，国内房价与股价呈现出不同的变动趋势。房价持续上涨，如果以 2004 年为基期，到 2011 年末房价上涨了 92.83%，平均每年上涨 11.6%，这仅仅是全国平均数据。如果考察国内几个大城市，如北京、上海等，房价涨幅还要大。例如，北京商品房价 2004 年为 5053 元，2011 年为 16851.95 元，同期上涨 233.50%，年均上涨 29.18%②。在房价持续上涨期间，股票市场的表现却起伏不定，以上证指数为例，2000 年指数为 2073.48 点，而到 2012 年 12 月初指数却跌破 2000 点，最低下探 1949.46 点。进入 2013 年以来股市出现反弹，最高上探 2444.80 点。根据 LCH - PIH 假说，国内房地产与股票市场的波动必然对居民消费产生财富效应。如果财富效应明显，那么以房地产和股市为手段刺激内需的政策安排可能是有效的。在国内经济增长尚存在诸多不确定因素以及扩大内需背景下，对这一问题的研究凸显中国意义。

二、文献简要回顾

有很多文献对股票和房地产财富效应进行了实证研究。国外学者利用宏观数据进行的研究大都证明财富效应存在。如 Case、Quigley 和 Shiller（2005）研究美国各州在 20 世纪 80 ~ 90 年代的面板数据和 14 个国家 25 年的跨国面板数据，发现房产财富效应显著存在，而且房产的边际消费倾向高于金融资产的边际消费倾向。Carroll 等（2011）研究发现房地产短期 MPC 为 0.02，长期 MPC 为 0.09。

① 西南财经大学《中国家庭金融调查报告》。

② 国泰安数据库。

但是也有研究否认存在财富效应，例如 Calomiris 等（2009）认为，Case、Quigley 和 Shiller（2005）的研究忽视了房价与永久收入内生相关，从而导致估计结果偏差。他们运用 Case、Quigley 和 Shiller（2005）的数据重新进行实证研究，得出了房产财富效应不显著且并不大于金融资产财富效应的结论。Skeiner（1995）也认为不存在房地产财富效应，因为房地产价格上涨，没有住房的人为购买住房而增加储蓄减少消费，这样住房拥有者因房价上涨所增大的消费可能会被抵消。有文献对房地产与股票市场的财富效应的大小进行了比较研究。Dvornak 和 Kohler（2003）利用澳大利亚州际面板数据估计了房价以及股价对消费的影响。发现房地产的财富效应要小于股票。Ludwig 和 Slok（2002）认为，房地产价格的变化是从兑现的财富效应、不兑现的财富效应、预算约束效应、流动性约束效应及替代效应五个方面对消费产生影响的。通过对 16 个 OECD 国家面板数据的研究发现，股票的财富效应要大于房地产。

国内对股票市场与房地产的财富效应的实证研究结果大相径庭。第一种观点是我国股票以及房地产市场不存在财富效应。林霞和姜洋（2010）利用京、津、沪、渝四个直辖市的城镇居民面板数据，分析的结论表明，中国股市升值和房价上涨引致的财富效应并不明显，其中房地产的财富效应几乎为零，股票的财富效应为负。李成武等（2010）采用 31 个省年度面板数据对其进行空间自相关检验，并通过建立空间自回归模型和空间误差模型，分析得到我国房地产市场呈现负向财富效应。第二种观点是股票与房地产市场存在财富效应。俞静和徐斌（2009）利用 2005 年 1 月至 2008 年 8 月的月度数据，综合运用单位根检验、协整检验、格兰杰因果检验和脉冲响应分析等方法对股票市场的财富效应进行了实证分析。研究结果表明，从长期看，股票市场的财富效应存在，股票价格的上升，将刺激居民消费需求的增加，从短期看，股票市场的财富效应不存在。王子龙等（2009）利用 1996～2007 年房地产价格和居民消费的季度数据，对房地产财富效应进行实证研究，结果表明无论从长期还是短期分析，房价变动都会给居民消费带来财富效应。骆祚炎（2008）利用 VAR、状态空间模型技术和 TSLS 方法进行实证分析，结果表明我国居民住房资产的财富效应虽然不强但确实存在。赵杨、张屹山、赵文胜（2011）的研究表明，房价促进消费的效应在长期要大于短期。梁琪、郭娜、郝项超（2011）利用面板协整的方法，探讨了我国房地产市场的财富效应及其影响因素。实证结果表明，样本期内我国存在显著正向的房地产市场财富效应。邓瑛和赵雪（2011）认为，房价上涨具有财富效应，但是受到流动性约束的限制。

有文献将股票市场财富效应与房地产财富效应进行比较分析。李玉山、李晓嘉（2006）通过建立 ECM 模型，发现短期来看住宅资产的财富效应为负，长期而言住宅资产的财富效应为正，而证券资产财富效应则不显著。陈淑云等（2008）利用1998~2007年的上证综指、房价和消费的月度数据建立计量模型对股市和房地产市场的财富效应进行实证研究，结果表明房地产市场财富效应要大于股市，但二者均不显著。

通过对国内外相关文献的梳理，可以看出由于指标选择及数据处理的不同以及样本数量限制，研究结论差异较大。我国房地产价格指数的编制主要是从1998年结束福利分房开始的，按季度样本数据容量算也只有50多个，再考虑数据的可得性，学者在研究时真正使用的样本容量更少。而根据Pierse和Snell（1995）的研究，修正的ADF单位根检验方法以及协整检验的E-G二步法，均要求样本容量要足够大，否则协整参数估计是有偏差的，样本容量越小，偏差越大。同时，样本容量较小也会使Johnsen协整检验结果不可靠。导致计量结果出现偏差。面板模型可以在一定程度上克服小样本的局限，所以本书选择1999~2011年30个省市的390个面板数据来进行实证分析①。

本书的研究目的在于发现房价与股价波动对消费的影响程度与影响方向。与大多数文献将全国分为东中西部三个经济区不同，本书把全国分为5个经济区，目的是发现经济发展水平以及区位差异对资产财富效应的影响。同时，为考察金融危机背景下加强房地产调控对房地产财富效应的影响，本书分两个时段即1999~2007年以及2008~2011年分别回归并进行对比分析。另外，本书还建立了动态面板误差修正模型，考察资产价格波动导致短期消费关系与长期均衡的偏离程度以及均衡的修复情况。

三、模型设计与估计方法

财富对消费的影响受到几种理论的支撑，包括持久收入理论以及生命周期理论。生命周期假说认为消费者追求一生效用最大化，而个人消费是由一生而不是当期的收入而定的，个人会运用储蓄和借贷来平滑自己的消费路径。而持久收入理论则认为人们消费支出应与他可预计的“持久收入”有关，其余不可预计的为“暂时性收入”。目前在研究资产价格对消费影响问题中，采用较多的是Blanchard和Fisher（1989）的生命周期—持久收入假说（LCH-PIH）。

假定仅有一种无风险资产，效应是二次型的，那么一个代表性消费者期望效用最大化模型为：

$$\max E_t[\sum_{t=0}^{T}(1+\theta)^{-t}u(c_t)]$$

$$s.t.\ A_{t+1}=(A_t+Y_t-C_t)(1+r_t)$$

① 由于数据质量及可得性原因，不含西藏，也未包含2012年以后的数据。

若无风险利率 r_t 为常数并且等于贴现率 θ，则一阶条件：

$$E[C_{t+1} \mid t] = C_t$$

这个一阶条件意味着最优消费路径为①：

$$C_t = \frac{r}{1+r}A_t + \frac{r}{1+r}\sum_{i=0}^{\infty}(1+r)^{-i}EY_{t+i}$$

这说明，消费者的每期消费是资产价值与持久收入的线性函数。其中，$\frac{r}{1+r}$ 可以看作当期财富的边际消费倾向。

再假定收入遵循一阶自回归过程 AR（1），则：

$$Y_t = \mu Y_{t-1} + \varepsilon_t$$

那么消费可以表示为当期财富 A_t 与当期收入 Y_t 的线性函数形式：

$$C_t = \beta A_t + \eta Y_t$$

假定消费者全部资产为实物资产与金融资产，其中实物资产主要是指房地产，金融资产以股票资产代表。令 W 表示股票资产价值，H 表示房产价值，那么消费函数可以表示为：

$$C_t = \beta_1 W_t + \beta_2 H_t + \eta Y_t$$

根据这个消费函数，我们写下基于面板数据的计量模型：

$$c_{it} = \alpha_i + \beta_{1i}Y_{it} + \beta_{2i}H_{it} + \beta_{3i}S_{it} + \varepsilon_{it},\ i = 1, \cdots, N;\ t = 1, \cdots, T \qquad (7-12)$$

其中，c_{it} 表示人均消费支出，Y_{it} 表示人均可支配收入，S_{it} 和 H_{it} 分别表示股价和房价。下标 i 和 t 分别表示地区和时间。随机误差项 ε_{it} 表示未预期到的对消费的冲击。

（7－12）式刻画的是消费、收入与财富之间的长期关系。短期内则存在于由（7－12）式给出的长期关系的偏离。由很多原因导致短期偏离，比如，调整成本，流动性约束，消费惯性等。构造短期消费函数需要确定每个变量的滞后阶数，为了表达简化，我们假定每个变量仅滞后一期。（7－1）式的 ARDL（1，1，1，1）形式如下：

$$c_{it} = \delta_i + \theta_{1i}Y_{it} + \theta_{12i}Y_{i,t-1} + \theta_{2i}H_{it} + \theta_{22i}H_{i,t-1} + \theta_{3i}S_{it} + \theta_{32i}S_{i,t-1} + \lambda_i c_{i,t-1} + \eta_{it} \qquad (7-13)$$

其中，δ_i 表示与地区相联系的个体效应。误差项 η_{it} 代表随机效应，统计上要求独立分布。

重写（7－13）式得到误差修正模型（ECM）如下：

$$\Delta c_{it} = \phi_i(c_{i,t-1} - \alpha_i - \beta_{1i}Y_{it} - \beta_{2i}H_{it} - \beta_{3i}S_{it}) + \theta_{12i}\Delta Y_{i,t} + \theta_{22i}\Delta H_{it} + \theta_{32i}\Delta S_{it} + \varepsilon_i \qquad (7-14)$$

① 布兰查德，费希尔．高级宏观经济学［M］．北京：经济科学出版社，1998.

其中，Δ 表示一阶差分算子，并且：

$$\phi_i = -(1-\lambda_i),\ \alpha_i = \frac{\delta_i}{1-\lambda_i},\ \beta_{1i} = \frac{\theta_{1i} + \theta_{12i}}{1-\lambda_i},\ \beta_{2i} = \frac{\theta_{2i} + \theta_{22i}}{1-\lambda_i},\ \beta_{3i} = \frac{\theta_{3i} + \theta_{32i}}{1-\lambda_i} \tag{7-15}$$

在动态面板模型中，由于因变量滞后项作为解释变量，从而有可能导致解释变量与随机扰动项相关，所以动态面板模型存在固有的内生性问题。在运用传统估计方法如 GLS 进行估计时可能产生参数估计的有偏性和非一致性，从而使参数推断的经济学含义发生扭曲。要得到参数的一致估计量，需为模型中的内生变量寻找适当的工具变量。针对以上情况，Arellano 和 Bond（1991）、Blundell 和 Bond（1998）提出了一阶差分 GMM（First Differenced GMM）估计方法。其基本思路是首先对方程进行一阶差分，然后用滞后的被解释变量或者解释变量作为差分方程中相应变量的工具变量。相比传统的参数估计方法，GMM 估计不需要知道随机误差项的准确分布信息，允许随机误差项存在异方差和序列相关，因而得到的参数估计量比其他参数估计方法更有效。不过，GMM 参数估计的有效性依赖于模型选择的工具变量是否有效。一般有两种方法来识别模型设定是否有效。第一种方法是采用 Sargan 或 Hansen 检验来识别工具变量的有效性，如果不能拒绝零假设就意味着工具变量的设定是恰当的。实证时应用 Sargan 检验来判别、选取合适工具变量。Sargan 检验的原假设为：过度识别限制是有效的，即工具变量有效。在原假设成立的条件下，Sargan 统计量服从自由度为 $r-k$ 的 χ^2 分布（r 是工具变量的秩，k 是待估参数个数）。在 EViews 中，通过 scalar pval = αchisq（J，r－k）命令就可以求得检验的 P 值。在 0.05 的显著性水平下，当 $P<0.05$ 时，拒绝原假设，即工具变量无效；当 $P>0.05$ 时，不拒绝原假设，即工具变量有效。第二种方法是检验残差项非自相关假设，即检验 GMM 回归残差项是否存在二阶序列自相关。其原假设为不存在二阶自相关，如果检验接受原假设，则模型的设定是可接受的。

四、实证分析

（一）变量选择与数据处理

考虑到数据平衡性问题，本书选择除西藏之外 30 个省、市、自治区的面板数据进行分析。样本期间为 1999～2012 年。除了在全国层面进行分析之外，还分析区域经济发展的差异对财富效应的影响。根据国家统计局的划分办法，为科学反映我国不同区域的社会经济发展状况，将我国的经济区域划分为东部、中部、西部和东北四大地区。为了考察直辖市地位的影响，将东部地区的京、津、沪独立出来作为一个地区来考察，这样，全国分为 5 个区域，分别是：京、津、沪三市；东部地区：河北、山东、江苏、浙江、福建、广东、海南 7 省；中部地区：山西、安徽、江西、河南、湖北和湖南 6 省；西部地区：广西、重庆、四川、贵州、云南、陕西、甘肃、宁夏、青海、内蒙古和新疆 11 省区；东北地区：辽宁、吉林和黑龙江 3 省。

根据模型，本书以城镇居民人均消费支出 LNCP 作为被解释变量，人均可支配收入 LNYP、房价 LNPP 以及股票市值 LNST 来表示解释变量。国外文献在研究房地产财富对消费影响的时候，基于家庭财富调查的微观数据，通常用房产价值来表示房地产财富变量，也有以价格指数作为变量。国内文献大多采用房价指数来表示房地产价值，本书采用商品房平均销售价格数据。这主要是因为房价指数是反映一定时期房屋销售价格变动程度和趋势的相对数，它不能真实反映房价的绝对水平的变化对财富和消费的影响，而平均销售价格表示的是特定时间内以货币支出衡量的房价水平，它的变动能够更真实反映家庭在房地产上的收益和支出及其对财富和消费的影响，从而可以保证参数估计更加有意义。金融资产以股票来表示。有的文献以储蓄存款来表示金融资产（骆祚炎，2007；梁琪等，2011），这是不合适的。因为在收入给定的情况下，当期储蓄与消费此消彼长，因此从长期的均衡关系来看，储蓄增长必然导致消费减少，估计参数必然为负，据此得出金融财富效应为负的结论是不可靠的。在以股票资产表示金融财富的时候，大多数文献用股价指数来代替股价。也有人用流通市值表示股票资产（魏锋，2007）。本书采用股票流通市值来表示股票资产的价值[①]。由于统计困难，没有提供分地区的股票流通市值，而是假定各地区受相同股价波动的影响，这种处理具有一定合理性，因为模型中应该体现共同因素的影响，这样有助于消除截面异方差问题。

为了消除价格因素的影响，并使数据具有可比性，我们使用 1978 年为基期的居民消费价格定基指数对人均消费支出 LNCP、可支配收入 LNYP、商品房平均销售价格 LNPP 以及股票流通市值 LNST 等变量进行价格调整。同时为了消除异方差影响，对处理后的时间序列数据取自然对数。所有数据均来源于中宏数据库和国泰安数据库。

（二）数据的平稳性检验

面板数据模型在回归前需对数据的平稳性进行检验。这是由于非平稳的经济时间序列通常会表现出共同的变化趋势，但并不意味着这些序列有直接的关联，如果对这些数据进行回归，可能存在有较高的 R^2，但结果没有任何实际意义。这就是出现了伪回归现象。

为了避免伪回归，保证估计结果的有效性，必须对各面板序列进行平稳性检验。面板数据的单位根检验分为两类：一类是相同根情形下的单位根检验，这类

① 这种方法实际上假定流通中的股份总额不变，流通市值的变化仅仅来自股价的变动。

方法假设面板数据中各截面序列具有相同的单位根过程（LLC 检验）；另一类为不同根情形下的单位根检验，这种方法允许面板数据各截面序列具有不同的单位根过程（Fisher－ADF 检验和 Fisher－PP 检验）。

根据上述关于单位根检验的理论，运用 EViews 6.0 软件，对相关面板数据进行单位根检验，结果如表 7－1 所示。

表 7－1 面板数据单位根检验：1999～2012 年

LNCP	对数值		一阶差分值	
	常数项	常数项和趋势项	常数项	常数项和趋势项
LLC	－3.86144（0.0001）	－6.39266（0.0000）	－17.8095（0.0000）	－17.9510（0.0000）
Breitung	—	－2.76783（0.0028）	—	－11.3556（0.0000）
IPS	4.56432（1.0000）	－3.02209（0.0013）	－12.8579（0.0000）	－10.8530（0.0000）
Fisher－ADF	31.935（0.9995）	94.9709（0.0045）	266.373（0.0000）	212.375（0.0000）
Fisher－PP	55.3408（0.7124）	84.4067（0.0308）	348.029（0.0000）	328.255（0.0000）
LNYP	对数值		一阶差分值	
	常数项	常数项和趋势项	常数项	常数项和趋势项
LLC	－1.4548（0.0729）	－6.53232（0.0000）	－14.2745（0.0000）	－15.0909（0.0000）
Breitung	—	2.06210（0.9804）	—	－9.25726（0.0000）
IPS	6.71084（1.0000）	－1.86417（0.0311）	－10.3215（0.0000）	－8.94411（0.0000）
Fisher－ADF	36.789（0.9955）	82.2942（0.0433）	214.229（0.0000）	184.778（0.0000）
Fisher－PP	61.7474（0.4852）	75.7997（0.1119）	251.103（0.0000）	244.566（0.0000）
LNPP	对数值		一阶差分值	
	常数项	常数项和趋势项	常数项	常数项和趋势项
LLC	1.0785（0.8596）	－5.43074（0.0000）	－8.97964（0.0000）	－9.44643（0.0000）
Breitung	—	－0.19084（0.4243）	—	－1.08238（0.0000）
IPS	6.50867（1.0000）	－3.1347（0.0009）	－10.4289（0.0000）	－5.93367（0.0000）
Fisher－ADF	10.5465（1.0000）	95.068（0.0044）	213.377（0.0000）	139.477（0.0000）
Fisher－PP	11.9051（1.0000）	110.819（0.0001）	266.793（0.0000）	192.357（0.0000）
LNST	对数值		一阶差分值	
	常数项	常数项和趋势项	常数项	常数项和趋势项
LLC	－11.8081（0.000）	－11.9919（0.0000）	－24.0516（0.0000）	－20.277（0.0000）
Breitung	—	－11.2508（0.0000）	—	－17.3178（0.0000）
IPS	－5.31462（0.000）	－3.5998（0.0002）	－17.0314（0.0000）	－11.8957（0.0000）
Fisher－ADF	118.831（0.000）	93.7532（0.0057）	331.615（0.0000）	226.568（0.0000）
Fisher－PP	119.440（0.000）	88.5047（0.0152）	637.011（0.0000）	481.901（0.0000）

注：滞后阶数选择是基于 AIC。* 表示 1% 置信水平上具有显著性，** 表示 5% 置信水平上具有显著性。

从表7-1可知，在用不同的方法对变量进行单位根检验时，无论是检验回归式中包括常数项还是同时包括常数项和趋势项，当对原值进行检验时，检验结果表明不能拒绝“存在单位根”的零假设，即为非平稳序列；当对变量的一阶差分进行检验时，检验结果都可以拒绝“存在单位根”的零假设。由此，上述三种检验结果说明各变量一阶差分不存在单位根，因此可以判定LNCP、LNYP、LNPP、LNST面板数据为一阶单整。

（三）面板协整检验

在面板单位根检验的基础上，进行面板数据的协整检验，来确定各变量之间是否存在长期关系。综观面板协整检验的文献，首先，按检验方法的基本思路划分，面板协整检验分为两类，一类是基于面板数据协整回归检验式残差（面板）数据构造统计量来进行检验，即Engle-Granger二步法的推广，具有代表性的是Kao检验的同质面板的协整检验和Pedroni异质面板的协整检验。Pedroni协整检验方法可以允许截距及时间趋势，并适用于非平衡面板数据，相比Kao方法有很大的改进。另一类是从Johnsen迹（Trace）检验方法的方向发展的面板数据协整检验，即面板数据存在空间相关，如Larsson协整检验法、Breitung协整检验方法。因为样本数据不足，Johnsen检验无效，所以本书放弃Johnsen检验，采用Kao和Pedroni检验。Pedroni检验方法共提供了7个统计量对残差进行平稳性检验，其中第一类包括4个统计量，是联合组内尺度描述，第二类包括3个统计量，是用组间尺度来描述。Pedroni检验证明，在一般性的假设条件下，上述7个统计量在经过均值和标准差调整后，都渐进服从标准正态分布。但Panel ADF统计量和Group ADF统计量在小样本情况下检验效果更好，在检验结果不一致时，以这两个统计量为标准（Pedroni，1999）。Kao检验和Pedroni检验结果，如表7-2所示。

表7-2 Kao和Pedroni协整检验：1999~2012年

Kao检验			
Kao检验	零假设	ADF统计量（滞后一期）	P值
	没有协整关系	-6.175613	(0.0000)
Pedroni检验			
统计量	数值	P值	
Panel v-Statistic	-2.190229	0.0360	
Panel rho-Statistic	2.632573	0.0125	
Panel PP-Statistic	-5.452453	0.0000	
Panel ADF-Statistic	3.894597	0.0002	
Group rho-Statistic	5.218140	0.0000	
Group PP-Statistic	-8.412231	0.0000	
Group ADF-Statistic	-0.627388	0.0327	

Kao 检验证实在消费支出、人均可支配收入以及房价和股价之间存在协整关系。Pedroni 检验显示，7 个统计量中全部通过检验，特别是 Panel ADF 统计量和 Group ADF 统计量检验效果显著。基本可以确认以上四个变量 LNCP、LNYP、LNPP、LNST 在样本期间存在协整关系。

（四）消费函数估计

为了反映房价、股价变动对消费的影响，我们首先利用一阶差分 GMM 方法估计了全国消费函数。同时为了考察地区经济发展差异对资产财富效应的影响，又估计了五个地区的消费函数。估计结果如表 7－3 所示。其中，Sargan 检验和 AR（2）检验说明 GMM 估计中工具变量选择有效。在分地区动态面板参数估计中，由于部分地区样本不足，GMM 工具变量设定失效，为了使参数估计具有可比性，所以分地区的消费函数参数估计都采用固定效应方法。为了保证参数估计有效，对动态面板回归残差进行单位根检验，结果显示除东北地区外，其他地区残差均为平稳序列。

表 7－3 消费函数估计：1999～2012 年

变量	所有地区（M1）	京津沪（M2）	东部地区（M3）	中部地区（M4）	西部地区（M5）	东北地区（M6）
长期参数估计						
LNYP	0.886978** (0.0113)	0.899210** (0.0891)	0.843277** (0.0217)	0.800808** (0.0456)	0.819125** (0.0619)	0.8758364** (0.0441)
LNPP	0.026113* (0.0171)	0.021667 (0.0211)	0.024229* (0.0161)	0.036901** (0.019702)	0.091104* (0.04110)	0.048229 (0.10234)
LNST	-0.004845* (0.0026)	-0.026120** (0.0051)	-0.006548* (0.0033)	0.003461* (0.0014)	-0.01265** (0.0087)	0.004938 (0.1061)
R^2	0.968712	0.982205	0.981384	0.961056	0.979226	0.979905
D.W.	1.872491	1.428061	0.968724	0.768839	1.25912	1.49972
短期参数估计						
ECM（-1）	-0.632291** (0.0121)	-0.328773** (0.12922)	-0.384911** (0.11324)	-0.429112** (0.0239)	-0.396781** (0.00447)	-0.198217 (0.1023)
DLNCP(-1)	-0.034213** (0.0126)	-0.215619* (0.1360)	-0.089137 (0.07117)	-0.054016 (0.09002)	-0.062663 (0.06448)	-0.060784 (0.2078)
DLNYP	0.79518** (0.0472)	0.80776 (0.1675)	0.76812** (0.1176)	0.68617** (0.09023)	0.772209** (0.06612)	0.59812** (0.20981)
DLNPP	0.022097** (0.01492)	-0.02112 (0.0132)	0.02780 (0.0153)	-0.023467 (0.0605)	0.08012** (0.0334)	0.071023 (0.0128)

续表

变量	所有地区（M1）	京津沪（M2）	东部地区（M3）	中部地区（M4）	西部地区（M5）	东北地区（M6）
DLNST	0.00123** (0.00211)	0.00792** (0.00217)	-0.00224 (0.00442)	0.004811 (0.0241)	-0.006217 (0.00556)	0.004139 (0.00177)
Sargan J统计量	39.1056 (P=0.36298)	R^2=0.74106	R^2=0.77643	R^2=0.70109	R^2=0.55432	R^2=0.32896
AR（2）	-0.08992 (P=0.2875)	D.W.=1.9754	D.W.=2.1123	D.W.=1.9786	D.W.=2.4211	D.W.=2.6721

注：东部地区不包括京津沪。* 和 ** 分别表示 10% 或 5% 水平上显著。括号内数字表示标准差。工具变量设为 αDYN（DLNCP，-2），DLNPP（-1），DLNYP（-1），DLNST（-1），DLNPP（-2），DLNYP（-2），DLNST（-2），DLNPP（-3），DLNYP（-3），DLNST（-3），ECM（-1）。

为了考察金融危机前后房地产以及股票财富效应的变化，我们分别估计了1999～2007年以及2008～2012年的消费函数。Sargan检验和AR（2）检验说明GMM估计中工具变量选择有效。估计结果如表7-4和表7-5所示。

表7-4　消费函数估计：1999～2007年

长期参数估计				
变量	参数	标准差	t值	P值
LNYP	0.86238	0.04265	33.897	0.0000
LNPP	0.030227	0.01027	1.87155	0.0865
LNST	-0.00773	0.00299	-2.11443	0.0398
调整后的 R^2	0.96610			
D.W.	1.2958			
短期参数估计				
ECM（-1）	-0.65229**（0.0773）			
DLNCP（-1）	-0.010287（0.01477）			
DLNYP	0.704057**（0.02483）			
DLNPP	0.010884（0.00663）			
DLNST	-0.008691**（0.00168）			
Sargan J统计量	24.7289（P=0.5603）			
AR（2）	-0.038628（P=0.8750）			

注：常数项省略。工具变量为 αDYN（DLNCP，-2），DLNPP（-1），DLNYP（-1），DLNST（-1），DLNPP（-2），DLNYP（-2），DLNST（-2），DLNPP（-3），DLNYP（-3），DLNST（-3），ECM（-1）。

表 7 - 5 消费函数估计：2008 ~ 2012 年

长期参数估计				
变量	参数	标准差	t 值	P 值
LNYP	0. 861176	0. 01356	62. 4657	0. 0000
LNPP	0. 020336	0. 003166	6. 10076	0. 0000
LNST	0. 006921	0. 001147	3. 1269	0. 0000
调整后的 R^2	0. 97238			
D. W.	1. 17766			
短期动态参数估计				
ECM（-1）	-0. 80426**（0. 100774）			
DLNCP（-1）	-0. 020246（0. 031023）			
DLNYP	0. 78649（0. 061315）			
DLNPP	0. 012478*（0. 00477）			
DLNST	0. 010836**（0. 001154）			
Sargan J 统计量	26. 1498（P = 0. 30695）			
AR（2）	-0. 080716（P = 0. 4956）			

注：常数项省略。工具变量为 αDYN（DLNCP，-2），DLNPP（-1），DLNYP（-1），DLNST（-1），DLNPP（-2），DLNYP（-2），DLNST（-2），DLNPP（-3），DLNYP（-3），DLNST（-3），ECM（-1）。

（五）结果分析

1. 全国层面的分析

表 7 - 3 中模型 M1 刻画的是 1999 ~ 2012 年全国层面意义上房地产、可支配收入以及股票财富对消费的长期影响。消费的收入弹性、房价弹性以及股票财富弹性分别为 0. 886978、0. 026113、-0. 004845。从长期来看，房价上涨对消费增加有正向推动作用，如果房价上涨 1 个百分点，那么消费可以增长 0. 026113 个百分点。这个发现具有合理性，并且得到了很多研究的支持。从合理性角度分析，在中等收入及以下人群中，收入中用于购房贷款支出比重比较大，房价上涨对这部分人群的消费的负面影响比较大，房地产财富效应很可能为负。但是对于高收入人群，购房很少用到银行贷款，并且房产被用于投资，因此，房价上涨能够给他们带来财富的增长，增加消费。所以，对于高收入人群，房地产财富效应很可能为正。总的财富效应取决于两种人群在国民收入中所占份额，尽管中低收入人群数量远远超过高收入人群，但是就收入而言，高收入人群收入比重远远超过中低收入人群，如果总财富效应可以看作是两种人群消费效应的加权平均，那

么总财富效应要更多地受到高收入人群消费效应的影响，表现出正的财富效应。

在这个时期股票财富效应呈现微弱的负效应（-0.004845），这个发现得到了其他实证研究的支持，例如，林霞和姜洋（2010）发现股票的财富效应为-0.07。从理论上分析，这种情形可能与股市长期积弱不振以及资本市场的制度性建设滞后有关系，股票市场的每一次反弹几乎都成为新的投资者被套牢的陷阱。在股票投资中能够获利的只有少数掌握内幕消息的机构投资者，而大多数中小投资者不仅没有能从股市投资中增加财产性收入，反而因为股市投资损失而减少了财产性收入，从而出现股价上涨反而不利于消费增长的怪现象。

动态调整项 ECM 表示实际值与均衡状态的偏离程度，调整系数为-0.63229，说明对偏差的调整比较迅速，如果偏离均衡1%幅度，则在下一期会以0.63229%的比率逆向修复。

2. 区域经济发展差异的影响

表7-3中模型M2、M3、M4、M5、M6分别刻画的是1999~2012年京津沪、东部地区、中部地区、西部地区、东北地区房地产以及股票财富对消费的长期影响。比较五个地区房价对消费的影响发现，经济发展差异对房价与消费的长期均衡关系产生了影响。一个有趣的发现是，随着经济发展水平提高，房价对消费的影响在降低。经济发达地区，比如京津沪以及东部地区，消费对房价的长期反应系数仅为0.021667和0.024229，在经济落后的西部地区，房价对消费的影响最大，房价上涨1%，可以带来消费增长0.091104%。

各地区股票财富效应均小于房地产财富效应。不过股票财富效应在京津沪及东部地区和西部地区均表现为负，仅在中部地区和东北地区为正。

3. 金融危机对房地产与股票财富效应的影响

表7-4和表7-5分别刻画了金融危机前后房地产与股票财富效应的变化。2008年以来，房价对消费的影响为0.020336，即房价上涨1%，可引起消费增长0.020336%。股票财富具有正效应但是很微弱，为0.006921。而在危机之前，房地产财富效应为0.030227，股票财富呈现微弱的负效应，为-0.00773。显然，在危机发生前后，房地产以及股票价格变化对消费的影响发生了相反的变化，即危机发生后房价对消费的影响减弱了，而股票市场的影响则增强了。发生这种变化的原因在于，在金融危机发生后，国内加强了对房地产市场的调控，房价上涨趋势得到一定程度缓解。房地产投资预期收益下降，投资者开始减少房地产（预期）收入中用于消费的比重，以应对未来的不确定性。与此同时，证监会加大了对中小投资者保护力度，加强了包括上市公司信息披露、新股发行制度、强制分红等在内的股票市场制度建设，这使股票市场在2008年10月触底以来，累积的风险逐渐得到释放，市场投资价值逐渐显现，另外，投资者结构在发生改变，漫

长熊市使得很多中小投资者退出市场，机构投资者比重上升，散户投资者比重相对降低①，据统计2009年以来新开户投资者数量持续下降，而机构投资者却在不断增加，例如2012年QFII新增开户120个，是2011年新增开户数的5倍。机构投资者风险管理能力以及盈利能力均强于中小投资者，这使股票市场系统性风险降低，平均收益率提高，从而有助于股票财富效应增加。另外，国家扩大内需的政策也使消费支出的增长更多地受到非投资因素的影响，比如提高社保标准、减税以及财政转移支付的增加，从而造成来自资产价格波动的财富效应相对减弱。

五、结论

长期以来，不论是国外还是国内文献，关于房价对消费支出的影响，即是否存在财富效应存在争议。本书试图利用新的数据和动态面板模型从多个角度来重新估计房地产的财富效应，并与股票财富效应进行对比分析，考察房地产价格波动的相对影响。主要发现如下：

（1）在样本期间内，房地产具有积极的财富效应。如果房价上涨1个百分点，那么消费可以增长0.026113个百分点。但是股票呈现微弱的负效应（-0.004845）。短期内房价与股价波动都会产生对均衡的正向偏离，即房价上涨幅度每扩大1%，会带来消费支出增加幅度扩大0.022097%。而股价波动上涨幅度每扩大1%，会引起消费支出增加幅度扩大0.00123%。

（2）经济发展差异对房价与消费的长期均衡关系产生了显著影响。基本趋势是随着经济发展水平提高，房价对消费的边际影响在降低。地区经济差异对股价与消费的关系影响不明显。各地区股票财富效应均小于房地产财富效应。

（3）在2008年金融危机发生前后，房地产以及股票对消费的影响发生了相反的变化，即金融危机发生后房价波动对消费的长期影响减弱了，而股票市场的长期影响则增强了。但是房价波动的短期影响却比金融危机之前更明显。

第四节　基于MG和PMG统计量的财富效应估计

在本节我们将利用相同数据，采用近十年发展起来的组均值（Mean Group，MG）和混合组均值（Pooled Mean Group，PMG）估计量，重新估计房地产与股票

① 据2013年证券期货监管工作会议透露，在2012年，投资者的结构有所改善，专业的机构投资者的比重上升了1.7个百分点，个人投资者所占的比重下降了1.2个百分点，一般法人所占的比重下降了0.5个百分点。

的财富效应。

一、MG 与 PMG 估计原理[①]

对于动态面板数据模型参数的估计有两种截然相反的方法：一种是 MG 估计，MG 是指组均值估计量，先对每组时间序列数据分别进行估计，并检验各组之间估计量的分布。然后对各组系数的估计值进行平均化。MG 模型允许所有的斜率系数和误差方差都是不同的。Pesaran 和 Smith（1995）证明，MG 估计量是参数平均值的一致估计量。不过这个估计量的缺点在于并不能够说明某些参数在组间是相同的这一事实。另一种是传统的混合估计量，比如固定效应和随机效应，只允许截距在组间是不同的，而其他参数以及误差方差则被约束为相同的。1999 年，Pesaran、Shin 和 Smith 提出了介于二者之间的估计量 PMG，用于动态面板数据模型的参数估计。PMG 模型假定模型中的长期系数是同质的，但允许不同组间的截距、短期系数和误差方差是不同的，在方法上，首先对各组具有相同值的系数进行混合估计，对各组不相同的系数取其平均值。他们认为，变量之间的长期均衡关系在各组之间大体接近的假定是合理的，因为各组会受到相同技术条件、套利或者预算约束的影响，从而从长期来看，各组之间变量表现出大致相同的变动趋势。而对于短期动态关系以及误差方差做类似的假设则显然是不合理的。另外，不施加斜率相同的假设也可以保证动态的表达形式即滞后期的选择在各组之间可以保持差异。对于 MG 和 PMG 两种方法的效果，Pesaran、Shin 和 Smith（1999）建议，使用 Hausman 检验来判断这两个模型是否有显著差异。依据是 PMG 估计量施加了各组长期弹性相等的约束，如果这个约束成立，则可以得到一致估计量，并且系数估计的方差更小。如果这个约束不成立，那么 PMG 估计量就不是一致的，而 MG 估计量在任何情形都是一致的，只是系数估计的方差偏大。Hausman 检验的原假设是 PMG 估计量的约束条件成立，备择假设是 PMG 估计量中的约束条件不成立。如果不能拒绝原假设，那么就说明 PMG 更有效。否则就说明 MG 更有效，因为 MG 估计量在原假设和备择假设都是一致的，而 PMG 估计量在备择假设下是不一致的。由于各个系数是非线性的，所以 Pesaran、Shin 和 Smith（1999）提出使用极大似然（Maximum Likelihood，ML）方法来估计 PMG 统计量。

二、估计结果

表 7－6 给出了消费函数 PMG 与 MG 估计结果。其中，β_{1i}、β_{2i}、β_{3i} 分别代

① Pesaran, Shin and Smith. Pooled Mean Group Estimation of Dynamic Heterogeneous Panels［J］. Journal of the American Statistical Association, V. 94, 1999.

表收入、房价以及股价波动的边际消费倾向的长期系数。ϕ_i 代表误差调整系数。θ_{12i}、θ_{22i}、θ_{32i}分别代表收入、房价以及股价的短期消费弹性系数。

（一）PMG 与 MG 估计结果的比较

两种方法的回归结果显示，误差修正调整速度 ϕ_i 显著为负值，表明变量有显著向长期均衡回复的趋势，符合误差修正模型的假设。长期收入边际消费倾向β_{1i}显著地大于0，但是并不等于1。这说明在收入之外还存在其他因素在影响这个时期的消费。诊断性统计结果——调整的 R^2 以及对数似然比 LR 说明，模型设计合理，拟合效果较好。

表 7-6 消费函数估计结果

变量	1999～2012 年：PMG	1999～2012 年：MG
长期均衡参数		
β_{1i}	0.868314** (0.010346)	0.886326** (0.11511)
β_{2i}	0.002377* (0.01232)	0.012361* (0.01516)
β_{3i}	-0.011283** (0.004508)	-0.011633** (0.00534)
短期参数估计		
ϕ_i	-0.66946** (0.01074)	-0.76206** (0.04007)
θ_{12i}	0.832687** (0.056309)	0.903732** (0.056309)
θ_{22i}	0.021038* (0.013632)	0.002473 (0.01608)
θ_{32i}	-0.002687 (0.00260)	-0.014938 (0.04299)
诊断性统计		
R^2	0.7207	0.556304
LR	1086.69	925.2298

注：* 和 ** 分别表示 10% 和 5% 水平上显著。括号内数字表示标准差。常数项略。

比较 MG 和 PMG 估计量，注意到 PMG 估计量中的长期收入弹性、房价弹性以及股价弹性估计值及其标准差要小于 MG 估计量。大致上可以认定 PMG 估计量更有效。为了进一步确认这一点，现在进行 Hausman 检验。令 m 表示 MG 估计量的系数向量，p 表示 PMG 统计量的系数向量，Var（m）和 Var（p）分别表示 MG 和 PMG 估计量的方差—协方差矩阵，那么在本书中 Hausman 检验的 χ^2 统计量计算公式为：

$$\chi^2(3)=(m-p)'[\mathrm{Var}(m)-\mathrm{Var}(p)]^{-1}(m-p)$$

计算出 $\chi^2(3)=5.78$，大于该值 $\chi^2(3)$ 的概率为 0.13，因此接受原假设，即 PMG 估计量是更有效的（即方差更小）。

（二）对 PMG 回归结果的讨论

观察表 7－6 发现，与理论预测不同，从长期来看，房地产呈现微弱的财富效应，边际消费弹性为 0.002377。这意味着，从长期来看，房价上涨对消费增加有正向推动作用，如果房价上涨幅度扩大 1 个百分点，那么平均来看消费增长幅度可以扩大 0.002377 个百分点。这个发现具有合理性。其中一个原因在于人口收入分布。在中等收入及以下人群中，收入中用于购房贷款支出比重比较大，房价上涨对这部分人群的消费的负面影响比较大，房地产财富效应很可能为负。但是对于高收入人群，购房很少用到银行贷款，并且房产被用于投资，因此，房价上涨能够给他们带来财富的增长，增加消费。所以，对于高收入人群，房地产财富效应很可能为正。总的财富效应取决于两种人群在国民收入中所占份额，尽管中低收入人群数量远远超过高收入人群，但是就收入而言，高收入人群收入比重远远超过中低收入人群，如果总财富效应可以看作是两种人群消费效应的加权平均，那么总财富效应要更多地受到高收入人群消费效应的影响，表现出正的财富效应。另一个原因是，自 2003 年以来房价持续上涨导致人们具有强烈的房价上涨预期，同时快速增长的房地产投资使得国内房地产的流动性较好，房地产收益比较容易变现。这促使投资者倾向于把房价上涨所带来的收入增加看作是持久收入的增长，因而刺激了消费支出。

值得注意的是，在这期间，房地产短期财富效应比长期财富效应更明显。短期财富效应为 0.021038，这意味着，如果上一期房价涨幅扩大 1%，那么会引起本期消费增长幅度扩大 0.021038%。这主要与房价短期涨幅大有关系。

在这个时期，股票长期财富效应呈现负效应（－0.011283），平均来看，如果股价波动扩大 1%，那么消费波动幅度会相应下降 0.011283%。这是一个奇怪的结果。从理论上分析，这种情形可能与股市长期积弱不振以及资本市场的制度性建设滞后有关系，股票市场的每一次反弹几乎都成为新的投资者被套牢的陷阱，而股价下跌又成为拥有做空手段的投机者的盈利机会。所以在股票投资中能够获利的只有少数掌握内幕消息的机构投资者，而大多数中小投资者不仅没有能从股市投资中增加财产性收入，反而因为股市投资损失而减少了财产性收入，所以大部分中小投资者并不把股票投资收益看作是持久收入，并且长期亏损也导致股票交易萎缩，流动性下降，从而出现股价上涨反而不利于消费增长的怪现象。

短期的股票财富效应仍然为负，但是负面影响减弱，为 -0.002687。即上一期股价上涨（下跌）幅度扩大 1%，引起当期消费增长（下降）幅度缩小 0.002687%。

1999～2012 年，长期均衡的恢复速度为 -0.66946，这意味着从短期来看，人均可支配收入、房价以及股价指数的变动引起了人均消费支出的变动，如果上一期消费支出偏离长期均衡水平 1%，那么当期消费支出会向均衡水平调整 0.66946%。

三、GMM 估计与 PMG 估计结果的对比分析

基于两种不同方法估计出来的长期和短期消费函数有很多相似之处，如表 7-7 所示。

表 7-7　PMG 与 GMM 估计结果对比

变量	1999～2012 年：PMG	1999～2012 年 GMM
长期参数		
β_{1i}	0.868314**	0.880978**
β_{2i}	0.002377*	0.026113*
β_{3i}	-0.011283**	-0.004845*

尽管两种方法下的具体参数估计不同，但是方向却基本一致。其中，估计结果最接近的是收入的边际消费弹性。这至少说明，收入对消费增长的影响最大，而房地产价格上涨对消费增长具有积极促进作用，但是股票价格波动抑制了消费增长。

基于这种发现，基本的政策启示：

（1）应该适当利用房地产的财富效应，把房价涨幅控制在一定范围内，同时避免房价大幅度下跌，因为这会导致消费支出下降。从短期来看，房地产调控政策的紧缩力度要适度。

（2）尽管现阶段房地产具有财富效应，但是房地产财富效应建立在收入分配差距过大的基础上。随着社会收入分配制度的不断完善，房地产财富效应可能会减弱。金融危机后的房地产财富效应变化在一定程度上说明了这个问题。另外，现阶段房地产财富效应还与当前房价水平有联系。现在的房价水平还没有高到对中低收入人群的消费抑制大于对高收入人群房地产投资收益增加的地步。如

果房价继续上涨，大量挤压中低收入人群的消费，那么房地产财富效应可能就会消失，甚至转变为负效应。所以，从长期来看，房地产调控政策的要点在于限制房地产投机，抑制房价上涨速度，控制房价水平。在产业政策制定上，要注重房地产的居住属性和生产资料属性，弱化投资属性和虚拟资产属性，因此在信贷政策、房地产税收、土地供给等方面要加强引导，限制住房投机，鼓励消费性住房需求，改善房地产供给结构，增加普通住房供给。

（3）从理论上以及国外实践来看，股票财富效应应该大于房地产财富效应。但是目前，股票的财富效应远不及房地产的财富效应，甚至具有负效应。股票的负财富效应削弱了资本市场在经济增长中的作用，导致启动内需变得尤为艰难。扭转股票市场的负财富效应成为政府管理部门必须认真考虑的大问题。从长期来看，要继续完善股票市场制度性建设，改革新股发行定价制度，完善上市公司信息披露和分红制度，提高上市公司质量，增加机构投资者比重，加强中小投资者保护力度，只有这样才能促进股票市场健康发展，扭转股市负财富效应的怪现象。

第八章　房价波动与通货膨胀关系研究

第一节　文献综述

一、文献回顾

长期以来，房地产价格与社会物价的关系问题一直是房地产理论研究的热点问题。已有理论关于物价指数与房地产价格的研究大致可分为以下几个研究方向：

（一）以房价为代表的各类资产物价及其指数的研究

Fisher（1911）试图寻找一个含义广泛的交易价格指数来引导货币当局建立金平价，从而使货币当局能够更好地预测通货膨胀走势。他认为在这个价格指数中，资产价格尤其是房地产的价格应占据重要地位，否则无法准确预测通货膨胀水平；Alchian 和 Klein（1973）指出了常规物价指数的不足，即它主要反映过去和当前消费品价格的变化情况，无法反映未来通货膨胀环境变化，而要完全衡量生活成本还应包括未来商品价格的变动。考虑到资产价格是对未来收益贴现的这一特征，他们认为资产价格是一个较好的替代品，而资产价格是个较好的替代指标，能起到预测未来通胀的作用。其相应提出了跨期生活成本指数（ICLI），认为家庭部门或消费者并不仅仅是在当时的收入和价格基础上消费，而是基于对未来收入的预期及各个时点上的价格，达到消费效用最大化。Shibuya（1992）建立并命名了动态均衡价格指数，他将该指数表示为当期物价指数和资产价格的加权几何平均。

Goodhart 和 Hofmann（2000，2001，2002）发现房价对产出具有高度显著的影响，并且在两年水平上，房价是物价膨胀的有用指示器，他们于 2002 年构建了包含短期利率、汇率、房地产价格和股票价格的金融状况指数 FCI（ Financial Condition Index），估计了 G7 国家中房价对产出缺口的影响，并利用模型对 G7 国家进行了实证，研究发现 FCI 对这些国家的 CPI 具有良好的预测能力，在运用加拿大的数据进行分析时，发现房价甚至比汇率对产出缺口的影响更大，结果发现房价对产出缺口的影响大于股价对产出缺口的影响。戴国强、张建华（2009）运用包含资产价格的金融状况指数对通货膨胀进行预测，该指数能够对通货膨胀做出及时和有效的估计。由此，他们建议中央银行在实施货币政策时，应该关注资产价格对通货膨胀的影响。

我国学者楼裕胜（2005）指出了我国目前具有代表性的房地产指数，如中房指数、国房指数等编制的问题，如降低了指数的横向与纵向可比性、指数测算方法不够完善、样本数据代表性和可靠性不足等，并提出了编制新的房地产指数的具体设想。学者吴璟等（2007）认为并不存在最佳的住房价格指数编制方法，而需要编制机构从其关注点和数据、技术、资金等方面的条件出发，做出最恰当的选择。这种观点实际上认可了多数国家和地区编制房地产指数方法不同的大格局。陶冠旭等（2011）认为，提高我国 CPI 中居住类价格的权重是可以缓解 CPI 指数和房价指数的背离情况。政府宏观政策制定和施行，应综合考虑 CPI 指数和房价指数所反映的经济运行态势。

（二）资产（房地产）价格变动与通货膨胀关系的研究

一直以来，国外众多著名学者对资产价格与通货膨胀的关系进行了大量理论探讨。主要有：Pigou（ 1930）提出的“庇古效应”，认为资产价格的变化必然导致消费者需求的变化，在供给不变的情况下，社会总需求的变化必然会影响到一般价格水平的变化；Smets（1997）从预期的角度进行分析，认为未预期到的资产价格波动可以影响通货膨胀预期，因此资产价格可以直接影响总需求。同时，资产价格受未来收入的影响，而未来收入又对通货膨胀和货币政策的预期产生影响，因此资产价格波动必然包含了未来经济的相关信息，为此，其发展了一个简单的结构模型，阐明了为什么非预期到的资产价格变动可以影响通货膨胀预期的两条理由：一是资产价格变化可以直接影响总需求。二是资产价格强烈地受到未来的预期回报的影响，而未来的预期回报则分别受到未来经济景气、通货膨胀与货币政策预期的影响。因此，即使资产价格对总需求的影响是有限的，它们还是包含有关于现在与未来的经济情形的有用信息，这些信息将被用于改善通货膨胀的预测。Kent 和 Lowe（1997）提出，一个考虑资产价格上涨与下跌时对商品与服务价格的不对称性影响的简单模型。研究发现，资产价格上涨会通过财富效应产生通货膨胀压力，因此资产价格上涨时，中央银行应该关注其对未来通货膨胀的影响。Shiratsuka（1999）计算了日本的动态均衡价格指数，并检验了资产价格作为通货膨胀先行指标的信息内涵。Torsten、Slok 和 Peter（2000）对 6 个转型国家的研究发现，这些国家的资产价格（实际股票收益率、实际短期利率和实际汇率）对经济变化具有显著的信号功能。Filardo（2000）认为，发现住房价格波动能够为未来的消费价格膨胀提供有益的信息，即资产价格膨胀与消费物价上涨之间有关系，但其关系并不精确。原因有两个：一是房地产价格与股价并非完全可靠的指示器。二是房地产价格与股价可以因一些与通货膨胀预期无关的因素发生变化，如投资者的风险偏好与公司收入预期的改善都会影响股价。Filardo（2001）认为，即使资产价格包含关于通货膨胀与产出的信息，但是在利率波动方面的成本太高以致货币当局大都漠视这些信息。Stock 和 Watson（2001）用 168 种经济指标来预测一年期水平上美国的通货膨胀。他们的结论是实际经济行为的衡量方法绩效最佳，对 Cecchetti 等人能够从资产价格中提取可靠的通货膨胀信号表示怀疑。瞿强（2001）就货币政策和资产价格的关系进行较为全面的梳理，就国内外相关观点进行论述，认为在货币效应的传递过程中，当资产价格急剧波动时，必将影响社会整体价格水平；Kontonikas 和 Montagno（2002）估计了房价对总需求和通货膨胀的影响，发现房价对于总需求具有重要的影响，并且住房价格波动与未来的消费价格膨胀之间具有高度的正相关性。Tkacz 和 Wilkins（2006）分别检验了股价与房价对加拿大 GDP 和通货膨胀的预测能力，发现房价能够帮助预测未来产出与通货膨胀。郭田勇（2006）从理论上论述我国通货膨胀、资产价格和货币政策之间的关系，研究认为虽然资产价格在理论上能够影响货币政策，但由于资产价格决定因素不确定，我国目前缺乏相应的调控手段，认为不应将资产价格纳入货币政策目标。

（三）研究方法的创新

理论界对于资产（房地产）价格变动与通货膨胀的关系的研究方法近年来主要以实证研究为主。Shibuya（1992）建立并命名了动态均衡价格指数，他将该指数表示为当期物价指数和资产价格的加权几何平均。Shiratsuka（1999）计算了日本的动态均衡价格指数，并检验了资产价格作为通货膨胀先行指标的信息内涵。Shuarsuka（1999）运用不同的结构 VAR 模型研究资产价格与通货膨胀的关系，他认为资产价格的波动包含未来通货膨胀的特有信息，资产价格能够对通货膨胀进行先期预警。Filardo（2000）分别对美国的股票和房地产价格与未来通货膨胀的相关性进行了检验，实证结论为：①房地产价格指数与 1 年后的核心消费者价格指数的相关性为 21%，3 年后达到近 40%；②股票价格不仅与消费者价格负相关，而且相关性很低。从股票价格变化很难预期到未来消费价格的变化，房地产价格在一定程度上有助于对未来通胀的预期。Cecchetti、Chu 和 Steindel（2000）以美国数据构建了一个关于通货膨胀的自回归预测模型，该模型除了滞后的通货膨胀率还包括金融资产变量、货币变量以及实际经济行为变量的“指示器变量”。其结论是没有单一的指示器能够始终清晰地改善自回归估测的绩效。Cecchetti、Genberg、Lipsky 和 Wadhwani（2000）把这一方法运用于一组数量更多的国家，其结论是包含资产价格的模型预测绩效更好，但在预测绩效上不同国家之间存在巨大差异。Demary（2009）利用结构向量自回归模型研究了 10 个国家房地产价格与物价指数产出及利率的关系，指出货币冲击与产出冲击对房地产价格有影响，房地产价格冲击对宏观经济主要变量也有影响，Tsaronis 等（2004）应用包含经过价格调整的房地产实际价格、居民消费价格指数、国内生产总值增长率与实际短期利率等变量建立模型，研究结果表明通货膨胀是房地产实际价格的主要影响因素，而收入对房地产价格的影响非常有限。Alberto 和 Oreste（2005）对 GDP 缺口、汇率、利率、房产价格、CPI 和股票市场价格构建了 FCI，并对美国、英国、加拿大和欧盟进行实证，发现资产价格对货币政策具有很好的前导性。

相对于国外研究而言，国内关于资产价格与通货膨胀关系的实证研究相对较少，方法也相对有限。主要有：王虎（2008）运用股票指数、CPI、WPI 和向量自回归模型进行了实证，研究发现我国的资产价格能够对将来的 CPI、WPI 产生影响，因此应该关注资产价格波动，将资产价格作为通货膨胀的指示器；蔡风景等（2008）根据上海价格指数数据研究居民消费价格指数（CPI）、原材料燃料动力购进价格指数（REI）和工业品出厂价格指数（PPI）及房地产销售价格指数的传导效应，通过 DAG 技术和多元动态因果检验，给出 4 种价格指数的同期因果流，揭示它们之间的因果联系和信息传导。实证研究表明，PPI 对 CPI 长期传导效应显著，房地产销售价格指数对 CPI 有一定的弱传导效应，因此，其认为我国应重新编制 CPI，提高居住类权重。戴国强、张建华（2009）运用 ARDL 模型对我国资产价格和通货膨胀的关系进行经验分析，结果表明，资产价格波动影响通货膨胀，但各因素对通货膨胀的影响差异较大，即房地产价格和汇率两个指标作用显著，股票作用较弱。邱雅（2011）利用自回归分布滞后模型得出结论，对本季度居民消费价格指数影响最大的是上个季度居民消费价格指数，其次是本季度的房屋销售价格指数，而半年前的房屋销售价格指数和上年同季的居民消费价格指数对本季度的居民消费价格指数有一定的反向影响。赵宇、王轶君（2011）通过构建两个基准模型，并在其中加入房地产价格指标构建房地产价格预测指标模型，结果显示，在房地产价格下跌时期，其指示性作用大于房地产价格的上涨时期。此外，某些房地产价格指标在某些时间段能够有效地提高预测效果，但是哪一种价格指标可以提高预测效果，没有一定的规律性。这说明还不能将房地产价格指标纳入通货膨胀的预测体系中。

二、已有研究不足之处

立足于国内的经济现实，本章的研究重点是对国内房地产波动与通货膨胀的关系进行研究，而回顾国内学者的已有研究，还存在以下几点不足：一是国内学者在研究中多主要研究各类资产（股票、外汇等）与通货膨胀的关系，单纯研究房地产价格波动与通货膨胀关系的学术文章还不多；二是对房地产价格单独进行研究的文献中严格的理论分析与实证检验较少；三是国内学者对房地产的研究数据跨度较大，国内学者的研究数据多从20世纪末为研究起点，而我国在1998年才开始房地产市场化的改革，从2004～2005年房地产市场化达到一个较高的水平，也是在这个时候房价随着在社会生活中的影响开始加大，而在此之前的房地产价格数据由于当时房地产市场化不足的现实必然存在样本数量不足、异常项目影响较大等严重的问题，影响最终数据的准确性与实用性。事实上，我国从2005年7月开始发布70个大中城市房价指数，并相应出现了反映我国房价的总指数，这也标志着从这个阶段开始反映我国房价的房价指数研究进入科学化与规范化阶段。在本章的研究中，我们采用了2005年7月至2010年12月的房价月度数据，并重点研究房价与通货膨胀及货币供应量的关系。

第二节　房价波动对通货膨胀的影响渠道和作用机制

一、我国房地产价格与物价走势的回顾

（一）我国房地产价格走势的回顾

近年来，我国重点大中城市房地产价格持续上扬，并对整个中国社会的人民生活与消费结构乃至家庭结构产生了深远的影响。在我国反映房价变化的主要是国家统计局公布的房地产价格指数，根据《中国统计年鉴》（2010）的解释，我国房地产价格指数是反映一定时期内房地产价格变动趋势和程度的相对数，具体包括房屋销售价格指数、房屋租赁价格指数、土地交易价格指数和物业管理价格指数。这四套指数的计算方法相似，均采用超级汇总的方法。房屋可细分为经济适用房、普通住房、高档公寓等各类住宅，以及商业用房、写字楼等非住宅。在房屋销售价格指数的计算中，小类指数是以报告期的销售收入作为计算权数，大类指数和总指数是以上一年某地区各类房屋的销售额作为权数，采用加权算术平均的方法计算出来的。本书主要采用的是国家统计局公布的全国房屋销售价格指数。

图8－1反映了月度全国房屋销售价格指数（同比）的变化情况，期限为2005年7月至2010年12月[①]，我国房价从2006年末开始出现加速上涨，涨势在2007年末达到顶峰，但在2008年前全球金融危机的大背景下我国房价增长速度大幅减缓，甚至房价在2008年底到2009年初出现一定幅度下跌（即指数跌入100以下），之后房价在经济刺激政策等因素的影响下增长速度又开始大幅上升，但进入2010年，由于我国政府对房地产宏观调控政策的不断加强，房地产价格增长速度又开始逐步回落。

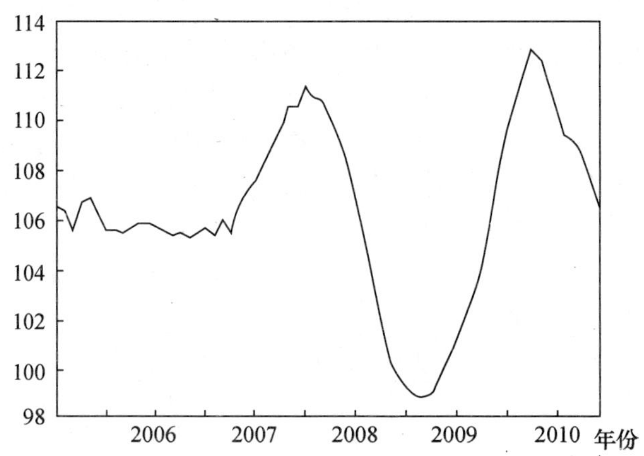

图8－1　全国房屋销售价格指数（月度同比）

资料来源：国家统计局官方网站。

（二）我国物价走势的回顾

改革开放之后我国物价总体呈现震荡上升的走势。本书主要采用消费者价格指数来描述我国的物价走势和通货膨胀情况。所谓消费者物价指数（Consumer Price Index，CPI），我国亦称为居民消费价格指数，它是反映城乡居民家庭购买并用于日常生活消费的一篮子商品和服务项目价格水平随时间而变动的相对数，它在一定程度上反映了通货膨胀（或紧缩）的程度，它可以用于分析市场价格的基本动态，是政府制定物价政策和工资政策的重要依据。目前，CPI是世界各国普遍编制的一种指数，我国也在2000年将其作为描述我国通货膨胀的基本统计指标。

我国CPI的计算公式是：

① 如前文所述，我国房地产市场商品化进程较晚，直到2005年左右房地产市场才逐步开始成熟，房地产价格在社会生活中的影响力也才开始逐步提升，因此本书所采用的房地产价格数据主要从2005年开始。

CPI =（一组固定商品按当期价格计算的价值 ÷ 一组固定商品按基期价格计算的价值）×100%

它反映了对普通家庭的支出来说，购买具有代表性的一组商品，在今天要比过去某一时间多花费多少。

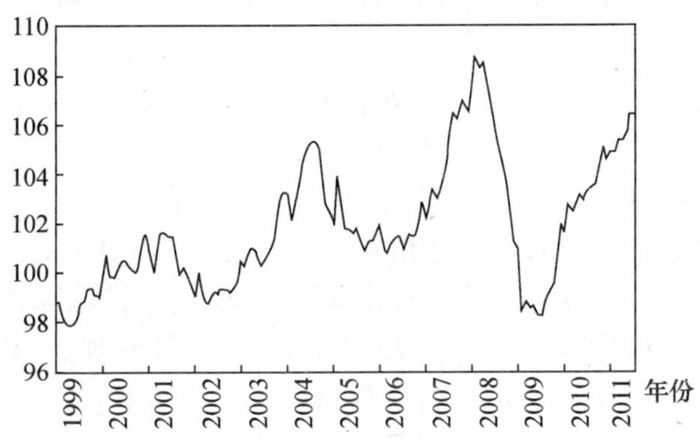

图 8-2　全国居民消费价格分类指数（同比）

资料来源：国家统计局官方网站。

图 8-2 为全国居民消费价格分类指数，期限为 1999 年 1 月至 2011 年 7 月，可知从 2006 年至 2008 年上半年，我国物价出现较大幅度上涨，即在这一时间段内出现了一定程度的通货膨胀，这个阶段物价的上涨与我国房价上涨的轨迹基本吻合，这说明在我国房价与物价之间在一定时间里存在着相关性。而从 2008 年下半年开始，受金融危机影响我国整体物价水平也出现较大幅度回落，这也与这个阶段房价的增速减缓直至下跌也基本吻合，但从 2009 年下半年开始，我国物价水平出现持续上升，且上升速度有加速之势，而这种趋势却与这个阶段我国房地产价格上涨幅度大幅度回落走势相背离，这也说明我国的房地产价格与物价走势并不一定完全一致。

二、房地产价格影响通货膨胀的传导机制

（一）基于货币角度的分析

通货膨胀从经济学的意义上来说意味着社会多数商品物价水平的上涨[①]。从货币的角度分析，通货膨胀可以被认为是流通中的货币数量超过经济运行所需的货币数量而引起的货币贬值和价格水平全面、持续上涨的经济现象。从这个意义上说，房地产价格波动可以说也是通货膨胀这种货币现象的一种反应。我国从

① 斯蒂格利茨．经济学（下册）［M］．北京：中国人民大学出版社，1997.

1994 年第三季度起由中国人民银行按季向社会公布货币供应量统计监测指标。参照国际通用原则，根据我国实际情况，中国人民银行将我国货币供应量指标分为以下四个层次：

M0：流通中的现金；

M1：M0 + 企业活期存款 + 机关团体部队存款 + 农村存款 + 个人持有的信用卡类存款；

M2：M1 + 城乡居民储蓄存款 + 企业存款中具有定期性质的存款 + 外币存款 + 信托类存款；

M3：M2 + 金融债券 + 商业票据 + 大额可转让存单等。

其中，M1 是通常所说的狭义货币量，流动性较强；M2 是广义货币量，M2 与 M1 的差额是准货币，流动性较弱；M3 是考虑到金融创新的现状而设立的，暂未测算。M1 反映着经济中的现实购买力；M2 不仅反映现实的购买力，还反映潜在的购买力。若 M1 增速较快，则消费和终端市场活跃；若 M2 增速较快，则反映了投资和中间市场活跃。中央银行和各商业银行可以据此判定货币政策。一般情况下，若 M2 过高而 M1 过低，表明投资过热、需求不旺，有危机风险；M1 过高 M2 过低，表明需求强劲、投资不足，有涨价风险。

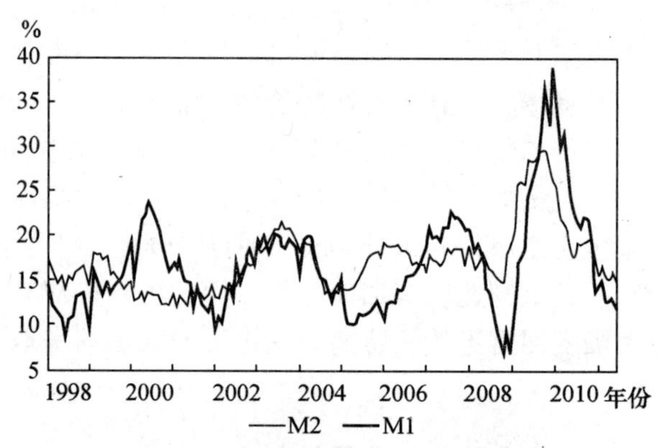

图 8－3　我国货币供应量 M1、M2 指标增长率

资料来源：中国人民银行官方网站。

图 8－3 反映了从 1998 年 1 月开始一直到 2011 年 7 月我国的货币供应量 M1 与 M2 增长率的基本情况，由图 8－3 可知，我国的货币供应量在 2008 年持续下降，而也是在这个时间段我国的物价水平与房价均出现下降，从 2009 年开始，我国在多方面实施了经济刺激政策，在货币政策方面也由紧转松，我国的货币供应量出现较大幅度上升，而这个阶段也是我国房价及物价大幅上升的阶段。进入

2010 年，我国货币供应量再次开始转为从紧，与之相对应，房价增长速度开始回落，但我国物价水平仍在持续上升，本书认为这可能与物价指数编制的滞后性有一定的关系。

（二）通货膨胀对房地产价格波动的影响渠道与作用机制

通货膨胀对房地产价格波动的影响主要通过以下几个渠道完成：

1. 投资选择

在通货膨胀时期，真实利率降低，社会公众为了规避通货膨胀的风险，会选择将手中资金投入包括房地产市场在内的各类投资市场以实现保值增值。相比其他类投资产品，在我国投资于房地产市场的好处在于：

（1）房地产价格具有不断增值的趋势。近年来伴随城市化的飞速发展，我国各类城市人口数量不断增加，同时，多年的经济增长也使城市居民的生活水平提高较快，这些因素都成为房地产价格增长的动因。

（2）房地产投资可以获得多重收益。相比其他类型投资，房地产投资获得收益的途径具有多重性的特点，如房租收益、房地产价格增值收益，在一些国家首套住房还可以抵扣税款。

（3）房地产投资风险相对较小。从抵抗通货膨胀的角度分析，房地产投资具有突出的抗通胀特性，这是因为其原材料等成本上升的同时房地产价格本身通常也会随之上升，甚至上升的幅度超过成本上升的幅度，另外城市土地本身具有增值的特性。虽然不动产的特性使房地产相当于股票等金融产品流动性差些，但在完善的市场经济条件下，无论房地产的销售还是抵押或典当都十分便捷，这也使投资者手中的房地产资产具备了良好的流动性。

2. 成本带动

在我国，一个房地产项目的开发成本包括土地费用、前期工程费、市政公共设施费用、管理费用、贷款利息、各类税费和其他费用。在通货膨胀时期，各类材料、人工和管理费用将首先上涨，这些费用的上涨又会带动税费的上涨，而从长期分析，房地产企业取得土地的费用也必然出现相应上涨，最终导致房地产开发企业的成本提高，推动房地产价格的上涨。

3. 财富效应

在通货膨胀时期，国民真实收入及其自身财产都将出现缩水，以上都意味着国民财富的减少，这会导致社会公众减少消费与投资，从而降低社会对房地产的需求。

表 8－1 反映了通货膨胀对房地产价格的影响机制，从中分析可知，在上述三种效应中，成本效应与投资选择效应将推动房价正向上升，而财富效应则将导致房价负向下降。一般认为，在以上三种效应中，成本效应与投资选择效应对房

价的影响要高于财富效应对房价的影响，因此通货膨胀的加剧在多数情况下会带动房价的上升。

表 8-1　通货膨胀对房地产价格的影响机制分析

	影响渠道	对房价的影响
通货膨胀	成本效应：建房成本上升	正向
	投资选择效应：增加房地产投资	正向
	财富效应：财富缩水，减少对房地产需求	负向

（三）房地产价格波动对通货膨胀的影响渠道与作用机制

1. 财富效应

财富效应可以被理解为：伴随房地产价格上涨，拥有房地产的消费者总财富增加，从而增加消费需求，而且从长期来看财富效应可能更显著。根据 Ludwig 和 Slok（2002）提出的房地产财富效应的传导渠道，房价对通货膨胀的影响可以进一步分解为以下五个效应[①]：

（1）兑现的财富效应。房价上涨时，房产所有者可以将已涨价房产所产生的资本利得兑现并用于消费支出，从而增大通货膨胀的压力。

（2）未兑现的财富效应。房价上涨时，房产所有者即使没有将房产抵押再融资或出售房产，但由于房产在将来的贴现值会增加，所有者预期自己将来会更加富有，因而会增加消费支出，使得通货膨胀的压力增大。

（3）流动性约束效应。房价上涨时，家庭向银行借款所能提供的抵押物价值不断升值，促进了银行贷款的投放，缓解了居民的流动性约束，从而刺激了消费支出，使通货膨胀的压力增大，这种效应有时也被称为房地产价格对通货膨胀的信贷效应。

（4）预算约束效应。房价上涨时，房屋租金也随之上涨，租房者要花费更多的资金用于租房，预算约束更加紧张，因而人们会削减消费支出，从而减轻通货膨胀的压力。对于房产所有者来说，预算约束可能有两方面的对立影响：一方面房价上涨时，其财富将增加；另一方面因房价上涨而产生的高房租要求其增加相应的配套性服务设施，提高服务质量，这会增加房产者的预算。这两种效应存在对立性，这导致房地产价格的上升对房产者的消费影响难以确定，因此其对通

① Alexander Ludwig, Torsten Slok. The Impact of Stock Prices and House Prices on Consumption in OECD Countries［Z］. IMF Working Paper, 2001: 1-35.

货膨胀也是不确定的。

(5) 替代效应。消费者在一定预算约束下，房价上涨对于计划购房者来说要支付更高的首付和未来更高的月供，因此必须削减消费支出，因此，其通货膨胀压力会减小。

以上五种效应相互影响，但其总效应是房地产价格上升增加通货膨胀的压力。

2. 成本效应

衣食住行是全社会居民必须付出的社会成本，而其中住是四项中最大的一项支出。当房地产价格不断上涨时，无论是普通的城市居民还是外来打工者或者需要租房经营的企业都将面临房价上升的直接或间接影响，从而推动整个社会产品及服务成本的增加，这也是在高房价的大城市其各类生产及生活成本更高的一个重要原因。①

3. 托宾 Q 效应

经济学家托宾于 1969 年提出了一个著名的系数，即“托宾 Q”系数（也称托宾 Q 比率）。该系数为企业股票市值对股票所代表的资产重置成本的比值。托宾的 Q 理论提供了一种有关股票价格和投资支出相互关联的理论。如果 Q 高，那么企业的市场价值要高于资本的重置成本，新厂房设备的资本要低于企业的市场价值。这种情况下，公司可发行较少的股票而买到较多的投资品，投资支出便会增加。如果 Q 低，即公司市场价值低于资本的重置成本，厂商将不会购买新的投资品。如果公司想获得资本，它将购买其他较便宜的企业而获得旧的资本，这样投资支出将会降低。在房价上涨时期，房地产开发建设部门认为有利可图，因此会增加房地产开发建设投资，而由于房地产业对于国民经济中其他行业，如生产资料、原材料、建材、基础设施等的拉动作用，房价上涨所引发的房地产投资增长将促进社会总供给的增加并同时推动这些行业的投资需求的增长，这将导致通货膨胀的加剧。

表 8－2 房地产价格对通货膨胀的影响机制分析

	影响渠道	对通货膨胀的影响
房价上涨	财富效应：社会财富增加导致社会需求增加	正向
	成本效应：成本上升导致各种产品价格上升	正向
	托宾 Q 效应：房产投资增加带动总供给	正向

① 事实上，大城市由于其集聚效应生产及生活成本应该更低，但由于房价高企的影响使集聚效应的好处受到了一定程度的限制。

表 8-2 反映了房地产价格对通货膨胀的影响机制，从中分析可知，房价上涨所导致的无论是财富效应、成本效应还是托宾 Q 效应从总体上说都将正向导致社会的通货膨胀率的上升。

第三节　房价和通货膨胀关系实证分析

近年来，随着我国房地产市场价格的不断上涨，房地产价格及其相关影响因素的研究已成为从学术界乃至普通公众的研究热点问题。有资料显示，在 20 世纪 80 年代末和 90 年代初期，日本与英国经历的通货膨胀中房地产价格起到了先行指示器作用（Filardo，2000）。当前，在房地产价格已经上涨多年的大背景下，我国的 CPI 指数也不断上升并连续呈现高位，那么我们的问题是 CPI 的上升与房地产又是什么关系？在本节中，我们利用已有数据，利用 VAR 模型与协整分析，通过实证的分析方法对物价指数、房地产价格及货币供应量等相关因素进行了分析，实证结果表明，三者之间存在一定的因果关系。

一、资料选取

本节变量的选择主要来源于本书的理论分析，房地产价格波动主要受到社会整体物价以及货币供应量的影响，而房地产价格波动本身又可能反过来作用于社会整体物价水平，因此，本书研究变量包括房价指数、物价指数 CPI 和货币供应量 M2。本节采用 2005 年 7 月至 2010 年 12 月的月度数据，所有数据均来自《中国统计年鉴》和《中国人民银行统计季报》各期。其中，对于明显具有季节性的变量采用 X-12 方法进行季节调整。本节中所采用的代理变量及其处理如下：

（1）物价指数（CPI）。采用以 2005 年 7 月为基期的定基消费价格指数（CPI）作为物价指数的代理变量。具体计算方法是以 2005 年 7 月为基期，将各月的月度消费价格环比指数连乘而得到。

（2）房地产价格（LHP）。由于数据的可得性，采用国家统计局发布的房地产销售价格指数作为房地产价格的代理变量，数据的处理同物价指数。

（3）货币供应量（M2）。采用广义货币供应量 M2 作为货币供应量的代理变量。

经过处理之后的物价指数、房地产价格、货币供应量分别用 CPI、LHP、M2 表示。为了消除数据时间序列中存在的异方差，对上述表征指标进行了对数化处理，并将其定义为 LNCPI、LNLHP 和 LNM2。

二、单位根检验

在建立 VAR 模型或进行协整关系检验之前，必须首先对各变量的平稳性进行检验，本书主要采用 ADF 检验。在 ADF 检验中，最优滞后期选取的标准采用：保证残差项不相关的前提下，同时采用 AIC 准则与 SC 准则，作为最佳时滞的标准，在二者值同时为最小时的滞后长度即为最佳长度。ADF 检验回归包括三种情况：常数、常数和线性趋势或二者都不包括。本书选择标准为通过变量的时序图观察，如果序列好像包含趋势（确定的或随机的），序列回归中应既有常数又有趋势。如果序列没有表现任何趋势且有非零均值，回归中应仅有常数。如果序列在零均值波动，检验回归中应既不含常数又不含趋势。根据上面各个序列的趋势图，我们选择合适的常数项和趋势项，平稳性检验的结果见表 8－3。

表 8－3 各变量平稳性的单位根检验结果

变量	LNLHP	ΔLNLHP	LNCPI	ΔLNCPI	LNM2	ΔLNM2
检验类型	(c, 0, 2)	(c, 0, 2)	(c, 0, 1)	(c, 0, 1)	(c, 0, 1)	(c, 0, 1)
ADF 统计量	－1.44	－8.27	－2.83	－4.73	－2.19	－3.39
1% 临界值	－3.53	－3.53	－4.11	－4.11	－4.11	－4.11
5% 临界值	－2.91	－2.91	－3.48	－3.48	－3.48	－3.48
结论	非平稳	平稳	非平稳	平稳	非平稳	平稳

注：ΔLNLHP、ΔLNCPI、ΔLNM2 表示原序列的一阶差分序列；（c，t，n）表示单位根检验中的截距项、时间趋势项与滞后阶数。文中所有检验与计算均运用 EViews 6.0 软件进行。

从表 8－3 可以看出，房地产价格、物价指数的一阶差分变量均小于 5% 显著水平下的麦金农（Mackinnon）临界值，货币供应量的一阶差分变量小于 10% 显著水平下的麦金农（Mackinnon）临界值①。因此拒绝变量 ΔLNLHP、ΔLNCPI、ΔLNM2 具有单位根的假设，认为上述各个变量都是一阶差分平稳的，即所有的变量都是一阶单整序列，即 I（1），可以进行协整分析。

三、协整关系检验

协整指的是尽管就单个时间序列而言是非平稳的，但是两个或两个以上时间序列的线性组合却是平稳的。协整分析涉及的是一组变量，它们各自都是不平稳的，但它们一起漂移。这种变量的共同漂移使得这些变量之间存在长期的线性关系，因而使人们能够研究经济变量间的长期均衡关系。协整的意义就在于它揭示了

① 10% 显著水平下的麦金农（Mackinnon）临界值为 －3.17。

一种长期稳定的均衡关系，满足协整的经济变量之间不能相互分离太远，一次冲击只能使它们短时间内偏离均衡位置，在长期中会自动回复到均衡位置。协整关系的检验与估计有许多具体的技术模型，对两变量的协整关系检验常用Engle – Granger两步法（Engle 和 Granger，1987），对于两个以上变量之间的协整关系一般用Johnsen 极大似然法检验（Johnsen，1990）。Johnsen 极大似然法能判定协整方程的个数，该数被称为协整秩。本书采用 Johnsen 极大似然法进行检验，其假设为：

H0：至多有 r 个协整关系。

H1：有 m 个协整关系。

检验秩统计量：

$$Q_r = -T\sum_{i=r+1}^{m}\log(1-\lambda_i) \tag{8-1}$$

（8 –1）式中 λ_i 是大小排第 i 的特征值，T 是观测期总数。这不是独立的一个检验，而是对应于 r 的不同取值的一系列检验。从检验不存在任何协整关系的零假设开始（此时原假设 r =0），然后是最多一个协整关系（此时原假设 r =1），直到最多 m –1 个协整关系，共进行 m 次检验，备择假设不变。

Johnsen 极大似然法的分析框架包含以下五种可能的情况：序列有均值，协整方程没有截距项；序列有均值，协整方程有截距项；序列有均值和线性趋势项，协整方程没有截距项；序列有均值和线性趋势项，协整方程有截距项和线性趋势项；序列有均值、线性和二次趋势项，协整方程有截距项和线性趋势项。

由于以上各变量一阶差分变量均符合平稳性条件，则在房价、货币供应量和物价指数之间可能存在长期稳定的均衡关系。在确定最优滞后期的基础上，为了探索变量之间是否存在长期稳定的关系，需要进行协整检验。

表 8 –4　Johnsen 协整关系检验结果

零假设 H0	特征值	迹统计量	5% 水平临界值	概率值
r =0 *	0. 321453	98. 3529	54. 79707	0. 0004 *
r≤1	0. 071467	4. 804629	15. 49471	0. 8292
r≤2	0. 002112	0. 133216	3. 841466	0. 7151

注：迹统计量显示在 0. 05 水平存在一个协整方程，* 表示在 0. 05 水平拒绝零假设。

由表 8 –4 可知房价、物价与货币供应量的 Johnsen 协整检验结果显示存在一个协整关系，将该协整关系进行标准化处理后得到以通货膨胀作被解释变量的协整关系式，将协整关系进行标准化处理后，得到以房价作为被解释变量的协整关系式如下：

$$LNLHP = 0.015\,LNCPI + 0.272LNM2 + 1.164 + ECM_t$$

$$(7.408)\quad(6.289) \tag{8-2}$$

其中，ECM_t 是非均衡误差项。各系数的 t 值均较高，这意味着模型设定正确。由（8-2）式可知，在上述四变量系统中存在长期稳定的均衡关系。其中，物价指数与房价的长期关系弹性为 0.015，即长期来看，物价每上涨 1%，房价相应增长 0.15%；而同期货币发行量每增长 1%，则房价相应上涨 0.27%。

三个变量之间的协整关系还可以误差修正项形式表示为：

$$ECM_t = LNLHP - 0.015LNCPI - 0.272LNM2 - 1.164 \tag{8-3}$$

四、VAR 模型的建立

本书运用 Johnsen 协整检验方法对此进行检验，该方法是基于 VAR 模型的，因此必须确定 VAR 模型的结构。1980 年 Sims 提出向量自回归模型（Vector Autoregresive Model，VAR）。这种模型采用多方程联立的形式，它不以经济理论为基础。在模型的每一个方程中，对模型的全部内生变量的滞后项进行回归，从而估计全部内生变量的动态关系。向量自回归模型（VAR）常用于预测相互联系的时间序列系统以及分析随机扰动对变量系统的动态影响。VAR 方法通过把系统中每一个内生变量作为系统中所有内生变量的滞后值的函数来构造模型，从而回避了结构化模型的需要。

以两个变量 $y_{1,t}$，$y_{2,t}$滞后 1 期的 VAR 模型为例：

$$\begin{cases} y_{1,t} = c_1 + \pi_{11,1}y_{1,t-1} + \pi_{12,1}y_{2,t-1} + u_{1t} \\ y_{2,t} = c_2 + \pi_{21,1}y_{1,t-1} + \pi_{22,1}y_{2,t-1} + u_{2t} \end{cases} \tag{8-4}$$

其中，u_{1t}，$u_{2t} \sim \Pi D(0, \sigma^2)$，$cov(u_{1t}, u_{2t}) = 0$。写成矩阵形式是：

$$\begin{bmatrix} y_{1,t} \\ y_{2,t} \end{bmatrix} = \begin{bmatrix} c_1 \\ c_2 \end{bmatrix} + \begin{bmatrix} \pi_{11,1} \pi_{12,1} \\ \pi_{21,1} \pi_{22,1} \end{bmatrix} \begin{bmatrix} y_{1,t-1} \\ y_{2,t-1} \end{bmatrix} + \begin{bmatrix} u_{1,t} \\ u_{2t} \end{bmatrix} \tag{8-5}$$

设 $Y_t = \begin{bmatrix} y_{1,t} \\ y_{2,t} \end{bmatrix}$，$c = \begin{bmatrix} c_1 \\ c_2 \end{bmatrix}$，$\Pi_1 = \begin{bmatrix} \pi_{11,1} \pi_{12,1} \\ \pi_{21,1} \pi_{22,1} \end{bmatrix}$，$u_t = \begin{bmatrix} u_{1t} \\ u_{2t} \end{bmatrix}$

则有：$Y_t = c + \Pi_1 Y_{t-1} + u_t$

含有 N 个变量滞后 k 期的 VAR 模型表示如下：

$Y_t = c + \Pi_1 Y_{t-1} + \Pi_2 Y_{t-2} + \cdots + \Pi_k Y_{t-k} + u_t$，$u_t \sim \Pi D(0, \Omega)$

其中，$Y_t = (y_{1,t}, y_{2,t}, \cdots, y_{N,t})'$，$c = (c_1, c_2, \cdots, c_N)'$

$$\Pi_j = \begin{bmatrix} \pi_{11,j} & \pi_{12,j} & \cdots & \pi_{1N,j} \\ \pi_{21,j} & \pi_{22,j} & \cdots & \pi_{2N,j} \\ \vdots & \vdots & \ddots & \vdots \\ \pi_{N1,j} & \pi_{N2,j} & \cdots & \pi_{NN,j} \end{bmatrix}, \ j = 1, 2, \cdots, k$$

$$u_t = (u_{1t}, u_{2t}, \cdots, u_{Nt})' \tag{8-6}$$

不同方程对应的随机误差项之间可能存在相关性。因 VAR 模型中每个方程的右侧只含有内生变量的滞后项，它们与 u_t 是渐进不相关的，所以可以用 OLS 法依次估计每一个方程，得到的参数估计量都具有一致性。

根据表 8－4 的分析结果，在上述三变量系统中存在协整关系，利用 EViews 6.0，本书估计的 VAR 模型结果如表 8－5 所示，可以看出，VAR 模型的可决系数、调整的可决系数与 F 值均较高，这说明该模型比较合理。

表 8－5　VAR 模型估计结果

	LNLHP	LNCPI	LNM2
LNLHP（－1）	0.805946 (0.13326) [6.04778]	0.356578 (0.30727) [1.16046]	－0.028670 (0.06187)* [－0.46337]
LNLHP（－2）	－0.042755 (0.12985) [－0.32927]	0.216861 (0.29940) [0.72433]	0.032343 (0.06029)* [0.53648]
LNCPI（－1）	－0.007910 (0.05777)* [－0.13692]	0.869596 (0.13320) [6.52826]	－0.037918 (0.02682)* [－1.41365]
LNCPI（－2）	0.000465 (0.05864)* [0.00793]	0.110979 (0.13521) [0.82079]	0.049686 (0.02723)* [1.82496]
LNM2（－1）	－0.063543 (0.27986) [－0.22705]	0.197537 (0.64529) [0.30612]	1.044092 (0.12994) [8.03532]
LNM2.（－2）	0.145602 (0.27939) [0.52115]	－0.342017 (0.64420) [－0.53092]	－0.066138 (0.12972) [－0.50986]
C	0.112956 (0.30471) [0.37070]	－0.728468 (0.70260) [－1.03682]	0.219449 (0.14148) [1.55114]
R－squared	0.952022	0.994339	0.998962
Adj. R－squared	0.946972	0.993743	0.998852
F－statistic	188.5088	1668.707	9140.528

注：* 表示在 10% 水平上显著。

根据表 8－5 的输出结果可以写成 VAR 模型的估计结果如下：

$$\begin{bmatrix} LNLHP \\ LNCPI \\ LNM2 \end{bmatrix}_t = \begin{bmatrix} 0.11 \\ -0.73 \\ 0.22 \end{bmatrix} + \begin{bmatrix} 0.81 & -0.01 & -0.06 \\ 0.36 & 0.87 & 0.20 \\ -0.03 & -0.04 & 1.04 \end{bmatrix} \begin{bmatrix} LNLHP \\ LNCPI \\ LNM2 \end{bmatrix}_{t-1} + \begin{bmatrix} -0.04 & -0.00 & 0.15 \\ 0.22 & 0.11 & -0.34 \\ 0.03 & 0.05 & 0.07 \end{bmatrix} \begin{bmatrix} LNLHP \\ LNCPI \\ LNM2 \end{bmatrix}_{t-2} + \begin{bmatrix} \varepsilon_0 \\ \varepsilon_1 \\ \varepsilon_2 \end{bmatrix}_t \qquad (8-7)$$

VAR 模型的特征多项式单位根如表 8-6 所示，可知所估计的 VAR 模型有 6 个根，其中 2 个复数根和 4 个实数根，根据图 8-4 所示，所有这些根都位于单位圆内①，这说明估计的 VAR 模型满足稳定性条件。

表 8-6　VAR 模型的单位根情况

根（Root）	系数（Modulus）
0.997858	0.997858
0.912799	0.912799
0.817902	0.817902
0.031286 - 0.104611i	0.109189
0.031286 + 0.104611i	0.109189
-0.071497	0.071497

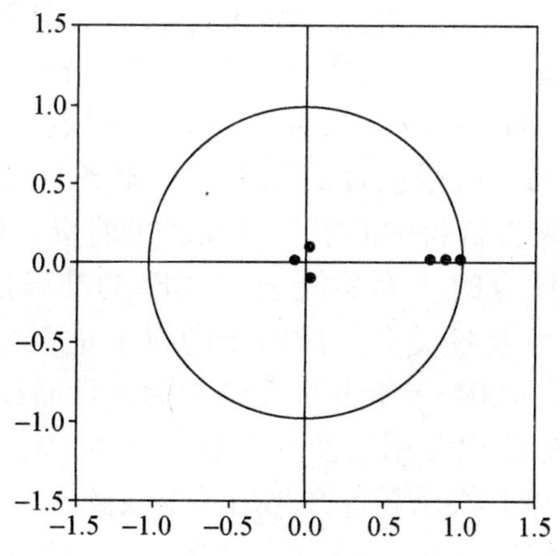

图 8-4　单位圆与特征根

① 图中点表示 AR 特征多项式的根的倒数，当这些点都位于单位圆内时表明所估计的 VAR 模型是稳定的。

五、因果关系检验

协整关系分析与短期动态分析不能说明变量之间是否存在 Granger 意义上的长期与短期因果关系，而基于向量误差修正模型却可以对变量之间的长期和短期因果关系进行检验。对相应的变量系数做的格兰杰因果检验结果，如表 8 – 7 所示。

表 8 – 7　Granger 因果关系检验结果

原假设条件（格兰杰因果性）	F 值	概率 P 值	结论
LNLHP　不是 LNCPI 的格兰杰原因	2. 44614	0. 0954	拒绝
LNCPI　不是 LNLHP 的格兰杰原因	0. 88289	0. 4190	不拒绝
LNM2　不是 LNCPI 的格兰杰原因	0. 03667	0. 9640	不拒绝
LNCPI　不是 LNM2 的格兰杰原因	3. 32087	0. 0430	拒绝
LNM2　不是 LNLHP 的格兰杰原因	3. 40014	0. 0400	拒绝
LNLHP　不是 LNM2 的格兰杰原因	0. 30113	0. 7411	不拒绝

注：以上检验中的结论是在 10% 的显著性水平上做出的。

由表 8 – 7 总结房价与通胀、货币供应量的因果关系，可以得出以下几点结论：

（1）房价是物价上涨的重要原因，物价上涨不一定引起房价的上涨。从物价的角度分析，目前，国内的 CPI 指数统一执行国家统计局规定的按用途划分的“八大类”体系，包括食品、烟酒、衣着、家庭设备用品及维修服务、医疗保健和个人用品、交通和通信、娱乐教育文化用品及服务、居住。根据全国城乡 13 万户居民家庭消费支出调查资料中的项目以及居民消费习惯，又具体确定了 262 个基本分类。作为 CPI 调查的“商品篮子”。CPI 的准确性与否主要取决于 CPI 涵盖的范围是否有代表性及各类商品所赋予的权重是否合理。国家统计局公布 CPI 八大类商品和服务在 2004 年所占比重分别为：食品权重 33. 6%、烟酒及用品 14. 4%、衣着 9%、家庭设备用品及其维修服务 6. 2%、医疗保健及个人用品 9. 4%、交通和通信 9. 3%、娱乐教育文化用品及服务 4. 5%，而包括建房及装修材料、住房租金、自有住房等方面在内的居住类仅占 13. 6%①，远远低于食品的

① 我国没有将商品房价格直接纳入 CPI 统计，其原因主要是认为 CPI 只反映与居民即期消费密切相关的消费品及服务项目的价格变动，购买商品房属于投资行为，不属于消费行为。

权重①。因此我国物价指数 CPI 的上涨更多地反映的是食品类商品的价格上涨，而这类商品与房地产业的发展关系相对不大，因此物价的波动对房价影响不大。而作为国民经济中的“支柱产业”的房地产业本身与建筑、水泥、玻璃、钢材乃至大宗耐用消费品的关系密切，因此当房地产价格出现波动时会对这些相关产业产生较大影响，最终这些产业的产品价格变化将直接对社会物价产生影响，由于房价波动对这些相关产业的带动具有一定的滞后性，因此我们可以发现是房价波动影响物价的变化，而物价的波动影响不到房价。

（2）货币供应量增加不是物价上涨的格兰杰原因。通常认为，货币供应量增加会导致物价上涨，但本书的结论却与这种认识不符，在我国，物价的上涨会受到货币供应量的影响，但货币供应量在物价上涨中所发挥的作用更受到其他因素的制约，因此现阶段货币供应量的增加还没有对物价上涨发挥较大的影响。

（3）货币供应量的增加可能是房价上涨的原因。这说明，与社会整体的物价相比，房价更容易受到货币供应量因素的影响，分析原因，我们认为这是由房地产业资金密集型的特点所决定的。在近两年货币供应量增加的大背景下，虽然一些调控政策的出台可能会减缓货币超发对整个社会的物价水平的冲击，但这些政策都不可避免地对房地产业产生较大冲击，如提供存款准备金率直接影响到社会信贷总量，而无论房地产开发还是销售都离不开银行信贷的支持，因此这项政策直接对房地产业产生了影响，并导致了房价的变化；又如央行通过公开市场业务在银行间市场向商业银行出售其持有的国债和金融债特别是央票②也可以把基础货币从商业银行系统抽出来，从而减少经济体中的货币量，暂时避免通货膨胀，但央票的发行利率特别是央票在二级市场的收益率对市场利率有重要的指引作用，并最终作用于受市场利率影响的房地产业，使房价受到货币供应量的影响。

六、脉冲响应函数

在实际应用中，由于 VAR 模型是一种非理论性的模型，因此在分析 VAR 模型时，往往不分析一个变量的变化对另一个变量的影响如何，而是分析当一个误差项发生变化，或者说模型受到某种冲击时对系统的动态影响，这种分析方法称为脉冲响应函数方法（Impulse Response Function，IRF）。

对第 i 个变量的冲击不仅直接影响第 i 个变量，并且通过 VAR 模型的动态结

① 我国 CPI 调查方案调整每五年进行一次，2011 年 1 月国家统计局对 CPI 权数构成进行了相应调整，其中居住提高 4.22 个百分点，食品降低 2.21 个百分点，但从总体看居住部分占 CPI 的比重仍然很小。

② 央票已成为现阶段央行宏观调控的主要手段，这是因为央行握有央票发行的主动权，也受制于手中的国债和金融债的数量，想抽出多少基础货币就发行多少央票。

构传导给所有的其他内生变量。脉冲响应函数刻画的是在一个扰动项上加上一次性的一个冲击，对内生变量的当前值和未来值所带来的影响。设 VAR（p）模型为：

$$y_t = A_1 y_{t-1} + \cdots + A_y y_{t-y} + \varepsilon_t \quad (8-8)$$

这里 y_t 是一个 k 维内生变量向量，ε_t 是方差为 Ω 的扰动向量。y_t 的 VMA（∞）的表达式：

$$y_t = (\psi_0 I + \psi_1 L + \psi_2 L^2 + \cdots)\ \varepsilon_t \quad (8-9)$$

假如 VAR（p）可逆，y_t 的 VMA 的系数可以由 VAR 的系数得到。设 $\psi_q = (\psi_{q,ij})$，q =1，2，3，…，则 y 的第 i 个变量 y_{it} 可以写成：

$$y_{it} = \sum_{j=1}^{k} (\psi_{0ij}\varepsilon_{jt} + \psi_{1ij}\varepsilon_{jt-1} + \psi_{2ij}\varepsilon_{jt-2} + \psi_{3ij}\varepsilon_{jt-3} + \cdots) \quad (8-10)$$

其中，k 是变量个数。下面仅考虑两个变量（k =2）的情形：

$$\begin{pmatrix} y_{1t} \\ y_{2t} \end{pmatrix} = \begin{pmatrix} \psi_{0,11} & \psi_{0,12} \\ \psi_{0,21} & \psi_{0,22} \end{pmatrix}\begin{pmatrix} \varepsilon_{12} \\ \varepsilon_{22} \end{pmatrix} + \begin{pmatrix} \psi_{1,11} & \psi_{1,12} \\ \psi_{1,21} & \psi_{1,22} \end{pmatrix}\begin{pmatrix} \varepsilon_{1t-1} \\ \varepsilon_{2t-1} \end{pmatrix} + \begin{pmatrix} \psi_{2,11} & \psi_{2,12} \\ \psi_{2,21} & \psi_{2,22} \end{pmatrix}\begin{pmatrix} \varepsilon_{1t-2} \\ \varepsilon_{2t-2} \end{pmatrix} + \cdots$$

现在假定在基期给 y_1 一个单位的脉冲，即：

$$\varepsilon_{1t} = \begin{cases} 1, & t=0 \\ 0, & \text{else} \end{cases}$$

由 y_1 的脉冲引起的 y_2 的响应函数为：$\psi_{0,21}$，$\psi_{1,21}$，$\psi_{2,21}$，…，因此，一般地，由对 y_j 的脉冲引起的 y_i 的响应函数也可以相应求出。

在本书的 VAR 模型中，图 8 -5 表示了房价 LNLHP 对自身的影响，其中在第 1 期房价对自身的一个标准差信息立即做出响应，在第 1 期房价的这种响应在 0. 02 左右，之后这种冲击对房价的影响不断减小，并在 10 期之后（即 20 个月）价格的变化趋于零。价格响应函数在零附近的原因是基于所估计 VAR 模型的平稳性。从图 8 -6 可以看出，物价对房价的扰动立刻做出了响应，前 5 期的响应达到了 0. 04 左右，且在 8 期左右达到最大值，并且是正向的。之后物价对房价的扰动响应一直缓慢下降，并逐渐趋于稳定。从图 8 -7 可以发现，货币供应量在前 10 期内对房价扰动的影响是负向的，但影响幅度非常小（应在 0. 002 以内），并在 10 期对房价的响应为零。之后货币供应量对房价扰动的响应开始不断上升，并在 40 期后在 0. 008 附近趋于稳定，这反映了货币供应量对房价扰动的响应从长期分析具有正向效应。

七、方差分解

脉冲响应函数描述的是 VAR 中的一个内生变量的冲击给其他内生变量所带来的影响。而方差分解是把内生变量中的变化分解为对 VAR 的分量冲击，即通过分析每一个结构冲击对内生变量变化（通常用方差来度量）的贡献度，进一

步评价不同结构冲击的重要性。因此，方差分解给出对 VAR 中的变量产生影响的每个随机扰动的相对重要性的信息。

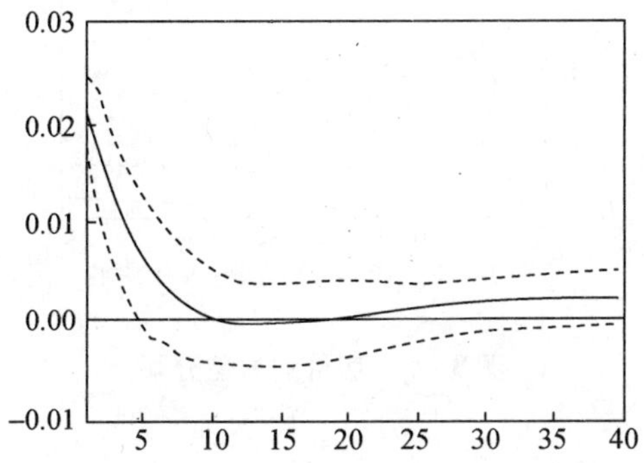

图 8-5 房价对自身扰动的响应

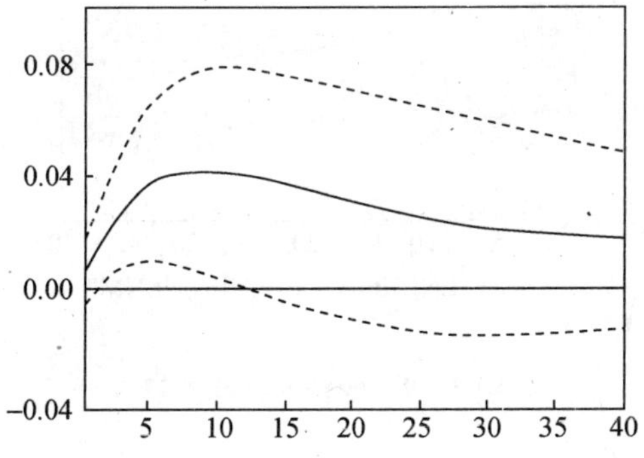

图 8-6 物价对房价扰动的响应

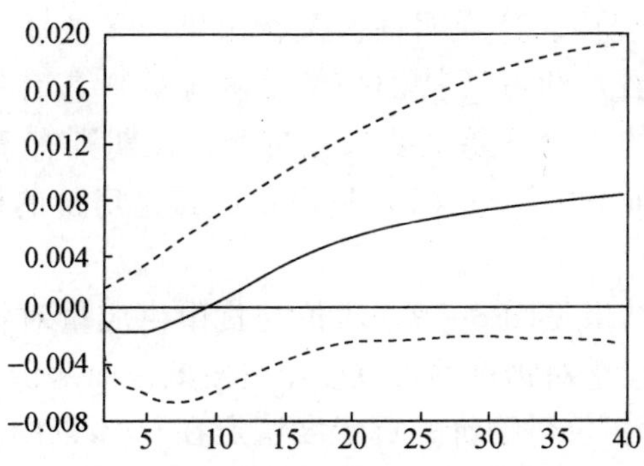

图 8-7 货币供应量对房价的扰动

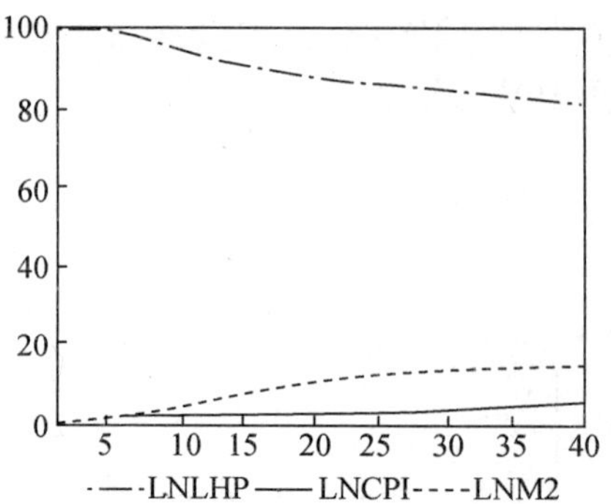

图8-8　房价的方差分解

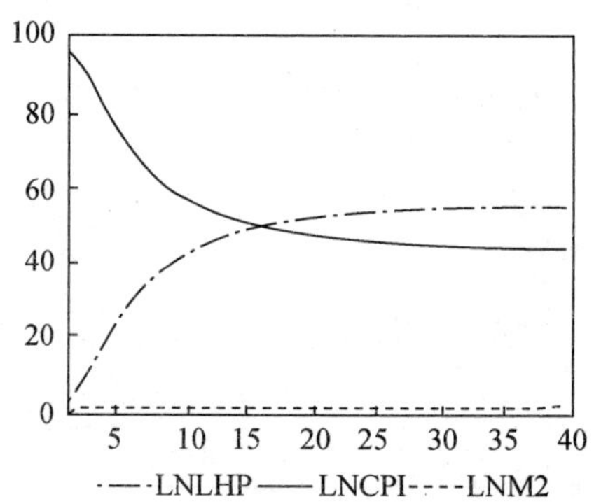

图8-9　物价的方差分解

如图8-8所示，物价水平与货币供应量在短期内对房价的贡献度为零，但从第5个月开始逐步增加。从第25个月起，货币供应量波动对房价的贡献度逐渐增加并稳定在20%以内。这说明物价及货币供应量波动在短期内对房价的解释力十分有限，长期看则两者（特别是货币供应量）具有一定的解释力。从整体来看，短期内房价的预测方差主要来自自身，长期则有20%左右来自货币供应量的冲击。这也与前文中结论（2）货币供应量是房价的格兰杰原因的结论相吻合。

物价的方差分解结果见图8-9。房价与货币供应量对物价的贡献度在初期接近零，之后货币供应量对物价的贡献度始终较低，而房价对物价的贡献度则急剧增加，在20期之后房价对物价的贡献度稳定在60%以内。从整体看，物价的预测方差有超过50%来自房地产价格的冲击，而来自货币量冲击的预测方差几乎为零。这印证了前文中的结论（2），即房价上涨是物价上涨的重要原因，而货币供应量的波动对物价的影响相对有限。

八、结论

在本章中，我们首先回顾了已有的理论研究：

（1）目前，国内外对于房价及通货膨胀的研究主要有三个方向：一是对以房价为代表的各类资产物价及其指数的研究；二是资产（房地产）价格变动与通货膨胀关系的研究；三是研究方法的创新。与国外学者的研究相比，国内学者的研究还存在着一些不足之处，具体包括：①国内学者在研究中多主要研究各类资产（如股票、外汇等）与通货膨胀的关系，单纯研究房地产价格波动与通货膨胀关系的学术文章还不多；②对房地产价格单独进行研究的文献中严格的理论分析与实证检验较少；③国内学者对房地产的研究数据跨度较大，无法反映房价的真实情况。

（2）探讨了房地产价格与通货膨胀之间的影响机制，对于通货膨胀对房价的影响，我们认为，成本效应与投资选择效应将推动房价正向上升，而财富效应则将导致房价负向下降。一般认为，在以上三种效应中，成本效应与投资选择效应对房价的影响要高于财富效应对房价的影响，因此通货膨胀的加剧在多数情况下会带动房价的上升。而对于房价对通货膨胀的影响，我们认为房价上涨所导致的无论是财富效应、成本效应还是托宾 Q 效应从总体上说都将正向导致社会的通货膨胀率的上升。

（3）利用已有的房价指数、物价指数和货币供应量数据，利用 VAR 模型与协整分析，通过实证的分析方法对物价指数、房地产价格及货币供应量等相关因素进行了分析，实证结果表明，三者之间存在着协整关系。其中房价是物价上涨的重要原因，物价上涨不一定引起房价的上涨；货币供应量增加不是物价上涨的原因；货币供应量的增加可能是房价上涨的原因。

第九章 房价波动对金融活动影响研究

第一节 房地产业与金融业的关系研究

房地产业自身具有资金需求量大、投资生产周期长等特点，因此如果只依靠开发商自身的资金积累则不可能实现行业的大发展，房地产业的发展离不开金融业的支持。另外，房地产不可移动性的特点使其成为金融业最为重要的抵押品，而通过支持房地产业的发展可以使金融业扩展其业务总量并能够获得丰厚的利润，因此金融业的发展也与房地产业的发展密不可分。

近年来，我国房地产业的持续快速发展与我国宏观经济政策特别是货币金融政策的支持有很大的关系。如在20世纪90年代末期，面对低迷的房地产市场和大量空置住房，政府为了拉动内需，通过金融政策刺激房地产业的发展实现了推动国民经济增长的目的①。我国具体采用的宽松的货币政策包括推出商业银行的住房抵押贷款、提高抵押贷款成数、延长还款年限、多次降息等，也是在这个阶段，房地产价格开始不断上涨。而在2004年之后，由于全国房地产价格持续上涨速度过快，为了平抑房价和防范房价过快上涨所导致的金融风险，我国货币政策调控相继采用了提高第二套及以上住房贷款最低首付比、取消住房贷款优惠利率、多次上调存贷款利率和存款准备金率等手段。这些金融政策的实施对于抑制过快上涨的房价起到了一定的积极作用。可以说，我国房地产业的发展离不开金

① 1998年7月，我国学者第一次建议要把房地产业作为支柱产业来发展。这种提法是有深刻历史背景的，在这个阶段亚洲金融危机爆发，而我们国家经济却陷入通货紧缩。中央提出要促进消费、扩大内需、推动生产，而房地产业在GDP中所占比重较大，产业关联度高，因而成为了拉动中国经济增长的新动力。2000年以后，我国房地产投资年增长率都保持在20%以上的高位，到2003年，房地产业是支柱产业的提法写进了国务院18号文件。

融业的支持，两者之间是一种相辅相成的关系。

一、房地产业与金融业的产业关联度分析

产业关联度是指产业与产业之间通过产品供需而形成的互相关联、互为存在前提条件的内在联系。这种联系主要表现在两个方面：在产品的供需方面，任何一个行业的生产以及任何一种产品，都会为其他产品或其他行业的生产作为其生产的投入要素（除最终消费品的生产外）；同时，它也会以其他产品或其他行业的生产作为其生产的投入要素。在产业的技术供给方面，一个产业的生产，需要其他产业为其提供技术水平层次相当的生产手段；同时，它的发展也推动了其他相互关联产业的技术进步，从而使整个产业的技术水平不断向更高层次推进。

产业关联具体表现为后向关联（Backward Linkage）和前向关联（Forward Linkage），两者反映的都是产业间的联系效应，即都是指一个产业的发展会对其他相关产业产生影响。其中，前向关联是指通过影响另一种产品供给的容易程度而发生的联系，比如船运工业对出口工业有前向关联。而后向关联是指通过影响对其他产业的产品的需求，比如船运工业的发展为铁路工业创造了更多的需求，船运工业对铁路工业有后向关联。因此，后向关联像“拉力”，表现为拉动作用；前向关联像“推力”，表现为推动作用。

（一）后向关联

反映后向关联拉动作用的指标有直接消耗系数、完全消耗系数和影响力系数等。本书主要采用直接消耗系数进行分析，直接消耗系数反映的是某产业单位最终产品对另一产业产品的直接消耗，它可以用以下公式表示：

$$a_{ij} = \frac{x_{ij}}{X_j} \qquad (i，j = 1，2，\cdots，n)$$

其中，a_{ij}表示第 j 产业对第 i 产业的直接消耗系数；x_{ij}表示第 j 产业对第 i 产业的直接消耗量，X_j 表示第 j 产业的总产出。

根据国家统计局公布的 1997 年 124 × 124 部门投入产出表、2002 年 122 × 122 部门投入产出表以及 2007 年 135 × 135 部门投入产出表[①]，中国房地产业直接消耗系数最大的 6 个产业如表 9 - 1 所示。从表 9 - 1 中可以发现，在与房地产业后向关联的 6 个产业里，就直接消耗系数而言，无论是 1997 年、2002 年还是 2007 年，房地产业直接消耗的金融业的产品最多，这表明房地产业与金融业后向关联最大，即房地产业对金融业的拉动最大。

① 我国 2000 年及 2005 年的延长表中因没有房地产业数据，因此本章未对其分析。

表 9 - 1　1997 年、2002 年和 2007 年中国房地产业直接消耗系数

排名	1997 年		2002 年		2007 年	
	产业	系数	产业	系数	产业	系数
1	金融业	0.044	金融业	0.073	金融业	0.022
2	建筑业	0.039	建筑业	0.040	商业	0.021
3	砖瓦、石灰和轻质建材业	0.022	商业	0.037	建筑业	0.012
4	其他社会服务业	0.014	餐饮业	0.011	石油及核燃料加工业	0.009
5	水泥业	0.014	房地产业	0.010	房地产业	0.009
6	商业	0.009	其他电器机械及器材业	0.008	金属制品业	0.008

（二）前向关联

反映前向关联推动作用的指标有直接分配系数、完全分配系数和感应度系数等。本书主要采用直接分配系数进行分析，直接分配系数反映的是某产业产品作为另一产业中间产品使用量占该产品的比重，它可以用以下公式表示：

$$d_{ij} = \frac{x_{ij}}{X_i} \qquad (i,\ j = 1,\ 2,\ \cdots,\ n)$$

其中，d_{ij}表示第 i 产业对第 j 产业的直接分配系数；x_{ij}表示第 i 产业作为第 j 产业的中间产品的使用量，X_i 表示第 i 产业的总产出。

根据国家统计局公布的 1997 年 124 × 124 部门投入产出表、2002 年 122 × 122 部门投入产出表以及 2007 年 135 × 135 部门投入产出表，中国房地产业直接分配系数最大的 6 个产业如表 9 - 2 所示。从表 9 - 2 中可以发现，在与房地产业后向关联的 6 个产业里，就直接分配系数而言，金融业及保险业在房地产的直接供给的产业部门中都位居前列，如 1997 年房地产业直接供给的金融业的产品位居第二位，系数达到 0.056；2002 年房地产业直接供给的金融业的产品位居第三位，系数达 0.026；到了 2007 年，金融业的位次再次升到第二位，系数达到 0.021。除此之外，作为金融业一部分的保险业其位次在这三年中也名列前茅，这些都说明了房地产业对整个金融业具有很大的推动作用。

无论是 1997 年、2002 年还是 2007 年，房地产业直接消耗的金融业的产品最多，这表明房地产业与金融业后向关联最大，即房地产业对金融业的拉动最大。

表 9 - 2　1997 年、2002 年和 2007 年中国房地产业直接分配系数

排名	1997 年		2002 年		2007 年	
	产业	系数	产业	系数	产业	系数
1	商业	0.078	行政机关及其他	0.100	批发零售业	0.047
2	金融业	0.056	批发零售业	0.045	金融业	0.021

续表

排名	1997 年		2002 年		2007 年	
	产业	系数	产业	系数	产业	系数
3	行政机关及其他	0.027	金融业	0.026	保险业	0.014
4	保险业	0.017	居民服务业	0.016	居民服务业	0.013
5	其他社会服务业	0.016	保险业	0.016	餐饮业	0.010
6	居民服务业	0.011	房地产业	0.010	商业	0.010

二、我国房地产业的资金来源分析

现阶段我国房地产开发企业的资金来源包括国内贷款、外资、自筹资金和其他资金来源，其中利用外资主要包括外商直接投资，其他资金多为楼盘预售的定金、预付款和个人按揭贷款等。图 9 - 1 反映了 1998 ~ 2011 年我国房地产开发企业资金来源结构的变化，可以发现，外资仍不是我国房地产企业资金来源的主流，而其他资金来源和自筹资金则始终为房地产企业的主要资金来源，这反映了我国房地产企业融资仍然主要依靠房地产预售及自筹资金，而作为房地产企业资金来源之一的银行贷款增长则相对较为稳定，这与我国 2003 年以来金融宏观调控对房地产企业贷款银根收紧有很大关系。此外，由于其他资金来源与房地产企业的销售情况关系密切，因此，在 2008 年金融危机的大背景下，其他资金来源受到的影响也更大。

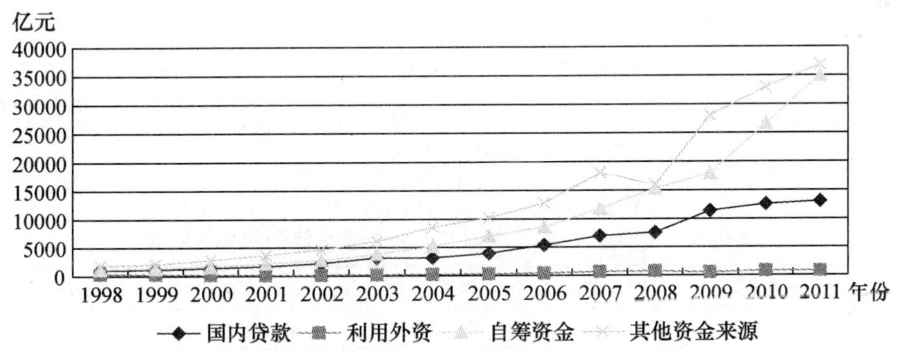

图 9 - 1 我国房地产开发企业资金来源

图 9 - 2 反映了近年来我国房地产企业资金来源在固定资产投资及 M2 中的比例，从图 9 - 2 中可以发现，近年来，我国房地产企业利用资金的规模在固定资产投资及 M2 中的比例总体呈现上升趋势，这也反映了房地产业在整个国民经济

中的地位日趋突出，同时，整个金融行业对房地产业发展的支持力度也在不断增大。

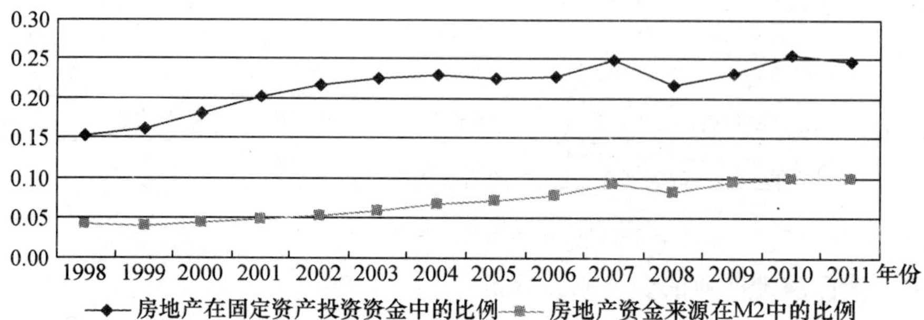

图 9－2　我国房地产开发企业资金来源在固定资产投资及 M2 中的比重

表 9－3 反映了我国房地产价格与房地产开发企业资金来源的相关性，我国房价的增长与房地产企业各项资金来源的增长均呈现显著的正相关，考虑近年来我国经济的快速增长所导致的各项资金来源的增加存在房价上涨的同步性，因此，我们又专门对房地产价格与房地产企业资金来源比例的相关性检验。由表 9－3 可知，我国房价与国内贷款在房地产企业资金来源中的比例呈现负向相关，这表明随着我国房价的上升，国家对房地产行业的宏观调控也在不断加强，在金融领域，房地产企业利用银行贷款也相应受到了一定限制，因而导致房地产价格与房地产企业资金来源中的贷款比例走向相反。另外，我国房价与自筹资金在房地产企业资金来源中的比例呈显著的正相关，这说明随着房地产价格的不断上升，房地产企业筹集资金的能力得到了加强，因此，其自筹资金的比例也不断上升。相比之下，房地产资金来源在固定资产投资中的比例以及利用外资和其他资金来源的比例，则与房价不存在显著的相关性。

表 9－3　房地产价格与房地产企业资金来源的相关性检验

房地产企业资金来源	国内贷款	利用外资	自筹资金	其他资金来源
0.986 **	0.991 **	0.877 **	0.962 **	0.990 **
房地产在固定资产投资中的比例	国内贷款比例	利用外资比例	自筹资金比例	其他资金来源比例
－0.385	－0.841 **	－0.518	0.844 **	－0.092

注：** 表示在 0.01 水平（双侧）上显著相关。

通过以上分析可以发现，现阶段支撑我国房地产企业发展的资金主要来源是自筹资金、其他资金来源和国内贷款，其中，除了国内贷款直接来自于国内金融业的支持，其他资金来源由于其主要构成是以个人住房贷款为主的预付款，因此其增长也同样受到相关金融行业的支持。此外我国房价的波动也与房地产企业的资金来源变动存在较大的关联性。因此，研究房价波动必须重视金融业特别是各类金融政策对房地产业的影响。

第二节 货币政策的房价传导机制研究

一、货币政策对房价的传导机制

货币政策的传导机制是指货币政策从政策手段到操作目标，再到中介目标，最后到最终目标发挥作用的途径和传导过程的机能。一般来说，货币政策分为制定和执行两个过程，制定过程从确定最终目标开始，依次确定中介目标、操作目标、政策手段。执行过程则正好相反，首先从操作政策手段开始，通过政策手段直接作用于操作目标，进而影响中介目标，从而达到最后实现货币政策最终目标的目的①。货币政策传导途径一般有三个基本环节，其顺序是：

（1）从中央银行到商业银行等金融机构和金融市场。中央银行的货币政策工具操作，首先影响的是商业银行等金融机构的准备金、融资成本、信用能力和行为，以及金融市场上货币供给与需求的状况。

（2）从商业银行等金融机构和金融市场到企业、居民等非金融部门的各类经济行为主体。商业银行等金融机构根据中央银行的政策操作调整自己的行为，从而对各类经济行为主体的消费、储蓄、投资等经济活动产生影响。

（3）从非金融部门经济行为主体到社会各经济变量，包括总支出量、总产出量、物价、就业等。具体来说，就是首先货币政策通过利率、信贷和资产组合等渠道进行传导，从而产生出各种直接效应和间接效应，并最终影响房价波动。

图9－3反映了货币政策对房地产价格波动的传导机制。

二、货币政策对房价波动的影响渠道分析

从我国的经济现实出发，可以发现我国宏观部门的货币金融政策直接对房地

① 中国人民银行网站，http：//www. pbc. gov. cn.

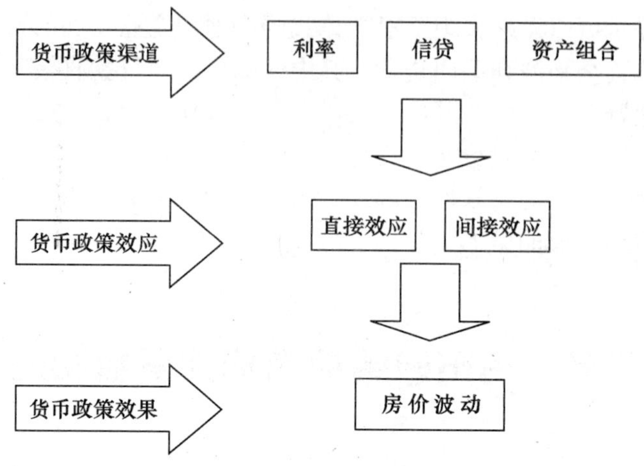

图 9－3　货币政策对房价波动的传导机制

产价格波动产生影响。根据西方货币政策传导机制理论，本节将货币金融政策对应房地产市场价格波动的影响渠道归纳为以下三条。

（一）利率渠道

作为一定时期内利息与本金的比率，利率可以被称为资金的价格，其变动受到产业的平均利润率、货币的供给与需求状况、经济发展的状况、物价水平、利率管制、国际经济与国际收支状况和货币政策等诸多因素的影响。利率对房价的影响可以从需求与供给两个角度进行分析。在对房地产需求方面，利率变动直接影响资金使用成本与市场未来房价波动预期。例如，当货币当局采用紧缩性政策导致利率提高时，由于资本使用成本的传导机制作用，房地产需求将下降，房价的上涨幅度会出现下降。而关于未来紧缩性货币政策的预期将进一步降低，实际房价预期增值，因此提高当前的资金使用成本，这又更进一步导致房地产需求的下降，造成房地产投资和建设的缩减与房地产业发展的停滞。在对房地产供给方面，作为资金密集型产业，房地产开发公司需要在土地使用权的获得、市政配套、工程建设、市场营销和售后服务等方面都投入巨大的资金，因此，房地产开发建设企业普遍存在相当高的负债率，融资造成的财务成本在房地产开发企业的总成本中占有较高的比重。而利率是影响房地产企业财务成本的一个非常重要的因素，因此，利率的变动会对房地产开发建设成本产生影响，进而影响到房地产市场的住房供给。

利率渠道一个主要特征就是强调去除通胀因素后的实际利率较名义利率对消费者和商业投资决策更具影响力。如前所述，当实际利率上升时会提升房地产企业的融资成本，并增加居民住房抵押贷款的还款压力。我国从 2004 年起货币金融政策进入到加息的渠道，人民银行多次提升人民币存贷款利率，但由于通货膨胀的影响，实际利率事实上呈下降的趋势，因此房地产业的实际融资成本与居民住房抵押贷款还款压力不仅没有上升反而出现下降，甚至出现了打折优惠后的住房贷款利率抵押5年期存款利率的存贷款利率倒挂的现象，实际利率下降的结果是助长了房地产业的快速发展与居民住房贷款的增加，这也成为拉动房价上涨的一个原因。

Jud 和 Winkler（2002）考察了美国 1984～1998 年 130 个大都市区房价升值的动态变化。研究发现，房价升值受人口增长率、收入、建造成本以及利率变化的强烈影响，但利率政策对房价的影响难以确定。Dolde 和 Tirtiroglu（2002）运用美国 1975～1993 年数据考察了房价上下波动次数及其原因。研究表明，当利率较低时，房价波动较稳定；当利率较高时，房价波动较大。William D. Lastrapes（2002）利用美国 1963 年 1 月至 1999 年 8 月的月度数据表明，利率导致的货币供给量的正向冲击会造成房价和房屋销售量短期内上升。Wong 等（2003）使用 1981～2001 年中国香港数据考察了利率、通货膨胀对房价影响。结果显示，在 1997 年之前的通货膨胀期，利率对房价影响是负的；但在 1997 年之后的通货紧缩期，利率对房价影响是正的。这表明，在通货膨胀期利率对房价的影响符合理论预期，但在通货紧缩期利率对房价影响不确定，这也说明了在不同经济时期利率对房价波动的影响可能并不相同。此外，他们未发现利率和房价之间存在 Granger 因果关系。Fratantoni 和 Schuh（2003）运用美国 1986～1996 年数据，采用异质代理人矢量自回归模型考察了区域性住房市场与货币政策之间的关系。研究发现，利率与住房投资和住房升值呈负相关关系，但其作用效果不同。他们认为，这种差异主要是因不同地区初始经济条件及其对货币政策反应不同造成的。袁志刚和樊潇彦（2003）构建的房地产市场局部均衡模型显示，扩张性利率政策可能刺激地产泡沫产生，但尚未考察利率与房价内生性问题，其研究也缺乏经验数据的支持。Iacoviello（2005）考察了经济波动与金融部门之间的互动问题。他在经济周期基础上建立了一个产品市场、借贷市场、房地产市场和货币政策的一般动态均衡模型。VAR 脉冲反应结果显示，从紧的货币政策对住房价格产生负的影响。雅静、杨毅（2005）运用 1999 年 1 月至 2005 年 3 月的月度数据，实证研究得出利率并不是调控房地产投资有效手段的结论。Deokho 和 Ma（2006）运用韩国 1991～2002 年月度数据，采用协整检验和光谱分析（Spectral Analysis）考察了房价与利率之间的长期关系。结果显示，房价与利率在长期是负相关关系，在短期利率是房价的 Granger 原因。Kim（2006）使用美国 1972～2003 年季度数据，运用协整检验，考察了扩张性货币政策对新增住房市场和存量住房市场的影响。结果显示，扩张性货币政策对新增住房市场和存量住房市场均产生了正的影响，但扩张性货币政策对存量住房市场的影响大于新增住房市场。张涛等（2006）在消费者效用最大化基础上考察了资产回报、住房抵押贷款和房地产均衡价格之间关系。根据实证结果可以得出相应结论，即住房按揭贷款利率的提高可有效抑制房地产价格的上涨。Wheaton 和 Nechayev（2008）运用美国 59 个大都市统计区（MSAs）1998～2005 年数据，考察了收入、人口、利率等基本面变量对房价的影响。研究发现，利率变动已不能解释房价变动。这表明，利率与房价关系非常复杂。况伟大（2008）在住房存量模型基础上构建了一个购房者、开发商和中央银行的住房市场比较动态均衡模型考察利率对房价的影响。通过对中国 35 个大中城市 1996～2007 年数据的回归，结果显示，本期利率变动对房价变动具有正向影响，但本期房价变动对本期利率变动影响不显著，同时利率预期对房价影响不显著。

综上所述，国外大多数研究证明了利率对房价具有反向作用。但由于我国尚未实现利率市场化的国情①，因此利率不是完全随着信贷资金的供求状况自由波动，它还取决于国家调控经济的需要，受到国家的控制和调节。而在利率水平的制定与执行中，中国人民银行的决策也要受到宏观经济增长、物价水平政策性调控因素的影响，这也说明了我国现实中利率因素与房价波动关系直接的复杂性。

（二）信贷渠道

房地产企业的开发投资与居民的住房抵押贷款直接来自于金融机构特别是银行的信贷资金，因此，信贷渠道是利率渠道之外的又一条金融业对房地产业特别是对房地产价格波动产生影响的渠道。由于我国存贷款利率的非市场化，因此我国银行信贷总量除了受到真实利率的影响以外还受到存款准备金率和国家宏观调控政策的影响。

已有的实证研究发现，金融机构信贷与房地产价格存在密切关系，但在两者因果关系上还存在认识上的分歧。

第一种观点认为银行信贷决定房地产价格。由于房地产业资金密集型的特点，当银行信贷大幅增加时，其中大部分资金会直接或间接地流入房地产业及其相关产业，刺激房地产业的发展并使房地产开发与消费贷款数量增加，因此导致房地产价格的波动，特别是上涨。很多实证研究证明了这个观点，如 Collrns 等（2001）发现，在许多亚洲国家，信贷增长对住宅价格有显著的同期影响。Takatoshi 等（1995）认为，在 20 世纪 80 年代日本房地产价格泡沫中，银行对房地产行业的信贷急剧增加起到了诱发作用。平新乔和陈敏彦（2004）运用中国 35 个大城市面板数据，考察了融资、地价与房价之间关系。研究发现，政府支持的银行信贷，无论是对房地产投资，还是对房价、地价及房屋销量，都具有正向推动

① 在我国，利率尚未实现市场化，存贷款基准利率水平由国务院统一制定，并由中国人民银行统一管理。

作用。肖本华（2008）运用 Granger 因果分析方法对 2003～2007 年银行信贷与房地产价格之间的关系进行分析，认为中国的信贷扩张为房地产价格的膨胀提供了支撑，而导致信贷过快增长的主要原因是货币供给的过快增长和低实际利率、高存贷利差。

第二种观点强调房地产价格波动引发银行信贷的波动。这是因为房地产价格的波动通过影响银行信贷需求和银行信贷供给，从而影响到银行信贷扩张总量。从房地产价格波动影响居民对银行信贷需求的角度分析，当房地产的价格上涨时，居民所拥有的财富总量也随之增加，居民财富变动会导致居民消费支出增加，会使居民增加对于银行信贷的需求。另外，房地产是一种最为重要的抵押物，居民进行银行贷款所提供的抵押物的价值会随房价波动而发生波动，从而影响到居民的信贷获取能力。当房地产的价格上涨时，银行更愿意以简便的条款提供更多的与房地产相关的贷款，从而导致信贷扩张；而当房地产价格下跌时，银行会减少对与房地产相关贷款的供给，尤其是当房地产价格下跌所导致的不良贷款增加到使银行资本金发生紧缩时，则会引发全面的信贷紧缩。这样房价波动通过对银行的资产质量和银行资本金产生影响，进而影响到了银行的贷款供给能力。从房地产价格波动影响企业对银行信贷需求的角度分析，当房地产价格相对于房地产开发建设成本发生上涨时，房地产企业会增加对房地产的开发和投资。这种由未来的盈利预期所导致的投资需求进而会扩大对银行信贷的需求。

很多实证研究也证明了房地产价格波动引发银行信贷波动的观点，如 Davis 和 Haibin Zhu（2004）利用 17 个国家的跨国数据，对银行贷款和商用房地产价格之间的关系进行了实证分析，结论是房地产价格的上涨导致了银行信贷的扩张，而不是过度的银行信贷扩张导致了房地产价格的上涨。Gerlach 等（2005）利用香港 1982 年第一季度至 2001 年第四季度的季度数据，研究了香港住宅价格和房地产信贷之间的关系，认为二者之间的强相关关系主要来自于银行信贷对房地产价格的反应，过度的银行信贷不是房地产繁荣与萧条的根本原因，而是人们对未来经济预期的变化增加了对房地产或其他投资的动机，在供给弹性较小的情况下产生了价格的较大变化，这样信贷需求和抵押品价值都提高了，而银行信贷只是自然的反应。结论是房地产价格的波动影响银行的信贷扩张，而银行的贷款却不影响房地产价格。李健飞、史晨昱（2005）采用我国国房销售价格指数、金融机构贷款增长率等主要指标在 1998 年 1 月至 2004 年 9 月的季度数据，利用协整分析方法对我国房地产价格波动和银行信贷之间的关系进行了实证研究，其研究结论是银行的过度放贷并不是目前房地产价格上涨的根源，而房地产价格上涨对银行信贷扩张的作用却不能忽视。Chen 和 Wang（2006）使用台湾 1991～2001 年的交易数据，研究了资产价格周期中公司抵押物价值和地产抵押贷款的经验关系，同时考虑了银行的异质性。研究结果发现，可抵押资产的价值对地产抵押贷款的规模存在正向和显著的影响，同时，抵押物的杠杆效应对资产价格波动是顺周期的。

第三种观点认为银行信贷与房地产价格互为因果关系。如 Gerdrup（2003）对19世纪90年代以来挪威发生的三次主要金融危机进行了比较研究，发现尽管每次危机的制度背景和货币体制存在极大的差异，但三次危机之间仍然存在一些共同特征，即在危机之前银行信贷扩张显著、资产价格大幅上涨以及非金融部门负债不断增加。资产价格与银行信贷具有相互加强的关系，一方面，微观经济体通过资产的抵押取得银行信贷，当资产价格上升时企业或家庭的信贷约束就会放松，会有更多的银行资金用于消费或资产投资，这一过程是资产价格影响银行信贷，并通过信贷渠道影响实体经济；另一方面，信贷资金增加影响资产需求和供给，这一过程是信贷影响资产价格。在现实中往往这两个过程同时发生，并相互加强。武康平、皮舜等（2004）建立了房地产市场与信贷市场的一般均衡模型，通过对均衡解的比较静态分析，其研究结论认为房地产价格的上涨导致了银行信贷的增加，银行信贷供给增加导致房地产价格的上涨，二者之间存在正反馈的作用机制。张涛、龚六堂、卜永祥（2006）对中国房地产价格与房地产贷款的关系进行了实证分析，结果表明中国房地产价格水平与银行房地产贷款有较强的正相关关系。

（三）资产组合效应渠道

托宾（Tobin，1965）将货币因素与增长理论相结合，在新古典增长模型的基础上提出了著名的“托宾效应”。在分析这种效应的过程中，托宾建立起了货币与非货币资产（如股票、债券、房地产等）之间的组合机制。在社会总储蓄率不变的假定下，投资取决于货币与非货币资产在总财富中的组合情况。由于持有实物资本不仅可获得资本收益，而且能够避免通货膨胀损失，因此持有货币的机会成本为资本实际收益率与通货膨胀率之和。特别是当整个社会货币供给增长率增加导致通货膨胀时，社会公众持有的货币成本相应上升，增加了非货币资产作为价值储藏的相对吸引力，人们将调整自己的资产组合结构——即减少持有货币转而增加持有非货币资产，而这种行为有利于推动经济增长。以上内容归纳起来就是货币供给增长导致通货膨胀时将增加社会产出，促进经济增长，这就是“托宾效应”的主要内容①。而在分析“托宾效应”的过程中可以发现，当一国中央银行实行扩张性的货币政策，降低利率和增加货币供应量时，由于货币资产

① “托宾效应”的作用效果在理论界一直存在争议，Stanners（1996）通过对于不同国家截面数据的研究发现，一些处于低通货膨胀率的国家，其中的大多数并没有实现超出自然率水平的快速经济增长。20世纪90年代以后，以日本经济为代表的一些国家出现了低通货膨胀下的经济持续萧条，这更促使人们开始怀疑低通货膨胀水平带来的增长效应。Barro（1996）的类似研究的结论也是保持低通货膨胀有利于提高经济增长率。

的收益下降和边际效用降低，投资者原有的货币与非货币资产的组合均衡会被打破，投资者将会减少资产组合中货币资产比例，而增加非货币资产的比例，最后形成新的均衡。在这个过程中，投资者非货币资产的需求增加将使社会对债券、股票和房地产等资产的需求增加，相应引起房地产价格的波动。

关于托宾效应与房地产投资之间关系的研究，由于缺乏相应的数据，所以实证研究较少①。Takala 和 Tuomala（1990）、Jud 和 Winkler（2003）分别基于芬兰和美国的数据，利用房地产投资支出、开工许可数、房屋开工量等作为投资的代理变量，分析发现托宾效应是决定房屋投资的重要因素。Jaffe（1994）和 Barot（2003）基于瑞典的数据，也发现托宾效应与房地产投资有着正向的关联。同样利用瑞典的数据，Berg 和 Berger（2005）却发现 1981 ~ 1992 年，托宾效应与房地产投资不存在长期的稳定关联，但是 1993 ~ 2003 年，有着高度的关联性。陈健等（2011）利用面板向量自回归（PVAR）模型，根据中国 2002 ~ 2008 年的省际面板数据，分析了房地产投资与托宾效应的关系。结果表明，从全国层面看，托宾效应对房地产投资的解释比例很小，对房价波动的影响也不大。

三、货币政策对房价波动的传导效应

通过利率、汇率、信贷等条件的变动以及货币供应量的变化，货币政策可以通过直接和间接两种机制影响房地产行业的发展，进而影响房价波动。

（一）货币政策对房价波动的直接传导效应

（1）预期效应。根据收入资本化法，房地产的价值取决于其未来的净现金流。在年限和现金收益既定的情况下，货币政策可以通过对市场利率等因素的影响直接改变决定房地产价值的折现率从而最终导致房地产价值发生变化从而改变房地产价格的波动。例如，货币政策造成市场利率上升导致依靠房地产所获得的现金收益出现购买力下降，这也就意味着房地产价值的下降，从而直接影响市场对房价的预期，导致房价的下降。

（2）需求效应。货币政策可以直接影响房地产市场的需求，从而实现对房价波动的影响。例如，当货币政策造成市场利率上升时，社会资金的使用成本必然增加。这会导致居民在购房中使用住房抵押贷款的成本增加，从而影响房地产需求。而当人民币汇率出现上升趋势时，有可能导致境外资金为了获得人民币升值的利益而大量流入国内的房地产市场，造成房价的上升。

（3）供给效应。货币政策同样可以直接影响房地产的供给，从而影响房价的波动。例如，当货币政策造成市场利率上升时，社会资金成本的上升将导致房

---

① 陈健等．房地产价格的托宾 Q 效应检验——基于 PVAR 模型的分析［J］．中国房地产，2011（18）．

地产开发商筹资的困难，最终影响其竞拍土地以及开发房地产项目的积极性，造成房地产供给的下降。反之，当国家实施宽松货币政策时，大量资金可能会涌入房地产市场，造成房地产供给的积极增加，最终影响房价的波动。

（二）货币政策对房价波动的间接传导效应

（1）财富效应。相比其他资产而言，房地产具有更为广泛的社会普及率、历史波动稳定性和财富效用显著性等特点，特别是在扩张性的货币政策和低利率政策的刺激下，房地产所有者的这种财富效应更为明显。例如，为了推动经济增长，政府实施宽松的货币政策必然导致在未来出现通货膨胀的可能性不断增加，居民为了防范未来的通货膨胀所导致资产的贬值，会争相投资以房地产为代表的保值性资产，这种投资需求的增加也会造成房价的上升。

（2）资产负债表效用。在不完全的信贷市场上，借款人和贷款人之间存在着信息不对称现象，授信的金融机构无法确认贷款申请者是否有能力偿还贷款和借款者是否从事高风险的投资行为，从而增加违约的概率，因此，授信者一般采用抵押贷款来缓解这种不确定性的行为。房地产资产由于其独有的优势被银行作为一种优良资产给予对待。当房地产价格因货币政策调整而上涨时，企业和居民所拥有的质押资产的价值上升，这意味着借款人资产负债表状况获得改善，房地产为其贷款提供了较多担保，逆向选择和道德风险问题也会相应减轻。因此，货币政策的变化可以影响企业及居民的资产配置状况，从而对房价的波动产生影响。

（3）储蓄效应。货币政策可以直接对居民的储蓄产生影响，进而影响居民的消费支出，最终影响房地产。例如，当货币政策从紧时，银行的紧缩信贷和利率的提升都会增加企业及居民的储蓄，从而导致社会对房地产投资和消费需求的下降，使房地产价格出现下降。

（4）收入效应。货币政策的波动会导致房地产租金发生变化，这会间接地导致房地产租赁者乃至房地产所有者产生正或负的收入效应，最终影响房地产投资和消费的需求。例如，宽松的货币政策导致房地产租金收入的增加，这会造成房地产租户的负收入效应以及房主的正收入效应，两者都会直接打破房地产市场已有的均衡并引起房价的波动。

第三节　房价波动与贷款总量、利率的关系

根据对金融与房价波动的传导渠道部分的分析，我们认为从金融活动的角

度分析，房价波动主要受利率、银行信贷和社会居民资产组合因素的影响。由于社会居民资产组合因素缺乏相应数据且根据已有实证其对我国房地产解释比例较小，因此本书主要采用利率和银行信贷两个变量对房价波动进行解释。

本书采用的研究方法包括向量自回归模型分析、协整分析、向量误差修正模型以及 Granger 因果关系检验。同时，基于向量自回归模型，通过运用脉冲响应函数与方差分解，对变量之间的动态关系和贡献度进行检验。变量选择主要来源于本书的理论分析，即房地产价格波动与利率和贷款总量之间存在相互作用。因此，本书研究变量包括房地产价格、贷款总量与利率。采用 2005 年 7 月至 2010 年 12 月的月度数据，共 66 组样本数据，其中贷款总量和利率的数据来自中国人民银行官方网站，房地产价格数据来自于国家统计局官方网站。所采用的代理变量及其处理如下：

（1）贷款总量（L）。采用中国人民银行发布的金融机构人民币信贷收支表中的"各项贷款（亿元）"项目作为金融市场贷款总量的代理指标。

（2）房地产价格（HP）。根据数据的可得性，采用国家统计局发布的房地产销售价格指数作为房地产价格的代理变量。具体计算方法是以 2005 年 7 月为基期，将各月的月度房地产销售价格环比指数连乘而得到。

（3）利率（R）。与银行存贷款利率相比较，同业拆借市场能够迅速准确地反映市场资金的供求状况，采用银行间市场 7 天同业拆借利率作为市场利率的代理变量。

将除利率以外的所有变量取对数处理，经过处理之后的贷款总量、房地产价格与实际利率分别用 LNL、LHP、R 表示。本节力图将以上两种金融活动主要变量纳入同一模型框架中，并结合金融活动对房价的传导理论与我国实际情况相结合，整合出一条完整的房地产价格波动的金融活动传导渠道，对具体金融活动调控房地产市场价格波动的效力的大小做出相应分析。

一、向量自回归模型分析（VAR）

（一）向量自回归模型的建立

本书根据 SC 准则确定 VAR 模型滞后阶数为 2，VAR 模型中 LNLHP 和 LNL 的可决系数、调整的可决系数均达到 99%，且 F 值均较高这说明 VAR 模型中两者都可以解释 99% 的方差，两者在模型中比较合理，但遗憾的 R 变量可决系数仅为 60%，这意味着其只可以解释 60% 的方差且其 F 值很低，因此将 R 列入模型并不十分理想。

表 9-4 VAR 模型估计结果

	LNLHP	LNL	R
LNLHP (-1)	0.654944 (5.21482)	-0.039118 (-1.26335)	0.320722 (0.18396)
LNLHP (-2)	0.307412 (2.44990)	0.055965 (1.80910)	-1.113713 (-0.63939)
LNL (-1)	1.058499 (2.02624)	0.930453 (7.22452)	4.289331 (0.59150)
LNL (-2)	-0.969126 (-1.89876)	0.037139 (0.29515)	-2.624134 (-0.37037)
R (-1)	0.028533 (2.68700)	-0.004514 (-1.72428)	0.443099 (3.00597)
R (-2)	0.018659 (1.73953)	4.87E-05 (0.01841)	0.438328 (2.94387)
C	-1.000296 (-1.78634)	0.341616 (2.47451)	-16.32553 (-2.10024)
R-squared	0.995748	0.998839	0.603699
Adj. R-squared	0.995301	0.998717	0.561983
F-statistic	2224.939	8174.737	14.47167

注：括号内为 t 统计量。

$$\begin{bmatrix} LNLHP \\ LNL \\ R \end{bmatrix}_t = \begin{bmatrix} -1.00 \\ 0.34 \\ -16.33 \end{bmatrix} + \begin{bmatrix} 0.65 & 1.06 & 0.03 \\ 0.04 & 0.93 & 0.00 \\ 0.32 & 4.29 & 0.44 \end{bmatrix} \begin{bmatrix} LNLHP \\ LNL \\ R \end{bmatrix}_{t-1} + \begin{bmatrix} 0.31 & -0.97 & 0.02 \\ 0.06 & 0.04 & 0.00 \\ -1.11 & -2.62 & 0.44 \end{bmatrix} \begin{bmatrix} LNLHP \\ LNL \\ R \end{bmatrix}_{t-2} + \begin{bmatrix} \varepsilon_0 \\ \varepsilon_1 \\ \varepsilon_2 \end{bmatrix}_t \quad (9-1)$$

(9-1) 式为得到的 VAR 模型，其特征多项式单位根如表 9-5 所示，可知所估计的 VAR 模型有 6 个根，其中 4 个复数根和 2 个实数根，根据分析结果，所有这些根中有 1 个根大于 1 即在图 9-4 中位于单位圆外①，这说明估计的 VAR 模型不满足稳定性条件，这也说明前文中的 R 不适合作为 VAR 模型的变量，这

① 图中点表示 AR 特征多项式的根的倒数，当这些点都位于单位圆之内时表明所估计的 VAR 模型是稳定的。

与段忠东（2007）的分析结果相一致，即利率对于房价的影响微乎其微，这一结果可能意味着在中国目前利率形成机制尚未完全市场化的情形下，经济主体对于利率变动不敏感①。

表 9－5　VAR 模型的单位根情况

根（Root）	系数（Modulus）
1.003285	1.003285
0.937061 －0.148669i	0.948781
0.937061 ＋0.148669i	0.948781
－0.463896	0.463896
－0.192507 －0.164776i	0.253397
－0.192507 ＋0.164776i	0.253397

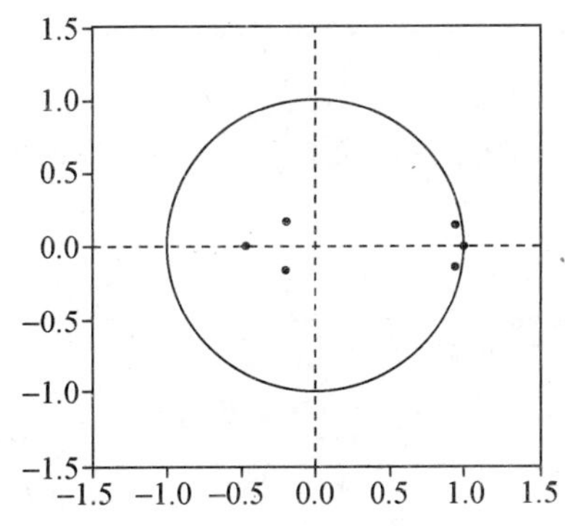

图 9－4　VAR 模型的单位圆与特征根

（二）向量自回归模型的脉冲分析

在实际应用中，由于 VAR 模型是一种非理论模型，它无须对变量作任何先验性约束，因此在分析 VAR 模型时，往往不分析一个变量对另一个变量的影响如何，而是分析一个误差项发生变动，或者说模型受到某种冲击时对系统的动态影响。

在 VAR 模型中，图 9－5 表示了房价 LNLHP 对自身的影响，自始至终房价一直对自身的标准差信息做出向下的响应，之后这种冲击对房价的影响不断减

① 段忠东．房地产价格与通货膨胀、产出的关系——理论分析与基于中国数据的实证检验［J］．数量经济技术经济研究，2007（12）．

小，即使在40期后房价对自身的扰动响应仍在25%以上。从图9－6可以看出，贷款总量对房价的扰动为负数，且一直在减少，总体上响应缓慢上升，并逐渐趋于零，这反映了房价波动对贷款扰动的响应从长期分析较为微弱。

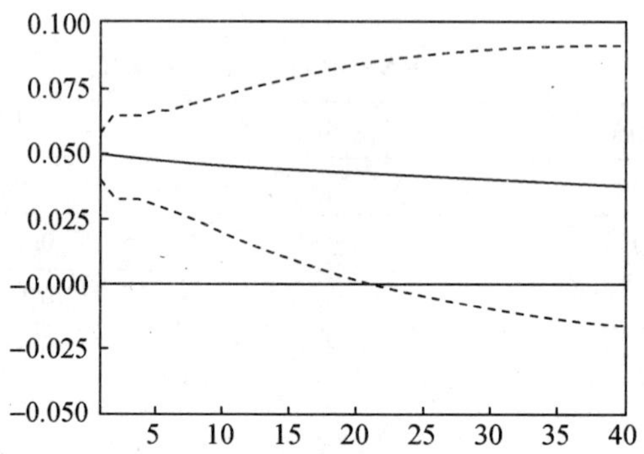

图9－5　房价对自身扰动的响应

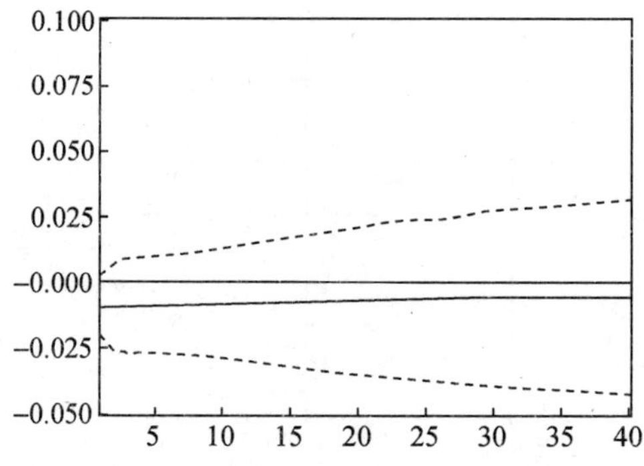

图9－6　房价波动对贷款冲击的响应

（三）向量自回归模型的方差分解

脉冲响应函数描述的是VAR中的一个内生变量的冲击给其他内生变量所带来的影响。而方差分解是把内生变量中的变化分解为对VAR的分量冲击，即通过分析每一个结构冲击对内生变量变化（通常用方差来度量）的贡献度，进一步评价不同结构冲击的重要性。因此，方差分解给出对VAR中的变量产生影响的每个随机扰动的相对重要性的信息。

根据图9－7及表9－6所示，随着时间的推移，贷款总量对房价的影响一直在4%以内且一直较为稳定，这说明贷款总量变化对房价波动的解释力较为有限。贷款总量的方差分解结果见图9－8和表9－7。虽然房价波动对贷款总量的贡献度在初期较低，但10期以后其对贷款的贡献度上升速度较快，这反映了从长期看房价波动对贷款总量的影响有较高的解释力。

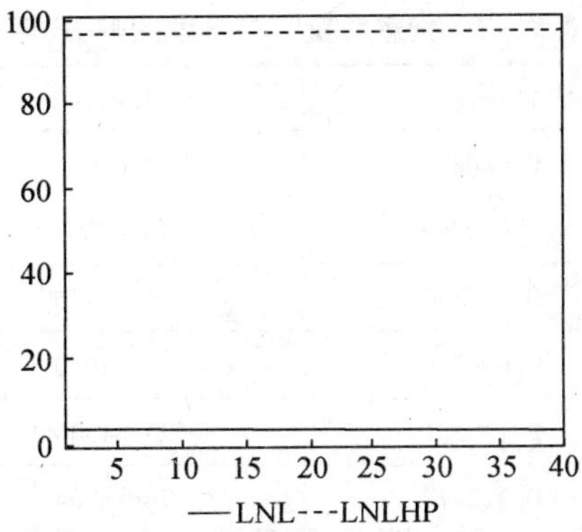

图 9－7　房价的方差分解

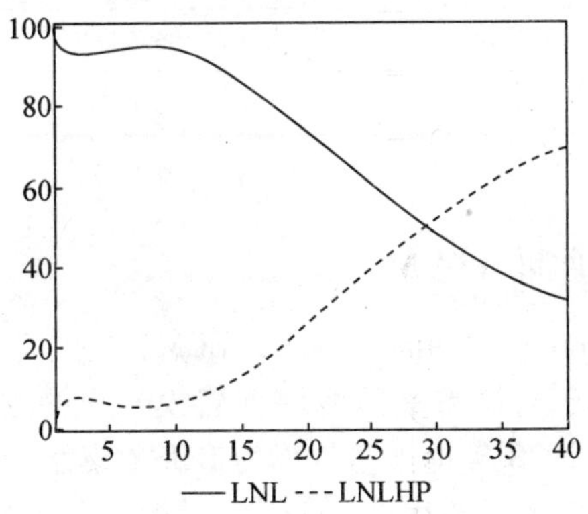

图 9－8　贷款的方差分解

表 9－6　房价方差分解的前 10 期

时期	残差	LNL	LNLHP
1	0. 010497	3. 644517	96. 35548
2	0. 015927	3. 635282	96. 37472
3	0. 019584	3. 601726	96. 39827
4	0. 022340	3. 577352	96. 42265
5	0. 024546	3. 552993	96. 44701
6	0. 026383	3. 528923	96. 47108
7	0. 027958	3. 505252	96. 49475
8	0. 029347	3. 482025	95. 51797
9	0. 030599	3. 459264	96. 54074
10	0. 031756	3. 436976	96. 56302

表 9-7 贷款总量方差分解的前 10 期

时期	残差	LNL	LNLHP
1	0.050212	100.0000	0.000000
2	0.070769	94.97863	5.021370
3	0.086330	94.50756	5.492439
4	0.099274	94.97040	5.029604
5	0.110531	95.61376	4.386244
6	0.120579	96.18804	3.811964
7	0.129705	96.57713	3.422868
8	0.138095	96.71481	3.285194
9	0.145881	96.55985	3.440146
10	0.153158	96.08740	3.912604

二、误差修正模型分析（ECM）

误差修正模型（Error Correction Model，ECM）是一种具有特定形式的计量经济学模型，它只能用于有协整关系的序列建模，它的主要形式是由 Davidson、Hendry、Srba 和 Yeo 于 1978 年提出的，称为 DHSY 模型。

误差修正模型有许多明显的优点：①一阶差分项的使用消除了变量可能存在的趋势因素，从而避免了虚假回归问题；②一阶差分项的使用也消除模型可能存在的多重共线性问题；③误差修正项的引入保证了变量水平值的信息没有被忽视；④由于误差修正项本身的平稳性，使得该模型可以用经典的回归方法进行估计，尤其是模型中差分项可以使用通常的 t 检验与 F 检验来进行选取等。

（一）单位根检验

向量误差修正模型是包含协整约束条件的 VAR 模型，因此其必须应用于具有协整关系的非平稳时间序列。而进行协整关系检验之前，必须首先对各变量的平稳性进行检验，本书主要采用 ADF 检验。在 ADF 检验中，最优滞后期选取的标准采用：保证残差项不相关的前提下，同时采用 AIC 准则与 SC 准则，作为最佳时滞的标准，在二者值同时为最小时的滞后长度即为最佳长度。根据下文中各个序列的趋势，如图 9-9 至图 9-14 所示，我们选择合适的常数项和趋势项，平稳性检验的结果见表 9-8。

从表 9-8 可以看出，房地产价格、贷款总量和利率的一阶差分变量均小于 5% 显著水平下的麦金农（Mackinnon）临界值。因此拒绝变量 ΔLNLHP、ΔLNCPI

具有单位根的假设，认为上述各个变量都是一阶差分平稳的，即所有的变量都是一阶单整序列，即 I（1），可以进行协整分析。

表 9－8　各变量平稳性的单位根检验结果

变量	LNLHP	ΔLNLHP	LNL	ΔLNCPI	R	ΔR
检验类型	（c，0，0）	（c，0，0）	（c，0，0）	（c，0，0）	（c，0，1）	（c，0，0）
ADF 统计量	－1.44	－8.27	0.87	－6.71	－1.75	－10.54
1% 临界值	－3.53	－3.53	－3.53	－3.53	－3.53	－3.53
5% 临界值	－2.91	－2.91	－2.91	－2.91	－2.91	－3.48
结论	非平稳	平稳	非平稳	平稳	非平稳	平稳

注：ΔLNLHP、ΔLNCPI、ΔR 表示原序列的一阶差分序列。（c，t，n）表示单位根检验中的截距项、时间趋势项与滞后阶数。文中所有检验与计算均运用 EViews 6.0 软件进行。

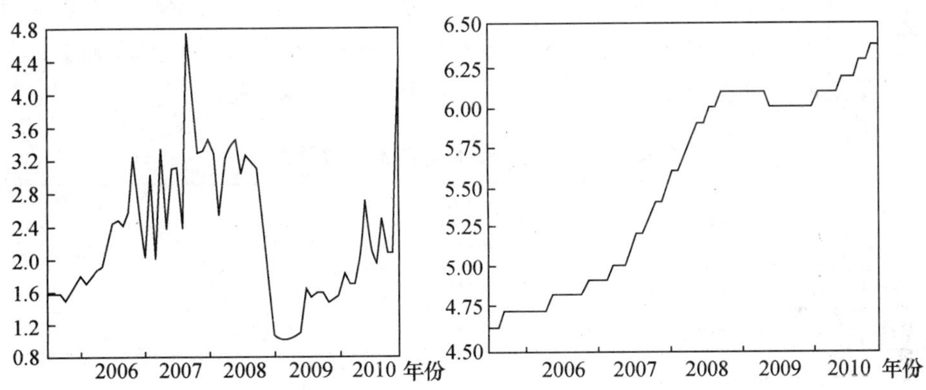

图 9－9　利率 R 的时间序列　　**图 9－10　房价 LHP 的时间序列**

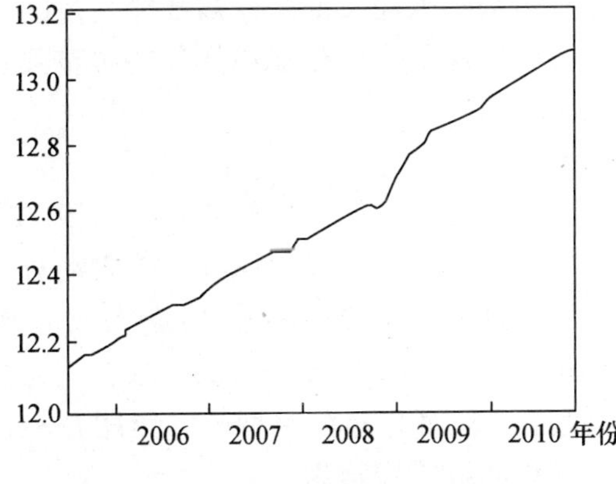

图 9－11　贷款总量 LNL 的时间序列

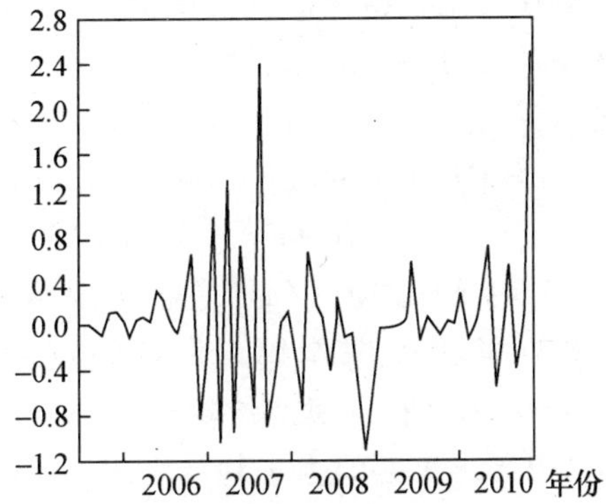

图 9－12　ΔR 的时间序列

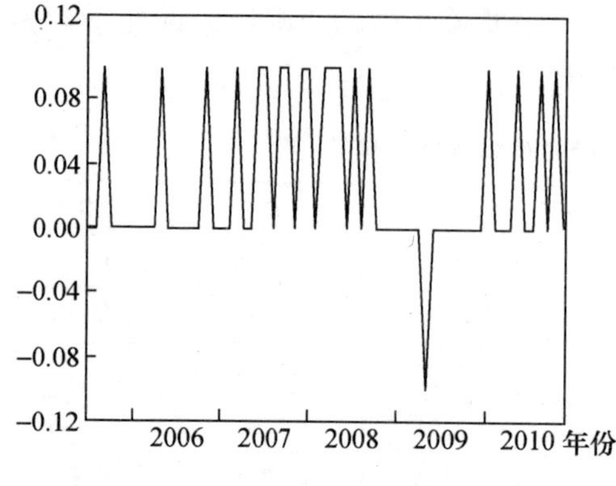

图 9－13　ΔDLHP 的时间序列

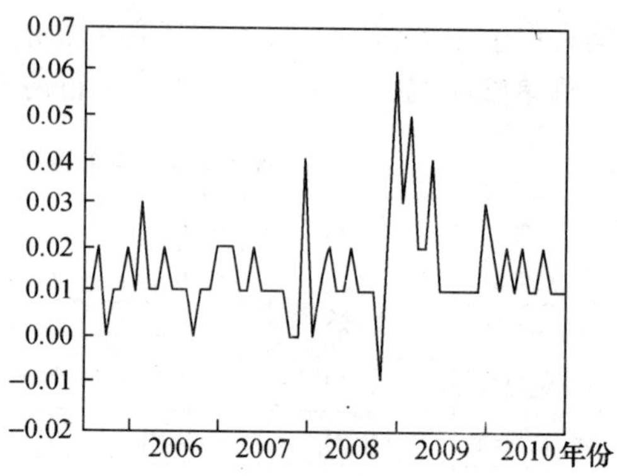

图 9－14　ΔDLNL 的时间序列

（二）协整分析

由于以上各变量一阶差分变量均符合平稳性条件，则在房价、货币供应量和物价指数之间可能存在长期稳定的均衡关系。在确定最优滞后期的基础上，为了探索变量之间是否存在长期稳定的关系，需要进行协整检验。

表 9－9　Johnsen 协整关系检验结果

零假设 H0	特征值	迹统计量	5% 水平临界值	概率值
r = 0*	0.333075	37.40856	29.79707	0.0055*
r≤1	0.164623	11.88863	15.49471	0.1624
r≤2	0.008798	0.556714	3.841466	0.4556

注：迹统计量显示在 0.05 水平存在一个协整方程，* 表示在 0.05 水平拒绝零假设。

由表 9－9 可知房价、物价与货币供应量的 Johnsen 协整检验结果显示存在一个协整关系，将该协整关系进行标准化处理后得到以通货膨胀作被解释变量的协整关系式将协整关系进行标准化处理后，得到以房价作为被解释变量的协整关系式如下：

$$INLHP = 1.546LNL - 2.526R + ECM_t$$
$$(0.947)\qquad(0.513) \tag{9-2}$$

（9－2）式中 ECM_t 是非均衡误差修正项，从所估计的方程看，贷款量对房价具有正的促进作用，贷款量的对数每增加 1% 房价的对数相应大约增加 1.546%，而利率对房价具有反作用，利率的对数每增加 1% 房价的对数相应大约减少 2.526%，但由于利率变量的 t 统计量过低，因此其在模型中的作用并不显著。三个变量之间的协整关系还可以误差修正项形式表示为：

$$ECM_t = INLHP - 1.546LNL + 2.526R \tag{9-3}$$

对序列 ECM_t 进行单位根检验，发现它已经是平稳序列，并且取值在零附近上下波动，验证了协整关系是正确的，它反映了三个时间序列之间有某种长期均衡关系。

（三）向量误差修正模型的估计结果

协整关系仅仅表明变量之间的长期均衡关系，而不能确定变量之间的短期动态关系。为此，可以将（9－3）式表示的误差修正项引入到由三变量所建立的向量自回归模型中，建立起向量误差修正模型，以反映变量之间的长期均衡与短期波动关系。房地产价格、贷款总量与利率的向量误差修正模型估计结果，如表9－10所示。

表9－10　向量误差修正模型的估计结果

方程	D（LNLHP）	D（LNL）	D（R）
ECM（－1）	0.016（3.88）		－0.129（－2.29）
D（LNLHP（－1））	－0.329（－2.38）	－0.053（－1.57）	2.033（1.07）
D（LNLHP（－2））			2.179（1.11）
D（LNL（－1））	0.733（1.38）		
D（LNL（－2））			－7.22（－1.02）
D（R（－1））		－0.006（－2.50）	－0.302（－1.67）
D（R（－2））	0.012（1.06）	－0.007（－2.49）	－0.159（－1.02）
C	0.036（2.69）	0.014（4.25）	
R^2	0.318683	0.258436	0.249240

注：本书删除了t统计量小于1的不显著项。对模型的残差进行各种诊断检验，结果表明，在5%的显著水平上VECM的残差序列不存在自相关和异方差，均满足正态性。

表9－10所示的模型反映了变量之间复杂的关系，下面对此展开分析。关于房价的决定因素，调整系数为0.016且显著，说明模型具有较好的误差修正机制。将（9－3）式滞后1期形式的两边同乘以调整系数0.016，可得各变量长期变动对于当期房价的影响：

$$0.016ECM_t = 0.016INLHP - 0.025LNL + 0.040R \tag{9-4}$$

由（9－4）式可知，长期来看，贷款总量上升会伴随着短期房价的上升，其弹性系数为－0.025。总的来看，短期贷款波动对当期通货膨胀率的影响效果十分微弱且不显著。

图9－15反映了向量误差修正模型的协整关系，从中可以看到，零值均线代表了变量之间长期均衡稳定关系，在2007年上半年误差修正项的绝对值比较大，表明该时期短期波动向上偏离长期均衡关系较大，同理在2009年上半年短期波动向

下偏离长期均衡关系较大，一直到 2010 年下半年又重新回到长期均衡稳定状态。由于房价数据较短，因此，长期均衡关系能否维持下去还有待未来的观察。

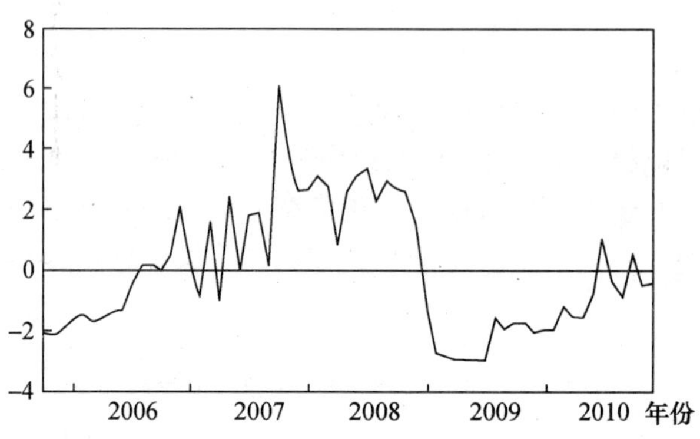

图 9-15 VEC 模型的协整关系图

（四）格兰杰检验

协整关系只能说明变量之间具有长期均衡稳定的关系，变量之间至少有单项因果关系，但这并不能说明谁为因谁为果，因此还需要进一步验证。Granger（1969）对变量之间的因果关系作了定义，并针对这种因果关系的存在提出了一种检验方法，即格兰杰因果关系检验。为了全面反映问题，本书利用 EViews6.0 直接对各变量进行因果检验操作①，根据检验的结果并结合文章所分析的数据序列特性，确定各变量之间的因果关系，对变量进行了滞后期从 1 到 3 的因果检验，结果相一致，具体检验结果如表 9-11 所示。

表 9-11 Granger 因果关系检验结果

滞后长度	原假设条件（格兰杰因果性）	F 值	概率 P 值	结论
1	LNLHP 不是 LNL 的格兰杰原因	3.48588	0.0666	拒绝
	LNL 不是 LNLHP 的格兰杰原因	0.02228	0.8818	不拒绝
2	LNLHP 不是 LNL 的格兰杰原因	6.53297	0.0027	拒绝
	LNL 不是 LNLHP 的格兰杰原因	0.00593	0.9941	不拒绝
3	LNLHP 不是 LNL 的格兰杰原因	4.08840	0.0108	拒绝
	LNL 不是 LNLHP 的格兰杰原因	1.04018	0.3819	不拒绝

注：以上检验中的结论是在 10% 的显著性水平上做出的。

① 由于前文中已经多次证明利率在模型中不显著，因此本部分的格兰杰因果分析没有将利率列入分析对象。

检验结果如表 9－11 所示，当确定 10% 的显著性水平时，滞后期数为 1 时，房价的对数 LNLHP 在 6.66% 的水平上不是贷款总量对数 LNL 的格兰杰原因，即拒绝原假设，这说明房价波动是贷款总量变动的原因；而贷款总量的对数 LNL88.18% 的水平上不是贷款总量对数 LNLHP 的格兰杰原因，因此不能拒绝原假设，这说明贷款总量变动不是房价波动的原因。滞后期为 2 和 3 的分析结果与滞后期为 1 相一致。以上说明房价波动是贷款总量变动的原因，而贷款总量变动不是房价波动的原因，这与前文中方差分解分析的结果相一致。

三、结论

根据本节实证分析可以得出以下结论：

（1）在我国，利率对房价波动的影响非常不明显。这个结论也与我国多数学者的研究结论相一致[①]，究其原因，可能与我国整个金融体系没有实现利率市场化有关。因此，现阶段利用利率对房价调控的政策恐怕难以实现既定的政策效果。

（2）在我国，贷款总量与房价波动存在一定的关系，其中房价波动是贷款总量变动的原因，而贷款总量变动不是房价波动的原因。由于房价的波动涉及社会的各个层面，特别是影响到作为银行抵押物的各类不动产的价值波动，因此会对贷款总量产生影响。但反过来分析，房价问题是一个综合的社会问题，其影响因素也绝不止于金融因素，因此贷款总量的变化不能对房价构成较大影响。

从以上两个结论出发可以得到这样一个启示，现阶段我国房价的调控主要以金融调控为主，其中通过利率调控宏观经济以及存款准备金率等方式调控金融机构的贷款总量是现阶段最主要的金融调控手段，而根据本节的结论，以上政策对房价波动的影响效果十分有限，因此调控房价单纯依靠金融手段将难以达到预期效果。

① 参见雅静、杨毅（2005），段忠东（2007），况伟大（2008）等。

第十章 房地产泡沫机制与测度

第一节 房地产泡沫机制

一、基于“泡沫”的理论研究

（一）对“泡沫”的几点理解

对于“泡沫”一词的理解，迄今为止理论界并没有达成一致意见，汇总各方面学者的理论其对“泡沫”的理解大致可分为以下几个方面：

1. 泡沫的定义

Kindleberseger（1978）对泡沫给出了如下定义①：泡沫是这样一种状态，一种或一系列资产在一个连续的过程中陡然涨价，开始的价格上升使人们产生价格还要上涨的预期，于是吸引了新的买主，买主购买资产的目的是想通过买卖牟取利润，而对资产本身的使用及其赢利能力不感兴趣，随着价格的上涨，人们的预期会发生改变，价格上升的幅度越大，产生预期逆转的人数越多，当这种预期的人数大量增加并达到一定的度时，价格就会发生暴跌，最终以金融危机的形式结束。Flood 和 Garber（1980）认为，当实际市场价格绝对取决于它自身的期望变化率时，泡沫可能发生。因为个体形成的理性预期不会产生系统性预测偏差，价格和它的期望变化率之间的正相关关系意味着价格和它的实际变化率之间相似的关系。在这样条件下，任意的、自我实现的价格变化期望可以独立于市场基本面

① Kindleberger C. P. Manias. Panics and Crashes: A history of Financial Crashes ［M］. Basic Books, New York, 1978.

驱动价格变化，并将这样一个情形称为价格泡沫①。

Stightz（1990）对泡沫的理解是，“如果现在价格高的原因仅仅因为投资者相信明天的卖价将会更高——而基本面因素似乎并不支持这样的价格——然后泡沫出现了。②”Flood 和 Hodrick（1990）认为，资产价格的变动一部分受到自我实现因素的影响，而这类非基本因素所造成的价格变动，常常无法反应在资本化价格上，以至于会出现实际价格偏离市场基值，即泡沫现象③。Case 和 Shiller（2003）认为，泡沫这个词虽然被广泛应用，但很少有清晰的定义。就其广泛使用来看，指的是“这样一种状态，过度的对未来价格增长的公共预期导致价格的一时上涨”。④ 姜春海（2005）对泡沫的定义是，泡沫是指由于市场交易主体系统性上涨预期和投机而引发的资产价格脱离市场基础决定的基本价值的持续上涨，其本质上是一种价格运动现象⑤。王子明（2002）对泡沫下了如下定义⑥：泡沫是一种经济失衡现象，可以定义为某种价格水平对于经济基础条件决定的理论价格（一般均衡稳定稳态价格）的非平稳性向上偏移，这种偏移的数学期望可以作为泡沫的度量。导致价格泡沫的原因是复杂的，实际经济活动中，与预期相关联的过度投机行为、幼稚投机者交易行为、规范失灵、诈骗行为和道德风险等都可能成为导致泡沫现象的原因。一般来说，投机泡沫发生时，价格往往会突然攀升，价格的攀升趋势可能会使市场产生进一步价格上升的预期，并且吸引新的买主，形成自我实现的正反馈过程。当价格泡沫一旦被市场发现，就会产生和原来相反的预期，出现使市场价格回归理论价格的市场力，价格可能迅速而急剧下降，导致泡沫的破灭。这个定义第一段说明了泡沫的本质，给出了泡沫的度量，并指出了泡沫的几种原因，第二段对投机性泡沫进行了描述，正如他自己后来所说，泡沫不一定破灭，“破灭”意味着以非常快的速度消失，市场价格出现急剧下降。然而，实际上泡沫可能有多种可能的运行方式：破灭、缓慢消失，或者被市场容忍而持续存在。事实上正是因为泡沫不一定破灭，使得人们很多时候不愿意承认已经存在泡沫。

---

① Flood, R. P. & Garber, P. M. Market Fundamentals versus Price - Level Bubbles: The First Test [J]. The Journal of Political Economy, 1980, 88 (4): 745 - 770.

② Stiglitz, J. S. Prices and Tradeing Volume: A Model with Downpayment Constraints [J]. Quarterly Journal of Economics, 1995 (110): 379 - 406.

③ Flood, R. P. & Hodrick, R. J. On Testing for Speculative Bubbles [J]. The Journal of Economic Perspectives, 1990, 4 (2): 85 - 101.

④ Case, K. E. & Shiller, R. J. Is There a Bubble in the Housing Market? [J]. Brookings Papers on Economic Activity, 2003 (2): 299 - 363.

⑤ 姜春海．中国房地产市场投机泡沫实证分析［J］．管理世界，2005（12）．

⑥ 王子明．泡沫与泡沫经济非均衡分析［M］．北京：北京大学出版社，2002.

2. “泡沫”的成因及其运行过程

多数学者认为泡沫在经历了形成与膨胀后最终必然会破裂，如 Kindleberger（1987）认为泡沫就是资产在一个连续过程中迅速涨价并吸引很多的投机者加入其中，这导致价格的进一步上涨，而之后价格一旦逆转则市场会出现价格暴跌的情境，即泡沫的破裂，在现实经济社会中即是以经济繁荣的消失而告终①。三木谷良一（1998）认为，经济学中的泡沫是指包括房地产价格在内的各类资产价格持续出现猛烈的上涨或下跌，而这种现象无法用基础条件来进行解释②。但也有学者认为资产泡沫不会突然崩溃而导致社会经济危机，而是在其膨胀到一定程度后为市场所逐渐吸收和消化，有学者认为经济活动中不可避免地存在泡沫，泡沫大小程度不同，并与经济发展长期共存。

De Fong（1990）提出噪声交易模型，他认为资本市场存在两种人，一是具有理性预期的知情交易者；二是非理性的噪声交易者，后者错误地根据随机信仰，通过看涨或看跌来对未来收益进行估计，结果既影响了价格，又创造了更高的期望回报。噪声交易者信念的不可预期性给资产价格带来了风险，同时阻碍了知情交易者积极地参与交易。结果，即使在没有基础风险的情况下，价格也会在很大程度上偏离基础价值，于是泡沫在市场中膨胀。

Allen 和 Gale（2000）构建包含代理问题的价格泡沫模型③，假定投资为负债融资的，借款人选择投资类型，贷款人不能观察资金是怎样投资的。通过购买风险资产，借者将价格下降风险转移给贷者，但保留了上涨回报的权利。资产风险越大，越有吸引力。当市场上受这种激励的投资者占显著比例时，均衡资产价格会高于标准定价模型，即投资者用自有资金投资时所决定的资产“基本价值”，均衡价格和基本价值之间的差异就产生了“泡沫”。有两个因素对于决定泡沫尺度特别重要，一是投机性投资可获得信贷数量，二是市场不确定程度。这两个因素越大，泡沫越大。

3. “泡沫”存在的形态

有学者认为资产价格不仅存在相对基础价值的向上偏离也存在向下偏离，即不仅存在价格的正的泡沫（膨胀性泡沫），也存在价格的负的泡沫（漏损性泡沫）。Philippe（1990）对价格下降的泡沫进行了研究，并从理论上证明了下降类型的泡沫存在于类似于股票市场上。我国学者王子明、黄名坤等也认可这种观点。另一些学者则认为，泡沫就是所谓的正泡沫。如 Stiglitz（1990）认为，当投资者预期未来某种资产能以高出他们的期望价格出售时，而市场基础因素并不反

① ［英］Kindleberger. 新帕尔格雷夫经济学大辞典［M］. 北京：经济科学出版社，1992.

② 三木谷良一. 日本泡沫经济的产生、崩溃与金融改革［J］. 金融研究. 1998（6）.

③ Allen F. & Gale D. Bubbles and Crises［J］. The Economic Journal, 2000, 110（460）: 236-255.

映这种预期的资产价格上涨时，这种资产的价格将会出现上升，从而会形成泡沫[①]。

（二）“泡沫”理论研究的几点共识

1. 泡沫的表现

这些学者们对泡沫的定义基本都提到理论价格或基础价值，认为泡沫是实际价格与基本价值的偏离，是一种异常价格波动现象，如认为泡沫是由于投资者预期所引起的资产价格相对于基本价值的非平稳偏离。如果资产价格对基本价值的偏离遵循“纯粹”的随机游走过程，这种偏离是正常的，可以用均值为零的平稳随机过程来刻画[②]（史永东，2005），不应将其当作投机泡沫，只有偏离是非平稳的，才是实质性偏离[③]（Hamilton，1994）。这些观点都认可泡沫是资产价格相对于资产基础价值（或称内在价值）的一种偏离，而这从根本上源于资产预期的未来收益具有的不确定性。但以上学者并没有解决基础价值的确定问题，对出现这种偏离的原因，投机、预期、自我实现、期望的变化等也没有清楚的界定，大部分对泡沫的程度也没有加以区分。

2. 泡沫的原因

多数理论学者将投机和市场的不确定性、不完全性以及信息不充分、不对称等因素视为造成资产价格对其基础价值高估的主要原因。

3. 泡沫对应的载体

能够形成泡沫的资产通常都具有稀缺性或是供给刚性等一些特殊性质，如房地产、股票、古玩字画等，这些资产通常变现性较强，并在交易中能体现出其价值的虚拟性。

二、房地产泡沫的理论研究

对于如何来界定“房地产泡沫”至今学术界仍没有统一的意见。如 Abraham 和 Hendershott（1996）将房价的决定因素分为两部分[④]，一部分可以用来解释市场均衡价格，另一部分则可以解释实际价格偏离均衡价格的程度，即反映房地产泡沫。Case 和 Shiller（2003）将房地产泡沫定义为当前房价取决于未来价格增长的预期[⑤]。Smith

① Joseph E. Stiglitz. Symposium on Bubbles［J］. Journal of Economic Perspectives，1990（4）：2.

② 史永东．投机泡沫与投资者行为［M］．北京：商务印书馆，2005.

③ Hamilton J. D. Time Series Analysis，Princeton University Press，1994.

④ Abraham J. M. & Hendershott P. H. Bubbles in Metropolitan Housing Markets［J］. Journal of Housing Research，1996，7（2）：191－207.

⑤ Case K. E. & Shiller R. J. Is There a Bubble in the Housing Market?［J］. Brookings Papers on Economic Activity，2003（2）：299－363.

（2006）将房地产泡沫定义成房价远远超过了预期现金流现值[①]。我国学者刘洪玉（2003）认为，房地产泡沫是因房地产投机引起的房地产价格与使用价值严重偏离，市场价格脱离了实际使用者支撑的情况[②]；苏莉（2005）认为，房地产泡沫是由房地产投机引起的房地产价格脱离市场基础而持续上涨，其本质是一种价格运动[③]。

通过分析以上定义我们可以将房地产泡沫归纳为以下几点特征：一是属于以房地产为载体的资产泡沫；二是反映了房地产价格上涨与下跌的动态过程；三是房地产泡沫可以认为是房地产价格与其基础价值的脱离部分。

相比其他类型资产泡沫，房地产泡沫在具有一般资产泡沫特点的同时其自身又有其鲜明特点。由于房地产泡沫的载体是房地产资产，因此其与其他类型资产泡沫（如股票等金融资产泡沫）在运行上具有一定的差异。首先，房地产泡沫具有区域性的特点。这是因为房地产本身具有不可移动性，因此不同区域的经济社会情况的差异会使这些区域房地产价格的表现也会存在很大差异。其次，房地产泡沫的度量难度更大。由于房地产的区域性造成了房地产产品本身的高度异质性，因此其交易多少还局限在店面的层次，并没有全国统一的交易市场和先进的电子交易撮合系统，这使房地产市场交易成本（如信息搜寻成本等）偏高，市场效率较低，不同区域房地产市场成交量和成交房地产类型也会差异很大，这些都将导致房地产价格信息的准确性下降，因而对于评估房地产泡沫的程度也造成了很大的困难。再次，房地产泡沫的扩散性低于金融资产泡沫。由于不同区域房地产市场的异质性，因此房地产泡沫的程度可能在某国的一个地区较高而在另一个地区却相对较低，这说明了不同地区间的房地产泡沫相关程度远低于金融资产泡沫，房地产泡沫的扩散性较差。最后，房地产泡沫的投机性与虚拟性低于金融资产泡沫。房地产，特别是住宅属于居民生活必需品，因此房地产具有投资与消费的双重属性，即在现实房地产交易中可能很大一部分来自于真实的社会需求，因此，相比金融资产泡沫，房地产泡沫的投机性与虚拟程度均较低。

表 10－1　房地产泡沫与金融资产泡沫的差异

	金融资产泡沫	房地产泡沫
地域差异	通常是全国市场，不存在地域差异	有鲜明的区域性
度量难度	市场效率高，成交价格透明，容易度量	市场效率低，成交价格差异大，不易度量
扩散性	扩散性强	扩散性差
投机性与虚拟性	投机性很高，高度虚拟	投机与消费并存，虚拟性低于金融资产

资料来源：作者整理。

① Smith Margaret Hwang, Gray Smith, Bubble, Bubble, Where is the Housing Bubble?［J］. Brookings Papers on Economic Activity, 2006（1）：1－67.

② 刘洪玉等．中国房地产市场的泡沫与过热问题分析［J］．建筑经济，2003（2）．

③ 苏莉．浅谈房地产业与金融风险［J］．管理科学文摘，2005（1）．

Wong Kar－yiu（2001）构造了羊群行为模型，分析了泰国住房市场泡沫的产生机理。显示经济增长、过度供给、羊群行为、住房市场增长与金融危机之间的关系。投资者不仅基于他们拥有的私人信息来决策，他们更愿意跟随别人的投资决策。

Garino 和 Sarno（2004）用 Diamond（1965）提出的跨期迭代模型分析了英国 1983～2002 年的住房市场，构建三期迭代模型，在每期有青年、中年和老年三代消费者，由生命周期效用最大化得到住房需求函数，在此基础上得到住房价格决定因素方程，然后采用残差修正回归方法的单根和协整检验，发现研究期间英国住房价格行为存在投机泡沫。

三、房地产价格泡沫模型

（一）房地产价格上涨的一般模型

房地产泡沫是指由房地产投机所引起的房地产价格脱离市场基础价格的持续上涨。由于建筑物属于劳动产品，相对价格稳定，因此房地产价格泡沫更主要指的是地价泡沫。按照收益还原法，可以将房地产价格视为等于房地产未来净收益的现值之和。设地价为 P，t 为时间，r 为市场折现利率，R 为土地净收益，g 为土地净收益的年增长率，则土地价格可表示为：

$$\lim_{n\to+\infty} P_t = \frac{R}{(1+r)} + \frac{R(1+g)}{(1+r)^2} + \cdots + \frac{R(1+g)^{n-1}}{(1+r)^n} = \frac{R\left[1-\left(\frac{1+g}{1+r}\right)^n\right]}{r-g}$$

当 $g<r$ 时有 $\lim\limits_{n\to+\infty} P_t = \frac{R}{r-g}$，而 $g>r$ 时有 $\lim\limits_{n\to+\infty} P_t = +\infty$。

根据模型可知，当土地净收益的年增长率大于市场的自然增长率时地价将会膨胀，通常情况下，这种价格膨胀会使土地净收益的年增长率开始下降，并使其最终小于市场的自然增长率从而使房地产价格维持稳定。但这种价格膨胀也可以为市场投机者所利用，其可以利用市场预期在土地净收益没有明显提高的情况下人为推高房地产价格，直到市场无法承受高昂的房地产价格而由此导致投机者信用链条断裂和支付危机，即房地产泡沫破裂。

（二）房地产价格泡沫形成的模型

房地产价格泡沫的形成可以用 Blanchard（1981）提出的理性泡沫模型进行解释。设经济人的行为和预期是理性的，市场出清，此时，在给定的个人信息与价格显示的信息条件下，任何人都不能够通过重新安排资产组合来提高他的预期效用，设 R_t 为资产的广义收益率，x_t 为资产的直接收益（如土地的净租金等），r_f 为市场无风险利率，I_t 为 t 时期的信息集合，其余同上。

有 $R_t=\dfrac{P_{t+1}-P_t+x_t}{P_t}$ 且 $E[P_{t+1}/I_t]-P_t+x_t=rP_t$ （10－1）

$E[P_{t+1}/I_t]$ 表示在 t 期信息集 I_t 条件下对 t＋1 期价格 P_{t+1} 的预期，在理性预期条件下，预期值等于 I_t 基于 P_{t+1} 的数学期望。

设 $\theta=\dfrac{1}{1+r}$，（10－1）式可变为：

$$P_t=\frac{1}{1+r}E[P_{t+1}/I_t]+\frac{x_t}{1+r}=\theta E[P_{t+1}/I_t]+\theta x_t \tag{10-2}$$

求解（10－2）式有：

$$P_t=\theta^{T+1}E[P_{t+T+1}/I_t]+\sum_{t=0}^{T}\theta^{i+1}E[x_{t+i}/I_t] \tag{10-3}$$

因为 $\theta=\dfrac{1}{1+r}<1$，所以满足横截性条件，（10－3）式可变为：

$$\lim_{T\to\infty}\theta^{T+1}E[P_{t+T+1}/I_t]=0 \tag{10-4}$$

设 $P_t^*=\sum_{t=0}^{\infty}\theta^{i+1}E[x_{t+i}/I_t]$ 为（10－2）式的解，它可以表明 P_t 是现在预期的未来资产收益 x_{t+i} 的贴现值之和，表示为房地产价格则是地价为预期未来的土地净收益的现值之和。P_t^* 可称为资产的市场基础价值。

设 $P_t=P_t^*+b_t$ 形式的解均为（10－1）式的解，则有：

$$E[b_{t+1}/I_t]=\theta^{-1}b_t \tag{10-5}$$

可以发现，对于满足（10－5）式的任意 b_t，$P_t=P_t^*+b_t$ 也是（10－1）式的解。由（10－5）式可以推出：

$$\lim_{i\to\infty}E[b_{t+i}/I_t]=\theta^{-i}b_t=\begin{cases}+\infty, & b_t>0\\ -\infty, & b_t<0\end{cases}$$

当 $0<\theta<1$ 时，b_t 的预期值将激增，这时 b_t 可称为资产泡沫。设 b_t 遵从时间趋势 $b_t=b_0(1+r)^t$，假设净地租 x 及市场基础价值 P_t^* 不变，如果 $b_0>0$，虽然净地租为常数，但土地价格指数增长，其结果是因为经济主体预期价格会进一步上升，更高的资本收益率正好可以抵消地租地价比，所以个人准备支付比对应于地租现值的地价更高的价格。在某些情况下，泡沫可能增加了持有资产的风险，持有者会要求更高的收益，这时价格会增长的更快，这种快速的价格增长在泡沫破灭前夕表现得最为突出。

（三）基于供求的房地产价格泡沫模型

Carey（1990）从房地产市场供求的角度出发，提出了一个关于短期内房地产市场供给固定条件下房地产价格同银行信贷和其他变量之间关系以及房地产市场周期循环的模型。该模型假定：①一段时期内房地产市场供给量 Z 是固定的；

②房地产市场上存在 N 个同质的潜在投资者，他们对房地产资产的保留价格 P 不同，保留价格 P 是凸集，服从均值为基础价格 P^* 的均匀分布。若 P 与 P^* 的离差为 h，则 $P \sim F(P^*, h)$。

在上述假设中，保留价格高于 P^* 的投资者就会成为市场的需求者，这样，基准房地产价格就由愿意支付保留价格的投资者的比例来决定，而保留价格 P 也就是市场的出清价格。那么，在任意价格 P′下，房地产市场价格就取决于 $P \geqslant P'$ 的投资者比例，其概率分布为 $(1-F(P))$，因此，房地产市场的总需求为：

$$D = N(1-F(P))L \tag{10-6}$$

其中，L 为投资者用于房地产投资的资金数量，$N(1-F(P))$ 为房地产市场的需求人数。

房地产市场的供给为：

$$S = PZ \tag{10-7}$$

当房地产市场处于均衡时有：S = D，根据（10－6）式和（10－7）式有：

$$P = N(1-F(P))L/Z \tag{10-8}$$

根据假设，保留价格 P 服从 $P^* \pm h$ 的均匀分布，因此有：

$$1-F(P) = (P^* + h - P)/2h, \quad h \geqslant 0 \tag{10-9}$$

将（10－9）式代入（10－8）式，有：

$$P = (N(P^* + h)L)/(2hZ + NL) \tag{10-10}$$

（10－10）式可以转化为：

$$L = 2hPZ/(N(P^* + h - P)) \tag{10-11}$$

根据（10－11）式我们可以得知房地产价格 P 由 L、N、P^*、Z 和 h 五个变量决定，分别对这五个变量求偏导可得：

$$\partial P/\partial L = \frac{2hZN(P^* + h)}{(2hZ + NL)^2} > 0 \tag{10-12}$$

$$\partial P/\partial N = \frac{2hZL(P^* + h)}{(2hZ + NL)^2} > 0 \tag{10-13}$$

$$\partial P/\partial P^* = \frac{NL}{2hZ + NL} > 0 \tag{10-14}$$

$$\partial P/\partial Z = -\frac{2hNL(P^* + h)}{(2hZ + NL)^2} < 0 \tag{10-15}$$

$$\partial P/\partial h = \frac{NL(NL - 2P^*Z)}{(2hZ + NL)^2} \tag{10-16}$$

其中，L > 0，N > 0，P > 0，Z > 0，h > 0。

由（10－12）式可知，房地产价格与需求者投资的资金数量呈正相关，在现实中，房地产的需求与需求者的资金有密切的关系，而房地产需求者的资金多来源于金融机构，金融机构流入房地产市场的资金越多则会使房地产需求也越大，房地产价格也会被推向高位，反之金融机构流入房地产市场的资金变少则会导致房地产价格的下降，而如果这个减少的过程很快则房地产价格会出现迅速的下降。这说明房地产泡沫的形成、膨胀和破裂与金融机构的信贷资金变化有很大的关系，（10－13）式说明市场中的投资者数量越多则房价越容易出现上涨，在房地产市场高涨时期，投资者的数量会大幅增加，因而房价也会出现大幅的上涨，而在房地产市场出现转折的迹象时，房地产市场投资者数量开始减少，并伴随房价的下跌房地产市场投资者的数量会出现加速的减少，此时房价将出现大幅下跌，即房地产泡沫的破裂。（10－14）式反映了基础价格与房地产价格的关系，即房地产基础性价格越高则房地产市场价格也越高。（10－15）式体现了房地产供给与房地产价格的关系，即房地产供给的增加会导致房价的下降。（10－16）式体现了房地产价格与基础价格离差 h 之间的关系。当 $NL>2P^*Z$ 时，即房地产市场投资者投入的数量大于以基准价格计价的房地产供给的两倍时，房地产价格将随离差 h 的增加而上升，反之则随 h 的减少而出现下降。

（四）基于周期的房地产价格泡沫模型

Davis 和 Zhu（2004）运用房地产运行周期的思想探讨了房地产价格泡沫的作用机制，具体表述如下：

$$D_t=\frac{N\left[1-F\left(P_t\right)\right]L\left(Y_t,\ i_t,\ P_t,\ w_t\right)}{P_t},\quad L_Y>0,\ L_i>0,\ L_P>0$$

$$K_t=(1-\delta)K_{t-1}+I_{t-1},\quad 0\leqslant\delta\leqslant1$$

$$I_{t-1}=\alpha B_{t-1}\left(Y_{t-1},\ i_{t-1},\ P_{t-1},\ w_{t-1}\right),\quad B_Y>0,\ B_i<0,\ B_P>0$$

$$D_t=K_t \tag{10-17}$$

其中，D_t 为房地产需求，K_t 为房地产供给，N 为市场中房地产购买者的数量，P_t 为 t 期的房地产市场价格，I_{t-1}为 t－1 期的房地产投资，w_t 为银行对房地产购买者的贷款态度，它反映了银行业制度结构的影响，δ 为房地产市场存量的贬值系数。以上方程反映了房地产价格与银行等金融机构的变化都受到一些共同经济因素（如生产率、财政政策、利率、市场预期等）的影响，而从房地产价格及其与银行贷款的关系分析，即房地产价格越高则越能提高抵押资产的价值从而改变借款人的资产状况，对于金融机构而言，房地产价格的上升意味着房地产借款人违约风险的下降，因而其会增加对房地产贷款的数量。另外，银行贷款也对房地产价格的变化存在双重效应，从需求方面分析，当银行等金融机构加大对房地产市场支持力度时则会导致房地产市场需求的增加最终促使房价上升，而从供给方面分析，则当银行等金融机构加大对房地产开发商的资金支持后房地产供给也将出现增加，而这将平抑房地产的价格。因此，银行等金融机构对房地产价格的效应是双重的（即需求效应与供给效应），而且由于需求效应不存在时滞

性，供给效应则存在一定的时滞性，因此在短期内金融机构资金的支持将导致房价的上升，从而可能形成房地产泡沫，而从长期效果看，由于房地产市场供给效应发挥作用，房地产市场价格又可能会回到均衡状态，即房地产泡沫逐渐由于房地产供给数量的增加而萎缩。由方程（10－17）有：

$$K_t = \frac{N[1-F(P_t)]L(Y_t, i_t, P_t, w_t)}{P_t} \tag{10-18}$$

$$K_t = (1-\delta)K_{t-1} + \alpha B_{t-1}(Y_{t-1}, i_{t-1}, P_{t-1}, w_{t-1}) \tag{10-19}$$

（10－18）、（10－19）两个方程反映了房地产价格的决定及房地产供给的变化，当市场处于均衡状态，均衡的房地产价格和房地产供给量由以下两式决定：

$$K^* = \frac{N[1-F(P^*)]L(Y, i, P^*, w)}{P^*} \tag{10-20}$$

$$\delta K^* = \alpha B^*(Y, i, P^*, w) \tag{10-21}$$

（五）基于信贷扩张的房地产价格泡沫模型

Herring 和 Watcher（1999）对房地产泡沫与银行经营决策进行了分析，并探讨了银行贷款集中于房地产的原因。模型假定银行在一定的最低资本规模 M 的约束下，其经营目标为期望利润最大化，银行的贷款集中度决策是潜在破产风险概率 γ 条件下期望利润最大化的函数，具体约束条件为：

$$P_\gamma(A \leqslant M) \leqslant \gamma \tag{10-22}$$

其中，A 为期末银行资产组合的价值，M 为银行最低资产要求（如金融监管部门的规定等）。这一约束条件可以被进一步整理为：

$$\gamma(E(A) - M)^2 - \sigma_P^2 \geqslant 0 \tag{10-23}$$

其中 σ_P^2 为银行贷款组合的预期回报方差。

因此银行在破产概率约束下的期望收益最大化问题可以表述为：

$$\partial L_1/\partial M = \frac{\gamma(E(A) - M)}{\gamma(E(A) - M)(r_1 - i) - (L_1\sigma_1^2 + L_2\sigma_{12})} < 0$$

$$L_1 = \left[\frac{1 + 2V\gamma(E(A) - M)}{2\sigma_P^2 V}\right](r_1 - i) - \frac{L_2\sigma_{12}}{\sigma_1^2}$$

$$F(L_j, \lambda) = \sum_j^n L_j(r_j - i) + \lambda(\gamma(E(A) - \partial x)^2 - \sigma_P^2)$$

$$\max \pi(L_j) = \sum_j^n L_j(r_j - i)jL_2$$

$$\text{s.t. } \gamma(E(A) - M)^2 - \sigma_P^2 \geqslant 0 \tag{10-24}$$

其中，L_j 为第 j 种资产贷款数量，r_j 为资产 j 预期回报率，i 为无风险资产回报率（可以理解为机会成本）。

根据以上条件建立拉格朗日函数如下：

$$F(L_j,\lambda)=\sum_j^n L_j(r_j-i)+\lambda(\gamma(E(A)-M)^2-\sigma_P^2) \tag{10-25}$$

可以将银行贷款分为房地产类贷款（L_1）和其他类贷款（L_2），解上式有：

$$L_1=\left[\frac{1+2V\gamma(E(A)-M)}{2\sigma_P^2V}\right](r_1-i)-\frac{L_2\sigma_{12}}{\sigma_1^2} \tag{10-26}$$

对（10－26）式分别用 r_1 和 M 求偏导后可得如下关系：

$$\partial L_1/\partial r_1=\frac{-\gamma(E(A)-M)L_1}{\gamma(E(A)-M)(r_1-i)-(L_1\sigma_1^2+L_2\sigma_{12})}>0 \tag{10-27}$$

$$\partial L_1/\partial M=\frac{\gamma(E(A)-M)}{\gamma(E(A)-M)(r_1-i)-(L_1\sigma_1^2+L_2\sigma_{12})}<0 \tag{10-28}$$

由（10－27）式可知，银行等金融机构对房地产贷款的期望收益率（r_1）越高则其越倾向于向房地产行业贷款，房地产贷款在银行总贷款中的比重也会越变越大。在房地产市场处于繁荣时期银行会对房地产市场的贷款期望收益率做出较为乐观的判断，因此其对房地产贷款数量会不断增加。反之在房地产市场处于萧条时期，银行会对房地产市场的贷款期望收益率做出较为悲观的判断，因此其对房地产贷款数量会不断减少，房地产贷款在银行总贷款中的比重也会相应变小。

由（10－28）式可知，当金融监管机构对银行等金融机构最低资产规模要求变高时银行对房地产市场的贷款规模将会出现下降，这说明金融监管机构控制金融风险的政策和银行对房地产贷款规模的变化起着举足轻重的作用，在房地产泡沫形成阶段，金融监管的放松往往是导致房地产泡沫不断增大的重要原因，而加强对银行等金融机构的控制有助于遏制房地产泡沫的进一步扩大。模型还说明了当预期违约率提高时，期望最优房地产贷款规模将会下降，这说明在房地产泡沫膨胀的早期阶段，银行等金融机构往往处于乐观的判断，即认为房地产贷款的违约率较低，因此会增加房地产市场的贷款，而这会进一步加速房地产泡沫的膨胀；反之，在房地产泡沫破裂特别是表现为房地产价格急速下行时，违约率的增加和房地产抵押资产价值的下降会提升银行的预期违约率，这样房地产贷款的数量会出现下降，导致房地产市场需求数量的下降，房地产价格将出现进一步下跌，房地产泡沫也会加速破裂。

第二节　房地产泡沫的表现

一、信贷扩张与房地产泡沫的扩张相互促进

商业银行的信贷扩张是房地产泡沫形成的重要原因，而房地产泡沫反过来又

促进了银行的信贷扩张。如英国在1985年之后由于金融管制的放松和金融创新的不断出现，各类金融机构竞相发放贷款，这导致英国国内信贷占GDP的比重从1984年的65%迅速上升为1989年的103%。而在政府层面，由于政府不断放松银根，此时基础利率也已降到近10年最低水平，这导致了英国市场房地产价格的快速增长，房地产泡沫伴随信贷的高速增长而形成①。与之相似，瑞典在1987~1993年也产生了严重的房地产泡沫，从信贷规模扩张分析，瑞典信贷与GDP的比值从1986年的112%迅速增长到1990年的149%，银行实际信贷在1987~1990年增速一直保持在10%以上，远高于同期瑞典GDP不到3%的年增速。而从存贷比分析，1982~1985年瑞典银行的存贷比平均为97%左右，而在1989年则达到了155.5%②。在这个阶段，房地产贷款在银行总贷款的比重增加较快，如瑞典六大银行1990年对房地产贷款的集中度增长到12%，其中最高的一家银行甚至达到16%。日本房地产泡沫的主要膨胀时期在1986~1990年，在这个阶段日本的银行贷款保持在15%的增速，其中1986年、1987年两年都高达30%左右。这导致在此期间金融机构整体的贷款规模比房地产泡沫前（1983~1986年）的阶段增加了80%，而且，在这个过程中，整个金融业对房地产贷款的集中度也在提高，如表10-2所示③。亚洲金融危机前的泰国（1993~1995年）出现了较为明显的房地产泡沫，而在此阶段泰国国内信贷的平均增速超过25%，其中银行机构消费信贷平均增速也超过20%。中国香港在1995~1997年房地产泡沫期间信贷特别是房地产贷款规模快速扩张，其中与不动产相关的贷款占所有贷款的比重以每年近3%的速度快速增长，到1997年增至48.2%，而房地产贷款占GDP的比重也从1995年的50%左右上升到1997年的超过70%④。

表10-2 日本银行机构贷款结构 单位:%

年份	制造业	不动产业
1951~1960	49.0	0.6
1961~1970	46.6	2.8
1971~1980	35.5	5.9
1981~1985	32.0	6.5
1986~1991	20.3	10.9

资料来源：日本银行调查统计局：《经济统计年报》。

① 施倞．论撒切尔夫人执政时期英国的货币政策［J］．国际金融研究，1991（4）．

② The Sveriges Riskbank［J］．Financial Stability Report，2001，2（21）：24-25.

③［日］奥村洋彦．日本泡沫经济与金融改革［M］．余熳宁译．北京：中国金融出版社，2000.

④ 参见香港金融管理局1995~1997年年报。

二、房地产泡沫的形成往往伴随家庭债务负担率的提高

Wattam（2003）认为，房地产泡沫的膨胀会加大家庭部门因购买房地产等资产向金融机构借贷的规模，从而会提高家庭部门的债务负担率。如从英国历史上数次房地产泡沫时期的房价平均工资比可以发现，1989 年英国平均房价是年平均工资的 5.06 倍，达历史最高，而且，房价工资比在此轮房地产泡沫中持续时间达 7 年之久，如表 10 – 3 所示，这都反映了此轮房地产泡沫的严重程度，这同时也说明了房地产泡沫的膨胀推动了家庭债务的增加。与之类似，瑞典的“家庭债务—人均可支配收入比”在 1985 年为 103%，到了房地产泡沫严重的 1989 年则快速增长到 135%，远高于同时期房地产泡沫较小的丹麦和挪威等国。日本居民的金融负债规模在 1987 ~ 1990 年比 1983 ~ 1986 年增长了 1.3 倍，其中家庭因购买不动产的负债占其总负债的比重从 1980 ~ 1985 年的平均 42% 上升到了 1986 ~ 1990 年的平均 49%，这种负债比重的提高也必然导致金融机构面临的违约风险的增加。

表 10 – 3　英国历次房地产泡沫的房价工资比

年份	房价工资比最大值	房地产泡沫前的最小值（对应年份）	房价工资比上升持续时间（年）	房价工资比下降持续时间（年）
1967	3.46	2.94（1960）	8	3
1973	4.49	3.16（1970）	3	4
1980	3.71	3.22（1977）	3	2
1989	5.06	3.24（1982）	7	7

资料来源：Stuart Wattam. Are the Booms and Busts in the UK Housing Market [J]. Macroeconomics，Econ-WPA，No. 0501，2003：2.

三、房地产泡沫破裂后伴随较为严重的金融风险

英国房地产价格泡沫在 1989 年达到高峰后迅速破裂，根据隶属于英国副首相办公室（ODPM）的住房统计机构资料显示，房地产泡沫破裂后，英国过期未偿还抵押贷款事件大幅增加，其中 1 年期及以上抵押贷款拖欠数量从 1990 年的 2.5 万件上升到 1993 年的超过 15 万件，短期抵押贷款拖欠数量更高达 20 万件。金融机构通过法庭收回的抵押贷款住房数量在 1991 年中期高达 4 万套以上，远远超过房地产泡沫崩溃前水平①。日本房地产泡沫破裂后其银行机构的不良贷款

① John Muellbauer. A Regional Analysis of Mortgage Possessions：Causes，Trends and Future Prospects [J]. Housing. Finance，1997（34）：29.

大为增加，如主要从事房地产开发的日本住房金融专业公司其呆账率从1991～1992年的38%上升到1995年的76%，其中对房地产开发贷款的呆账率高达89.1%，个人住房抵押贷款的呆账率也达到17.4%①，日本银行贷款准备金率也伴随不良贷款的大幅上升而出现了大幅上升，如1988～1990年平均为0.05%，到了1992～1994年上升到了0.3%，而到了1995～1998年则进一步上升为平均1.27%。房地产泡沫破裂后的中国香港其银行资产回报率从1995年的0.7%大幅降至1998年的0.28%，金融机构的坏账比率由1995～1996年的不到0.1%增长到1998年和1999年的0.45%和0.64%。泰国房地产泡沫形成所积累的金融风险伴随泡沫的破裂也逐步显现，具体表现为从1995年开始泰国商业银行的不良资产率快速上涨，1995年为7%左右，到了1997年就上升到了15%，1998年第四季度更是高达50%②。在泰国房地产泡沫开始出现破裂之后，因对房地产业过度放贷所造成的流动性不足及债务问题首先在10余家贷款与房地产业紧密关联的金融机构中显现，之后出现了较大的市场恐慌，一些资产质量差的银行遭遇到挤兑，最终使泰国商业银行的金融危机完全爆发。最终结果是泰国91家金融公司中56家被迫关闭，而在所有15家国内商业银行中，1家破产，5家合并，另5家受到中央银行的干预，涉及资产占泰国金融机构总资产的15%。

四、房地产泡沫具有一定的区域性

很多国家的房地产泡沫表现为一定的区域性。如在英国20世纪90年代初的泡沫中，英国房地产泡沫主要集中在英格兰、威尔士两地，苏格兰地区次之，北爱尔兰地区则最轻从1987～1989年，英格兰和威尔士地区房地产价格出现了大起大落，而北爱尔兰地区则房价非常稳定，呈现房地产市场无泡沫状态。瑞典在20世纪80年代末的房地产泡沫主要集中在斯德哥尔摩等大城市，以斯德哥尔摩、哥德堡和马尔默三大城市为代表，其商业房地产价格在1986～1989年分别上升了67.91%、125.68%和94.44%，而到了1990年房地产泡沫破裂，这三大城市商业房地产价格分别又下降了93.77%、93.78%和68.95%③。可以说，大城市房地产价格的变动是房地产价格泡沫形成与破裂的主要表现。泰国房地产开发的70%集中于人口占全国15%的曼谷都市区，因此泰国房地产泡沫的膨胀与破灭也主要表现在曼谷地区。

---

① 王丹仁．关于日本住专问题研究［J］．中国房地产金融，1996（2）．

② IMF Thailand Selected Issues, IMF Country Reports. No. 00/21 pp. 31－33.

③ The Sveriges Riskbank［J］. Financial Stability Report, 2001（2）:（29）.

五、房地产泡沫的形成与破裂与国际资本影响有密切的关系

充足的资本是形成泡沫的必要条件，而对于多数发展中国家而言，资金短缺仍是其较为典型的现象，这样，对于很多发展中国家而言，如果既缺乏内部资金又没有外来资金流入，则其不具备形成泡沫经济的条件。然而，从很多发展中国家的经济发展实践来看，由于其通过实行赶超战略以追求经济高速发展，在国内实施宽松的货币政策，同时大力吸引外资，这样做的结果就是很容易形成房地产泡沫。从泰国、马来西亚等遭遇亚洲金融危机的发展中国家分析，可以发现其大致走了这样一条道路：经济金融自由化→经济高速发展→本币升值→出口下降造成贸易逆差和本币被实际高估→大量外部资金进入房地产或非实体经济→出现房地产泡沫及股市泡沫→经济竞争力下降→债务危机→受到国际投机资金撤离的冲击→货币贬值并陷入金融危机→房地产及股市泡沫破灭。

表 10－4　亚洲金融危机前流入发展中国家的资金统计

单位：10 亿美元

项目 \ 年份	1970	1975	1980	1985	1990	1991	1992	1993	1994
政府开发融资	4.6	13.9	24.6	26.2	44.9	48.0	43.0	42.4	44.6
政府其他融资	0.8	4.3	10.6	11.2	13.0	13.9	7.3	11.5	9.9
商业银行贷款	2.3	14.4	33.9	8.5	0.1	3.9	12.8	-2.2	—
债券	0.0	0.2	2.6	5.6	3.4	12.5	12.9	42.1	—
其他民间投资	1.1	3.7	13.4	7.7	11.5	2.1	15.7	5.8	—
外国直接投资	2.3	7.5	5.3	11.3	26.7	36.8	47.1	66.6	77.9
证券投资	0.0	0.0	0.0	0.1	3.8	7.6	14.2	46.9	39.5

资料来源：世界银行：《东亚资本流动管理》，1996 年。

表 10－4 反映了亚洲金融危机前流入发展中国家资金的具体情况，通过分析可以发现 1994 年流入发展中国家的外国直接投资与间接投资（证券投资）都实现了极大地增长，而相比较而言，证券投资增加的幅度则更大，这也反映了外来游资对发展中国家的经济发展起着越来越重要的作用。通常流入发展中国家的外资主要集中在那些经济增长速度很高的新兴工业国家，以追求最高利润率。外资流入可以进一步促进这些国家的经济高速发展，但也可能成为泡沫经济的隐患。

以泰国为例，泰国在 20 世纪 80 年代中期迎来了较高的国际发展环境，伴随国际产业调整以及广场协议的影响等因素，日本、韩国等国家或地区的大量剩余资本外流，使泰国成功引进了大量国外投资。另外，泰国国内利率相对较高，并

与国际利率之间存在一定的利差并逐渐呈扩大趋势，这也吸引了大量外来资金的流入，从1988～1996年泰国吸引外资数量达到1003亿美元，而从吸引外资的结构分析，泰国吸引的很多外资属于私人国外资本和短期资本，仅在1994年、1995年两年，其短期资本占全部净流入国外资金的比重就分别高达45.24%和41.98%，远高于25%的国际警戒线，如表10－5所示①。由于国内利率很高，这使大量外资流入了证券、房地产等高风险行业，这也促成了泰国房地产泡沫的膨胀，而房地产泡沫的膨胀又反过来进一步刺激国外资金的流入，从而为之后爆发的金融危机埋下了隐患。

表10－5　1993～1997年泰国外来资金结构情况

单位：亿美元

年份		1993	1994	1995	1996	1997
中长期信贷	金额	1675	3052	3815	6979	－1086
	比重	15.93	25.05	17.40	35.78	6.75
短期资本	金额	434	5511	9183	5310	－7272
	比重	4.13	45.24	41.89	27.23	45.98
净流入国外资金	金额	10515	12183	21921	19504	－15814

资料来源：Thailand：Statistic Appendix，IMF Staff Country Reports，No. 98/119. 1998.

第三节　我国房地产泡沫的测度

一、理论回顾

目前学术界对于房地产泡沫测度的方法有很多，归纳起来大致包括以下几种：

（一）房价收入比

房价收入比是房地产价格与城市居民平均家庭年收入的比值。该指标主要反映的是城市家庭对住房的支付能力。比值越高，支付能力就越低。当该指标过大时表明房地产价格的上涨超过了居民实际支付能力，此时房地产市场中投机需求

① 喻平．阿根廷与泰国金融危机的比较研究［J］．武汉理工大学学报（社科版），2006（6）．

超过了正常消费需求，因而房地产市场可能存在泡沫。

Andrew Hame 在 20 世纪 90 年代初进行中国住房制度改革研究时，曾经提出了一个“比较理想”的经验比例，认为房价应该为居民家庭年收入的 3 ~6 倍。很多学者用这个标准来衡量国内商品房价是否合理，以及房价是否存在泡沫①。然而，在具体应用于判断房地产泡沫时也存在一些缺陷。首先，从指标设计上分析，房价收入比缺乏相应的理论基础。决定房地产需求的收入应是居民的长期收入。这是由于房地产消费决策是家庭的一项重要的投资决策，很少有家庭会根据短期因素来进行消费决策。因此，家庭现有财富和持久收入是比现期收入更重要的决定因素。其次，房价收入比缺乏合理的参照对象。3 ~6 倍的经验比值主要是依据美国和部分西方发达国家的经验数据推断而来，由于各国的国情不尽相同，因而3 ~6 倍并不一定适用于世界上所有的国家，其中自有住房比例、经济发展水平、恩格尔系数和财富分配结构等多种因素都会影响居民的购房能力。

（二）房屋空置率

按照我国的概念，空置房是指竣工后尚未售出的房屋，是用全部未售出的房屋数除以当年竣工的房屋数。该指标是基于房地产市场的供求而提出的，希望通过衡量供需缺口的大小来判断房地产市场是否出现泡沫。房屋空置率越高，表明房地产市场中投机需求越旺盛，产生房地产泡沫的可能性就越大。然而，这样计算的空置率不能反映房地产的泡沫。其理由有：一是国内的空置房仅指新房，本来只反映一部分市场情况的空置率，被当成判断房地产指标时，投机需求强劲，房屋空置率上升还是下降难以判断。二是以空置率为基础计算房地产泡沫，没有分清景气与泡沫的区别。从房屋空置率的概念上讲，该指标反映的是房地产市场的供求关系，即市场的景气度，因而无法凭借该指标来判断房地产市场是否存在泡沫。

另外，将我国的房屋空置率与国外进行比较也存在统计口径的问题。国外的空置率概念，以美国为例，空置房是指中介机构手中可租可售，但半年以上未租出售出的房屋，空置率是由空置房数除以全社会房屋总数得出。可见，国外的空置房既有新房也有旧房，其空置房概念是指微观经济现象，主要被用来描述居民流动的可能性。因而，两个指标不可盲目比较。

（三）一国房地产投资总额占该国 GDP 比重

房地产投资是 GDP 核算的一个构成部分，二者之比即房地产投资在国内生产总值中的比重，反映房地产业的景气程度。如果房地产过热则当年该指标会偏高于其他正常年份。但该指标反映的是房地产市场的整体冷热程度，并不能将房

① 谢经荣，曲波．地产泡沫与金融危机——国际经验及其借鉴［M］．北京：经济管理出版社，2002.

地产需求中的投资需求与消费需求予以区分，因此，即使该指标增大也不能轻易判断房地产市场是否存在泡沫。

（四）房价租金比

房价租金比表示的是房地产市场的平均价格与市场房租水平之比。房租水平采用短期租金，而非影响房地产投资需求的长期稳定租金水平。租金是为获得房地产使用权所支付的费用，对于满足生活消费需求的房地产消费者而言，出租房是替代品，而租金作为替代品的价格必将与房地产的价格保持适当的比例，这个比例也应该处于某一个适当区域。当租金提高时，房地产真实需求增加，在短期供给刚性的情况下，房地产的价格将上涨，反映为二者比例不会出现大幅变化；反之亦然。当房地产出现泡沫时，房价大幅上涨，而与房地产价格相比，房租不存在投机的成分，房地产的短期租金水平将保持稳定。因此，房价租金比可以在一定程度上反映房地产泡沫。

（五）房价收入比

是指一个国家或城市每户居民的家庭购房总价与家庭年收入的比值，该指标用于描述一个地区居民购房的支付能力。1998 年，联合国人居中心对 96 个国家和地区进行统计调查，公布了世界各国的房价收入比。发现房价收入比这一指标离散程度相当大，变化范围从 0.8 到 30，平均值为 8.4，中位数为 6.4，大多数国家的房价收入比在 3 ~ 6。世界各国的房价收入比之所以相差较多主要是因为各国采取的统计口径、计算方法和统计数据的来源不一致，居民收入和房价的定义不统一。因此，房价收入比应侧重于本国时间序列数据的纵向比较①。

房价收入比的动态变化可以为衡量房地产泡沫提供重要的分析依据。当居民收入与房价同步增长时，房价收入比保持不变，则此时的房地产市场属于基本正常；若房价收入比突然快速上升，则意味着居民的购房能力下降，房地产价格的上涨多来自于投机需求，此时容易出现房地产泡沫。

目前我国房价收入比的定义与计算并不统一。中国官方将房价收入比定义为：本地区一套建筑面积为 60 平方米的经济适用房的平均价格与双职工家庭年平均工资之比②。复旦大学的陈杰、郝前进采用 80 平方米标准③。中金公司的哈继铭在研究报告中按每套住房建筑面积 90 平方米来计算④。

---

① 李平. 对我国房地产泡沫的测度研究［J］. 统计与决策，2007（24）.

② 参见《国务院关于进一步深化城镇住房制度改革，加快住房建设的通知》（国发［1998］23 号文）。

③ 陈杰，郝前进. 购房支付能力危机不等于住房消费能力危机［N］. 中国房地产报，2006 - 05 - 15.

④ 哈继铭. 当前宏观经济中的热点问题［M］. 2005.

（六）房地产价格增长率与 GDP 增长率之比

该指标用 GDP 增长率代表实体经济的发展，而房地产价格的上升作为一种虚拟经济的发展应以实体经济的发展为基础。通常情况下，房价的涨幅应与 GDP 的增幅相接近。反之，该指标值越大，则表明房地产的价格偏离实体经济的程度就越大，相应的房地产泡沫形成的可能性就越大。以日本为例，1987～1990 年，日本存在严重的地产泡沫，此时，该项指标的平均值为 3.3。而中国香港该项指标在 1986～1996 年平均值达 2.4，接近于日本泡沫经济时的水平。1997 年 8 月是香港楼市的高峰期，相对年初，该指标达 3.6～5.0。可见，此时香港的房地产市场存在严重的泡沫，香港的房地产业相对于实体经济已经严重偏离。在我国，由于近年来我国 GDP 一直呈现高速增长，因此该指标比值相对较小。

二、我国房地产泡沫的度量

（一）模型

本书将房地产泡沫的出现视为一种价格与价值失衡的现象，而要度量房地产泡沫的大小，必须首先求出其基础价值。为此，参考了 Ramsey Model。

Ramsey Model 是新古典经济增长理论中的基本模型之一，该模型中经济系统是一个纯粹由厂商和家庭组成的交换系统，家庭不消费自己生产的产品，所消费的产品全部从市场购买，并通过出售所拥有的生产要素获得收入，并在收入约束下追求效用最大化；厂商只生产不消费，从家庭购买所需生产要素，在技术约束下实现利润最大化。Ramsey Model 假设，人口 N_t 以 n 的速率增长，$N_0=1$；劳动力等于人口数且劳动力供给无弹性；经济只有资本 K 和劳动两种生产要素；生产率固定；总量与人均量的关系为 $X_t=x_te^n$。在这些前提下有 $N_t=e^{nt}$；产出 Y 既可以用于消费也可以用于投资，即 $Y_t=F(k_t,N_t)=C_t+dk_t/dt$，在规模收益不变的前提下，人均产出可以表示为 $F(k_t)=c_t+dk_t/dt+nk_t$ 并满足假设 $F(0)=0$，$F'(0)=\infty$，$F'>0$，$F''<0$。在这些前提下，家庭追求效用最大化：

$$\max\int_0^{\infty}u(c_t)e^{-rt}dt,\ r>0$$

$F(k_t)=c_t+dk_t/dt+nk_t$，k_0 是常数，$k_t>0$，$c_t>0$

根据哈密顿函数（Hamilton）有：

$$H=\{u(c_t)+\lambda F_t[F(k_t)-c_t-nk_t]\}-r_t$$

一阶条件为：

$$H_e=0\Rightarrow u'(c_t)=\lambda F_t \quad (10-29)$$

$$d(\lambda F_te^{-rt})/dt=-\lambda F_t[F'(k_t)-n]e^{-rt} \quad (10-30)$$

横截面条件为：

$$\lim k_t\lambda F_te^{-rt}=0$$

由（10－29）式、（10－30）式可得：

$$[u''(c_t)c_t/u'(c_t)]c'_t/c_t = r + n - F'(k_t) \quad (10-31)$$

根据瞬间弹性的定义可以将（10－31）式改写为：

$$c'_t/c_t = \sigma(c_t)[F'(k_t) - r - n] \quad (10-32)$$

在稳定条件下有 $c'_t = 0$，从而最终得到稳定条件下的均衡关系：

$$F'(k_t) = r + n \quad (10-33)$$

（10－33）式意味着经济在最优稳定均衡状态下资本的边际产出率（或称资本边际回报率）应等于人口增长率与时间偏好率之和。此时的资本边际回报率就是我们要找的资产基础价值，即资产的基础价值就是经济动态均衡稳态下的资本边际回报率。因为所谓最优均衡稳态下的资本边际产出率是在工资率和利率水平都达到均衡并且所有经济要素都达到一个稳定状态时，每增加一个资本的投入所增加的产出量即资本的边际收益率。这样，通过最优动态均衡稳定的资本边际产出率就可以把虚拟经济和实体经济紧密结合起来，而且这种方式得到的资产的基础价值就有实体经济作为支撑。因此，可以通过资本边际收益率首先求出资产的基础价值，然后将它与资产价格相比较求出资产泡沫大小的方法就是资本边际收益率法。

因此，最优均衡稳定状态下的资本边际回报率 f_i 可以用下式表示：

$$f_i = r + n \text{ 或者 } f_i - n = r \quad (10-34)$$

根据（10－34）式可以发现，在经济最优均衡稳定状态下资本边际回报率主要取决于两个因素：一是时间偏好率，即消费者对于储蓄与消费的观念，时间偏好率的高低与消费者的收入、心理因素等存在密切关系，它的变化主要取决于市场利率的变化；二是人口增长率，当人口特别是年轻人口增长率不断增大时，资产的价值也会相应上升。为了准确衡量房地产泡沫，我们采用了房地产泡沫度的方法对我国房地产泡沫情况进行具体度量。我们将房地产泡沫视为一种经济失衡现象，是房地产价格相对于其基础价值的非平稳性移动，为了反映房地产的基础价值与价格，我们可以用房地产泡沫度（b_i）的概念来具体反映一个国家或地区房地产泡沫的大小，所谓房地产泡沫度就是房地产价格偏离其基础价值的程度，也可以称为房地产价格偏离其基础价值的倍数。

房地产泡沫度反映的实质内容是房地产价格偏离其基础价值的程度，用公式可以表示为：

$$b_i = (f_i - n - f_{min})/(f_{max} - f_{min}) \quad (10-35)$$

其中，b_i 表示为第 i 种资产的泡沫度；f_i 为第 i 种资产的收益水平；f_{max} 为市场最高收益水平，f_{min} 为市场最低收益水平。当 $f_i - n < f_{min}$ 时 b_i 小于零，此时可以认为房地产价格出现了负的泡沫；而当 $f_{min} < f_i - n < f_{max}$ 时有 $0 < b_i < 1$，此时可以

认为房地产价格不存在泡沫；当 $f_i - n > f_{max}$ 时有 $b_i > 1$，此时房地产市场存在着正的价格泡沫。根据（10－34）式和（10－35）式，只要 $f_i - n$ 的值在市场正常收益水平房地产价格就不会出现泡沫，因此，本书将 $f_i - n$ 定义为房价均衡收益率，它的大小直接决定了房地产泡沫的程度。

（二）基于模型的房地产泡沫度量

本书在实证中对房地产价格增长率、人口自然增长率及利率相应做了如下处理：①房价增长率计算依据主要是根据国家统计局历年发布的《中国统计年鉴》相应计算出全国及各地区房价，并据此计算出房地产价格增长率；②根据《中国统计年鉴》（2011）给出的全国人口自然增长率作为计算全国房地产均衡增长率依据，考虑到我国人口地区间存在较高的流动性，因此，本书在地区人口增长率的处理上采用了《中国统计年鉴》（2011）给出的各地区近 10 年平均增长率作为计算各地区房地产均衡增长率的依据①；③本书主要选择了 3 个月存款利率和 5 年以上贷款利率作为均衡利率区间②，其中对于当年发生变化的利率水平，本书选择了年末利率作为代表。只要房价均衡收益率在此区间内房地产价格没有泡沫，反之则可能存在正的或者负的房地产泡沫。实证结果，如图 10－1 所示。

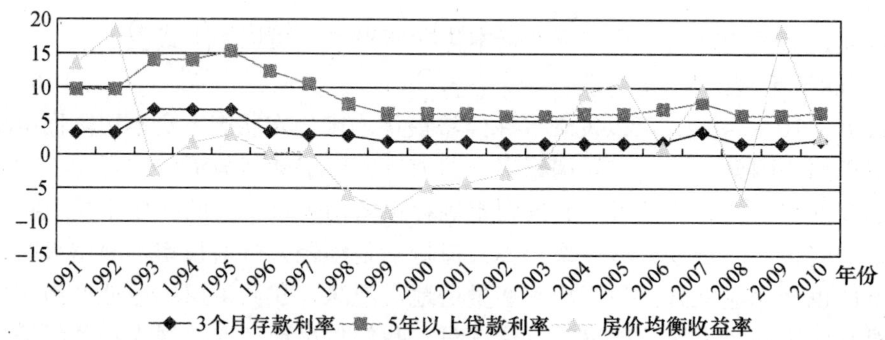

图 10－1　我国房价均衡收益率分析

资料来源：根据国家统计局官方网站数据整理。

图 10－1 反映的是 1991～2010 年全国房地产价格泡沫的情况，分析房价均衡收益率的变化可知，在 20 世纪 90 年代初期，受全国经济过热的影响，我国出现了一轮全国范围特别是以海南等地区为代表的房价快速上涨，此时全国房价出

① 根据我国历年的统计年鉴，北京人口自然增长率一直低于河北等省，因此其并不能反映真实的北京人口状况，因此本书选用了人口 10 年平均增长率（北京相对较高）作为计算的依据。

② 事实上均衡利率区间的选取还可以采用活期利率为最低界限以及一定倍数的 5 年期以上贷款利率或者其他更高的非官方参考利率作为利率上限。本书的应用只是一种尝试。

现了较高的正泡沫。而伴随国家宏观经济调控的各项有力措施的到位，我国整体经济泡沫开始破裂，经济增长减缓，此时房价开始出现负的泡沫，从时间上看一直持续到2003年左右，在这个时间段内我国房价整体稳定，而从投资的角度分析此时的房地产也具有一定的投资价值。2003年以后我国房价再次出现快速上涨，房价再次出现正的泡沫，一直到2008年全球性金融危机我国房价才随之回落，房价再次呈现负的泡沫，而2009年之后房价也伴随经济的回暖出现上升，此时我国房价再次呈现正的房地产泡沫，而到了2010年，伴随我国政府对房地产市场宏观经济调控各项措施的落实，我国房地产价格的正泡沫逐渐开始消失。

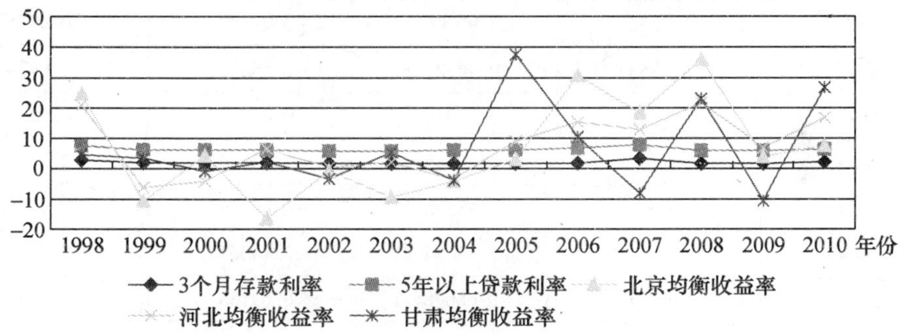

图10-2　北京、河北及甘肃房价均衡收益率分析

资料来源：根据国家统计局官方网站数据整理。

与图10-1相对应，图10-2反映的是我国不同地区房地产价格泡沫在不同时期的具体表现。基于数据的可获得性，本书主要分析了1998~2010年我国三个地区的房地产价格泡沫情况，这三个地区分别为代表经济发达地区的北京、东部相对落后地区河北和西部落后地区甘肃。分析图10-2可以发现与河北相比，北京作为经济发达地区在多数时间内无论是房地产正泡沫还是房地产负泡沫程度都高于河北，这反映了北京房地产价格的较大波动性，但值得注意的是2009年之后北京房地产价格的泡沫程度反而低于河北和甘肃两个落后地区，这反映了北京房价经过多轮快速上涨之后已经出现了上涨乏力的现象，反而是落后地区房价上涨动力更高，更容易出现房地产价格正泡沫。相比东部地区的北京和河北，甘肃房地产价格泡沫的表现具有其自身所处地区的鲜明特点，首先是在2005年之前甘肃不仅房价相对较低而且整个房地产市场波澜不惊，房价整体负泡沫程度也低于北京和河北，即使在2005~2009年这个全国房价相对活跃阶段甘肃房地产泡沫程度也低于北京与河北，但值得注意的是，伴随东部地区前期房价已涨至高位而后继乏力，甘肃等西部地区房价出现较大幅度上涨，其正房地产泡沫程度又超越了北京和河北，这说明未来房地产价格调控的重点不仅应放在北京等房价高地，也应特别注意一些落后地区迅速膨胀的房地产泡沫。

表 10－6 和图 10－3 反映了全国及北京、河北和甘肃地区的房地产泡沫度情况，根据分析可以发现经济发达地区（如北京）房地产价格更易出现较高的房地产正或负泡沫，而经济落后地区（如甘肃）在近年来更容易出现房地产正的泡沫。

表 10－6　全国及北京、河北、甘肃房地产泡沫度

年份	全国	北京	河北	甘肃
1998	－2. 81	3. 585323	2. 828446	－0. 62446
1999	－3. 52	－3. 99306	－2. 92622	－0. 65755
2000	－2. 58	－0. 4652	－2. 45256	－1. 66743
2001	－2. 46	－5. 3594	0. 070688	－0. 9536
2002	－2. 10	－1. 58645	－1. 33139	－2. 23879
2003	－1. 71	－3. 75375	－0. 89379	－0. 10465
2004	0. 69	－2. 32484	－2. 14062	－2. 25794
2005	1. 07	－0. 68078	0. 671397	7. 131977
2006	－1. 16	4. 74996	1. 687172	0. 707656
2007	0. 39	2. 351285	1. 094147	－3. 53537
2008	－3. 00	7. 101809	3. 75559	4. 052054
2009	2. 93	－0. 47566	0. 211495	－3. 91744
2010	－0. 89	0. 278881	2. 500994	4. 926967

资料来源：根据国家统计局官方网站数据整理。

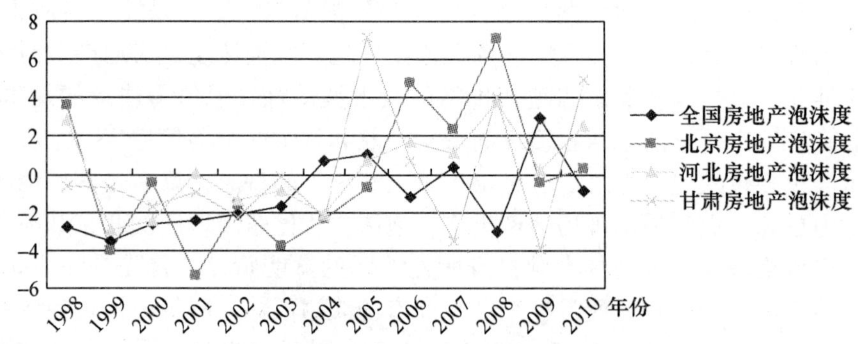

图 10－3　全国及北京、河北、甘肃房地产泡沫度

资料来源：根据国家统计局官方网站数据整理。

（三）结论

以上实证结果表明，长期以来我国房价并不十分稳定，在经济萧条时期容易出现房地产的负泡沫，而在经济高涨时期则容易出现房地产的正泡沫。在我国如北京等经济发达地区，受外来人口等因素的支持，其房价虽然很高但房地产泡沫度并不一定高于其他地区，反而是落后地区受到各种因素的影响，在未来一段时间内更容易形成较高的正房地产泡沫。

第十一章　房地产泡沫与金融危机：历史教训与政策实践

第一节　20世纪80年代日本的房地产泡沫

一、“二战”以来日本经历的资产价格波动的简要回顾

“二战”以来，日本经历了三次较大的繁荣—萧条周期性的资产价格波动。一是在20世纪50年代下半期的Iwato景气；二是“日本列岛”重塑项目的热潮；三是在20世纪80年代末到90年代初的Heisei景气①。图11－1描述了Nikkei225股票价格指数和6个大城市的商业地产价格指数的波动情况。

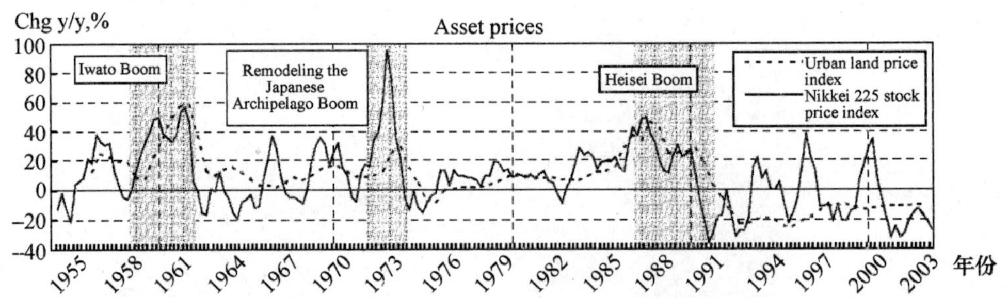

图11－1　“二战”以来的资产价格波动

资料来源：Bank of Japan，Financial and Economic Statistics Monthly. Shigenori Shiratsuka（2003）.

---

① Shigenori Shiratsuka，Asset Price Bubble in Japan in the 1980s：Lessons for Financial and Macroeconomic Stability，Discussion Paper No. 2003－E－15，Insttute for Monetary and Economic Studies，Bank of Japan.

在20世纪50年代Iwato景气时期，日本经济进入所谓的经济高增长时期，由于受投资需求驱动技术创新，取代了“二战”后重建需求，引起经济基本面的改善，资产价格上升较快。经济每年增长速度超过10%。在20世纪60年代田中角荣时期，为解决地区人口分布和流动不均衡的问题，日本政府主导投资构建一个全国性的新干线铁路网，将日本列岛联系起来，号称“重塑日本列岛”项目。大规模的基础设施投资计划导致经济过热。股票与地产等资产价格持续上升，然而在20世纪70年代初期，由于货币存量过高的增长和石油价格的大幅上涨，发生了第一次石油危机，这导致资产价格大跌。日本经济告别了高增长时代。进入20世纪80年代，在长期持续的经济增长和稳定的通胀环境下，日元大幅度升值，资产价格急剧上升，形成了持续10年的Heisei繁荣期。20世纪80年代后期，繁荣演变为泡沫经济，房地产泡沫首先出现于东京，然后向大阪、名古屋等其他大城市蔓延。在此期间，东京都地区公寓的房价收入比从5倍涨到8倍，建成的独栋别墅的房价收入比则从6.2倍上涨到8.5倍①。

表11－1 日美土地价值及其占GNP比重在不同时期的比较

Year	Japan			U. S. A.	
	Land Value in billion yen（in billion dollars）		Land Value / GNP	Land Value in billion dollars	Land Value / GNP
1970	181531	（508）	2.48	751	0.74
1975	376406	（1234）	2.54	1396	0.87
1980	705793	（3467）	2.88	2998	1.09
1985	1004073	（5005）	3.09	4272	1.05
1990	2338239	（17269）	5.35	5007	0.90
1993	1855143	（16580）	4.01	—	—

资料来源：Annual Report on National Accounts（Economic Planning Agency，Japan）and Balance Sheets for U. S. Economy 60－91（U. S. A.）.

1989年泡沫经济破灭，东京都房地产价格急剧下跌，随后扩散至其他大城市。整个20世纪90年代日本地产价格都处于下降通道，如图11－2所示。

图11－3从房地产资本收益变化的角度描述了房地产市场的周期性变化。20世纪80年代末期的房地产资本收益占名义GDP的比例高达367%，远超出20世纪70年代初期156%的水平。但是在房地产泡沫崩溃后，房地产资本收益一直为负，在1990～1993年，最大资本损失相当于名义GDP的107%②。

① Yosuke Hirayama，The Changing Context of Home Ownership in Japan.

② Okina，Kunio，Masaaki Shirakawa，and Shigenori Shiratsuka. The Asset Price Bubble and Monetary Policy：Experience of Japan' s Economy in the Late 1980s and its Lessons. Monetary and Economic Studies，19（S－1），Institute for Monetary and Economic Studies，Bank of Japan，2001：395－450.

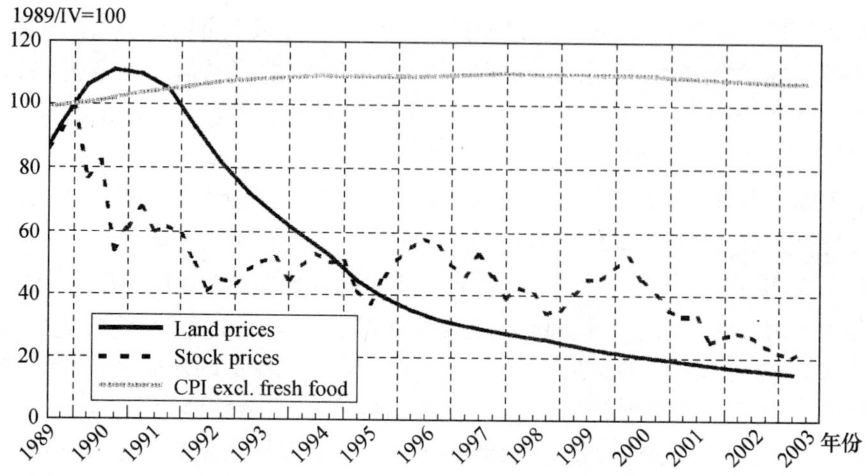

图 11－2　日本房地产价格破灭的轨迹

资料来源：Bank of Japan, Financial and Economic Statistics Monthly; Ministry of Public Management, Home Affairs, Posts and Telecommunications, Consumer Price Index; Japan Real Estate Institute, Urban Land Price Index.

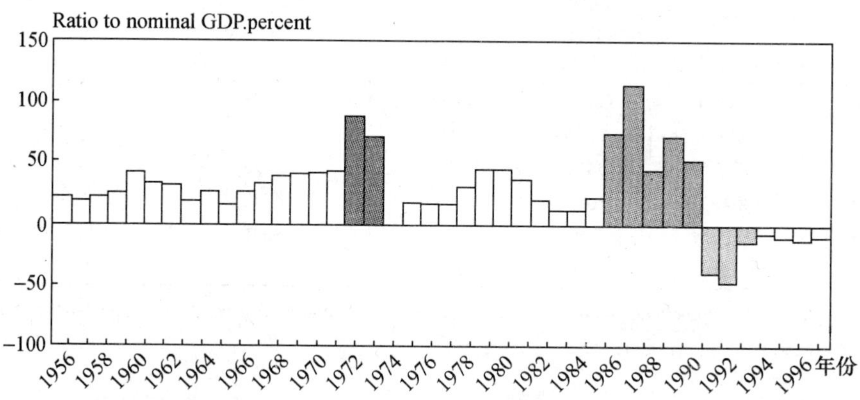

图 11－3　不同时期日本房地产收益变动情况

二、20 世纪 80 年代日本房地产泡沫的原因

Okina Kunio、Masaaki Shirakawa 和 Shigenori Shiratsuka（2000）认为，20 世纪 80 年代发生的房地产泡沫，主要原因有以下五个方面：即银行的冒进行为，长期的宽松货币政策，税收和监管的偏差导致地价加速上涨，施加纪律的机制薄弱，国民过度自信。尽管这几个因素经常相互作用，但是其中最重要的因素是金融机构的冒进行为，这是泡沫产生的决定因素，其他几个因素起到扩大这种行为

影响的作用。

（一）金融机构过于激进和冒险

日本金融机构的扩张源于20世纪70年代初期金融监管的放松，这是导致银行等金融机构扩张行为的主要原因[①]。1980年日本取消了企业进入资本市场融资的限制，大企业不再完全依赖银行融资，而是通过发行股票、企业债券、海外上市等方式来获得融资。同时，存款利率市场化导致融资成本上升，银行利润率下降，特别是中小银行面临更大困境。从20世纪80年代中期以后，很多陷入困境的银行不得不放弃谨慎原则，转而采取激进策略，发放预期收益率更高的风险贷款，比如向小企业发放房地产抵押贷款以及与房地产相关的贷款。房地产贷款规模迅速增长。

图11－4描述了在泡沫破灭后破产的区域银行在盈利能力和房地产贷款方面的情况。图中实线表示的是破产的二级区域银行的情况，虚线表示的是存活下来的二级区域银行的情况。可以看到，以股东权益收益率ROE和资产收益率ROA表示的盈利能力方面，以及在总资产的增长方面，失败的银行都要弱一些，并且在20世纪80年代中后期，下降更快。与此相对应的是，失败银行的房地产贷款却增长很快，远远超过在危机中存活下来的银行。

（二）持续宽松货币政策

日本从20世纪70年代初期石油危机后一直到1990年泡沫经济破灭，长达近10年的时间采取宽松的货币政策。尤其在1985年9月广场协议签订后[②]，为了应对日元升值带来的经济衰退的危险，日本银行在1986年1月至1987年2月，连续5次降低贴现率，使贴现率从5%的水平下降到2.5%。并且将2.5%的

---

① 日本的金融自由化进程包括三个方面：融资自由化：以1979年颁布无担保国内公司债及可转债的使用标准，并允许美国的希尔斯·罗巴克发行了日元本位制无担保公司债，允许松下电器产业发行完全无担保可转换公司债为起点，日本开始了融资自由化进程。附带新股承销权的公司债（1981年），欧元债券（1983年），完全无担保普通公司债（1985年）等先后被引入资本市场，至1985年，日本融资自由化的法律框架基本搭建完成，此后日本政府进一步放宽了对上述融资方式融资额度、利率和发债标准。利率自由化：以1979年导入可转让存款为标志，日本开始了利率自由化进程。1984年启动定期存款的利率自由化进程，1985年市场利率联动型存款和自由利率的大宗存款先后获准发行，1986年起，日本政府进一步放松了对上述存款的最低存入额度和存款期限的限制。至20世纪90年代初基本完成利率自由化。业务管制自由化：业务管制自由化进程于1983年起步。1983年银行获准销售公共债和银行公债，并于1987年和1988年先后展开股票期货交易和股指期货交易；金融机构开设分店的规定也于1983年大为放宽。1999年10月，银行、金融信托、证券公司之间的相互渗入完全自由化。见招商证券、房地产：日本房地产泡沫经验及其借鉴.2008.

② 广场协议有两项主要内容：一是加强国际外汇市场干预的协调，以修正美元过度升值。二是加强宏观政策的国际协调。在这一框架下，国际收支盈余的国家如日本与德国要扩大国内需求，同时贸易赤字国家如美国要削减财政赤字。

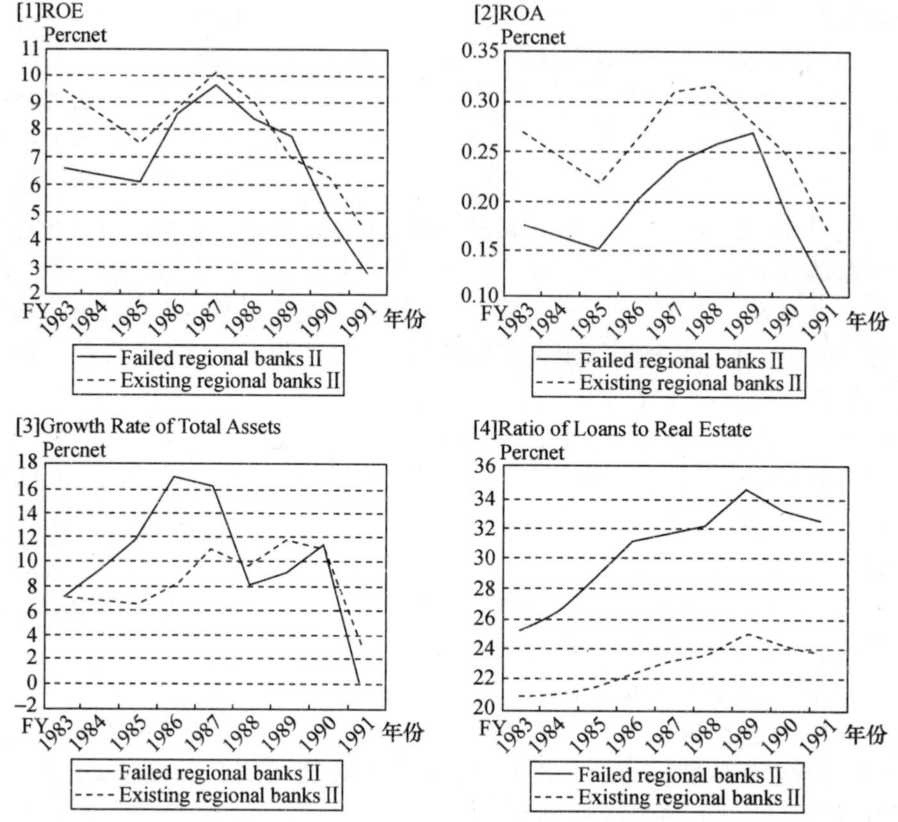

图 11－4 房地产相关行业的银行贷款规模

资料来源：Japanese Bankers Association，Financial Statements of All Banks.

贴现率从 1987 年 2 月至 1989 年 5 月保持了 2 年零 3 个月①。此后的 15 个月内，日本银行连续 5 次加息，将基准利率提高到 6%。

表 11－2 泡沫时期的利率政策 单位：%

时间	基准利率	调整后的基准利率	备注
1989－05	2.5	3.3	6～9 月进行窗口指导，要求商业银行对贷款实行更严格管理
1989－10	3.3	4.3	
1989－12	4.3	5.0	
1990－03	5.0	5.3	3 月大藏省要求限制与房地产相关的银行贷款
1990－08	5.3	6.0	爆发海湾战争

资料来源：招商证券研发中心。

① The Asset Price Bubble and Monetary Policy: Japan's Experience in the Late 1980s and the Lessons.

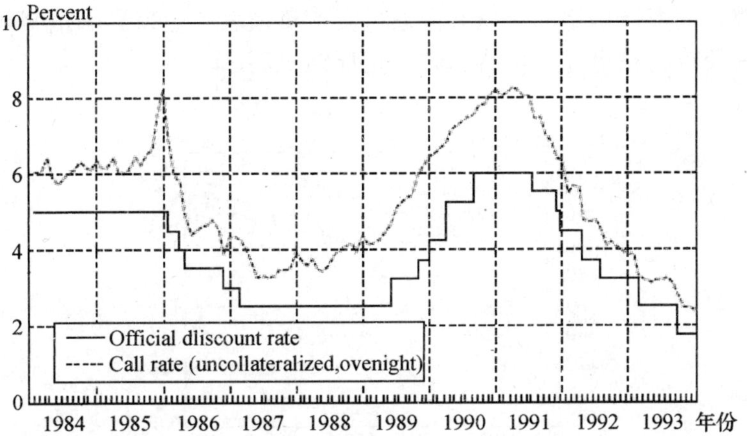

图 11－5　泡沫时期的日本法定贴现率变动

资料来源：Bank of Japan，Financial and Economic Statistics Monthly.

但是提高利率的幅度不够。Bernanke 和 Gertler（1999）模拟计算出事后的目标利率，这一目标利率可以抵消资产泡沫的刺激效果。根据他们的计算，如果在 1988 年目标利率从 4% 上涨到 8%，那么泡沫很可能就不会出现了。

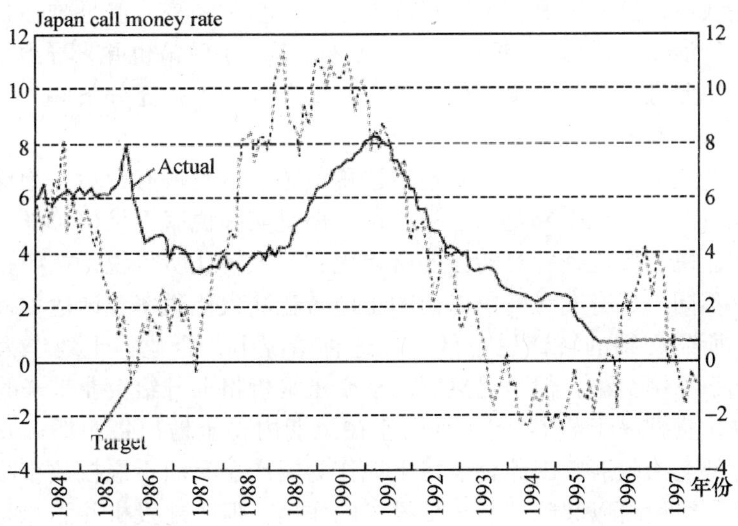

图 11－6　泡沫时期的日本通知存款利率变动

资料来源：Bernanke and Gertler（1999）.

宽松的货币政策降低了融资成本，并使得融资变得更加便利，后果是资产价格持续上涨。而资产价格的上涨又会通过资产负债表效应来影响信贷扩张，形成信贷扩张—资产价格上涨—信贷扩张的正反馈机制。

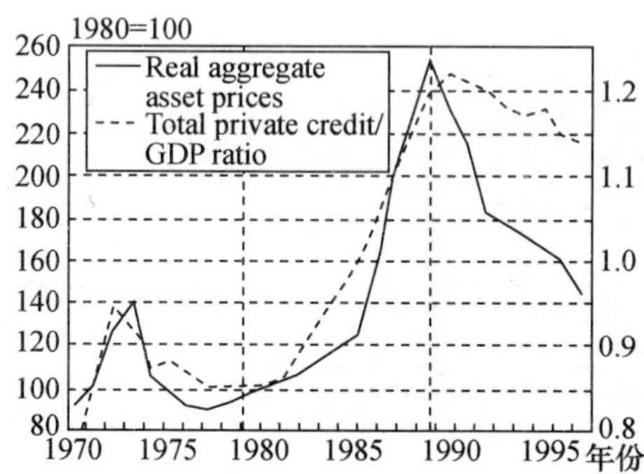

图 11 -7　1970 ~ 1998 年信贷增长和资产价格的变化趋势

图 11 -7 中实线代表资产的实际价格，虚线代表信贷占 GDP 的比重。对于货币政策在泡沫经济中的作用，Okina Kunio、Masaaki Shirakawa 和 Shigenori Shiratsuka（2000）提出了一种不同的观点：他们在对比了美国、英国、加拿大、法国、德国等八个工业发达国家之后，发现这期间的货币政策大致相同，都是扩张性的宽松政策，这些国家在不同程度上经历了泡沫经济，但是唯独日本发生了严重的房地产泡沫。另外，1999 年 2 月以来的零利率政策也并未导致新一轮房地产泡沫，这说明宽松的货币政策仅是一个必要条件而不是充分条件。

（三）土地税收和土地政策

在房地产泡沫早期，日本的土地转让税负重于土地持有税负，泡沫期间，日本政府所征收的保有税主要是固定资产税，但是实际税率不足 0. 15% 。日本政府所征收的转让税主要包括针对转让的所得税和法人转让所得税，按照持有时间的不同，税率不同。保有期在两年以内的土地转让法人税税率合计达 84. 5% ，保有时间越长，所需交纳的转让税越低。在这种情况下，企业将土地作为资产而保有，那么几乎不用交税，但是仍然可以享受土地价格上升给企业带来的好处（融资成本下降，贷款易于获得）；一旦企业在短期内将土地出售，那么它几乎要将增值收益全部交给政府。因此企业将土地作为资产保有而不愿投放市场。虽然高税率的转让所得税可以起到抑制土地投机的作用，但土地投机并不总是以短期内的频繁转手为特点的，尤其是当预期地价持续上涨时，投资者更愿意长时间地保有土地来赚取土地增值收益，而且可以避免缴纳高额的土地转让所得税①。这样

① 邵谦谦，王洪. 日本房地产泡沫的成因分析及对我国的经验借鉴［J］. 中国房地产金融，2003（5）.

在地价上涨的时候，投资者会倾向于继续持有地产而不是转让变现，从而不利于增加土地供给，在地价上涨期加剧了土地供给短缺。

（四）公司治理机制弱化

日本银行与大企业关系密切，往往相互持股，结成紧密的利益联合体，称作主银行制度①。在主银行制度下，银行贷款是日本大企业的主要资金来源。银行对企业的经营行为有较强的影响力。但是后来随着资本市场的开放，银行融资的比重逐渐降低，银企关系也不像以前那么密切，银行对企业的控制力下降。而企业之间交叉持股的做法也使得来自股东的制约也不够充分，银行需要一种新的公司治理机制来控制风险。但是主银行制度在保持企业长期管理稳定性方面的成功使得建立新的公司治理机制的尝试被推迟了，在这种情况下，公司治理的弱化在一定程度上不能有效约束企业激进的经营行为，大量企业资金进入利润很大的房地产行业，投资房地产，据日本统计局统计，1985～1992 年，日本非金融企业购置土地占全国土地交易量的 27.27%，其中，1990 年日本非金融法人企业购买了 12.43 万亿日元的土地。房地产投机加大了企业经营风险，造成泡沫破灭后大量企业破产，银行坏账大量增加。

（五）过度自信的心理

有四个方面的原因导致日本国民产生了过度自信心理。一是良好的宏观经济形势；二是日本企业在国际金融市场的作用增大；三是日本企业在生产技术方面领先；四是海外金融机构急于在东京开设办事处，东京的国际金融中心地位加强。在东京的中心写字楼的需求增加，导致进一步看涨预期。这些因素导致日本公众对未来经济发展信心十足，没有人会相信地价下跌。日本在 1987 年 1 月、1988 年 1 月、1990 年 6 月以及泡沫经济破灭后的 1992 年 4 月关于土地问题的舆论调查中发现，超过半数的被调查者认为“持有土地是安心并且有利的”，具体调查结果分别为 65.2%、66.0%、67.2% 和 52.8%②。此外，面对规模庞大的房地产贷款，银行乐观地认为，如果这些企业资金出现紧张、不能偿还到期贷款，只需将手里的房地产项目卖掉就可以解决问题。

（六）政策失误错过最佳调控时机

在房地产泡沫早期，即 1987～1988 年，经济复苏的能量被低估了。这主要

---

① 在日本的法律上没有明文规定主银行制度，主银行制是日本银企关系的一种惯例。主银行有以下特征：（1）主银行是客户企业的大股东，主银行一般不持有与自己没有业务或交易关系的企业的股份。（2）向客户企业提供贷款。企业的大额贷款是由主银行与其他金融机构组成的银团提供的，其中主银行的贷款份额最大，承担的贷款损失责任也更多。（3）向客户企业派遣董事或经理。主银行向客户企业派遣人员可以分为两种情况：一是在正常情况下的人员派遣，以大股东的身份派遣董事或者经理到客户企业；二是在企业出现问题时，主银行派遣人员接管企业。（4）管理客户企业的结算账户。

② 十年之痛解读日本房地产泡沫［J］. 中国证券报，2010－03－29.

是因为两个方面原因：日元升值速度超出预期，以至于对经济衰退以及经济空心化的担忧成为政策制定者的主要考量，为此日本在 1987 年 5 月实行了金额在 6 万亿日元（相当于 GNP 的 1.8%）以扩张性财政政策为内容的“紧急经济对策”。包括：补充增加 4.3 万亿日元资金用于公共建设项目，减税 1 万亿日元和向住宅金融公库增加 7000 亿日元资金以强化住宅金融。另一个重要因素在于当时日本物价稳定。从图 11 – 8 可以看出，广场协议签订后，由于进口价格降低，带动日本国内物价水平下降，一直到 1987 年才开始上涨，但是即使到泡沫高峰期，通胀率也不到 5%。

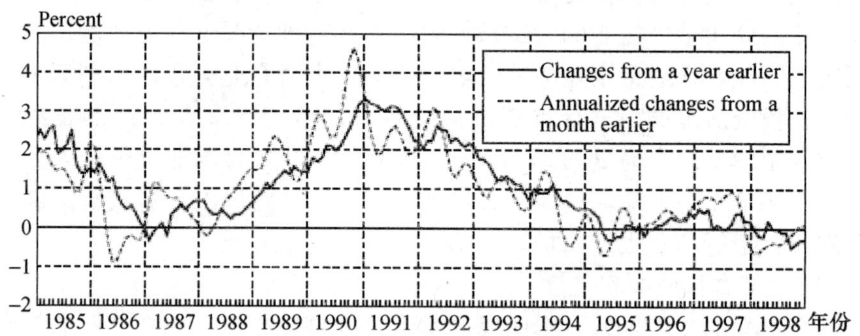

图 11 – 8　广场协议前后日本通胀率的变动

这导致人们对国内经济发展形势过于乐观，认为经济发展潜力仍然很大。从而造成紧缩性的调控政策迟迟没有出台，并且紧缩力度也不够。

三、房地产泡沫的破灭及其影响

日本房地产泡沫的破灭的直接原因在于日本银行紧缩信贷，提高利率。事实上，日本银行在 1986 年夏季，已经注意到宽松货币政策带来的危险，1987 年春季，日本银行发布了一份评估国内经济形势的季度报告，该报告认为，经过前几次持续降息扩大内需，日元升值带来的经济衰退的影响已经消退，股票市场的调整也已经完成，经济已经稳定下来。基于这种判断，宽松的货币政策要调整，日本银行开始提高官方贴现率，收紧货币政策。但是这一努力被 1987 年 10 月份美国发生的“黑色星期一”事件破坏①，日本不得不暂停收紧货币政策的步伐，短

① 黑色星期一发生后，世界主要国家的中央银行纷纷调低利率，增加货币供给，增加金融市场的流动性，这一过程一直到 1988 年中期。之后随着经济的回复，美国、德国等国家中央银行开始提高利率，美元出现升值，各国中央银行开始干预美元升值。

期利率再次下降。在这种情形下，日本银行加强了对商业银行贷款的窗口指导与道德劝告，并放开了银行间货币市场利率，以反映市场利率上涨的压力①。随着经济热度不减以及国内通胀压力加大，日本银行在 1989 年 5 月，将官方贴现率从 2.5% 提高到 3.25%。此后又不断提高利率，一直到 1990 年 8 月达到 6%。与此同时，1990 年 3 月大藏省推出了不动产贷款总量控制政策，即规定银行对不动产贷款时，增长率不能超过其贷款总量增长率。房地产贷款增长率由 1989 年的 30.3%，下降到 1990 年底的 3.5%，银行贷款同比缩减 85%，由 9.5 万亿日元降至 1.4 万亿日元；成为了房地产泡沫破灭的诱因。

在提高利率和紧缩信贷的双重作用下，股价在 1989 年底率先开始下跌。企业购买土地的能力和积极性显著下降。1990 年日本非金融法人企业购买了 12.43 万亿日元的土地，但 1991 年的土地购买额仅 4.46 万亿日元，同比缩减 64%。企业由土地的净买入方转变为土地的净卖出方，成为了捅破房地产泡沫的决定性因素。另外，股票和土地的担保价值随着两者的价格下降而下降。这导致企业净值下降，企业被迫出让股票、土地等资产以提前偿还贷款从而避免破产，而破产企业所抵押的土地，被银行强制性变现②。大量土地被迫投放市场，导致地价在股价下跌后的 1991 年也开始下降。房地产泡沫破灭了。

在土地税收方面，为减少土地投机，1990 年日本决定增加土地取得、持有和转让环节的税负，其主要内容包括按 0.3% 的税率对持有环节征收地价税。但是地价税付诸实施时，房地产泡沫已经破灭了。在地价下跌情况下实施地价税的后果是加重了投资者的税负，投资者急于转让变现，进一步加剧了泡沫破灭的速度③。

房地产泡沫破裂首先导致大量企业经营困难和破产。日本企业破产数从 1990 年的 6468 件上升为 1991 年的 10726 件，增长了 65.8%，负债总额近 8 万亿日元。房地产企业破产占破产总件数的 1/10。1992 年破产企业数攀升至 14167 件，比 1991 年增长了 32%。随后危机扩散到拥有大量房地产贷款的金融机构，金融机构呆坏账比例大幅度上升，利润下降，如图 11－9 所示。

泡沫经济给日本金融系统带来了巨额的不良资产，日本金融监督厅的报告显示，1997 财年日本的不良债权为 35 万亿日元，其中银行系统所占比重为 85.7%，占银行系统贷款余额的 5.38%④。日本 10 大银行中的日本长期信用银

---

① 此时日本国内对通胀形势的判断出现分歧。EPA 公布的月度经济报告认为消费者价格指数是稳定的。

② 贾祖国．房地产：日本房地产泡沫经验及其借鉴［J］．招商证券，2008.

③ 刘丽．日本房地产泡沫破裂前后的土地财税政策对比分析［J］．国土资源情报，2006（1）．

④ 王雪峰．日本房地产泡沫与金融不安全［J］．日本研究，2007（1）．

行、日本债券信用银行以及北海道拓殖银行相继倒闭。中小金融机构的破产更是接连不断，日本金融体系发生剧烈动荡，险些引发一场严重的金融危机。日本政府为了稳定金融体系，不得不向日本金融机构投入大量的国库资金，处理因银行倒闭遗留的问题以及增加金融机构的资本充足率。自1997年以来，日本政府累计已经对金融提供了23万亿日元的资助。同时，日本政府于1996年宣布关闭了在泡沫经济时期表现活跃的7家住宅金融专业公司（总共8家，下称“住专”）。据大藏省调查，这7家“住专”在1991~1992年的呆账额为4.65万亿日元，呆账率为38%，到1995年呆账额上升为8.13万亿日元，呆账率为76%，其中不动产企业贷款呆账率高达89.1%。

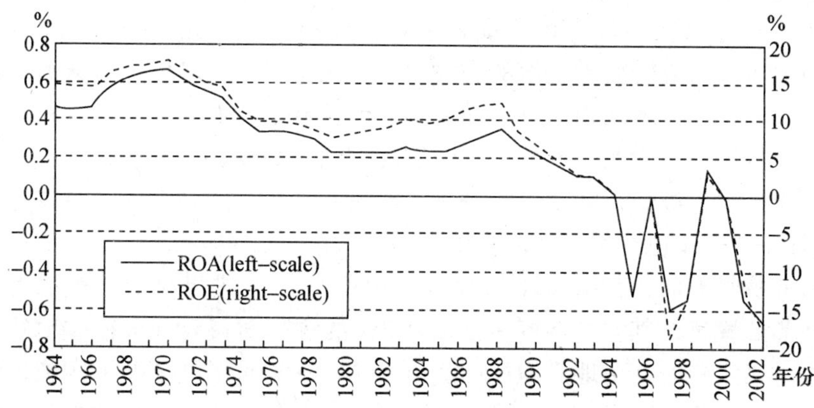

图11-9　日本银行业盈利情况

资料来源：Japanese Bankers Association.

四、日本房地产泡沫的启示

（一）货币政策应该具有前瞻性和预见性

泡沫并不是突然形成的，而是有一个慢慢积累能量的过程。所以货币政策必须在泡沫形成前做出反应，比如要着眼于未来通胀风险而不是仅仅在通胀或者泡沫出现后再采取紧缩措施。当然，事前很难判断泡沫是不是已经形成，这就要求货币政策在应对泡沫威胁时应该是渐进紧缩而不是快速紧缩。要灵活调整紧缩程度。前瞻性的货币政策要专注于建立一个有利于经济增长的宏观经济环境，特别是保持价格稳定。但是价格稳定并不是指在任意时间上价格都保持稳定，而是指有利于经济增长的价格稳定，即经济主体在做出决策的时候不受一般物价水平的影响。所以，即便目前通胀率保持稳定，但是如果预见到未来通胀有加剧的风险，也要加息或者紧缩信贷来消除这种风险。

（二）加强宏观调控政策的协调

在开放经济条件下，宏观政策的协调配合不仅包括货币政策与财政税收政策的配合协调问题，还包括国际间政策的协调问题。日本银行在危机前就已经预见到风险在增加，试图紧缩货币政策，但是这一努力被协调国际政策、阻止日元升值以及削减贸易盈余的政策需要所中断。比如，为了维持日元汇率稳定，日本银行被迫在外汇市场上大量买入美元，抛售日元，导致货币供应量增加。而为了削减贸易盈余，日本政府采取扩大内需的政策，日本银行不得不将贴现利率继续维持在较低水平。就国内政策协调而言，在央行紧缩信贷、提高利率的时候，土地税收政策并没有配合货币政策及时降低转让环节税率。而当 1991 年开始改革土地税制，提高土地转让税率时，房地产泡沫已经开始破灭，政策具有明显的滞后性。所以，宏观政策的协调与配合对于改善调控效果有很大影响。

（三）加强对金融机构的监管

日本在推行金融自由化过程中金融监管没有跟上，组织体系、监管方式和金融立法等改革都严重滞后。在 1997 年以前，日本金融监管体制是由大藏省和日本银行共同行使监管权，而又以大藏省为主体，日本银行是大藏省的下属机构。监管权力高度集中于大藏省。大藏省不仅将许可权、监督检查权、命令权集于一身，还拥有金融决策权。在很多方面，日本银行只是大藏省的执行机构。金融监管采取的是“护送船队”的监管方式，所谓“护送船队”原则是指以船队中速度最慢的船只的速度为基准，意指保护落后，放弃效率。这个原则是导致日本金融机构道德风险的重要原因。所有银行都知道出现问题将会得到大藏省的救助，所以商业银行等金融机构的经营行为过于激进，表现为过度依赖土地抵押而放松信贷标准，大量发放抵押贷款，在房地产泡沫破灭后，形成不良债权。认识到金融监管的缺失对房地产泡沫的影响，从 1997 年开始，日本对金融监管体系进行了一系列改革，建立了混业监管模式。2000 年 7 月将金融监督检查和决策权从大藏省分离出来，更名为金融厅，负责对银行业、证券业、保险业、信托业和整个金融市场进行监管。日本银行和存款保险机构只负责对与其有交易行为的金融机构进行现场和非现场检查。

（四）设计合理的土地税收制度

1991 年 4 月，日本税制调查会总结提交的题为《土地税制改革的基本课题》的咨询报告提出“土地税制是解决土地问题的极为重要的手段之一”。但是根据 1996 年出版的《大藏省改造计划》披露，在房地产泡沫破裂之前，日本政府一直比较轻视税收在土地调控中的作用，认为土地政策应当以价格管制或交易管制为主要手段。正是日本这种态度，未能充分利用土地税收制度来有效抑制房地产泡沫膨胀，虽然后期认识到其重要性，并着手改革土地税制，开征地价税和特别土地持有税来抑制土地投机，但为时已晚，房地产泡沫已经破灭了，新税制反而加剧了泡沫破灭的速度。所以，尽早建立一套完善的土地税收制度对于抑制投机、防范房地产泡沫有积极作用。

第二节　20 世纪 90 年代以来美国次贷危机和亚洲金融危机比较

一、问题的提出

2007 年发生在美国的次贷危机不断向全球蔓延，许多国家经济受到影响，世界经济增长减缓。同样 1997 年发生在泰国的货币危机引发了亚洲金融危机，此次金融危机打破了亚洲经济快速增长的势头，致使一些国家经济到现在还未恢复，金融危机的影响极其深远。

次贷危机发生前，世界经济增长率和通货膨胀率没有显示出经济恶化的征兆，如表 11 – 3 所示。从美国的银行系统看，美国银行资本充足率为 12.8%，超过了巴塞尔协议对于资本金 8% 的要求。从这个角度看，美国的金融机构也未显示运行不良的迹象。

表 11 – 3　世界 GDP 与 CPI

年份	1998	1999	2000	2001	2002	2003	2004	2005	2006	2007
GDP	30041.456	31196.002	32148.602	31940.900	33243.898	37375.771	42071.098	45514.869	49295.439	55615.474
CPI	5.566	5.467	4.555	4.268	3.540	3.720	3.580	3.766	3.699	4.006

注：GDP（billions）、CPI（average consumer prices）.

资料来源：World Economic Outlook，October 6，2010.

1997 年以前亚洲各国经济增长率大都超过 5%。1997 年 GDP 增长率、通货膨胀这些经济指标也没有显著恶化，如表 11 – 4 所示。

为什么这两次危机的发生事先不曾预料？两次危机发生的共同特征是什么？对于金融危机能否提前采取有力的措施避免危机的发生？这些问题发人深省。本书选择亚洲金融危机和次贷危机进行比较研究出于两个方面的原因：一是由于两次危机发生前经济形势良好，危机发生均有突发性。发生国的层次相差较大，有很强的对比意义。二是亚洲大部分都是发展中国家，我国存在和亚洲危机发生国相似的客观条件，亚洲金融危机的研究对于我国有重要的借鉴意义。美国是世界上最发达的国家，在金融领域的发展更是受到其他国家追随。次贷危机的研究对于我国在金融发展过程中如何吸取有利的因素，防范和化解金融危机有很强的借鉴意义。

表 11－4　亚洲 GDP 增长与 CPI　　单位：%

年份	印度尼西亚		韩国		马来西亚		菲律宾		泰国	
	GDP	CPI	GDP	CPI	GDP	CPI	GDP	CPI	GDP	CPI
1990	9.0	7.8	9.2	8.6	9.0	2.6	3.0	12.7	11.1	5.9
1991	8.9	9.4	9.4	9.3	9.5	4.4	-0.6	18.5	8.6	5.7
1992	7.2	7.5	5.9	6.3	8.9	4.8	0.3	8.6	8.1	4.1
1993	7.3	9.7	6.1	4.7	9.9	3.5	2.1	6.9	8.3	3.3
1994	7.5	8.5	8.5	6.3	9.2	3.7	4.4	8.4	9.0	5.0
1995	8.2	9.4	9.2	4.5	9.8	3.5	4.7	6.7	9.2	5.8
1996	7.8	8.0	7.0	4.9	10.0	3.5	5.8	7.5	5.9	5.8
1997	4.7	6.2	4.7	4.4	7.3	2.7	5.2	5.6	-1.4	5.6
1998	-13.1	58.4	-6.9	7.5	-7.4	5.3	-0.6	9.3	-10.5	8.0

资料来源：the United Nations Statistics.

二、金融危机的原因——美国次贷危机和亚洲金融危机比较

虽然次贷危机和亚洲金融危机的表现各有不同，但是却存在相同的特征，我们通过比较分析，可以发现引起金融危机发生的共同因素。

（一）巨额经常项目赤字与高外债或外债结构不合理并存

Fisher（1933）提出的债务—通货紧缩理论认为，过度负债是引发金融危机的重要因素。经济繁荣时投资者为了取得更多的利益而过度负债，一旦经济下滑，债务无法偿还，将引起一系列的问题，导致通货紧缩，引发金融危机。由于外债是要靠出口商品和劳务所得偿付，如果一国外债过高而经常项目逆差持续，说明该国外债负担已经超出其承受能力。这种情形下，一旦该国经济出现波动，投资者就会减少投资。这对于发生危机的国家无疑是雪上加霜。次贷危机和亚洲金融危机发生前，危机发生国都面临着巨额的经常项目赤字与高外债或外债结构

不合理的问题。随着经常项目逆差和外债的不断增多，投资者对于这些国家经济增长前景产生怀疑，投资者信心不足，资本纷纷抽离，引起汇率贬值，经济状况进一步恶化。

由表 11 －5 可以看出，2006 年美国贸易逆差达到创历史纪录的 8026 亿美元，约占其 GDP 的 6.0%，2007 年虽有所下降，但仍达到 7181 亿美元。为了保证国内的投资和消费需求，美国吸引了大量的外资流入。美国政府净债务负债逐年升高，债务负担不断增加。从 2000 年的 35375.6 亿美元（约占 GDP 得 35.5%）升到 2007 年的 59611.53 亿美元（约占 GDP 的 42.4%）。2008 年的政府净债务已达到 GDP 的 47.6%。

表 11 －5　美国经常项目逆差、政府债务在 GDP 中所占的比重

单位：10 亿美元、%

年份	Current account balance（current US $）	Current account balance/GDP	General government net Debt	General government Net Debt, Percent of GDP
2000	－416.375	－4.184	3537.560	35.548
2001	－397.154	－3.861	3581.845	34.822
2002	－458.066	－4.304	3983.643	37.432
2003	－520.675	－4.673	4531.430	40.669
2004	－630.491	－5.313	5010.662	42.221
2005	－747.590	－5.915	5386.580	42.621
2006	－802.637	－5.990	5608.450	41.857
2007	－718.094	－5.107	5961.153	42.393
2008	－668.856	－4.655	6845.012	47.637

资料来源：World Economic Outlook, October 6, 2010.

由表 11 －6 可知美国长、短期债务中外国投资者的持有规模逐渐增加。2003 年 6 月长、短期债务中外国投资者在财政债务、机构债务和公司债务中的规模分别为 11164 亿美元、5861 亿美元和 12362 亿美元；2686 亿美元、971 亿美元和 1097 美元。到 2007 年 6 月，增长为 19659 亿美元、20212 亿美元和 27376 亿美元；2291 亿美元、1090 亿美元和 2972 亿美元。高比例的外债不仅迫使美国每年面临巨额的债务清偿压力，而且还增加美元贬值的威胁。

表 11－6　国外持有美国债券数量　　单位：10 亿美元

年份	长期债务			短期债务		
	财政债务	机构债务	公司债务	财政债务	机构债务	公司债务
2003	1116.4	586.1	1236.2	268.6	97.1	109.7
2004	1426.0	619.4	1455.1	316.9	123.8	147.5
2005	1598.6	790.6	1729.1	283.8	150.0	168.2
2006	1727.0	984.5	2021.2	253.2	147.0	215.3
2007	1965.9	2021.2	2737.6	229.1	109.0	297.2

资料来源：顾聪，周波，李胜宏．次贷危机对国内银行外币债券投资的影响分析．

在 1990～1996 年，东南亚国家经常项目赤字维持在较高水平。1996 年，泰国经常项目赤字占 GDP 的 8.51%。印度尼西亚、韩国、马来西亚、菲律宾的经常项目逆差占 GDP 的比重分别为 3.3%、4.82%、3.73%、4.67%。泰国的经常项目赤字从 1993 年的 5.68% 不断上升到 1994 年的 6.38% 直至 1995 年的 8.35%。

表 11－7　经常账户逆差占 GDP 的比重　　单位:%

年份	印度尼西亚	韩国	马来西亚	菲律宾	泰国
1990	－4.40	－1.24	－2.27	－6.30	－8.74
1991	－4.40	－3.16	－14.01	－2.46	－8.01
1992	－2.46	－1.70	－3.39	－3.17	－6.23
1993	－0.82	－0.16	－10.11	－6.69	－5.68
1994	－1.54	－1.45	－6.60	－3.74	－6.38
1995	－4.27	－1.91	－8.85	－5.06	－8.35
1996	－3.30	－4.82	－3.73	－4.67	－8.51
1997	－3.62	－1.90	－3.50	－6.07	－2.35

资料来源：International Financial Statistics of the International Monetary Fund.

亚洲金融危机发生国的外债不是存在外债规模过大就是外债结构不合理这样的情况。东南亚短期外债比例平均超过 30%。在中短期债务较多的情况下，一旦经济层面恶化，资本就会迅速流出，当外汇储备不足时，这些国家的货币贬值是无法避免的。

表 11－8　短期债务占全部债务的比重　　单位:%

年份	印度尼西亚	韩国	马来西亚	菲律宾	泰国
1995	20.87	51.60	21.19	13.38	72.36
1996	24.98	50.20	27.83	19.34	41.41

资料来源：World Economic Outlook Databases.

（二）信贷的过度扩张

在 Hayek 提出的经济周期理论中指出，信贷的过度扩张容易引发金融危机。信贷的过度扩张刺激投资的增加，导致过度投资的出现，市场由此充斥着过剩的资金，一旦银行停止信贷扩张，经济会因为缺乏资本而爆发金融危机。Allen 和 Gale（1998）也认为，信贷扩张是引起资产泡沫和金融危机的重要原因。次贷危机和亚洲金融危机的发生国普遍存在信贷扩张的现象。银行信贷是造成资产泡沫形成和扩张的主要原因。美国银行信贷始终处于高涨的状态，由于市场上资金充裕，过多的资本流向了房地产市场，资产泡沫逐渐形成并不断膨胀。在亚洲危机中，信贷扩张也是造成股市和房地产市场泡沫产生的原因，同时随着房地产价格的不断上涨，银行系统对于房地产行业的信贷额度也大量增加。随着房地产泡沫的扩大，银行体系的风险不断加大，当经济恶化时，积累在金融系统的风险就会爆发。

从表 11－9 可以看出，美国通过银行系统向国内提供的信贷一直处于较高的水平，从 2000～2008 年，信贷规模一直相当于美国 GDP 的 200 多倍。

表 11－9　美国银行提供的国内信贷　　单位:%

2000 年	2001 年	2002 年	2003 年	2004 年	2005 年	2006 年	2007 年	2008 年
233.8	249.2	241.5	256.1	255.8	259.4	267.8	278.8	271.6

资料来源：World Bank Data.

东南亚的国有银行借了大量的外债并且向国内发放的信贷比例不断加大（私人信贷占 GDP 的比例）。其中，从 1990 年到 1997 年泰国由 94.1% 增长到 177.6%；印度尼西亚由 46.7% 增长到 59.6%；韩国由 62.9% 增长到 73.8%；马来西亚由 72.7% 增长到 163.4%；菲律宾由 26.9% 增长到 84.5%。

表 11－10　东南亚银行提供的国内信贷　　单位:%

年份	印度尼西亚	韩国	马来西亚	菲律宾	泰国
1990	46.7	62.9	72.7	26.9	94.1
1991	46.4	63.6	75.1	23.9	96.2
1992	46.6	62.3	114.6	26.6	103.6
1993	47.4	62.3	112.5	51.7	116.0

续表

年份	印度尼西亚	韩国	马来西亚	菲律宾	泰国
1994	50.3	62.7	112.2	55.7	130.7
1995	51.8	61.3	126.7	64.3	141.3
1996	54.0	64.8	142.4	73.9	146.4
1997	59.6	73.8	163.4	84.5	177.6

资料来源：World Bank Data.

（三）股票、房地产等资产价格快速上涨，形成资产泡沫

Minsky（1963）提出的“金融不稳定假说”认为，金融的内在不稳定使得金融本身也是金融危机产生的原因。Kindleberger（1978）将金融不稳定性假说加以具体运用，将泡沫扩张到金融危机的过程概括为：经济出现异常变化，资金过剩，金融体系过度发放贷款，导致资产交易过度和资产价格暴涨，利率上升，银行收回资金和贷款，资产价格暴跌，继而引发金融危机。

资产价格泡沫是这两次金融危机的一个共同特征。美国的经济支柱产业——房地产市场是次贷危机的起源，房地产泡沫的破灭引发金融危机。亚洲金融危机发生国的企业融资途径主要是银行的间接融资，在股票、房地产价格暴跌后，银行坏账大幅度增长，深化了金融危机。

房地产泡沫产生的原因主要是2001年之后，美联储为了拉动经济增长，采取宽松的货币政策。长期低利率政策刺激美国房价快速上涨。美国房价每年的上涨速度达到10%。2005～2007年房价是1991年的2倍。2006年之后，美联储开始收缩银根，不断升高的利率，加大了购房者的还贷压力。

表11－11　美国房地产价格指数（以1991年为基期）

1991年	100.00	2001年	146.26
1992年	101.97	2002年	155.89
1993年	103.44	2003年	167.84
1994年	107.38	2004年	181.33
1995年	110.05	2005年	198.09
1996年	113.67	2006年	215.29
1997年	116.81	2007年	221.09
1998年	121.52	2008年	212.64
1999年	128.54	2009年第一季度	197.53
2000年	136.74	2009年第四季度	195.76

注：Quarterly Index Data. Purchase Only Indexes（Estimated using Sales Price Data）.

资料来源：Federal Housing Finance Agency.

亚洲金融危机发生前的几年里，大部分的国家都出现了资产泡沫。一方面是房地产过度开发，空置率上升。例如，1997 年，泰国的新增空置住宅 85 万套，其中仅首都曼谷就有 35 万套，空置率高达 21%。另一方面是房地产市场和股票市场价格持续上涨。在 1993～1997 年，马来西亚、菲律宾、泰国、印度尼西亚住宅价格上涨了约 50%、200%、30% 和 14%。印度尼西亚、菲律宾及马来西亚三国的股票价格，在 1994 年时均上升了一倍左右。

（四）在金融自由化过程中金融监管不力，金融机构过度承担风险

从次贷危机来看：监管当局对于占次级房贷发放量 45% 左右的银行机构有着严谨的监管措施；但是对于占次级房贷发放量约 43% 的金融控股公司分支机构缺乏严格的监管；而对于占次级房贷发放量约 12% 的房贷公司的监管十分薄弱。而房贷公司最先暴露出问题，并且也是出现问题最多的部分。

另外，众多的房贷公司降低了住房按揭贷款的准入标准，推出风险较大的混合贷款甚至接受了缺乏充分资信证明文件等的借款申请。准入标准的放低并未受到监管部门的有效审查。次贷危机中，当利率提高，房价回落，大量的次级房贷抵押贷款人无法偿还贷款时，过多的次级抵押贷款支持证券的金融产品造成了银行流行性严重不足，进而导致了商业银行信贷功能失效。截至 2007 年底，传统金融产品总值约为 50 万亿美元，衍生品市场金融超过了 165 万亿美元。

表 11－12　美国传统和衍生产品　　单位：10 亿美元

年份	2000	2001	2002	2003	2004	2005	2006	2007
信用市场	27046	29215	31694	34461	37604	40945	44815	28857
资本市场	17627	15311	11901	15618	17389	18512	20909	21477
传统金融产品市场	44673	44526	43595	50079	54993	59457	65724	50334
衍生品市场	40543	45385	56075	71082	87880	101477	131499	165645

资料来源：张建华，张雪春．美国次贷危机与金融制度重构［J］．金融研究，2008（12）．

从亚洲金融危机来看：亚洲大部分国家或地区在金融监管等方面没有跟上金融自由化的进程。例如，泰国从税收上鼓励金融机构向国外借款。泰国金融机构从国外大量借款投向房地产等行业。韩国的主要商业银行由一些大财团控制，政府对于这类银行的监控有限。这些财团一度大规模以负债的方式进行投资。当这些高负债财团破产，它们从银行的贷款就成为银行的呆、坏账。印度尼西亚从 20 世纪 80 年代开始放松对银行的发展限制。全国 237 家各类银行，其中私人银行占大部分，实行浮动利率，短期存款利率从平均 12% 上升到 40%，甚至超过 60%。短期贷款利率高达 40%～70%。1996 年 4 月对印度尼西亚中央银行的调

查中发现，有 15 家银行未达到资本充足率 8% 的要求，41 家银行不满足法定支出限度等。

由于对信贷投向的监管不力，亚洲金融危机发生国的大量贷款并未投入生产性用途方向，过多的资金用作房地产贷款。例如，在亚洲金融危机发生前，马来西亚、菲律宾和泰国分别有 25%、25% 和 20% 的银行贷款投资于房地产市场。由于房地产价格的暴跌，大量的贷款变成不良贷款。1997 年印度尼西亚、韩国、马来西亚、菲律宾和泰国的不良贷款率分别为 11%、16%、7.5%、5.5% 和 15%。由于不良贷款的大量存在，限制了银行的放贷能力，减少了银行对于经济的支持能力。

表 11－13　1997 年底银行体系的风险暴露（占全部资产的比例）　单位:%

1997 年	房地产贷款风险暴露	担保价值	不良贷款
印度尼西亚	25～30	80～100	11
韩国	15～25	80～100	16
马来西亚	30～40	80～100	7.5
菲律宾	15～20	70～80	5.5
泰国	30～40	80～100	15

资料来源：Giancarlo Corsetti, Paolo Pesenti, Nouriel Roubini. What Caused The Asian Currency and Financial Crisis? Part Ⅰ: A Macroeconomic Overview.

三、房地产泡沫与两次金融危机的关系

（一）亚洲金融危机与房地产泡沫的关系

1. 房地产泡沫在亚洲金融危机中的作用

亚洲金融危机是多种因素共同作用的结果，但是从根本上说，原因有三点，即金融自由化过度与监管不足导致外资流入失控、金融体系不良债权增长导致金融体系不稳定、不平衡的出口导向型产业结构导致经济抗风险能力脆弱。直接诱因则是国际投资者针对东南亚国家货币币值高估的弱点进行投机套利所致，所以东南亚金融危机本质上属于货币危机，由货币危机引发银行危机，并最终演变为全面的金融危机。

所以，房地产泡沫并不是引起亚洲金融危机爆发的直接原因，但是，在金融危机发生之前，泰国、马来西亚、印度尼西亚以及中国香港等国家和地区都经历了一个房地产市场逐渐泡沫化的过程，使银行信贷膨胀，而随着汇率体系崩溃引爆货币危机，房地产泡沫破灭了，贷款违约大幅增加，银行体系不良债权猛增，

导致货币危机迅速演变成为全面金融危机。

2. 房地产泡沫的表现与原因

（1）房地产开发投资规模膨胀，供给过剩，空置率上升。例如，1997 年，泰国的新增空置住宅 85 万套，其中仅首都曼谷就有 35 万套，空置率高达 21%。曼谷的写字楼市场供给增幅更大。1995 年，新的写字楼供给量达到了当时的历史最高水平——将近 85 万平方英尺，1997 年供给量更是接近了 160 万平方英尺。新建写字楼的空置率达到 70%。1996 年 6 月曼谷的土地空置率超过了同年总供给量的 25%①。吉隆坡写字楼空置率由 1990 ~ 1995 年的平均 5% ~6% 的正常水平上升到 1998 年的 25%。

（2）房地产价格持续快速上涨。在 1993 ~ 1997 年，马来西亚住宅价格上涨了约 50%，印度尼西亚住宅价格在这段时间内上涨了约 14%，泰国房地产价格则上涨了 30% 左右，我国香港的房价则上涨了近 70%，而菲律宾住宅价格增长更为迅速，上涨了约 200%②。

造成房地产泡沫的直接原因有三个：

第一，房地产信贷膨胀。在金融自由化背景下，对房地产行业的过度贷款是当年东南亚各国房地产泡沫形成的主要原因。以泰国为例，数据显示，从 1990 年开始，泰国的房地产开发贷款和住房贷款以 20% ~30% 的速度增长，危机发生前，这两项贷款分别相当于 1989 年的 5.4 倍和 7.5 倍。中国香港房地产贷款占贷款总额的比重在危机爆发前达到了 45%，如表 11 – 14 所示。

表 11 – 14　1993 ~ 1997 年香港房地产贷款情况

指标 \ 年份	1993	1994	1995	1996	1997
建造及物业发展与投资	180	249	262	333	441
占贷款总额比重（%）	15	18	17	18	20
购买“居者有其屋”及“私人机构参建居屋计划”单位	35	40	47	51	60
占贷款总额比重（%）	3	3	3	3	3
购买其他住宅楼宇	233	259	302	371	480
占贷款总额比重（%）	20	19	19	21	22
房地产贷款占贷款总额总比重（%）	38	40	39	42	45

资料来源：香港金融管理局。转引自项卫星、李红瑾（2005）.

第二，外资大量流入房地产市场。在 20 世纪 90 年代初期，大量国际资本流

①② 约翰 · M. 奎戈里．房地产市场、泡沫与亚洲金融危机研究［J］．管理观察，2009（1）.

入东南亚地区。1995 年日本给中国、印度尼西亚、韩国、马来西亚、菲律宾、中国台湾、泰国等地的融资余额为 1090 亿美元。英国、德国、法国、荷兰、比利时等欧洲国家银行的贷款余额则为 870 亿美元。1996 年日本给东南亚的放款余额为 1140 亿美元，欧洲银行则增加为 1160 亿美元。大量资金流向股市和房地产市场，导致股市和房地产市场的过度兴旺，最终形成了泡沫经济。随着金融危机的发生，流入泰国等东南亚地区的国际投机资本迅速撤离，随之而来的是房地产泡沫破灭了。

第三，产业结构失衡。房地产行业的规模占到了东南亚地区经济的很大一部分。据资料显示，1997 年泰国房地产业的产值几乎占到了国民生产总值的 50%。根据 1998 年的数据，我国香港房地产业对 GDP 的贡献高达 20%，房地产投资占固定资产投资比重近 50%，政府收入中也有 35% 来源于房地产业，是仅次于金融业的第二大经济支柱产业①。

与房地产行业规模相对应的是房地产贷款在亚洲信贷中的重要位置。资料显示，房地产贷款占到了银行贷款额的 15% ~55%。在大多数国家，银行贷款额是和国民生产总值紧密相关的，所以国民经济对房地产部门的依赖也是很大的。作为国民经济的一个组成部分，房地产债务在新加坡超过了 30%，在泰国竟占到了 44%②。

（二）美国金融危机与房地产泡沫的关系

与亚洲金融危机不同的是，美国金融危机的爆发直接源于美联储提高联邦基金利率的举动戳破了房地产泡沫，导致银行不良贷款大量增加，并通过衍生市场的传导机制，扩散至整个金融体系。当然，美国金融危机揭示出来的问题绝不仅仅是房地产泡沫，深层原因则在于美元作为世界储备货币所带来的金融机构高比例杠杆投资和美国家庭高负债消费以及与之相适应的经济结构失衡。此外，金融创新活动失去有效监管也是一个重要原因。但是，美国金融危机在本质上属于银行危机，危机发生后，美元并没有出现持续大幅度贬值，反而在下跌一段时间后又稳定下来。

美国房地产泡沫与三个因素有关：

1. 宽松货币政策刺激房贷需求膨胀

2001 年“9·11”事件后，互联网泡沫破灭，为了防止经济出现下滑，美联储连续调低利率，到 2003 年 6 月联邦基金利率从 6.5% 推低到 1%，并将 1% 的超低利率保持到 2004 年的 6 月，长达 1 年之久。低利率政策刺激美国家庭借款购房，住房抵押贷款需求不断增长，带动房地产价格不断上涨。美国房产价格的

① 乌兰木伦．迈向二十一世纪的香港经济［M］．香港：三联书店香港有限公司，1997.

② 约翰·M. 奎戈里．房地产市场、泡沫与亚洲金融危机研究［J］．管理观察，2009（1）.

上涨在2005年底达到一个顶峰。但是美联储自2004年6月开始至2006年6月29日连续17次提高利率，使美国基本利率升至5.25%。在此调控措施下，美国房地产市场开始出现逆转，房地产市场的价格大幅度下降，泡沫破灭了。

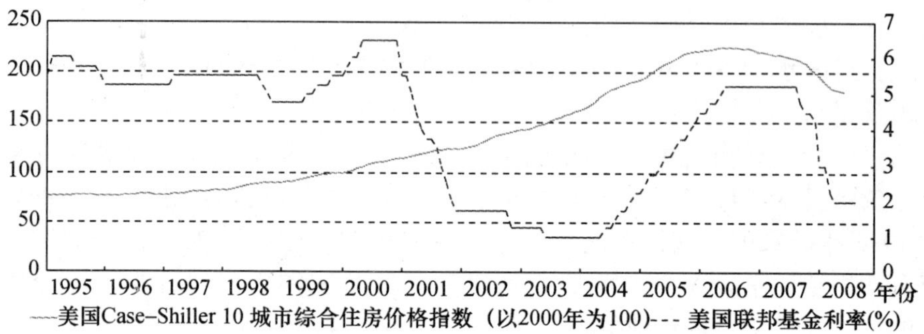

图11－10　联邦基金基准利率和住房价格指数的变动

资料来源：中金公司研究部。

2006年以后房产价值下跌，以此为基础的金融创新产品MBS、CDO价值相应缩水，通过放大效应波及商业银行、贷款公司、投资银行、保险公司以至对冲基金整个金融市场链条，主要金融机构因投资亏损纷纷陷入流动性危机，大批金融机构或被兼并或破产或被政府接管。

2. 放贷机构过度乐观，降低贷款标准

贷款需求增长以及房价持续上涨，使放贷机构过分乐观，放松贷款标准，刺激房地产信贷膨胀，尤其是次级房贷快速增长。房地产次级抵押贷款是面向收入证明缺失、FICO评分小于620分的客户所发放的贷款。因信用要求程度不高，其贷款利率比一般抵押贷款高出2%～3%，占美国整体房贷市场比重的7%～8%。凭借美国发达的证券化市场，一些次级贷款公司开始向投资银行出售以房产为基础资产的资产抵押债券（ABS），为分散风险，投资银行向一些保险公司等金融机构和对冲基金提供担保债券凭证（CDO）换取流动资金。随着收益和规模的不断增加，CDO中高信用风险资产的比例也在不断增加。据Inside和CLending提供的数据显示，至2006年，美国发放次贷6400亿美元，约占当年按揭总发放量（2.5万亿美元）的25%。危机爆发时美国次贷总规模已超过1万亿美元。

3. 美国的公共住房政策出现偏差

20世纪50年代以来，美国政府一直致力于提高住房自有化率，到20世纪80年代，自有化率达到了64%左右，此后一直徘徊不前。2001年以来，适逢美国互联网泡沫破灭，加之“9·11”事件的冲击，美国经济有衰退之嫌。为了稳定经济，美国政府推出一系列刺激经济政策，其中措施之一便是鼓励住房消费，提高住房私有化率。为此，政府接连推出优惠的住房政策，鼓励美国家庭特别是低收入家庭和少数族裔家庭购房。这表现在两个方面：一是购房减税，如纳税人自住的第一套住宅在过去5年中居住满2年的，其转让资本利得可获得25万美元的免税。纳税人用于购买第一套和第二套住房的贷款利息支出可在个人所得税的应税所得中扣除。二是鼓励住房贷款，如美国政府通过住房与城市发展部（HUD）下属的联邦住房局（FHA）向第一次购房的中低收入家庭提供贷款违约保险。2001年以来，美国政府要求“两房”公司购买的住房贷款中向中低收入家庭发放的比例不低于50%。2005~2008年这一比例又分别提高到52%、53%、55%和56%。在优惠的住房政策支持下，从1994~2006年，美国的住房自有率从64%上升到69%，超过900万的家庭在这一期间拥有了自己的住房。但是在住房自有化率得到提高的同时，金融体系的房地产风险暴露也在增长，并最终演变成为一场金融危机。

四、两次金融危机对房地产调控的启示

从两次金融危机来看，房地产泡沫与金融危机之间有密切关系。所以，房地产市场调控政策取向应定位于抑制房地产泡沫，防范房地产金融风险。为此，需要吸取两次金融危机的经验教训，正确认识房地产产业地位，加强房地产市场调控。

（一）房地产产业地位和住房政策

1. 正确认识房地产产业地位，建立合理的产业结构

东南亚国家为了追求GDP高增长，大力发展房地产业。房地产业属于资金密集型行业，需要大量持续的资金投入，但是对经济发展的贡献却远不如制造业等技术密集型产业，如果房地产业占比过大，不仅导致对其他产业资金投入不足，不利于资本形成，不利于技术进步，影响经济增长的质量，还易导致房地产泡沫，形成虚假繁荣。

美国产业结构虽然远较东南亚国家成熟，但是其经济出现问题也与房地产市场过度繁荣有关系。2003年以来美国的GDP增量中，2/3到3/4的份额直接或间接与房地产高速发展相关。2007年，美国房地产服务业人均GDP高达74万美元；而全美国同时期的人均GDP仅为4万美元。在次贷危机发生之前，美国金融、房地产服务业的利润总额占美国企业利润总额的40%以上①。

① 浅谈次贷危机背后美国房地产和金融市场的困境［N］. 经济参考报，2009-05-25.

目前国内经济增长对房地产业有越来越大的依赖性，从2001年以来，房地产业增加值占国内生产总值（GDP）比重不断提高，2001年为4.29%，到了2008年，据国家统计局公布的数据，这一比重超过了5%。统计数据显示，1998年全国土地出让金仅占当年地方财政收入的0.8%；2004年该比例高达47.0%，加上当年征收入库的房地产税、城镇土地使用税等，房地产业对地方财政的贡献率为51%①。而某些地方经济对房地产业的依赖更大，大规模土地开发和房屋建设增加了地方的GDP，经济增长日益呈现出“房地产化”特征，长此以往，将损害经济增长质量。

所以，对房地产业地位应有清醒认识，既要看到房地产业在城市化进程中的作用，又要避免城市化即房地产化的认识误区，保持房地产业在经济结构中的合理比重。应该明确，房地产业是国民经济先导产业和基础产业，但是不能作为支柱产业发展。这些年，我们正是在房地产业地位上认识不清，才导致房地产市场调控政策摇摆不定，引起市场波动。在明确房地产业地位基础上，形成包括公共住房政策、市场进入标准、房屋建筑标准、房屋节能标准、金融支持、外资进入限制等一系列相关的产业政策，促进房地产业健康发展。

2. 公共住房政策

目前，我国的公共住房政策的核心是通过构建保障性住房体系来解决城市低收入住房困难家庭的住房问题，让他们能住有所居，体现了对住房基本权利的保障。保障性住房体系包括经济适用房和廉租屋，经适房用于出售，而廉租屋则用于出租。不过，低收入家庭缺乏市场竞争能力和财富积累能力，对风险的承受能力弱，他们的住房需求不应通过购买商品房的方式来满足，而应通过租赁方式得以实现。这就决定了我国的住房保障体系建设应该是以廉租房、租金补贴等方式为主，2007年《国务院关于解决城市低收入家庭住房困难的若干意见》特别指出，“城市廉租住房制度是解决低收入家庭住房困难的主要途径”。目前的问题是，由于资金投入不足，廉租屋不能满足需求，大量低收入家庭被迫进入商品房市场，而他们更依赖银行贷款，这意味着巨大的金融风险。

（二）未来我国房地产调控政策重心

1. 加强对外资进入房地产市场的监管

弥补国内储蓄的不足，这就是发展中国家大力吸引外资的原因。但是吸引外资过多，也会影响一国经济安全和稳定，特别是短期国际资本往往以非直接投资的方式进入，以投机为目的，投资房地产和股票，容易加剧房地产和股票市场的震荡。东南亚金融危机与投机性的短期国际资本大量涌入房市和股市有密切关

① 中国经济房地产化预警［N］. 中国经营报，2007-04-09.

系。所以，加强对国际资本尤其是短期国际资本的监管，避免盲目吸引外资，对外资投资方向加强引导，将有助于稳定经济。

2004 年以来，伴随人民币升值预期以及国内房地产投资高回报的吸引，大量外资涌入房地产市场。尤其值得注意的是，2001 年以前，我国房地产开发中非外商直接投资的增长速度一直处于负增长，从 2002 年开始连年正增长，2003 年增长速度达到了 62.34%，2002～2006 年平均增长率为 29.32%，比外商直接投资年均增长率 25.53% 高了接近 4 个百分点。由于非外商直接投资具有金融投资的性质，缺少对产业的直接经营，大多数以获取短期超额利润为目的，因而具有相对投机性和短暂性，随着这部分比例逐渐增大，一定程度上加剧了房地产价格的波动。文献研究证实，外资进入是推动房价上涨的原因之一。

2. 加强房地产贷款风险管理

东南亚和美国金融危机都存在一个共同的问题，在房地产市场繁荣的时候，银行放松了对房地产贷款的风险管理，导致房地产贷款资产质量下降。银行认为当第一还款来源出现问题，借款人无法用正常经营活动所产生的现金流来归还贷款时，可通过处置抵押物获得补偿，因此放宽了贷款的发放标准。但是一旦房地产市场下滑，抵押房产价值将大幅缩水，取消抵押赎回权将很难执行，贷款也就无从收回，形成不良资产，危机金融体系安全。另外，放贷机构对房地产贷款抵押物价值评估过于乐观。在受亚洲危机冲击最深的 4 个国家中，其银行体系对抵押物价值的评估占资产面值的 80%～100%，导致银行体系过度暴露于房地产风险。

近些年，国内房地产贷款特别是住房贷款规模扩张很快。但是，房地产贷款规模的快速增长建立在严重的信息不对称基础上。房地产贷款市场中的信息不对称，尤其是银行的道德风险行为对贷款质量构成了潜在威胁。未来房价波动和利率的变化将加大金融风险。2005～2008 年，随着央行连续多次加息，我国个人住房不良贷款数额已呈攀升趋势。

贷款风险管理的重心在于强化银行的风险意识，加强对房地产市场发展趋势的研究和预测，在此基础上合理评估房地产价值，同时，应制定严格的贷款标准，比如，对房地产开发贷款要坚持“五证齐全”以及项目资本金投入必须达到一定比例的标准。但是最近国务院调低了对房地产贷款项目的资本金投入比例的要求，从 35% 下调至 20%，这有可能会引发新一轮房地产开发投资热，进而引起房地产信贷扩张、房价上涨。这会加剧房地产开发企业对银行资金的依赖，对于抑制房地产泡沫、防范金融风险、鼓励房地产金融创新显然是不利的。

3. 加快资产证券化等金融创新进程

尽管美国金融危机与失去对金融创新的监管有关系，但是以资产证券化为代表的金融衍生品的创新也在一定程度上分散了美国金融机构的风险损失。与之对照的是，东南亚国家金融创新不足导致房地产贷款风险无法从银行体系分散，在一定程度上加剧了金融危机。所以，金融创新有助于为银行提供有效的风险分散手段和途径，化解银行体系内部累积的房地产金融风险。另外，房地产金融创新也有助于拓宽企业融资渠道，降低贷款风险集中度，便于企业进行资本结构管理，降低企业财务风险。

在我国，以资产证券化为主要内容的房地产金融创新已经启动，2005 年 12 月 15 日，国家开发银行和中国建设银行分别推出了国内首单 41.77 亿元信贷资产支持证券（ABS）和约 30 亿元个人住房抵押贷款支持证券（MBS），同时正式进入全国银行间债券市场交易。不过，要注意防范金融创新的负面影响，要在三个方面采取措施：一是加强金融创新监管；二是应注重作为基础资产的房地产贷款的质量，从源头上降低金融风险出现的可能性；三是建立资产证券化专门的法律体系，确立统一的发行、上市、交易规则。

4. 改善土地调控政策

完善土地政策调控效果必须改革现行土地管理体制，打破政府对土地一级市场的垄断，使土地供给适应市场需求的变化而更富有弹性。可以考虑先从改变土地收益的分配方式着手解决这一问题，比如将城市土地出让收入全部收归中央财政，然后在下一个财政年度再按照某种标准，比如当地经济适用房、廉租房的建设情况、地价涨幅等，返还地方政府一定比例，并指定这笔财政资金专项用途，如优先用于经济适用房、拆迁安置房和廉租房建设，专户存储，便于监管。这样可以在一定程度上切断地方政府与土地市场的利益链条，削弱其操控地价的利益基础。

5. 强化税收政策的调控作用

2001 年以来，国内房价持续上涨，尤以 2004 年和 2007 年房价涨幅为大，均超过 10%，已经显现泡沫迹象。大量研究证实，投机性需求膨胀是房地产泡沫的原因之一。限制房地产投机的一个重要机制便是开征物业税。物业税是在房地产保有环节对物业拥有人征收的一种财产税，税额会随着物业价值的变动而变动，当房地产价格上涨时，物业税额也会随之增加。物业税会增加房地产保有成本，进而压缩了投资利润空间，有利于限制房地产投机，增加市场供给，同时促进理性住房消费。开征物业税成功的关键在于如何在增加政府税收与抑制房地产投机之间取得良好的平衡。这需要在税率的设计上遵循差别累进税率的原则，并充分考虑中低收入家庭的住房负担，对于拥有一套或者二套房产或者住房面积在一定标准内的家庭，适用最低税率，拥有房产套数越多，住房面积越大，适用税率越高。

第十二章　房地产调控政策

第一节　房地产调控政策及其理论依据

一、房地产调控与房价波动关系的文献回顾

在我国，一方面，房地产调控政策对于房地产市场的平稳具有重要的意义；另一方面，房地产调控政策也会对房价波动产生较大影响。这种现象也得到了多数国外学者在理论上的支持。Landis（1992）和 Staley（1994）研究发现，规划控制与房价波动之间有一定的关系。Landis（1992）发现，美国加利福尼亚州地区实行限制住宅开发政策，将刺激房地产价格迅速上升。Staley（1994）研究发现，增长控制对住宅与土地价值有显著影响。信贷约束和利率优惠政策变化对房价波动有重要影响，并因此成为政府调控房地产市场运行的重要政策工具。Preston（1996）认为，政府的城市空间规划、信贷政策和税收政策等对房地产价格波动有一定的影响。Muellbauer 和 MuMurphy（1997）认为，宏观调控政策、制度因素也是导致房地产市场变化、房地产价格波动的重要影响因素。Winky 和 Ganesan（1998）指出政府的土地供应计划对房地产价格有一定的影响。Meen（1998）等学者研究了房地产税收政策对房价的影响，研究表明，对房地产征税将引起房地产交易频率、交易量和交易价格变化。Glaeser 和 ShaPiro（2002）的研究认为，抵押贷款利率补贴对房地产市场影响有限，因为享受抵押贷款利率补贴优惠措施的主要是高收入群体，而较少有低收入群体。Chambers 等学者（2005）对美国不同形式抵押贷款合同对消费者购房的影响作了研究，结果发现银行抵押贷款政策与房价波动之间存在显著关系，税收也是政府调控房地产市场的重要政策。

近年来，由于我国房地产调控政策频出，房地产调控政策与房价波动的关系

也成为学术界研究的热点问题，多数国内学者通过对调控政策的总结也认为房地产调控政策会对我国房地产价格波动产生影响。胡晓（2010）从房地产同时具有消费属性和资产属性出发，通过构建一个理论模型，分析收入差距对房地产价格的影响机制，理论模型认为收入差距对房地产价格具有正向影响，经济的基本面和房地产的基本面对房价的上涨不具有完全的解释力。在理论模型的基础上，利用中国的数据实证分析收入差距对中国房地产价格的影响，实证结果表明收入差距对房地产价格具有显著的正向影响，说明中国当前较大的收入差距是房地产价格上升的重要影响因素①。袁秀明（2010）认为，中国房地产市场仍为短缺经济，房地产新政没有改变促使房价快速上涨的基础因素，调控新政只能是权宜之计，如果宏观经济形势和政策发生变化，调控政策很可能会功亏一篑。文章建议要从根本上稳定房市，需改变各利益方的激励机制，特别是要建立地方政府稳定房价的激励机制，促使其自觉促稳房价，这需要深化税制改革，严惩腐败，抑制投机②。尹伯成、黄海天（2010）认为，从短期看，只要政府至今出台的调控政策坚持执行下去，则楼市势必出现一定幅度的回调；之所以房价尚未出现明显松动，在于多数开发商所持“一等、二怕、三不缺”的心态。从长期看，我国城镇现有住房发展模式在发展目标上将以拉动经济增长为主转向以关注民生为主；在需求结构上将以强烈的投资投机需求为主转向以理性消费为主；在供给结构上将从偏好开发较高档的大套型商品住宅转向主要开发中小套型的普通商品房或保障性（包括准保障性）住房③。翟春（2011）对我国经历的多次房地产宏观调控进行了划分，认为长期来看，只有建立维持市场供求平衡的法律保障机制，才能避免行政措施的不稳定性和缺乏长期效应的缺陷④。

二、房地产调控的理论依据

（一）不完全竞争性

一般认为，完全竞争的市场具有以下一些特点：①有大量的买者与卖者。任何个别买者都不具有垄断的力量，他的需求量的增加或减少并不能影响市场的总需求，任何一个卖者的商品供给量，都只是市场上总供给量的极小一部分，微不足道，其变化影响不了市场的总供给。②商品的同一性。同一数量的同种商品之间完全同质，不存在差异。③自由进入或退出。④生产要素可以完全流动。⑤完

① 胡晓．收入差距与中国房地产价格：理论与实证——兼论当前房地产调控的有效性［J］．财经科学，2010（12）．

② 袁秀明．楼市调控“治标”不如“治本”［J］．新金融，2010（10）．

③ 尹伯成，黄海天．经济结构调整下中国楼市的走势［J］．探索与争鸣，2010（11）．

④ 翟春．房地产调控的长期有效制度选择［J］．中国金融，2011（5）．

全的信息与知识，即买卖双方完全了解市场行情，市场信息畅通，得到信息不需付出代价。⑥价格既定。任何买者与卖者都只能是价格的接受者，只能根据价格行事，而无法对市场价格施加任何可以看得见的影响。

与完全竞争的概念相对应，不完全竞争（Imperfect Competition）是由美国经济学家 J. M. 克拉克（J. M. Clark）针对完全竞争概念的非现实性而提出来的与其相对应的概念。他认为，虽然完全竞争市场被经济学家进行了准确的定义和精心阐述，但它在现实世界中是不可能存在的，因此其只能作为人们分析问题的出发点或判别是非的行为标准。在他看来，只要完全竞争的一个条件不具备，则合乎情理地会出现另外的条件也不具备的情形，这个问题后来形成为次优理论。

由于现实环境的复杂性，决定了竞争的多样性。例如各个产业之间以及同一产业在不同阶段的竞争特性都不可能完全相同。克拉克认为，竞争的多样性来自于产品的同质性或非同质性、生产者的数量及其规模结构、价格制定的方式、交易的方式、市场信息传递的特征和手段、生产者和消费者的地理分布、产出控制的时间特征、工厂或企业规模的差异导致的成本变动、短期产出波动引起的成本变动、生产能力的可伸缩性等 10 个方面因素。在房地产市场上，由于其产品的特殊性，决定了房地产市场不是一个完全竞争的市场：

（1）房地产一级市场与二级市场的垄断性。在房地产一级市场方面，由于我国土地所有权实际由地方政府控制，因此在土地供给上存在着政府的垄断行为，而在这个过程中，具有官方背景的国有企业作为开发商更容易获得土地资源，这就造成了土地供给及由此导致的房地产开发商的垄断性。在房地产二级市场上，虽然我国的房地产开发商较多，但绝大部分都是中小开发商，而在我国的很多城市中，整个市场的主要资源基本上被大的开发商所垄断，甚至是独家垄断的局面，使市场均衡作用失灵，资源无法得到合理配置。

（2）房地产产品的非同质性。与其他产品相比，房地产产品具有其特殊性，如位置的固定性，房地产产品一经生产，便固定在特定的位置形成空间的自然垄断性。使它不能像其他产品一样参与市场的自由竞争，由此削弱了市场机制发挥应有的作用。而且对同样质量、同样面积、同样设计风格的房屋在不同市场、不同地区即使在同一地区的不同位置等都具有不同的价格。因此，房地产经济市场属于经济学上所规定的非同质产品的“产品差异化”市场，更类似于垄断竞争性市场，这也导致了房价的千差万别。

（3）房地产市场中各类资源流动性不足。由于土地长期供给缺乏弹性，拆迁、城市化进程、政府发展战略、城市规划、自然地理条件的限制，房地产市场的各种资源并不能自由流通。

（4）房地产市场信息的不对称。房地产市场信息的不对称体现在房地产市场的各个层面上。在土地“招拍挂”过程中存在明显的信息不对称，从而出现了各种以非法手段获得土地使用权的情况。在房地产交易市场中，商品房的成本和质量等信息在购房者和开发商之间的分布存在不对称的问题，开发商比购房者拥有更多的商品房成本、质量和产权等方面的信息。在房地产二级市场上，房地产中介机构与购房者和租房者相比也拥有更多的信息优势。

（二）房地产的外部性

外部性又被称为外部成本、外部效应（Externality）等。外部性是指一个人或者一个厂商的活动对其他人或者其他厂商的外部影响，这种效应是在有关各方不发生交换的意义上，价格体系受到的影响是外来的，或者是存在没有经济补偿的经济交易。从具体影响的角度分析外部性可以分为正外部性（或称外部经济、正外部经济效应）和负外部性（或称外部不经济、负外部经济效应）。一般认为，解决外部性的主要方法包括明晰产权、补贴正的外部性和向负的外部性征税等。房地产市场具有外部性的特征，按照不同的标准，房地产外部性可以分为不同的类别：

（1）宏观外部性和微观外部性。宏观外部性是指房地产经济活动主体的行为施加于其他主体之上的外部效应或者接受其他主体施加的外部性，如房地产投资开发活动使区域投资环境改善，这为工商业经济活动带来了成本的节约并扩展了行业的盈利空间。而城市工商业的繁荣，不仅增加了整个城市的经济活力，而且也使相关的地区地价提高。微观外部效应是指房地产业内部各经济主体之间或者不同的房地产经济活动之间存在的外部效应。如商业房地产开发活动对住宅房地产开发、流通和消费均存在着正的外部效应。

（2）房地产外部经济与外部不经济。凡因房地产经济活动而受益的外部影响称为房地产外部经济。房地产开发使得城市景观大为改观属于房地产外部经济。凡因房地产经济活动而受损的外部影响称为房地产外部不经济，城市土地的过度开发，导致住宅拥挤、公共绿地的减少、环境污染等属于外部不经济。

（3）房地产开发的外部性和消费的外部性。房地产开发的外部性是房地产开发商施加于房地产开发商或者其他生产者的外部性。如果一个房地产开发商的开发活动妨碍或者便利了其他生产者，但它又没有为其妨碍而承担补偿，又或者因为提供了便利而获得报酬，而发生了外部性。房地产消费的外部性是指房地产消费行为而产生的外部性。住宅作为一种重要的消费资源，其示范效应极为强烈，一部分私营业主、外企管理人员等高收入者购买高档别墅、高级公寓成为收入稍低阶层的效仿对象。开发商为了追逐高利润，大量开发高档物业，形成畸形的住宅供给结构，各种资源如有限的土地资源等不能得到充分的配置。中低档住宅相比于高档物业需求量较大，这间接地推动了房价的上涨，同时高档住宅造成房地产市场的虚假繁荣，容易导致房地产泡沫的积累。

（三）准公共品属性

公共物品（Public Goods）可以被定义为具有非竞争性、非排他性、不能依靠市场力量实现有效配置的产品。公共物品是与私人物品相对应的一个概念，消费具有非竞争性和非排他性特征，一般不能或不能有效通过市场机制由企业和个人来提供，主要由政府来提供。

（1）非排他性。一种公共物品可以同时供一个以上的人消费，任何人对某种公共物品的消费，都不排斥其他人对这种物品的消费，也不会减少其他人由此而获得的满足。

（2）强制性。公共物品是自动的提供给所有社会成员的，不论你是否愿意。

（3）无偿性。消费者消费这种物品可以不支付费用，或者以远低于其边际效用或边际成本决定的价格来讨价。

（4）非竞争性。公共物品是提供给一切消费者的，无法在消费者之间进行分割。

公共物品也可以分为纯公共物品和准公共物品两类。所谓纯公共物品是指具有完全的非竞争性和非排他性的物品，它通常采用免费提供的方式（如消防等），这种物品在现实生活中并不多见。准公共物品是指具有有限的非竞争性和局部的排他性的物品，即超过一定的临界点，公共物品所谓的非竞争性和非排他性就会消失。准公共物品也可以分为两类：一类是公益物品，如图书馆、公园等；另一类是公共事业物品，这类物品也被称为自然垄断产品，如电信、电力、自来水等。在任何国家，房屋都具有承担人类最基本的生存保障性的功能，因此，可以认为房地产本身除了具备商品属性之外还具备一定的公共物品属性，除此之外，房地产本身与城市道路交通、水电供应、教育、医疗卫生和社区公共服务等这些城市公共资源密切相关，而这些物品多是地方政府所提供的公共物品或准公共物品，因此房地产由于对这些（准）公共物品的占用也使其具有了准公共物品的属性。

第二节　房地产调控的合理性研究——基于房地产价格与收入差距的关系

一、引言

改革开放以来，中国经济实现了较高增长，居民收入水平也随之大幅度增加。这种收入的增加在改变中国居民普遍贫困的局面的同时也带来了不同地区、同一地区不同人群间收入差距日益扩大的问题，这种收入差距的扩大已影响到了经济的可持续发展乃至整个社会的和谐稳定。根据国家统计局公布的数据，2003～2012 年，全国居民基尼系数始终保持在 0.45 以上，超越了联合国设定的 0.4 的收入分配差距“警戒线”。与此同时，中国的房地产价格也在持续上涨。1998～2011 年，剔除物价上涨因素的影响，全国商品房销售价格从每平方米 2063 元上涨到 5357 元，年均涨幅达到 7.6%。近年来，城市房价的快速上涨已直接成为影响社会公平的重要因素之一，那么，房价上涨与居民收入差距之间存在着何种关系？其如何形成相互作用机制的？

房价上涨与居民收入差距之间的相互作用机制研究既属于经济研究的内容，也属于社会公平的研究范畴。目前，相关的研究成果主要集中在房价变动对居民收入差距的影响方面。虽然不同的学者使用不同的方法对房价变动影响居民收入差距进行测定和研究，得出的具体影响程度也不尽一致。多数学者认为房价的波动将拉大社会贫富差距。Peter 和 Isaac（1992）发现，住房所有权衍生的财富效应会影响社会的财富分配不均，如果更多富裕家庭的收益增长超过房价上涨，或者在房地产市场兴旺的起点（房价未涨之前），中老年家庭拥有住房所有权，那么伴随房价上涨的财富分配不公将在无形中扩大①。Rodda（1994）最早就实证了收入差距对房价的影响，他利用美国 1970 年、1980 年的普查数据，发现两者之间具有正向的显著影响②。Wah（2000）发现，在 20 世纪末期发生金融危机前的很长一段时间内，我国香港房价持续上涨，拥有房屋所有权者从上涨中受益，而租赁住房的低收入者与中产阶级相对变得更为贫穷，因此房价上涨加大社会贫富差距③。Janna 和 Jacob（2006）采用美国都市 1970～2000 年的相关数据发现，房屋供给状况对房价上涨与社会贫富不均的关系有调节作用，当供给偏紧时，房价上涨会加剧社会贫富差距，当供给充裕时，假定自身的收入不变而增加他人的收入，自身也许会从中获益④。但也有一部分学者认为房价的上涨与收入差距的关系不能一概而论，如 Matlack 和 Vigdor（2006）利用 1970～2000 年的美国大都市区域数据，对引入产品差异化后的局部均衡模型的分析，收入差距是房地产价

---

① Peter D. L., Isaac F. M. Housing Affordability: Myth or Reality? [J]. Urban Studies, 1992, 29: 369－392.

② Rodda, D T. Rich Man, Poor Renter: A Study of the Relationship Between the Income Distribution and Low Cost Rental Housing [R]. Ann Arbor, MI: UMI Dissertation Services, 1994.

③ Chan Kam Wah. Prosperity or Inequality: Deconstructing the Myth of Home Ownership in Hong Kong [J]. Housing Studies, 2000 (15): 28－43.

④ Janna L. M., Jacob, L. V. Do Rising Tides Lift All Prices? Income Inequality and Housing Affordability [R]. Working Paper, 2006.

格重要的缓冲器。即在景气的房地产市场条件下，收入差距的扩大会促进平均房价的上涨，从而使低收入者的房屋负担能力降低；但是在不景气的房地产市场条件下，结果则相反①。同时收入差距对房价的影响也受到越来越多学者的重视，如 Favara 和 Song Zheng（2009）则从不完美信息的角度进行了更为一般的分析，利用 1980 ~ 2000 年美国 350 个大都市区的数据研究发现，收入差距增加，会推动房价的上涨②。

在本节中，在对我国城乡收入差距分析的基础上我们通过建立相关模型对房地产价格与居民收入间的关系进行分析，并运用 1988 ~ 2011 年的相关数据，对房价波动与城乡居民收入差距之间关系进行实证分析，并在此基础上做基于向量自回归（VAR）模型的脉冲响应函数和预测方差分解分析来探讨它们之间的动态相关性，以考察二者之间的交互响应情况及其响应路径。

二、我国收入差距现状分析

根据国家统计局 2013 年 1 月 18 日公布的数据，2012 年我国城镇居民人均可支配收入 24565 元，农村居民纯收入 7917 元，城乡居民收入比为 3.10∶1，虽然我国近年来城镇和农村居民的收入差距比有所减小，但其依然保持“3”倍以上的较高差距③。表 12 - 1 是根据国家统计局发布的相关数据整理的我国基尼系数④及城乡收入差距情况。

表 12 - 1　我国的基尼系数及城乡收入差距状况

年份	全国城镇人均可支配收入（元）	全国农村居民人均纯收入（元）	城乡居民收入比	基尼系数
2003	8472.2	2622.2	3.230951	0.479
2004	9421.6	2936.4	3.208555	0.473
2005	10493.0	3254.9	3.223755	0.485
2006	11759.5	3587.0	3.278366	0.487
2007	13785.8	4140.4	3.329582	0.484
2008	15780.8	4760.6	3.314876	0.491

① Matlack J. L., Vigdor J. L. Do Rising Tides Lift All Prices? Income Inequality and Housing Affordability [R]. NBER Working Papers, 2006, No. 12331.

② Favara, G., Song Zheng. House Price Dynamics with Dispersed Information [R]. Working Papers, HEC Universi - ty of Lausanne, 2009.

③ 马常艳．去年中国城乡收入比为 3.10∶1 为 10 年来最低 [EB/OL]．中国经济网，http://www.ce.cn.

④ 基尼系数是社会成员的总体收入分配状况与绝对平均分配状况的相对差距，其数值在 0 ~ 1，数值越大表明社会成员之间的相对收入差距越大。

续表

年份	全国城镇人均可支配收入（元）	全国农村居民人均纯收入（元）	城乡居民收入比	基尼系数
2009	17174.7	5153.2	3.332822	0.490
2010	19109.4	5919.0	3.228485	0.481
2011	21809.8	6977.3	3.125822	0.477
2012	24565	7917	3.102817	0.474

资料来源：《中国统计年鉴》及国家统计局公报。

根据中国家庭金融调查与研究中心①2013年1月发布的《中国家庭收入差距报告》，2010年中国城镇家庭户均可支配收入估算为7.2万元，是农村家庭的2.5倍。从各项收入对城乡差距的贡献来看，生产性收入的差距是城乡收入差距的最主要原因，其中工资性收入和农业生产收入贡献了27%，这反映了农村的劳动生产回报率远低于城镇。值得注意的是，养老、退休金收入的差距占城乡家庭收入差距的25.3%，是造成城乡收入差距的重要原因之一，拉大了城乡差距。与城镇相比，农村的养老保险覆盖面窄，保障水平低。报告显示，2010年农村户籍人口养老保险的覆盖率仅有34.5%，而城镇户籍人口的养老保险覆盖率则高达87.0%。并且领取了养老保险和退休金的城镇家庭的年退休、养老金收入为3.3万元，而农村只有1.2万元。图12－1是城乡的收入结构比较，反映家庭收入来源的占比情况。由图12－1可知，工资收入和农业收入分别是城乡家庭收入来源的主要部分。

从区域的角度分析，我国东部家庭与中、西部地区家庭收入差距明显，东部家庭总收入是中、西部家庭的2.7倍左右，中部和西部家庭收入差距较小。按照东、中、西部地区划分的家庭收入的比较，在市场经济最为发达的东部地区，家庭平均工商业收入为2.2万元，是市场经济欠发达的西部地区的9倍左右。东、西部差距主要源于工资性收入和工商业收入，其中工资性收入的差距贡献了东、西部差距的41%，工商业收入贡献41.7%。另外，转移性收入的差距也贡献了东、西部差距的17.5%；而农业收入则减小了东、西部差距。图12－2比较了家庭收入结构的区域性差异。东部家庭工资性收入占比高于中、西部地区，而西部地区的农业收入占比较高。

---

① 中国家庭金融调查与研究中心是由西南财经大学与中国人民银行总行金融研究所共同成立的学术调查研究机构。中心主要工作是进行“中国家庭金融调查”（China Household Finance Survey，CHFS）的全国性调查，其主要目的是收集有关家庭金融微观层次的相关信息，主要包括：住房资产和金融财富；负债和信贷约束；收入；消费；社会保障与保险；代际的转移支付；人口特征和就业；支付习惯等相关信息。

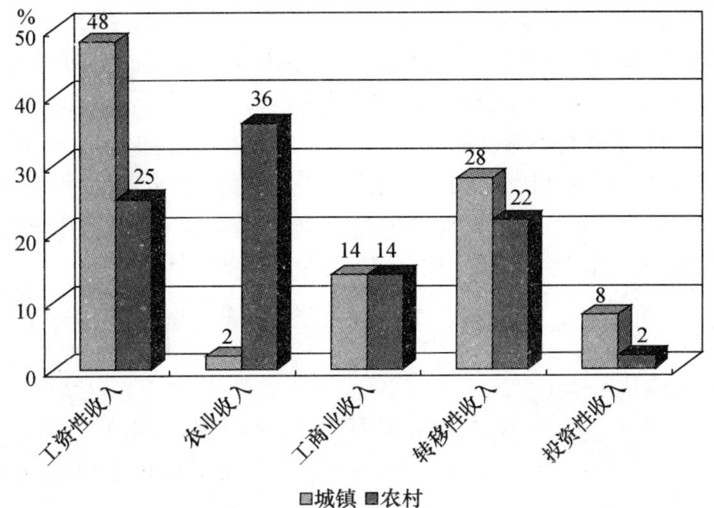

图 12－1　城乡家庭收入结构

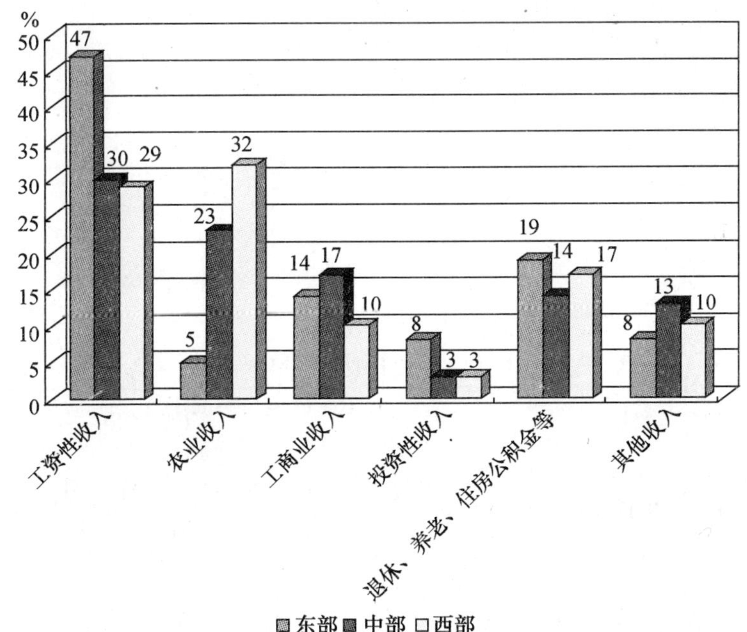

图 12－2　不同区域家庭收入结构

三、模型

房地产价格的变动对居民收入的影响主要反映在房地产收益的变化之上，房地产收益包括房屋持有者出售房屋的收益以及出租房屋的收益，我国现阶段房屋出售的收益远高于出租收益，因此，本书分别建立房屋出售模型，考察房地产价格变动对居民收入差距的影响。本模型对房屋所有者做出如下假定：①所有房屋所有者年可支配收入均为 Y_t，主要用于住房及商品消费，P_t 代表房屋价格，S_t 代表计价消费品；②房屋所有者只有两期（0 期和 1 期），0 期拥有住房并承担住房的支出（C），1 期根据房价波动出售住房；③每期住房抵押贷款余额和利率分别为 M_t 和 i_t；④每期住房所有者住房拥有量为 H_t；⑤市场折现率为 r；⑥效用函数对数可加。

在上述假设下，房屋所有者效用（U）最大化条件为：

$$\max\sum_{t=0}^{1}U\ (S_t,\ H_t)\ =\max\left[\ln S_{i0}+\ln H_{i0}+\frac{\ln S_{i1}}{1+r}+\frac{\ln H_{i1}}{1+r}\right] \qquad (12-1)$$

$$s.t.\ Y_{i0}=C_0P_0H_{i0}+S_{i0}$$

$$Y_{i1}+\ (P_1-P_0)\ (H_{i0}-H_{i1})\ =C_1P_1H_{i1}+S_{i0}+\ (M_0-M_1)$$

在（12－1）式中，$(P_1-P_0)\ (H_{i0}-H_{i1})$ 代表了房价上升给房屋持有者带来的财富效应，而 (M_0-M_1) 表示住房出售后抵押贷款余额的减少量。根据一阶最优化条件可得：

$$H_{i1}^*=\frac{Y_{i1}+\ (P_1-P_0)\ H_{i0}+\ (M_1-M_0)}{2\ (P_1-P_0+C_1P_1)} \qquad (12-2)$$

$$H_{i0}^*=\frac{Y_{i0}}{2C_0P_0} \qquad (12-3)$$

$$S_{i1}^*=\frac{Y_{i1}+\ (P_1-P_0)\ (H_{i0}-H_{i1})\ +\ (M_1-M_0)}{2} \qquad (12-4)$$

$$S_{i0}^*=\frac{Y_{i0}}{2} \qquad (12-5)$$

由（12－2）～（12－5）式及假设可得：

$$\Delta H=H_1^*-H_0^*=\frac{P_0(C_0Y_1-C_1Y_0)+C_0P_0(M_1-M_0)-(P_1-P_0)(Y_0-C_0P_0+C_1Y_0)}{C_0P_0(P_1-P_0+C_1P_1)} \qquad (12-6)$$

$$\Delta PH=P_1H_1^*-P_0H_0^*=P_0H_1^*-C_1P_1+\frac{[Y_1+(P_1-P_0)H_0^*+(M_1-M_0)]C_0-Y_0}{2C_0} \qquad (12-7)$$

$$\Delta S=S_1^*-S_0^*=\frac{(Y_1-Y_0)-(P_1-P_0)(H_1^*-H_0^*)+(M_1-M_0)}{2} \qquad (12-8)$$

由以上可得如下命题：若满足上述假设条件，则有：

$\frac{\partial(\Delta H)}{\partial(\Delta P)}<0$，$\frac{\partial(\Delta H)}{\partial(\Delta Y)}>0$，$\frac{\partial(\Delta H)}{\partial(\Delta S)}<0$，$\frac{\partial(\Delta PH)}{\partial(\Delta Y)}>0$，$\frac{\partial(\Delta S)}{\partial(\Delta P)}>0$，$\frac{\partial(\Delta S)}{\partial(\Delta Y)}>0$，$\frac{\partial(\Delta S)}{\partial(\Delta PH)}>0$，$\frac{\partial(\Delta S)}{\partial(\Delta H)}<0$

根据命题可以得到如下结论：①房价波动会影响住房消费，如房价上升将使住房消费减少同时非住房消费增加；②收入增加会增加住房与非住房消费；③储蓄与股票等资产会影响住房及非住房消费，如储蓄与股票收益增加将减少住房消费的激励导致住房消费减少；④房价波动会直接对房价的财富效应构成影响，即房价波动会居民收入产生影响从而造成居民收入差距的拉大。

四、实证分析

（一）变量的选择

为了研究当前中国经济面临的房价上涨与收入差距间的关系，我们以城乡收入差距（gap）为被解释变量，以房价（hp）为解释变量。经济学中衡量收入分配差距最常用的指标是基尼系数。然而关于中国的基尼系数，不同机构之间公布的数据存在较大差异，如我国国家统计局公报的2010年基尼系数为0.481而根据西南财经大学中国家庭金融调查与研究中心公布的数据，当年我国的基尼系数为0.61，出现如此之大的差距与机构之间统计口径及统计方法存在较大的差别有一定的关系。因此，我们采用了更为客观的城乡居民收入比（gapm）和城乡收入差别绝对值（gapa）两项指标以衡量我国城乡收入差距的实际状况。其中城乡居民收入比的计算依据是用全国城镇人均可支配收入除以全国农村居民人均纯收入。城乡收入差别绝对值的计算依据是用全国城镇人均可支配收入减去全国农村居民人均纯收入，其计算结果再扣除消费价格指数的影响。

我们用我国房地产平均销售价格（hp）和房价增长率（hpv）来表示我国的房价波动情况，为了消除物价因素的影响，我们用居民消费价格指数对房地产价格进行调整。在分析中，我们采用了我国1988～2011年的年度数据，以上所有数据都来自于历年《中国统计年鉴》。图12－3和图12－4反映了以上四项指标的走势情况。为了消除时间序列中异方差问题，我们对房价（hp）和城乡收入差别绝对值（gapa）两项数据进行了对数调整。

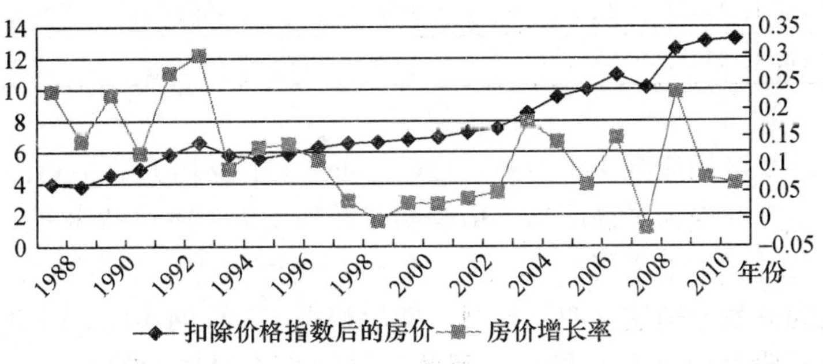

图12－3　我国历年实际房价与房价增长率

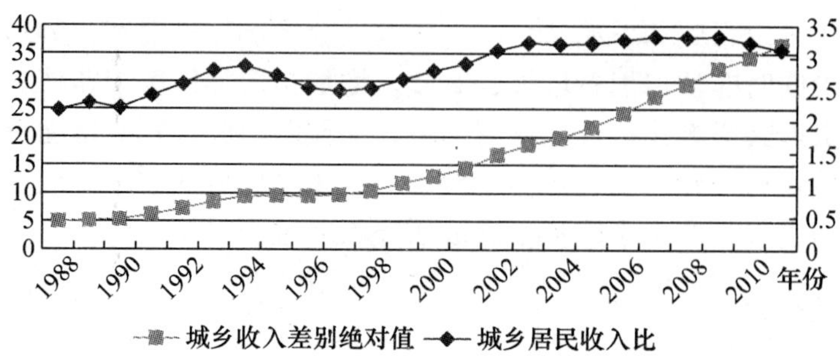

图 12－4　我国历年城乡收入比与城乡收入差别绝对值

（二）单位根检验

根据图 12－3 和图 12－4 可知，房价增长率（hpv）、扣除价格指数后的实际房价（hp）与城乡居民收入比（gapm）和城乡收入差别绝对值（gapa）均可能是非平稳序列，如果这些变量之间存在协整关系，则它们之间应该是同阶单整的。

表 12－2　单位根检验结果

变量	检验类型（C，T，K）	ADF 检验	各显著水平下的临界值			检验结果
			1%	5%	10%	
lhp	（c，0，2）	0.57	－3.77	－3.00	－2.64	不平稳
Δlhp	（c，0，2）	－5.57	－3.77	－3.00	－2.64	平稳
hpv	（c，0，2）	－1.31	－2.67	－1.96	－1.61	不平稳
Δhpv	（c，0，2）	－8.80	－2.67	－1.96	－1.61	平稳
gapm	（c，t，2）	0.78	－2.68	－1.95	－1.61	不平稳
Δgapm	（c，t，2）	－2.27	－2.68	－1.96	－1.61	平稳
lgapa	（c，t，2）	－0.69	－3.78	－3.01	－2.64	不平稳
Δlgapa	（c，t，2）	－3.75	－4.46	－3.64	－3.26	平稳

由表 12－2 可知序列 lhp、hpv、gapm、lgapa 本身均为非平稳序列，经过一阶差分后各序列均变为平稳序列，这表明各序列均为一阶单整序列，它们之间可能存在协整关系。本书采用 E－G 两步法分别对上述指标进行检验，根据四个变量两两对应的关系分别建立四组模型，然后根据 E－G 两步法，若变量之间存在协整关系则其残差应具有平稳性，因此，我们相应对模型的残差进行单位根检验，结果如表 12－3 所示。

表 12－3 模型参数估计结果

被解释变量		解释变量	参数	p 值	残差 ADF	临界值			结论
						1%	5%	10%	
gapm	模型 1	lhp	0.97	0.00	－2.19	－2.67	－1.95	－1.60	平稳
		常数项 c	0.92	0.00					
	模型 2	hpv	－1.28	0.17	－2.55	－4.49	－3.65	－3.26	不平稳
		常数项 c	2.99	0.00					
lgapa	模型 3	Lhp	1.73	0.00	－2.64	－2.67	－1.95	－1.60	平稳
		常数项 c	－0.81	0.00					
	模型 4	hpy	－2.79	0.06	－0.80	－2.67	－1.95	－1.60	不平稳
		常数项 c	2.91	0.00					

根据表 12－3 的结果，模型 2 与模型 4 由于残差项不能拒绝序列存在单位根的假设，即残差序列非平稳序列，因此其模型变量之间不存在协整关系。而模型 1 和模型 3 的残差项拒绝了序列存在单位根的假设，即残差序列为平稳序列，因此其模型变量之间不存在协整关系。在模型 1 中，房价的增长与城乡居民收入比之间存在正向关系，房价的对数每增长 1 个百分点则城乡收入差距扩大 0.97 个百分点，这说明房价的上升对城乡居民收入差距存在较大影响；同理，根据模型 3，房价的增长与收入差别绝对值也存在正向关系，回归系数 1.73 是房价关于城乡居民收入差别绝对值的弹性系数，即房价每增长 1 个百分点，城乡居民收入差别的绝对值增加 1.73 个百分点，这又一次说明了房价波动影响了城乡收入差别。

（三）误差修正模型

由于模型 1 与模型 3 存在协整关系，因此可以通过进一步建立误差修正模型以揭示变量之间的短期关系和长期与短期关系。对于模型 1，考虑到系数的显著性及自相关问题，最后得到短期波动模型：

$$\Delta gapm_t = 0.82\Delta gapm_{t-1} + 0.13\Delta lhp_t + 0.35e_{t-1} \quad (12-9)$$

同理，模型 3 可以得到短期波动模型：

$$\Delta lgapa_t = 0.25\Delta lhp_t + 0.86\Delta lgapa_{t-1} - 0.07e_{t-1} \quad (12-10)$$

方程（12－9）说明，在短期内，城乡居民收入比的变动受到自身变动及当期房价变动的影响，上一期城乡居民收入比变动的 1 个百分点会影响本期该指标变动的 0.82 个百分点的变化，而本期房价变动的 1 个百分点会影响本期城乡居民收入比变动的 0.13 个百分点。方程（12－10）则说明，在短期内，城乡居民收入差别绝对值的变动受到自身变动及当期房价变动的影响，上一期城乡居民收入比变动的 1 个百分点会影响本期该指标变动的 0.86 个百分点的变化，而本期房价变动的 1 个百分点会影响本期城乡居民收入比变动的 0. 25 个百分点。

（四）格兰杰因果检验

模型 1 和模型 3 说明了房价与城乡居民收入比及城乡居民收入差别绝对值之间均存在长期稳定的协整关系，为了检验这种均衡关系是否还存在因果性，我们采用格兰杰因果关系检验法对相关指标进行检验。由于格兰杰检验对滞后期的选择较为敏感，我们在检验过程中相应选择了 1 ~4 个不同的滞后期，检验结果如表 12 -4 所示。

表 12 -4　格兰杰因果检验结果

滞后期	零假设	F 值	P 值
1	lhp 不是 gapm 的格兰杰原因	0. 24	0. 63
	gapm 不是 lhp 的格兰杰原因	0. 55	0. 47
	lhp 不是 lgapa 的格兰杰原因	2. 18	0. 15
	lgapa 不是 lhp 的格兰杰原因	3. 55	0. 07
2	lhp 不是 gapm 的格兰杰原因	0. 38	0. 69
	gapm 不是 lhp 的格兰杰原因	2. 65	0. 09
	lhp 不是 lgapa 的格兰杰原因	2. 17	0. 14
	lgapa 不是 lhp 的格兰杰原因	2. 84	0. 08
3	lhp 不是 gapm 的格兰杰原因	0. 77	0. 52
	gapm 不是 lhp 的格兰杰原因	0. 59	0. 62
	lhp 不是 lgapa 的格兰杰原因	1. 81	0. 19
	lgapa 不是 lhp 的格兰杰原因	2. 08	0. 15
4	lhp 不是 gapm 的格兰杰原因	0. 65	0. 63
	gapm 不是 lhp 的格兰杰原因	0. 72	0. 59
	lhp 不是 lgapa 的格兰杰原因	0. 79	0. 55
	lgapa 不是 lhp 的格兰杰原因	1. 56	0. 25

由表 12 -4 可知，在滞后 3 期和滞后 4 期的检验中，无法拒绝各变量之间不存在因果关系，这说明从长期看房价与城乡居民收入差距之间没有因果关系，而在滞后 1 期和滞后 2 期的检验中，可以在 10% 的程度上拒绝房价不是城乡居民收入差别绝对值的格兰杰原因，在滞后 2 期的检验中也可以在 10% 的程度上拒绝房价不是城乡居民收入比的格兰杰原因。以上研究结果表明，在滞后期较短的情况下，收入差距可能也是导致房价上涨的原因。

（五）基于 VAR 模型的脉冲响应与方差分解

脉冲响应函数描述的是 VAR 中的一个内生变量的冲击给其他内生变量所带来的影响。图 12－5 反映了 VAR 模型下房价对收入差距扰动的脉冲响应，根据图 12－5 可以发现城乡居民收入比（gapm）与城乡居民收入差别绝对值（lgapa）对房价（lhp）的扰动影响效果非常近似。在收入差距的冲击发生后，房价在 2 期之后出现一个正向的响应，并在第 7 期达到顶峰后开始保持稳定，这反映了收入差距对房价的扰动在减弱并逐渐消失。图 12－5 说明了城市居民收入差距的变动对房价有一定的影响。

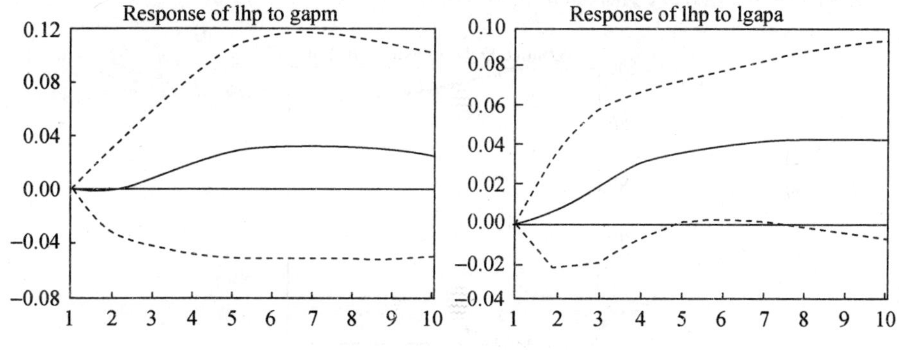

图 12－5　房价对收入差距扰动的脉冲响应

图 12－6 说明了房价对城乡居民收入差距的变动的影响。根据图 12－6 可以发现房价（lhp）对城乡居民收入比（gapm）和城乡居民收入差别绝对值（lgapa）的扰动影响效果也较为近似。在房价的扰动开始后，收入差距迅速做出正向响应，在 2～3 期之后达到顶峰，之后开始逐步回落，这反映了房价对收入差距的扰动在减弱，在第 5 期达到低谷后收入差距受房价扰动的影响程度再次上升，这也反映了不同时期房价对城乡居民收入差距影响的复杂性。

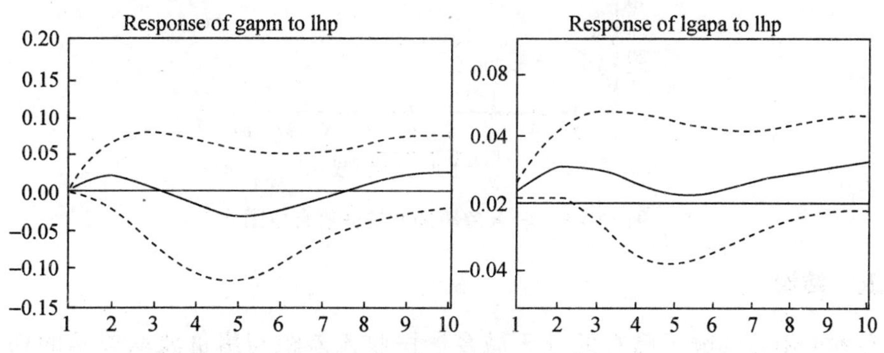

图 12－6　收入差距对房价扰动的脉冲响应

方差分解是把内生变量中的变化分解为对 VAR 的分量冲击以评价不同结构冲击的重要性。

如图 12－7 所示，收入差距在短期内对房价的贡献度接近零，但从第 4 期开始逐步增加。到第 10 期，收入差距对房价的贡献度逐渐增加并稳定在 20% 以内。这说明收入差距对房价的解释力短期内相对有限，但长期看则具有一定的解释力。收入差距的方差分解结果，如图 12－8 所示。房价对收入差距的贡献度从初期的接近零开始迅速上升，在 5 期之后房价对收入差距的贡献度稳定在 50% 以内。从整体看，收入差距的预测方差有接近 50% 来自于房地产价格的冲击，这反映了房价对收入差距具有重要的影响作用。

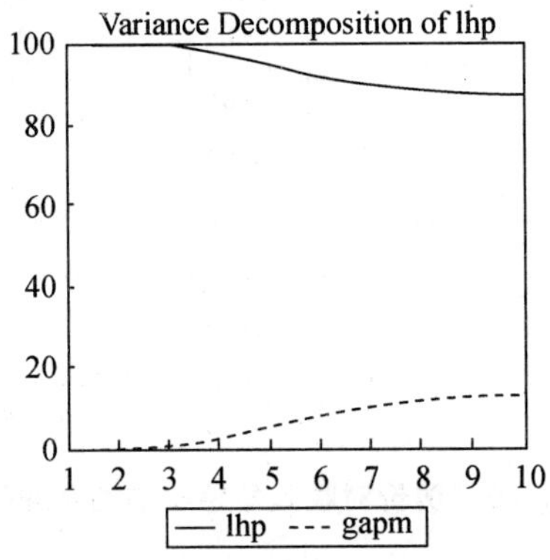

图 12－7　房价的方差分解合成图

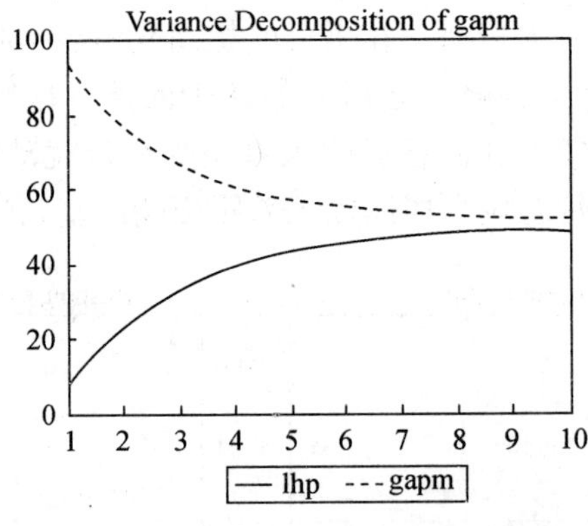

图 12－8　收入差距的方差分解合成图

五、结论

在本节中，回顾了已有的基于城乡居民收入差距与房价波动关系的相关理论，已有相关理论多认为房价上升将会导致居民收入差距的拉大，但也有部分学者认为房价上升对居民收入差距的影响与不同经济时期等因素有关，因素的变化可能会使房价波动对居民收入差距的作用效果相异。另外，收入差距对房价的影响也受到学者们的重视，有实证结果证实居民收入差距是房价上涨的原因之一。城乡居民收入比等指标显示，我国城乡居民收入差距仍较高，工资收入和农业收入分别是城乡家庭收入来源的主要部分，不同区域家庭收入差距明显。模型与实证结果显示房价上升对城乡居民收入差距有较高的正向影响，而收入差距也可能对房价波动产生影响。

本节的结论为我国现阶段房地产调控提供了理论支持。在我国房价波动对城乡居民收入差距有较高的影响，由于收入差距问题不仅关系到经济效率与社会公平，更是关系到整个社会的和谐稳定，因此，现阶段政府加强房地产市场调控，在控制房价过快上涨的同时也有利于控制居民收入差距的进一步拉大，从而实现社会的公平与和谐。

第三节　我国房地产调控政策变迁

一、我国房地产调控政策的阶段划分

归纳我国的房地产调控政策，我们将其分为以下六个阶段：

1. 调控起步阶段（1993～1997 年）

我国的房地产调控起步于 20 世纪 90 年代初期，当时我国经济出现发展过热的态势，海南经济特区、广西北海等地区涌入了大量房地产开发公司，房价持续飙升，已形成了房地产泡沫。为此，1993 年 6 月 24 日，中共中央和国务院联合印发了《关于当前经济情况和加强宏观调控的意见》（简称“国十六条”）。指出了整顿金融秩序、加强和改善宏观调控、对在建项目进行审核排队等十六条措施，其中严格控制新开工项目等措施直接针对过热的房地产市场，以完成给宏观经济降温的总目标。1994 年我国又相继出台了《关于深化城镇住房制度改革的决定》、《城市房地产管理法》和《住宅担保贷款管理试行办法》等政策法律法规，成功抑制了房地产市场过热，使中国经济实现了“软着陆”。

2. 规范市场阶段（1998～2002 年）

1997 年亚洲金融危机爆发后，我国经济开始出现“通货紧缩”，为了刺激消费拉动内需，1998 年 7 月，国务院颁布《关于进一步深化城镇住房制度改革，加快住房建设的通知》（简称 23 号文件），明确提出“促使住宅业成为新的经济增长点”，并拉开了以取消福利分房为特征的中国住房制度改革。1999 年中央政

府开始在全国范围内停止福利分房制度，推行住房分配货币化制度，我国房地产市场化开始加速推进。在房地产市场化初期，我国房地产市场还存在供求结构不合理、市场秩序混乱等问题，为此，我国政府在这个阶段相继出台了《关于房地产中介服务收费的通知》、《招标拍卖挂牌出让国有土地使用权规定》等政策法规，并推出了新版《商品房买卖合同示范文本》和第一个房产测量国家标准《房产测量规范》，初步实现了我国房地产市场运行的规范化。

3. 支持与抑制并存阶段（2003~2005 年）

2003 年 8 月，我国出台的《关于促进房地产市场持续健康发展的通知》（简称 18 号文件）首次明确指出房地产业为国民经济支柱产业，并提出促进房地产市场持续健康发展是保持国民经济持续快速健康发展的有力措施，对符合条件的房地产开发企业和房地产项目要继续加大信贷支持力度。在这个阶段，我国再次出现经济过热迹象，各地房地产投资快速增长，金融信贷风险日益显现。为此，中国人民银行下发的《关于进一步加强房地产信贷业务管理的通知》（简称 121 号文件）调整了商业银行个人住房贷款的优惠政策。

4. 稳定房价阶段（2005~2007 年）

2005 年我国房地产开发的增速开始明显减慢，但房价在北京等大城市却开始快速上涨，使其成为社会关注的焦点问题，因此，在这一阶段，我国房地产调控主要以稳定房价为主要政策目标。2005 年 3 月底，国务院办公厅下发《关于切实稳定住房价格的通知》，提出抑制住房价格过快上涨的八项措施（简称“国八条”），提出建立政府负责制的措施，将稳定住房价格提升到了政治高度。2005 年 4 月，国务院常务会议提出，当前加强房地产市场引导和调控要采取八项措施，对“国八条”进一步细化、延伸。随即，国务院转发由建设部等七部委联合制定的房地产调控操作层面的细化方案。2006 年 5 月，国务院常务会议又提出了六项措施（简称“国六条”），提出“规范发展经济适用房”的方针，将调整住房供应结构作为调控着力点。以上调控措施对房价的调控效果并不明显，我国北京、上海等大城市房价仍维持在高位，并不断上涨。

5. 调控反复阶段（2008~2010 年）

2008 年伴随世界性金融危机对我国的影响日益显现，我国经济增长出现乏力势头，房地产市场也陷入了低迷。为此，我国政府在出台宽松的货币政策刺激经济增长的同时开始逐步放松对房地产市场的调控，如 2008 年 10 月中国人民银行决定扩大商业性个人住房贷款利率的下限。在税收方面，我国从 2008 年 11 月 1 日起，对个人首次购买 90 平方米及以下普通住房的契税税率实行统一下调，并对个人销售住房暂免征收印花税和土地增值税。同时，地方政府也被授权可以制定鼓励住房消费的收费减免政策。进入 2009 年，伴随我国经济复苏，我国房地产市场也迅速升温，各地“地王”频现，房价再次屡创新高，国务院各部委陆续出台调控细节，逐渐废除了2008年的刺激房市政策，再次转向稳定房价。2010年4月，国务院发布了《国务院关于坚决遏制部分城市房价过快上涨的通知》（简称“国十条”），提出了坚决抑制不合理住房需求、部分城市实施限购等措施（暂停发放购买第三套及以上住房贷款；对不能提供1年以上当地纳税证明或社会保险缴纳证明的非本地居民暂停发放购买住房贷款），被称为“史上最严厉的调控政策”，但由于地方的落实问题、购房者对房地产调控信心不足乃至房地产市场的复杂性，本次房地产调控仍难以抑制房价在我国大中城市的快速上涨。

6. 坚决抑制房价上涨阶段（2011年至今）

伴随我国大中城市房价的快速上涨和土地出让市场的疯狂，我国房地产调控政策也在趋向更加严厉。2011年1月27日国务院办公厅发出《国务院办公厅关于进一步做好房地产市场调控工作有关问题的通知》（简称“新国八条”），从限购、限贷、增税、改善供应结构等多个角度提出具体措施。在限购方面，要求进一步做好房地产市场调控工作，提出尚未采取住房限购措施的直辖市、计划单列市、省会城市和房价过高、上涨过快的城市，要出台住房限购实施细则，其他城市也要根据本地房地产市场出现的新情况，适时出台住房限购措施；在限贷方面，要求强化差别化住房信贷政策。对贷款购买第二套住房的家庭，首付款比例不低于60%，贷款利率不低于基准利率的1.1倍；在增税方面，要求调整个人转让住房营业税政策，对个人购买住房不足5年转手交易的，统一按销售收入全额征税；在改善供应结构方面，提出各地要增加土地有效供应，落实保障性住房、棚户区改造住房和中小套型普通商品住房用地不低于住房建设用地供应总量的70%。在新增建设用地年度计划中，单列保障性住房用地。2011年1月，上海和重庆地方政府先后试行在辖区内对个人住房征收房地产税的政策，从而拉响了我国房地产税征收的序幕。以上六个阶段可以用表12－5进行总结。

表12－5　我国历次房地产调控政策回顾

时间	调控背景	调控目的	代表调控政策	调控特点	调控效果
1993～1997年	宏观经济过热导致通货膨胀，部分地区出现房地产泡沫	配合抑制通货膨胀，宏观经济降温的大目标	1993年6月中共中央和国务院联合印发“国十六条”	以整顿金融秩序，压缩基本建设项目为重点	部分地区房地产泡沫破裂，中国经济实现软着陆
1998～2002年	亚洲金融危机爆发，中国经济“通货紧缩”	刺激内需和规范房地产市场	1998年7月，国务院颁布23号文件	推行住房分配货币化制度，房地产市场化、规范化开始加速推进	房地产业实现了高速发展

续表

时间	调控背景	调控目的	代表调控政策	调控特点	调控效果
2003~2005年	房地产业在拉动经济增长同时出现过热现象	促进房地产业健康发展与抑制过热并重	2003年6月出台的121号文件和2003年8月出台的18号文件	在明确房地产业“支柱产业”地位同时，运用金融手段抑制房地产过热	房地产市场过热难以得到抑制
2005~2007年	各地房价快速上涨，大城市房价居高不下	稳定房价	2005年3月出台国八条和2006年5月出台国六条	土地、金融、税收等政策并重，并着力体制住房供应结构	房价继续快速上涨，调控难见成效
2008~2010年	次贷危机造成宏观经济低迷，房地产市场遇冷	前期以繁荣房地产市场发展为主；后期以抑制房地产市场过热为主	2008年10月中央部委出台的支持房地产业发展的系列政策和2010年4月出台的国十条	针对房地产市场的变化前期支持后期抑制，房地产调控出现反复	房地产市场短暂低迷后迅速繁荣，各地房价再次持续创出新高
2011年至今	土地市场火爆，房价持续上涨	坚决抑制房价上涨	2011年1月颁布新国八条，上海、重庆出台房产税政策	以限购为重点，限贷、增税与改善供应结构多管齐下	房价涨速有所放缓，最终效果还有待观察

表12-6反映了我国从2003年至今的主要调控措施，从内容分析，现有调控措施主要包括以下几大类：第一类是综合性的宏观调控，一般都是由国务院具体牵头，以促进我国房地产市场健康发展为指导思路，通过建立政府负责制等方式实现宏观调控的目标；第二类是金融类调控措施，具体内容包括调整存款准备金率、存贷款基准利率以及提高二套以上住房的贷款首付比例及相应贷款利率；第三类是土地类调控，具体内容包括规范土地出让市场以及对开发商囤地行为进行约束等；第四类是税收类调控，由国家税务总局通过营业税、契税及新推出的房地产税等税种对房地产价格进行调控；第五类是对房地产企业具体行为的调控，具体内容包括对新开发房地产项目户型比例的调控、对外资房地产企业的调控以及对中央企业投资房地产的调控等；第六类是住房供应体系类的调控，主要内容为增加限价房、保障房在我国住房供应体系中的比例；第七类为对房地产交易市场的调控，如对购房主体进行限购、规范房地产交易市场的正常秩序等。

表 12－6　近年来我国房地产调控政策一览

调控性质	主要调控内容
宏观调控	1. 2005 年 3 月，国务院出台八点意见稳定房价意见，将稳定房价提高到政治高度，建立政府负责制 2. 2005 年 5 月，国务院七部委要求各地区、各部门要解决房地产投资规模过大、价格上涨幅度过快等问题 3. 2007 年 3 月全国人民代表大会《物权法》获得通过，对房地产市场的平稳发展意义重大 4. 2010 年 1 月，国务院提出增加保障性住房和普通商品住房有效供给、加强风险防范和市场监管等措施以促进房地产市场健康发展 5. 2013 年 2 月 20 日国务院常务会议确定了五项加强房地产市场调控的政策措施（国五条）。国务院常务会议出台五项调控政策措施，要求各地制定并公布年度新建商品住房价格控制目标并严格执行商品住房限购措施
金融类调控	1. 2003 年 4 月中国人民银行对购买高档商品房、别墅或第二套以上（含第二套）商品房的借款人，适当提高首付款比例 2. 从 2004 年 10 月起多次上调存贷款基准利率 3. 2005 年 3 月对房地产价格上涨过快的城市或地区，个人住房贷款最低首付款比例由 20% 提高到 30% 4. 2007 年 9 月，要求商业银行对已利用贷款购买住房，又申请购买第二套（含）以上住房的，贷款首付款比例不得低于 40%，贷款利率不得低于中国人民银行公布的同期同档次基准利率的 1.1 倍 5. 2008 年 4 月起多次上调存款准备金率 6. 2008 年 10 月将商业性个人住房贷款利率的下限扩大为贷款基准利率的 0.7 倍；最低首付款比例调整为 20% 7. 2010 年 4 月要求对贷款购买第二套住房的家庭，贷款首付款不得低于 50%，贷款利率不得低于基准利率的 1.1 倍。商业银行可根据风险状况，暂停发放购买第三套及以上住房贷款 8. 2011 年 1 月，将第二套房的房贷首付从原来的不低于 50% 改为不低于 60% 9. 2012 年初，中农工建四大行将首套房贷利率全部降至基准利率之内，以满足居民家庭首次购买自住普通商品住房的贷款需求
土地类调控	1. 2004 年 3 月国土资源部、监察部联合发文要求各地须在当年 8 月 31 日前将协议出让土地中的“遗留问题”处理完毕，否则国土部门有权收回土地 2. 2006 年 8 月国土资源部对招标拍卖挂牌或协议出让国有土地使用权的范围作了细化，进一步明确六类情形必须纳入招标拍卖挂牌出让国有土地范围 3. 2008 年 6 月国土资源部商品住宅开发不得超 3 年、土地管理不作为将受严惩等 4. 2012 年 2 月底国土资源部公布《关于做好 2012 年房地产用地管理和调控重点工作的通知》，再次强调停止别墅类用地的土地供应

续表

调控性质	主要调控内容
税收类调控	1. 2006年5月国家税务总局规定2006年6月1日后，个人将购买不足5年的住房对外销售全额征收营业税 2. 2009年12月国务院规定个人住房转让营业税征免时限由2年恢复到5年以遏制炒房行为 3. 从2008年11月1日起，对个人首次购买90平方米及以下普通住房的，契税税率暂统一下调到1%，地方政府可制定鼓励住房消费的收费减免 4. 2011年1月28日上海和重庆正式实施房产税，深圳宣布成为第三个房产税试点城市 5. 2013年2月26日国务院的《通知》规定二手房个税从严按差额20%征收 6. 2013年5月国务院批转发展改革委《意见》提出扩大个人住房房产税改革试点范围
对房地产企业具体行为的调控	1. 2006年5月国务院提出了促进房地产业健康发展的六项措施，其中对开发商在套型面积、小户型所占比率、新房首付款等方面做出了量化规定 2. 2006年7月建设部等六部委加强了对外商投资企业房地产开发经营、境外机构和个人购房的管理，被称为"外资限炒令" 3. 2010年3月国资委要求78户不以房地产为主业的中央企业，要加快进行调整重组，在15个工作日内制订有序退出方案
对住房供应体系的调整	1. 2006年8月建设部提出加强城镇廉租住房制度建设，规范城镇廉租住房管理 2. 2007年8月国务院提出加快建设多层次的住房供应体系，加大保障性住房的建设力度 3. 2012年1月，北京、上海获批准在集体建设用地上建设公租房，规定不能出售给个人，产权仍然为农村集体组织所有
对房地产交易市场的调控	1. 2006年9月国务院及建设部就房地产交易秩序专项整治活动制定工作方案 2. 2010年4月北京市政府规定同一购房家庭只能新购买一套商品住房 3. 2011年1月26日，国务院要求各直辖市、计划单列市、省会城市和房价过高、上涨过快的城市，在一定时期内，要从严制定和执行住房限购措施

二、我国现阶段房地产调控的主要特点

纵观我国这一阶段的房地产调控政策，归纳起来主要有以下几个特点：

（1）中央高度重视，但房地产调控的政策效果长期以来不明显。我国政府从2003年开始对持续上涨的大中城市房地产价格进行宏观调控，其出台的政策涵盖了金融、土地、税收等各个方面，且出台调控政策的密度较大，但我国大中城市的房地产价格依然保持了较快增长速度，这导致房地产价格居高不下，特别是在大中城市远远超越了当地普通居民的实际购买力。

（2）金融调控是我国房地产调控的主要手段。从表12－6可以发现，我国现阶段房地产调控应用最频繁的手段即是金融调控，如近年来我国人民银行多次调

整存贷款基准利率和存款准备金率，虽然这种调整并不一定完全针对我国的房地产市场，但由于房地产行业本身资金密集及杠杆经营的特点决定了其对房地产企业的经营有着巨大的影响，此外商业银行及公积金机构多次对居民购房的贷款比例、利率等进行调整，也对房地产销售具有极大的影响。

（3）平稳健康发展始终是我国房地产调控的主要基调。事实上，回顾我国近年来的房地产调控政策可以发现，我国房地产调控以支持房地产业健康平稳发展为主要目的，而并不是一味打压房价，在一些特殊时刻，政府还会出台相关政策促进房地产业的发展。如在 2008 年发生全球金融危机之后我国房地产市场陷入低迷，对此政府的宏观调控反映在对房地产行业发展的支持上，如调低房地产贷款首付，实行房地产贷款优惠利率，实施优惠的税率等政策鼓励居民房地产消费，这也充分说明房地产业为国民经济的重要产业，维持其健康平稳发展是我国政府宏观调控的主要原则。

（4）2011 年 1 月开始实施的房地产限购政策是迄今为止我国实施的最严厉也是效果相对最明显的房地产调控政策，但其最终效果还有待观察。2011 年 1 月底，在经历了 2010 年房地产价格较大幅度上涨之后，国务院出台"新国八条"，其中最引人关注的内容之一就是全国重点城市推广房地产交易限购令，限购令的直接效果即是阻止了重点城市的外来资金和人员进入市场的速度和力度，并对投机投资需求产生了很大的打击，使得民众对房价飙涨的预期有所减弱，从限购令实施的效果分析，由于限购令一方面限制了不符合条件人群的房地产购买，另一方面使得已购房人群出现惜售现象，因而迅速降低了实施限购城市的房地产成交量，并遏制了房价过快的上涨速度。虽然这些城市的房地产价格并没有出现根本性下降，但这些城市中少数开发商由于资金链断裂而导致被迫降价乃至卷款逃跑的事例已经开始增多，而限购究竟是推广到更多的城市还是实施放松则为未来我国房地产业的发展增添了更大的不确定性。

（5）房地产调控的进程集中反映了中央政府与地方政府之间的利益冲突。由于我国现行实施的分税制的影响，土地出让收入成为地方政府财政资金的重要来源，这种重要性甚至在很多国内一二线城市中更为明显，因此中央对房地产业的宏观调控不可避免地与地方政府利益产生了冲突，这主要反映在中央政府的调控立足于房地产业平稳健康发展，而地方政府则更重视房地产一级市场的土地出让收益情况，而这种收益直接取决于房地产二级市场的繁荣程度，特别是房地产交易价格的高低。因此，地方政府对房地产调控特别是房地产限购政策的实施并不积极，这具体表现在限购政策至今仍只局限于国务院文件中规定的重点城市，而规定以外的其他城市即使房价上升速度较快多数也依然没有实施限购政策；而对于已实施限购的重点城市中，很多缺乏政治经济资源但又急需加快城市化发展的二三线城市都采取了种种措施以减低限购政策对其房地产市场的冲击。其通过放松包括居住证、户籍等购房者进入门槛（如石家庄）、缩小限购范围（如贵阳），临时调整限购政策，将房价增长控制目标与当年城镇居民人均可支配收入相捆绑（如银川、昆明等），执行中只限新建商品房不限二手房（如长沙）等方式使限购的执行效果在实际中打了折扣。因此，本书认为，虽然最近一年来中央政府出台了包括“大中城市的房地产限购”以及大幅增加保障房供应等房地产调控的政策，但其能否实现房地产宏观调控的最终目的仍有待进一步观察。

第四节 房地产税收对房价波动的影响

一、文献回顾

自1998年住房制度改革以来，中国房地产市场发展迅速，房价起伏动荡，特别是北京、上海、深圳和杭州等大城市的房价波动幅度更大。为此政府出台了一系列调控政策和措施，包括土地、税收和金融等手段，其中利用税收手段对房地产市场进行调控已成为讨论热点。目前国外学者对房地产税与房价的关系进行了较多探讨，从相关文献所采用的研究方法和研究内容来看，多数学者认同房地产税会对房价波动产生影响，但对影响房价波动的方向及程度大小等问题仍存在一定的争议。

多数国外学者的研究证实了房地产税与房价波动存在一定的关系。Tiebout（1956）提出了著名的Tiebout模型，指出居民会根据掌握的税收负担（居住成本）和公共服务水平信息，选择符合自己收入—支出偏好的地区居住，Tiebout的研究为后来房地产税与房价关系研究奠定了基础。Oates（1969）对美国新泽西州东北部53个城镇的调查发现房地产价值与地区公共支出水平呈正相关，与财产税呈负相关，同时他也认为大部分居民都愿意承担高的税负，以享受较好的地方公共服务。因此他认为在探讨房地产税对房价影响时，应同时考虑公共支出的影响，否则实证研究的结果将有失偏颇。Hyman和Pasour（1973）对美国北卡罗来纳州的106个城镇房地产税、地方公共支出与房价之间关系研究表明，房地产税、地方公共支出与房地产价值不一定存在显著关联性。Hamilton（1975，1976）在Tiebout（1956）模型基础上认为，物业税仅是一种使用费，类似人头税，不是资本税，仅影响地方公共支出，对住房价值和资源配置未产生任何扭曲。Kim（1990）研究韩国房地产市场中房地产转让税的课税效果，研究发现房地产转让税对经常更换住所的住户而言是一个较大的经济负担，税收改变了消费者的住宅置换行为。Mieszkowski（1972）、Zodrow（1986）认为，物业税一方面降低了资本回报，另一方面影响了房屋等当地生产要素和商品价格，使其所有者和消费者承担了一部分税负。Mcdonald（1993）使用美国芝加哥6个县1982年、1985年和1988年数据考察了商业和工业房屋价值与物业税之间的关系。实证结果表明，物业税率变动及物业税水平对房屋价值具有显著影响，同时，物业税率变动取决于物业税基、物业税水平及其以往变动。Woed（2006）采用微观模拟模型研究了澳大利亚房地产政策对住宅需求选择的影响，研究发现房地产税会影响租房买房的相对价格、家庭财富并最终影响房价。

对于房地产税对房价波动方向的影响，不同学者研究结果不尽相同。少数学者认为房地产（物业）税会导致房价的上升。如 Simon（1943）和 Netzer（1966）分别运用局部均衡分析方法分析了自由流动的资本不承担任何税负，物业税由房屋所有者承担，从而导致房价上升。更多的学者则认同房地产税导致房价的下降，如 Benjamin（1993）对美国费城房地产转让所得税对房价的影响研究发现，由于房地产供给缺乏弹性，对房地产征收转让所得税将导致短期房价下降，税收负担由卖方承担。Lundbrg 和 Skedinger（1999）根据 Weaton（1990）的房地产市场搜索模型对房地产交易税对房价影响的研究发现房价是内生的，房地产交易税征收所形成的闭锁效应，导致短期内房地产价格下降。Rosen、Fullerton（1977）在 Oates（1969）模型的基础上用考试成绩（公共服务产出）代替公共服务支出（公共服务投入），考察了物业税率和公共服务对房价的影响。实证结果表明物业税对房价有显著负向影响。至少75%的公共服务被资本化为房价。Krantz、Weaver 和 Alter（1982）运用 MLE 估计了物业税对房价的影响，实证结果表明物业税对房价有显著负影响，大约有60%的物业税被资本化为房价。Case、Grant（1991）通过构建一个消费者和生产者模型考察了多辖区物业税变动对其房价和税负的长期影响。模拟结果显示，提高物业税的流转效应非常显著。提高物业税将使房价下降，住房消费面积减少。当物业税率提高25%，将导致物业税收仅增加6.6%，房东将承担过度税负（税负减公共服务支出）。

此外，很多学者将房产税的研究与地方财政公共支出相结合，得出的结论也不尽相同。Rosentha（1999）对英国马其赛特郡（Merseyside）等地区的实证研究发现税收对房价有抑制作用，而公共支出对房价有促进作用。谢文盛（2001）对台北市的实证研究指出房地产税对房价的影响为负，公共支出对房价的影响为正，且后者影响较大。此外 Ange（2004）、Lang（2004）和 Noord（2005）等的实证研究也得出了相似的结论。然而，Hyman 和 Pasou（1973）在对美国北卡罗来纳州106个城镇进行研究时发现财产税和地方公共支出对房地产价值的影响是不确定的。

国内学者对我国房地产税、地方公共支出与房价之间的关系进行较多探讨，这些学者得出的结论也不尽相同。王海勇（2004）从现代资产定价理论出发，认为房地产征税将降低对房地产未来收益的预期，从而导致房地产价格下降。陈多长等（2004）指出，房地产税对房价的影响是双重的，它既改变投机者的价格预期，也改变房地产资产的收益流量，导致税后房地产价格下降。杞明（2005）利用 Tiebout 理论模型研究发现地方公共支出会促进房价上涨。胡洪曙（2007）指出，征收房地产税会导致房价由于税收资本化而降低，又会因为地方公共服务资本化而提升。这些研究均肯定了中国房地产税、地方公共支出和房价之间存在相关性。杨绍媛、徐晓波（2007）从住房成本和资产收益角度分析认为，由于购房者需求弹性小，征收房地产税将导致房价上涨。丁成日（2007）阐释了税收、地方公共支出与房地产之间的正反馈关系，房地产税一方面增加了纳税主体的税收负担，另一方面又意味着政府财政开支的增加。从这一层面分析，我国房地产税对房地产价格存在影响，其影响包括直接效应和间接效应。其中，直接效应就是房地产税收资本化，而间接效应则指房地产税可以通过辖区内的地方公共支出作用于房地产价格。高凌江（2008）对中国 35 个大中城市的实证研究发现地方公共支出与房价呈正相关。杜雪君等（2008）关于我国房地产税与房价关系的研究验证了我国房地产税与房价之间存在关联性。

二、我国房地产税收政策历程

从新中国成立至今，我国房地产税收政策的变迁主要经历了以下四个阶段：

1. 房地产税制的初创阶段（1950～1972 年）

1950 年 1 月 30 日中央人民政府政务院发布《全国税政实施要则》，提出开征地产税、房产税和遗产税，同年 5 月财政部发布《地产税暂行条例（草案）》和《房产税暂行条例（草案）》。1951 年 8 月 8 日政务院颁布《城市房地产税暂行条例》，开征城市房地产税。由于遗产税暂不开征，地产税和房产税合并为房地产税，因此房地产税、印花税和契税三个税种组成了新中国成立初期我国房地产税制体系。

2. 房地产税萎缩阶段（1973～1983 年）

1973 年税制改革时，政府调整城市房地产税的征税范围，只对房地产管理部门和个人以及原来的外商投资企业征收。在城镇土地无偿使用、职工住房国有化以及简并税制的背景下，房地产税和契税在我国税制体系中地位下降。

3. 房地产税制恢复与建设阶段（1984～1993 年）

改革开放后，1984 年 10 月政府决定恢复对国有企业开征房产税，并把城市房地产税分为房产税和土地使用税。1986~1988年，国务院发布了《房产税暂行条例》、《耕地占用税暂行条例》和《城镇土地使用税暂行条例》，标志着我国房地产税制开始恢复。

4. 房地产税制完善与不断探索阶段（1994年至今）

这一阶段社会主义市场经济体制在我国已初步建立。1994年的税制改革对房地产税的计税依据和课税范围进行了修改，并增加了土地增值税这一新的房地产税种；1997年10月，新的契税条例实施；1999年12月2日，中央政府三个涉税部门联合颁发文件决定开征房产转让所得税。2006~2007年，政府逐年分别对《城镇土地使用税暂行条例》和《耕地占用税暂行条例》做出修改，提高税额标准。2011年1月27日，上海市人民政府印发了《上海市开展对部分个人住房征收房产税试点的暂行办法》的通知，要求从第二天起将开展对部分个人住房征收房产税试点。同日，重庆市颁布《重庆市人民政府关于进行对部分个人住房征收房产税改革试点的暂行办法》，规定自2011年1月28日起正式启动房地产税收改革试点工作。这样，上海和重庆成为国家首批个人住房房产税改革试点城市，如表12-7所示。按照有关学者的分析，由于征税范围较小，税率不高，一年来，两地实际征收的房产税最多不过几亿元，对当地的财政收入和房地产调控的贡献甚微①。

表12-7 重庆与上海房地产税征收细则

项目	重庆	上海
试点范围	重庆主城区（渝中区、江北区、沙坪坝区、九龙坡区、大渡口区、南岸区、北碚区、渝北区、巴南区）	上海市行政区域
税率	以上两年主城区新房均价为基准，3倍以下的0.5%，3~4倍的1%，4倍以上的1.2%	暂定为0.6%。应税住房每平方米市场交易价格低于本市上年度新建商品住房平均销售价格2倍（含2倍）的，税率暂减为0.4%
本地居民	1. 个人拥有的独栋商品住宅 2. 个人新购的高档住房。高档住房是指建筑面积交易单价达到上两年主城九区新建商品住房成交建筑面积均价2倍（含2倍）以上的住房	家庭第二套及以上住房（包括新购的二手存量住房和新建商品住房）
外地居民	同时无户籍、无企业、无工作的个人新购的第二套（含第二套）以上的普通住房	非本市居民家庭在本市新购的住房

① 房产税试点周年大考：上海重庆试点1年仅征数亿［EB/OL］. 奇奇财经，http：//www. qsmx. com.

续表

项目	重庆	上海
计税依据	应税住房的计税价值为房产交易价。条件成熟时，以房产评估值作为计税依据	参照应税住房的房地产市场价格确定的评估值，评估值按规定周期进行重估。试点初期，暂以应税住房的市场交易价格作为计税依据。房产税暂按应税住房市场交易价格的70%计算缴纳
免税面积	一个家庭可对一套应税住房扣除免税面积，存量独栋住宅为180平方米，新购高档住房为100平方米	上海市居民家庭人均60平方米

资料来源：《上海市开展对部分个人住房征收房产税试点的暂行办法》和《重庆市人民政府关于进行对部分个人住房征收房产税改革试点的暂行办法》。

三、上海与重庆房地产税实施效果的实证分析

为了研究上海及重庆房地产市场是否受到房产税的影响，我们收集了2008年6月至2013年6月上海和重庆市的供给房价数据（资料来源于城市房产网站，sh. cityhouse. cn），考虑到时间跨度较小以及我国房地产市场并不存在明显的理性预期，反而存在较为明显的货币幻觉，因此，我们没有考虑通胀因素的影响。图12－9和图12－10分别反映了近5年上海和重庆市的房价走势，分析可以发现，以实施房地产税的2011年为临界，上海房价走势的变化并不明显，而重庆市的房价则出现了涨势趋缓的现象。为了得出更为客观的结论，我们在这一部分通过对房价自回归模型的Chow检验以验证出台房地产税的时间点是否对房价波动产生较大影响。

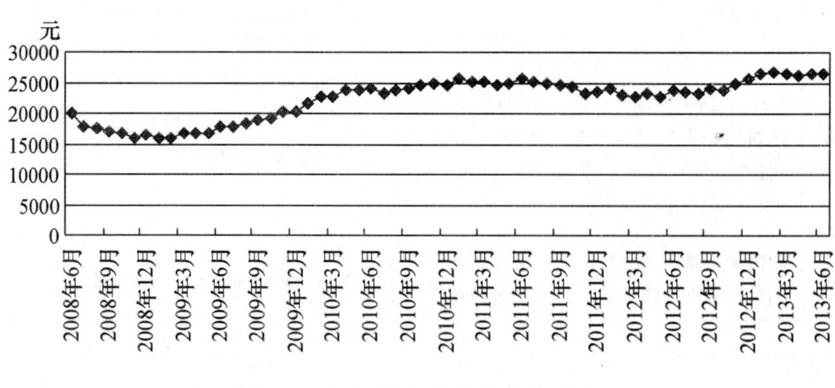

图12－9　近5年上海市房价走势

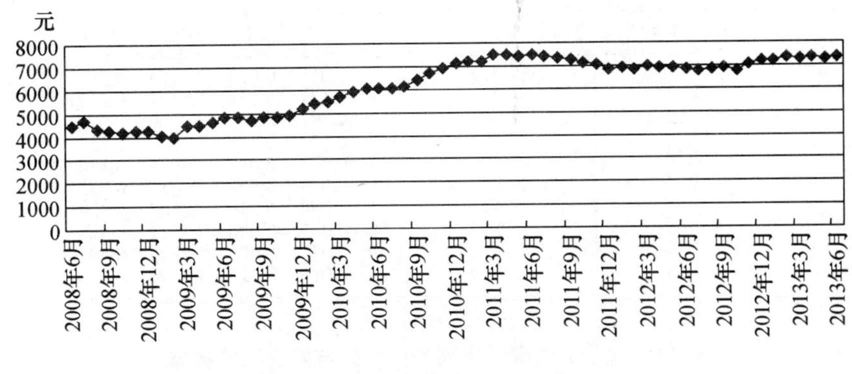

图 12－10　近 5 年重庆市房价走势

为了识别时间序列的模型形式，我们采用 ADF 单位根检验的方法用以检验房价走势是否属于平稳序列。

表 12－8　上海、重庆房价时间序列的单位根检验

变量	SHP	ΔSHP	CQP	ΔCQP
检验类型	(c, 0, 2)	(c, 0, 2)	(c, 0, 2)	(c, 0, 2)
ADF 统计量	－0.442323	－8.319594	－0.761408	－6.102662
1%临界值	－3.544063	－3.546099	－3.546099	－3.546099
5%临界值	－2.910860	－2.911730	－2.911730	－2.911730
结论	不平稳	平稳		

注：ΔSHP、ΔCQP 表示原序列的一阶差分序列；(c) 表示单位根检验中的截距项、时间趋势项与滞后阶数。

由表 12－8 可见，上海房价和重庆房价的数据均不是平稳数列，但一阶差分后均可以变为平稳数列，由于时间序列通常具有自回归的特点，因此，我们通过观察一阶差分的上海房价数列的自相关与偏自相关图以确定自回归过程的阶数。通过图 12－11 可以发现，一阶差分的上海房价数列存在 3 阶自回归过程。

据此我们建立 AR（3）模型以消除残差自相关，通过回归可得：

$$\Delta SHP = 181.0736 + u_t \qquad (12-11)$$

(1.66)

$$u_t = 0.289393\Delta SHP_{t-3} + v_t \qquad (12-12)$$

(2.55)

合并（12－11）式和（12－12）式可得（12－13）式

$$\Delta SHP = 181.0736 + 0.289393\Delta SHP_{t-3} + v_t \qquad (12-13)$$

Autocorrelation	Partial Correlation		AC	PAC	Q-Stat	Prob
		1	0.018	0.018	0.0194	0.889
		2	0.154	0.154	1.5434	0.462
		3	0.291	0.293	7.0760	0.070
		4	0.056	0.042	7.2877	0.121
		5	0.071	-0.016	7.6322	0.178
		6	0.073	-0.028	8.0017	0.238
		7	0.070	0.040	8.3505	0.303
		8	-0.005	-0.030	8.3522	0.400
		9	0.033	-0.000	8.4339	0.491
		10	0.015	-0.013	8.4496	0.585

图 12-11　上海房价序列的自相关与偏自相关数据

$R^2=0.105966$　DW = 2.198813　F = 6.518902

为了验证模型是否还存在自相关，我们选择滞后期为 10，对模型残差进行 Q-Stat 检验可得图 12-12，最右侧 Prob 列中的数字表示相应自由度下 χ^2 统计量取值大于相应 Q 值的概率，因为这一列概率值均大于 0.05，说明所有 Q 值都小于检验水平为 0.05 的 χ^2 分布临界值。即模型的随机误差序列是白噪声序列。

Autocorrelation	Partial Correlation		AC	PAC	Q-Stat	Prob
		1	-0.099	-0.099	0.5885	
		2	0.090	0.081	1.0806	0.299
		3	0.061	0.079	1.3151	0.518
		4	-0.060	-0.055	1.5400	0.673
		5	0.145	0.125	2.9088	0.573
		6	-0.074	-0.046	3.2687	0.659
		7	0.104	0.081	4.0013	0.677
		8	0.075	0.084	3.3855	0.734
		9	0.069	0.092	4.7155	0.788
		10	0.029	-0.004	4.7751	0.853

图 12-12　上海房价差分模型残差的 Q-Stat 检验

采用相同的方法，我们通过图 12-13 可以发现，一阶差分的重庆房价数列可能存在 3 阶自回归过程。据此我们建立 AR（1）、AR（3）模型以消除残差自相关，通过回归可得：

$$\Delta CQP = 59.50203 + 0.224569\Delta CQP_{t-1} + 0.216662\Delta CQP_{t-3} \quad (12-14)$$

$$(1.86)\qquad (1.77)\qquad (1.81)$$

$R^2=0.1115487$　DW = 2.0043600　F = 3.525286

Autocorrelation	Partial Correlation		AC	PAC	Q-Stat	Prob
		1	0.225	0.225	3.1918	0.074
		2	0.070	0.020	3.5054	0.173
		3	0.244	0.236	7.3781	0.061
		4	0.121	0.020	8.3580	0.079
		5	0.031	-0.009	8.4234	0.134
		6	0.112	0.059	9.2868	0.158
		7	-0.035	-0.114	9.3749	0.227
		8	0.086	0.125	9.8990	0.272
		9	0.097	0.018	10.584	0.305
		10	0.071	0.079	10.957	0.361

图 12-13　重庆房价序列的自相关与偏自相关数据

为了验证模型是否还存在自相关，我们选择滞后期为 10，对模型残差进行 Q-Stat 检验可得图 12-14，最右侧 Prob 列中的数字表示相应自由度下 χ^2 统计量取值大于相应 Q 值的概率，因为这一列概率值均大于 0.05，说明所有 Q 值都小于检验水平为 0.05 的 χ^2 分布临界值。即模型的随机误差序列是白噪声序列。

Autocorrelation	Partial Correlation		AC	PAC	Q-Stat	Prob
		1	0.003	0.003	0.0005	
		2	-0.048	-0.048	0.1421	
		3	0.077	0.077	0.5098	0.475
		4	-0.014	-0.018	0.5229	0.770
		5	-0.171	-0.164	2.4053	0.493
		6	0.170	0.171	4.3149	0.365
		7	0.010	-0.009	4.3209	0.504
		8	-0.009	0.030	4.3261	0.633
		9	0.131	0.110	5.5295	0.596
		10	0.124	0.100	6.6259	0.577

图 12-14　重庆房价差分模型残差的 Q-Stat 检验

我们利用 Chow 检验的方法以验证 2011 年 1 月上海及重庆两地推出的房地产税政策是否对当地房价波动产生影响，Chow 检验主要是检验整个样本的各子样本中的系数是否相等。如果模型在不同的子样本中模型的系数不同，说明该模型中存在转折点。我们将转折点分别设为 2011 年 1~4 月，即两地房地产税开始实施的前 4 个月，由表 12-9 可知 F 和 LR 统计量对应的概率 P 值都在 0.10 之上，因此不能拒绝原假设，即模型没有显著的结构变化。因此，我们的结论是上海及重庆的房地产税政策并没有对两地房价波动造成实质性影响，现有试点地区的房地产税政策对房价调控的效果并不显著。

表 12 -9　上海、重庆房价波动转折的 Chow 检验

地区	时间	F	Prob F	LR	Prob LR
上海	2011 年 1 月	0.84	0.44	1.77	0.41
	2011 年 2 月	1.39	0.26	2.90	0.23
	2011 年 3 月	0.99	0.37	2.11	0.35
	2011 年 4 月	0.90	0.41	1.90	0.38
重庆	2011 年 1 月	1.72	0.17	5.49	0.14
	2011 年 2 月	1.73	0.17	5.52	0.14
	2011 年 3 月	1.41	0.25	4.56	0.21
	2011 年 4 月	1.96	0.13	6.22	0.10

四、国内外房地产税组成概况

房地产税是世界各国调控经济的杠杆，同时也是世界各国税收制体系的重要组成部分。世界各国房地产税的设立情况并不相同。

（一）国外房地产税种及其分类

国外多数国家和地区的房地产税可以分为两大类，即保有环节房地产税（也称房地产保有税）和流转环节房地产税。

1. 房地产保有税

房地产保有税是政府向拥有房地产所有权的所有人或占有人征收的税收。它的征税依据是房地产的存在形态，例如土地、房产或房地合一等来进行设置。国外房地产保有税体系具体包括不动产税、财产税、定期不动产增值税等税种。

（1）不动产税。是对土地或房屋所有或占有者征收的税，计税依据为不动产评估价值。不动产税又可分为三种类型：将土地、房屋、有关建筑物和其他固定资产综合在一起而课征的不动产税，如巴西、日本、芬兰、加拿大的不动产税等；只对土地和房屋合并课征的房地产税，如墨西哥、波兰的房地产税，泰国的住房建筑税等；单独对土地或房屋课征的土地税或房屋税，如奥地利的土地价值税、韩国的综合土地税等。

（2）财产税。在不征收不动产税的国家里，一般征收财产税，如美国、英国、荷兰、瑞典等国，操作办法是将不动产与其他财产捆在一起，就纳税人某一时点的所有财产课征的一般财产税，计税依据是不动产评估价值。

（3）定期不动产增值税。该税种主要是针对占有房地产超过一定年限的产权者征收，通过对房地产的重新评估，对其增值额征收，一般分为 10 年期和 5 年期增值税两种。德国、英国、日本曾实行过的土地增值税及意大利现行不动产

增值税都是对未发生转移的土地自然增值征税。

（4）其他税种。如日本的城市规划税和特别土地保有税，法国的建筑地税、未建筑地税和不动产资本价值税等。

2. 流转环节房地产税

流转环节的房地产税是对取得土地、房屋所有权的人课征的税收，一般根据取得方式而设置税种，房地产取得的法律事实主要分为原始取得和继承取得。现今各国设置的房地产取得税类的税种主要包括遗产税（继承税）或赠与税、印花税等。如在房地产发生继承或赠与等无偿取得行为时，各国一般要征收遗产税（继承税）或赠与税，只不过各国选择的遗产税征收形式不同，有的采用总遗产税制模式，有的采用分遗产税制模式，有的采用混合遗产税制模式。赠与税也分为赠与人税制和受赠人税制。

由于国家的经济发展阶段、房地产行业的发展水平不同，不管是保有环节还是流转环节，各国的房地产税制在课税体系及税制要素设计上都存在一定的差异，具体参见表 12－10 和表 12－11。

表 12－10 部分国家及地区房地产保有环节税收情况

国家（地区）	税 种	计税依据	名义税率
日本	固定资产税	计税依据是课税日期登录在固定资产账目上的价值，原则上每 3 年对其纳税价格评估一次	标准税率为 1.4%，最高税率为 2.1%，由地方税法规定
	城市规划税	计税标准同固定资产税	由各市町村政府自行确定，但最高税率不得超过 0.3%
	地价税（1998 年暂时停征至今）	以每年 1 月 1 日土地所有者所有的全部土地价格的总额扣除基础项后的余额为计税价格	1992 年开征，开征时税率为 0.2%，1993 年调整为 0.35%，1996 年调整为 0.15%
英国	闲置土地特别保有税	计税依据：土地取得价格与市场时价中之高者	适用税率为 1.4% 应纳税额＝土地取得价格×税率（1.4%）－固定资产税税额 征收对象为单块面积在 1000 平方米以上的闲置土地
	住宅房屋税（市政税）	计税依据是以住房评估价值为基础来确定，其课税价格由税务局所授权的房屋估价机构进行评估，并确定房屋的价格等级	现行房屋价格等级共八级。不同级次价格税率不同，实行超额累进税率，其税率标准由各地方政府确定

续表

国家（地区）	税　种	计税依据	名义税率
英国	非住宅房屋税（营业房产税）	该税的计税价格是不动产的年净收益，它等于该不动产的市场年租金减去修缮费	税率因房屋使用用途不同而异。每年4月1日由中央政府确定
韩国	综合土地税	计税依据为由土地估价管理部门估价的土地市场价值和租金价值，税额由税务部门核定	其税率比较复杂，分为一般税率、特别税率、个别税率三类。一般税率适用于法律规定的一般课税对象的土地（即空地，地上无定着物），税率为0.2%～5%；特别税率适用于地上有定着物的土地，税率为0.3%～2%；个别税率适用于农业用地、工业用地等特定用途的土地，税率为0.1%～5%
	房屋财产税	计税依据是房屋等财产按重置成本法评估的价值	既有比例税率又有累进税率，对住宅按其价值的多少分为6个级次，实行从0.3%～7.0%的超额累进税率。对工厂建筑物，高尔夫球场用房、别墅、高级娱乐场所和其他房屋，实行比例税率，分别为0.6%、5%和0.3%
	土地过分利得税	计税基础为土地增值额，公式：土地增值额＝地价实际上涨额－地价正常上涨额－资本性支出费用－利息支出（其中地价实际上涨额＝课税期末地价－期首地价）	采用比例税率，税率为50%，原则上每3年征收一次。但如果在课税期间地价第一年或第二年的增长超过正常增长率（国家平均的地价上涨率）的150%，则土地所有者每年均应缴纳此税。1991年和1992年，韩国两年均课征了土地过分利得税。1992年后，地价逐步稳定，则以地价上升率超过44.5%的闲置土地为对象，每3年定期课征一次
美国	土地开发负担金	应纳土地开发负担金课征基础是以开发完成后的地价减去原地价，开发期间正常地价的上升额及开发费用后的余额	课征率为50%
	财产税	按房地产等财产的评估价值	税率由各地方政府根据预算自行规定。名义税率各地不一，一般在3%～10%，如纽约、芝加哥等大城市的税率要高些，有些地方税率还随通货膨胀率作调整，但调整幅度控制在2%以内。实际税率则往往相差更大，是财产一般市价的1.2%～1.4%

续表

国家（地区）	税　种	计税依据	名义税率
法国	房屋税（地方建筑税）	课税标准是不动产价值（包含建筑物与建筑物占用范围内的土地），其价值以国家所颁布的建筑物的价格为准	根据预算制定，有全国范围内的限制。税率为1%～3%，但在特殊情况下，最多可达5%
	土地税（分为建筑地税和未建筑地税）	建筑地税的课税依据是以土地登记在册的评估租赁价格为基础，再扣除保险费、维修费、折旧费、管理费等（约为评估租赁价格的1/2），就其余额课征 未建筑地税的课税依据是净租赁价值，即是从评估的租赁价格中扣除20%的经营费用后的余额为计税价格	税率各地区不一样，且每年依评估的租赁价格不同而不同。其税率由各地方政府自行确定
德国	土地税：德国将应税土地分为两类，即农业生产用地和建筑用地。对农业生产用地征收土地税A，对建筑用地征收土地税B	农业生产用地计税价值为产出价值 建筑用地计税价值为市场价值	根据土地的不同质量，可以将土地分为6等。农业生产用地的土地税税率为6‰。建筑用地的土地市场价值由各州的评估委员会评估得出。独户住宅的土地适用累进税率，即价值在75000马克之内的税率为2.6‰，75000马克价值以上的部分税率为3.5‰，双户住宅的税率为3.1‰
中国台湾	地价税	计税依据及方法：按每一土地所有权人在同一直辖市或县（市）的申报地价总额为计税依据	地价税税率实行六级累进税率，分别为10‰、15‰、25‰、35‰、45‰、55‰。自用住宅用地地价税率按2‰课征
	房屋税	以房屋现值为基准	居住用房屋最低不得少于其房屋现值的1.38%，最高不得超过2%，自住房屋不得超过1.38%；非居住用房屋，其为营业用者，最低不少于3%，最高不超过5%，若为私人医院、诊所、自由职业事务所及人民团体等非营业用者，最低不得少于1.5%，最高不超过2.5%；房屋同时作住家及非住家用者，应以实际使用面积，按不同税率课征房屋税，但不是住家用者，课税面积最低不得少于全部面积的1/6

续表

国家（地区）	税　种	计税依据	名义税率
中国台湾	空地税	计税依据：应纳地价税基本税额	空地税的税率是按该宗土地应纳地价税基本税额加征2～5倍。由此可见，空地税是以地价税的基本税率为基础的，即按基本税率10‰课征的地价税为计税依据，不包括累进计征的部分
	荒地税	也是以地价税额为基础	荒地税不得少于应征地价税，最高为地价税的3倍。同时，对废耕农地所有权人超过复耕期限仍未恢复耕种者，经直辖市或县市地政机关会同有关部门查定后，加征应征税额3倍的荒地税
	土地增值税	课征依据：土地增值比率	土地增值税实行以涨价比率为基础的三级累进税率，即40%、50%、60%
	不在地主税	也是以地价税为计税基础	不在地主税按应纳地价税加倍征收
巴西	农村土地税	计税依据为土地面积	实行累进税率。根据土地面积与使用程度而异，税率在0.03%～20%
	城市不动产税（分为城市土地税和房地产税两种）	各计税依据为房地产评估值	土地税是对城市无建筑土地的所有者课征的地价税，以投资购买的地价为计税依据，税率大多在2%～3.5% 房地产税是对城市房地产所有者课征的土地税，税率为比例税率，且各州不同，2000年为0.3%～3%
澳大利亚	地方财产税	各州自行确定，各有不同	各州根据预算制定
	土地税	财产价值	固定税率，各州有所不同
加拿大	财产税	财产价值	根据预算制定
中国香港	差饷	计税依据是物业的租值	每年由立法会根据香港政府财政收支状况决定，现行为5%
	不动产税（只有在个人是业主并且将物业出租的情况下才缴纳此税）		不动产税现行税率是16%，若物业拥有人为法人，该物业租金会视为公司营业收入，而缴付利得税，现行利得税率为17.5%
意大利	不动产增值税	计税依据是课税时日市价与基准日市价的差额	实行超额累进税率，并按不动产持有的年限的长短来进行设计。一般持有年限与税率成反比，税率由各地自行确定

资料来源：谢伏瞻主编．中国不动产税制设计［M］．北京：中国发展出版社，2006．（财政部资料）

表 12－11　若干国家和地区房地产流转环节税种、计税依据与税率情况

国家（地区）	税　种	计税依据	名义税率
日本	不动产取得税	计税标准是取得不动产时该不动产的价格以及因扩建、改建所增加的价格，所谓不动产价格是指在政府部门进行固定资产登记时的价格	标准税率为 4%，但如果购入土地用于住宅开发和建筑，或购置住宅，税率可减轻 1/4，即按 3% 的税率课征
	登录许可税	课税依据是不动产登记时的价格	其税率因登记类型不同而有所差异
	印花税	合同金额	印花税实行分级定额税率
	继承税	在计算继承税税额时，是以课税价格为基础，确定各继承人各自承担的继承税税额	采取超额累进税率征收
	赠与税	计算赠与税税额时，从受赠与人所接受的赠与财产中减去基本扣除项金额形成课税价格	采取超额累进税率征收
英国	遗产税与赠与税合并征收	计税依据是所有赠与财产的总累计额和死亡时转移的资产总价值，均以转移时的公开市场价值计算	1986～1988 年采用累进税率，1989 年改为比例税率，税率为 40%
	印花税	注册的交易价格	1%
	资本利得税	计税依据：不动产转让净收益（销售价格－原值）。出售自己主要居所、居民退休后所出售的任何家庭居所（不一定是主要居所）都将被豁免资本利得税①	按保有年数适用不同税率，最高税率为 40%
美国	遗产税与赠与税	遗产税的课税对象是财产所有人死亡时遗留的所有财产价值总额	遗产税与赠与税税率相一致，实行 18 级超额累进税率
	资本利得税	对于个人来说，长期投资的资本利得（超过 1 年的投资）税率较低，2003 年，长期投资的资本利得被调降到 15%（对于归入最低和次低所得税缴纳人群的两类人，资本利得税为 5%）。短期投资的资本利得税率较高，与一般所得税税率相同。2011 年，所有被调降的资本利得税率将恢复到 2003 年前的水平，即 20%。当出售一份房产时，如果该房产是出售者在出售前 5 年中的 2 年的主要居所，出售者可获得 250000 美元（对单身）或 500000 美元（对夫妇）的资本利得税豁免份额	

① Taxation of Chargeable Gains Act 1992.

续表

国家（地区）	税　种	计税依据	名义税率
中国香港	印花税	凡与不动产转让、租约和股票转让有关的各类文件，均须缴纳定额或从价印花税，又称厘印费	0.25%～3.75%
	遗产税	计税依据为总遗产额扣除葬礼费及被继承人的债务及其他免税额之后的纯遗产额	5%～15%
	资本利得税	课税对象为投机或商业性质的不动产交易利润	现年度适用税率 法人：17.5% 法人以外人士：16%
德国	遗产税与赠与税	对财产进行估价以确定计税依据，土地、房屋等不动产一般按市场价值估计	实行超额累进税率，并按被继承人与继承人或受馈赠人、赠与人与被赠与人之间的亲疏关系设计不同的税率，分为三级。最高税率为50%
	房地产交易税	计税依据为成交的房地产购买价格	1983年税率为2%，1998年起为了弥补因财产净值税的废除而减少的收入，税率提高到3.5%。但有人已将此案提交联邦宪法法院，认为这与《基本法》中促进个人财产形成的条款相违背，要求仍然使用2%的税率。联邦宪法法院正对此案进行审查
	资本利得税	对出售已拥有10年以上的房地产所获的收益，不征收资本利得税。但是，目前有一些预案计划引入新的资本利得税制度，税率20%～30%	
中国台湾	契税	计税依据按申报时当地不动产评价委员会评定的标准价格核定	买卖、赠与、占有契税为契价7.5%，典权契税为契价5%，交换、分割契税为契价2.5%
	遗产税	课税标准以被继承人死亡时的财产时价为课税标准。其中土地以公告土地现值或评定标准价格为准，房屋以评定标准价格为准	超额累进税率
	赠与税	应税额计算方法与遗产税相同	超额累进税率

续表

国家（地区）	税　种	计税依据	名义税率
法国①	对事业用资产的利得征税	针对投机性不动产转让，原则上与其他所得合并计算	凡因转让保有期间2年以上的事业用资产而得到收益时，以15%的比例税率征税；保有期间未满2年者，与其他所得合并征收所得税
	对建筑用地的资产利得征税	征税标准以让与价格扣除取得价格的方法计算，但取得价格以保有期间每一年增加3%的方式计算，且以此方法计算的取得价格，需要再评估	由于转让建筑用地的所有权或其他权利，或转让主要资产为建筑用地的公司所发行的证券而产生资产利得时，与其他所得合并征收所得税
巴西	遗产税、赠与税	财产价值	2000年为4%
	不动产转让税	不动产的转让价值	2000年为2%
韩国	不动产转让所得税	课税税基＝转让价款－必要费用	分个人所得税和法人所得税。不动产转让个人所得税：转让期在2年以上，税率为40%，小型住宅按30%征收；转让期不足2年的，税率为50%；未登记转让的，税率为75% 不动产转让法人所得税：根据《所得税法》规定，以法人所有土地的转让差价，作为年度所得并入综合所得中课征法人所得税，另外再课征法人税特别附加税。法人税特别附加税的税率，未登记土地转让时按土地转让金额35%计征，其他情况按25%计征
	遗产税	居民通过继承或馈赠获得的所有财产；非居民通过继承或馈赠获得的、在韩国境内的所有财产价值	起征点为20万韩元，实行超额累进税率
	赠与税	税基包括：所有可转换成货币形态的赠与财产；对赠与财产拥有的法定或实际权利的经济价值	起征点为20万韩元，共设5档超额累进税率，每档应纳税为税法规定的固定税额，与适用该档的税基超过该档下限数的部分乘上该档税率的和
	印花税	分级的定额印花税是根据契约上实际记载的数额而定；定额印花税是按照契约、文书份额定额缴纳	不动产转让合同额500万韩元以上不超过1000万韩元，税额1万韩元，低于2000万韩元，税额2万韩元

资料来源：谢伏瞻主编．中国不动产税制设计［M］．北京：中国发展出版社，2006.（财政部相关文件）

① 某些情况下，资本利得税可以被减免，比如出售自己的主要居所所获收益。

（二）我国现行房地产税制概况

我国目前房地产的税种主要包括直接税和间接税两大类，直接的税种包括房产税、城镇土地使用税、土地增值税、耕地占用税、契税、营业税等；间接税种有印花税、城市维护建设税、企业所得税和个人所得税等；除此之外还有包括教育费附加等在内的各类费用。涉及房地产保有环节的税种主要是房产税和土地使用税。

1. 房产税

房产税是以房屋为征税对象，按房屋的计税余值或租金收入为计税依据，向产权所有人征收的一种财产税。新中国成立初期就有房地产税，但后来被并入其他税种，1986 年 9 月 15 日，国务院正式发布了《中华人民共和国房产税暂行条例》，规定从当年 10 月 1 日开始实施，恢复开征。该税以房产余值或房产租金收入为计税依据，税率分别为 12% 和 1.2%。

2. 城镇土地使用税

城镇土地使用税是以开征范围的土地为征税对象，以实际占用的土地面积为计税标准，按规定税额对拥有土地使用权的单位和个人征收的一种行为税。1988 年 11 月 1 日开征。开征此税的目的是为了保护土地资源的合理利用和开发，调节土地级差收入，提高土地的使用效益，加强土地管理。征税范围为城市（包括市区、郊区）、县城、建制镇、工矿区。纳税人为在以上范围内使用国家所有和集体所有土地的单位和个人。该税实行四档幅度定额税率，按年征收。该税的纳税人专指国内的单位和个人，外商投资企业、外国企业和外国个人不缴纳该税。2007 年 2 月《国务院关于修改〈中华人民共和国城镇土地使用税暂行条例〉的决定》实施。对 1988 年发布施行的《中华人民共和国城镇土地使用税暂行条例》做出修改：提高城镇土地使用税税额标准，将每平方米年税额在 1988 年暂行条例规定的基础上提高 2 倍；将征收范围扩大到外商投资企业和外国企业。

3. 土地增值税

土地增值税是指转让国有土地使用权、地上的建筑物及其附着物并取得收入的单位和个人，以转让所取得的收入包括货币收入、实物收入和其他收入为计税依据向国家缴纳的一种税负，不包括以继承、赠与方式无偿转让房地产的行为。1994 年 1 月 1 日开征。土地增值税开征的目的主要是为了加强房地产开发企业的管理，规范房地产交易市场秩序，调节土地增值收益以维护国家权益。纳税人为转让国有土地使用权、地上建筑物并取得收入的单位和个人，以转让房地产所取得增值额为课税对象，实行 30% ~60% 的四级超率累进税率。

4. 耕地占用税

耕地占用税是国家对占用耕地建房或者从事其他非农业建设的单位和个人，依据实际占用耕地面积、按照规定税额一次性征收的一种税。耕地占用税属行为税范畴，它是我国对占用耕地建房或从事非农业建设的单位或个人所征收的一种税收。1987 年 4 月 1 日开征。这是为了保护农用耕地，限制对耕地的占用而开征的一个新税种。该税以占用耕地建房或从事其他非农业建设的单位和个人为纳税人，一般以县为单位，按人均耕地亩数实行差别幅度税率，实行一次性征收。2007 年 12 月 1 日，为统一内、外资企业耕地占用税税收负担，国务院公布修改以后的《中华人民共和国耕地占用税暂行条例》，并将原条例规定的税额标准的上、下限都提高 4 倍左右，自 2008 年 1 月 1 日起施行。

5. 契税

契税是土地、房屋权属转移时向其承受者征收的一种税收，现行契税于 1997 年 10 月 1 日开征。该税是因不动产买卖、典当或交换而订立产权转移变动契约时向产权承受人征收的一种税。纳税人为转移土地、房屋权属的承受人，包括各类企事业单位和个人。计税依据为：出售土地使用权和房屋的按成交价征收；赠与土地使用权和房屋的按市场价格核定；交换土地使用权和房屋的按交换差价征收。实行 3% ~5% 的幅度比例税率。

6. 营业税

营业税是对在我国境内提供应税劳务、转让无形资产或销售不动产的单位和个人，就其所取得的营业额征收的一种税。营业税属于流转税制中的一个主要税种。我国现行营业税于 1994 年 1 月 1 日起施行。该税涉及对土地使用权转让和销售不动产行为的征税，因此也是与房地产相关的税种。如发生转让土地使用权和销售不动产行为时，对转让方或销售方按交易金额的 5% 征税。

7. 房地产类收费及土地出让金

我国目前涉及房地产的收费门类繁多且有地区差异，包括土地登记费、土地复垦费、土地闲置费、耕地开垦费、房屋工程质量监督费等，可谓五花八门，数目繁多。由于相当数量的收费由财政部门之外的市政规划，工商管理等部门征收，数据难以取得和统计。

土地出让金是指各级政府土地管理部门将土地使用权出让给土地使用者，按规定向受让人收取的土地出让的全部价款（指土地出让的交易总额），或土地使用期满，土地使用者需要续期而向土地管理部门缴纳的续期土地出让价款，或原通过行政划拨获得土地使用权的土地使用者，将土地使用权有偿转让、出租、抵押、作价入股和投资，按规定补交的土地出让价款。目前，土地出让金已成为地方政府预算外收入的主要来源，如表 12 - 12 所示。2011 年我国的土地出让金的收入已经超过 3. 15 万亿元，其中仅城市房地产出让土地的收益就 2. 7 万亿元①。

① 韩俊. 深化农村土地管理制度改革依法保障农民土地财产权益［J］. 农民日报，2012 - 02 - 08.

值得注意的是，迄今为止，我国除了重庆和上海两个试点地区之外并没有大规模征收房地产保有税。房地产保有税实质上是物业税的一种，即按房地产的面积每年付税，主要是针对户型面积偏大的房子收取一定费用，实际上是在鼓励购买中小套型、功能良好的住宅。其重要原则是，从价计税方式。即开征这一税种要按评估值征税，使多占财产的人多纳税，这也符合税收的纵向公平原则。因此，未来推广房地产保有税也是我国房地产税收改革的一个大的方向。

表 12-12　1992～2010 年我国土地出让收入情况　　单位：亿元

年份	土地出让收入
1992～2003	10000
2001～2003	9100
2004	5894
2005	5505.15
2006	7676.89
2007	13000
2008	9600
2009	15900
2010	29397

资料来源：国土资源部；《中国财政年鉴》（2005～2010）。

五、房地产税费政策变动对房地产价格变动的影响

税收对价格的影响一般是通过对市场供求的影响和税收转嫁以实现的。一般而言，对房地产购买者征税会导致需求减少，在供求曲线中表现为需求曲线向左方移动；对房地产供给者征税会导致供给减少，在供求曲线中表现为供给曲线向左方移动，两者的移动将导致房地产新的均衡价格和均衡数量的形成。另外，在对房地产市场征税时，还很容易发生税收转嫁，所谓税收转嫁是指商品交换过程中，纳税人通过提高销售价格或压低购进价格的方法，将税负转移给购买者或供应者的一种经济现象。税收转嫁是否成功及其程度的大小取决于以下几点：一是商品课税易转嫁，所得课税不易转嫁；二是供给弹性较大，需求弹性较小的商品的课税易转嫁，供给弹性较小，需求弹性较大的商品的课税不易转嫁；三是课税范围宽广的商品易转嫁，课税范围狭窄的商品不易转嫁，无替代品的商品易转嫁；四是垄断性商品的课税易转嫁，竞争性商品的课税不易转嫁；五是从价课税的税负易转嫁，从量课税的税负不易转嫁。

在我国现行税制体系下，税收政策的变动也将对房地产价格变动产生一定的

影响。从征收对象看，由于流转环节的房地产税费有的是对供给者征收，有的是对购买者征收，不同的征收对象会导致对房地产价格的影响也不同。从期限来分析，房地产税费对短期和长期的房地产价格的影响也不尽相同。

（一）税费短期变动对房地产价格波动的影响

1. 向房地产购买者征税引起的房地产价格波动情况

在图 12－15 中，房地产供给曲线 S 与房地产需求曲线相交于价格 P_1 所在位置。这表明短期内房地产供给曲线 S 是一条向右上方倾斜的曲线，即随着房地产价格的提高，房地产供给数量必然增加。当政府向房地产购买者征税时，相同价格下消费者的需求量将会下降，需求曲线因此向左方移动，最终与供给曲线相交形成新的均衡价格 P_2，它低于未征税前的均衡价格 P_1，这表明短期内政府对房地产购买者征税将使得房地产市场的均衡价格出现下降。

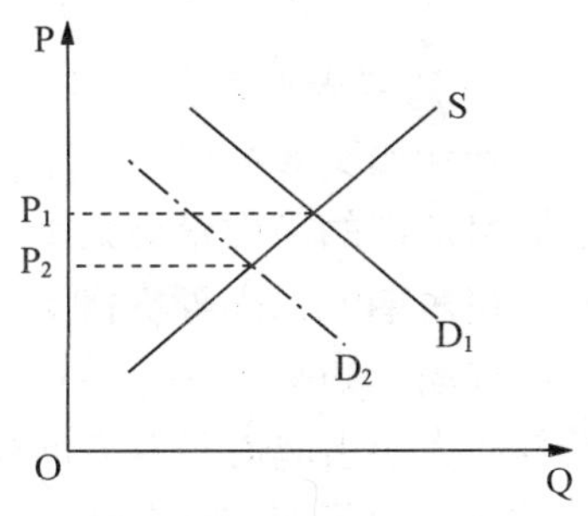

图 12－15　短期内向房地产购买者征税导致的房地产价格波动

2. 向房地产供给者征税引起的房地产价格波动情况

在短期内，当政府对房地产供给者征税时，同等价格下供给者所愿意提供的房屋数量将出现下降，短期供给曲线向左方移动，此时移动的短期供给曲线与需求曲线所决定的新的均衡价格水平 P_2 将高于未征税前的均衡价格水平 P_1。这意味着在短期内，政府对房地产供给者征税将会使得房地产市场上的均衡价格升高。

另外，政府对房地产供给者征税将可能发生税收转嫁的问题从而影响房地产价格的波动。流转环节的税收变动对房地产价格的影响，主要取决于税收转嫁和税收最终的负担者。经过税收转嫁，房地产税收的负担最终结果将是房地产需求者与供给者按一定比例分摊，比例的大小取决于税收转嫁的程度。房地产税收转嫁的程度具体取决于很多因素，如房地产的供给者和需求者在市场上的垄断程度、房地产总供给与总需求状况等，从我国房地产市场的现实分析，受我国土地供给及房地产开发政策的影响，在多数大中城市中房地产供给者（即开发商）特别是城市中心的房地产供给者处于相对优势地位，而房地产需求者则相对处于劣势，而在偏远地区情况则正好相反，因此可以预料，在我国大中城市特别是城市中心地区，政府对房地产供给者征税将由于税收转嫁情况的出现而进一步增加房地产需求者的购房负担。

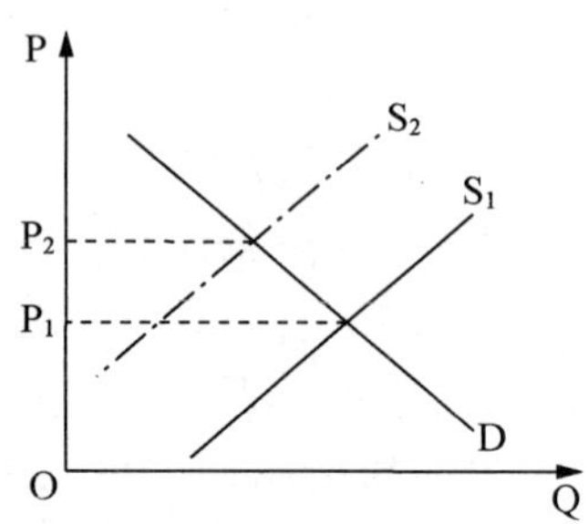

图 12－16　短期内向房地产供给者征税导致的房地产价格波动

3. 向房地产供给者和房地产购买者双方征税引起的房地产价格波动情况

当政府同时向房地产供给者和购买者征税时，根据前文的分析，当政府对购买者征税时，同等价格下市场房地产的需求量会减少，需求曲线向左方移动；当政府对房地产供给者征税时，在短期内，同等价格下供给者所愿意提供的房屋数量是减少的，供给曲线向左方移动，如图 12－17 所示，此时房屋的成交量下降，而新的价格水平则不定，其具体大小由政府对双方的征收力度等因素决定，但可以得出的结论是房地产成交量将出现萎缩，这意味着房地产市场将陷入低迷。

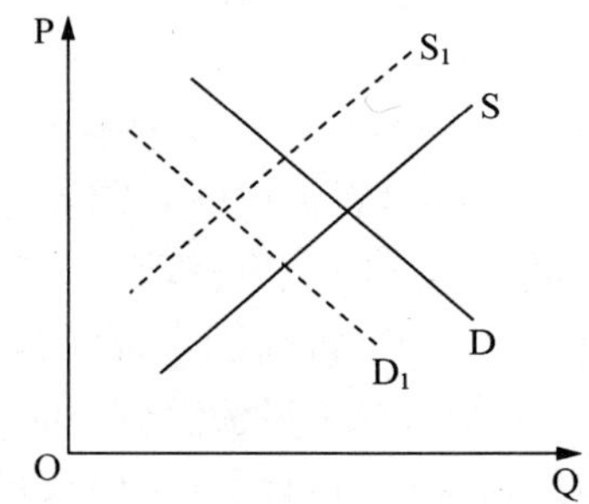

图 12－17　短期内向房地产供求双方征税所引起的房地产价格波动

（二）税费长期变动对房地产价格波动的影响

1. 向房地产购买者征税引起的房地产价格波动情况

从长期的角度分析，由于土地资源的有限性，因此房地产长期供给曲线应是一条平行于 Y 轴的直线，但与其他类消费品不同，房地产由于其固有的投资属性使其可以作为一种固定资产而为社会公众所长期持有，在价格低于一定水平时，

房地产供给者将选择持有乃至对外出租而不愿意对外出售，设此价格为 P_1，这样，长期供给曲线 LS_1 就变成了如图 12－18 所示的一条折线。在价格为 P_1 时，房地产供给者所愿意提供的数量小于等于 Q_1，长期供给曲线为一条水平线。价格低于 P_1 时，供给者愿意提供的数量为 O；高于 P_1 时，供给者愿意提供的数量为 Q_1，是一条垂线。

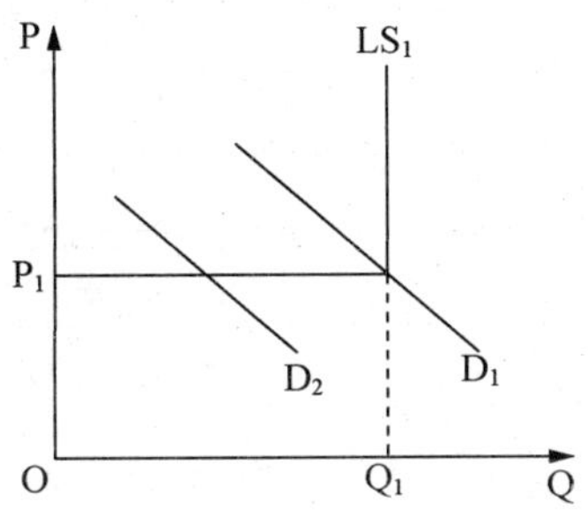

图 12－18　长期内向购买者征税引起的房地产价格变动

此时如果政府对购买者征税的话，同等价格下消费者所愿意购买的数量是减少的，需求曲线向左方移动，但此时房地产市场的均衡价格并未发生变化，即政府对房地产购买者征税只能导致房地产市场交易量的萎缩而不会引起房地产价格的变化。

2. 向房地产供给者征税引起的房地产价格波动情况

从长期来看，房地产供给者在房地产供求双方的竞争中处于优势地位，当政府对房地产供给者征税时，为了维持相应的利润，房地产供给者必然会通过税收转嫁把这部分税额转嫁到购买者身上，这样，房地产购买者购买同等数量的房屋所需要付出的价格必然会有所提高，即房地产需求曲线向右方移动，移动的需求曲线与长期供给曲线所形成的新的均衡价格水平为 P_2，且 $P_2 > P_1$，即政府对房地产供给者征税会导致房地产价格的上涨。

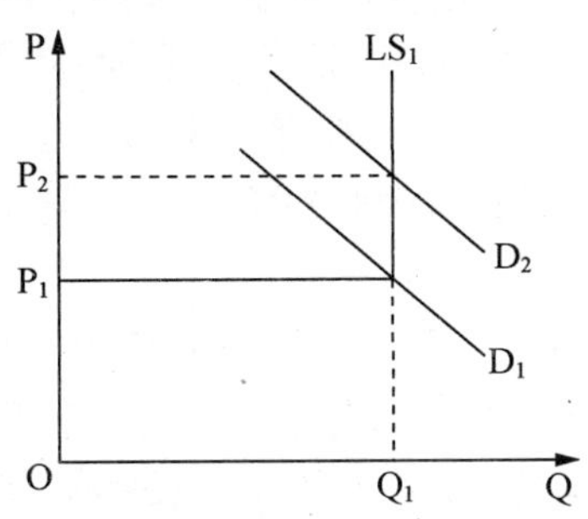

图 12－19　长期内向供给者征税引起的房地产价格变动

根据以上分析可以看出，在短期内，向房地产购买者征税会带动房地产价格的下降，对房地产供给者征税则会使得房地产价格上升，当同时对购买者和供给者征税时，房地产价格的升降则取决于两者的征收力度。从长期来看，向房地产购买者征税对房地产价格并无影响，而向供给者征税则只能带来房地产价格的上涨。联系我国的经济现实可以发现，现阶段我国对房地产企业（即房地产开发公司）征收的各类税费已经很高，因此未来向房地产供给者增加征税的可能性并不高，而目前我国正在重庆和上海试点的房地产税从实质上来说属于向房地产购买者征税，短期内房地产价格将会出现下降，这种分析的结果也与上述两个城市2011年房地产价格的表现相吻合，但从长期看由于房地产资源的有限性，对房地产购买者的征税无助于房地产价格的下降，反而会增加房地产购买者的负担，因此，将房地产价格调控寄托于征收房地产税是很不现实的。

六、我国房地产税与房地产价格关系的实证研究

本书在观察我国房地产价格与房地产税关系时借鉴了高铁梅（2006）和叶浩、璞励杰（2007）等学者关于序列平稳性和格兰杰因果关系检验的研究方法。在本书中，首先采用ADF检验法对房地产价格和房地产税收变量进行单位根检验，验证序列平稳性。之后采用格兰杰因果关系检验是分析和判断房地产价格和房地产税收变量之间因果关系。

（一）数据处理

（1）房价（LHP）。根据《中国统计年鉴》公布的商品房销售总额和销售面积数据相应计算出每平方米住房的平均价格。即：住房的平均价格为商品房销售总额除以总销售面积，样本期为1992～2009年。

（2）房地产总税收收入（LRET）。房地产税收收入包括将房地产作为征税对象的土地增值税、城镇土地使用税、耕地占用税、房产税、城市房地产税和契税等。检验数据的可得性，本文采用了房地产税、城镇土地使用税和土地增值税三个主要税种的数据，以上三种税收之和被定义为房地产总税收收入。本书所有税收数据均来源于国家税务总局官方网站。为了消除房地产价格和房地产税收中存在的异方差和量纲的问题，本文在实证分析时对所有变量进行了自然对数处理。我国房地产销售价格与房地产税收总额变化情况，如图12－20所示。

（二）单位根检验

对各变量的平稳性进行检验，主要采用ADF检验。在ADF检验中，最优滞后期选取的标准采用：保证残差项不相关的前提下，同时采用AIC准则与SC准则，作为最佳时滞的标准，在二者值同时为最小时的滞后长度即为最佳长度。根据下文中各个序列的趋势图，我们选择合适的常数项和趋势项，平稳性检验的结果见表12－13。

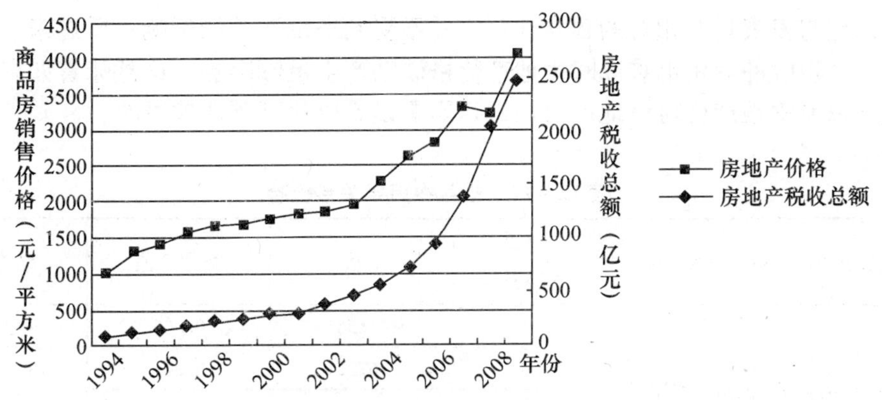

图 12-20　我国房地产销售价格与房地产税收总额变化情况

表 12-13　各变量平稳性的单位根检验结果

变量	LHP	ΔLHP	LRET	ΔLRET
检验类型	(c, 0, 3)	(c, 0, 3)	(c, 0, 0)	(c, 0, 0)
ADF 统计量	-2.26	-4.32	0.87	-6.71
1% 临界值	-4.99	-4.80	-3.53	-3.53
5% 临界值	-3.87	-3.79	-2.91	-2.91
10% 临界值	-3.38	-3.34	-2.69	-2.69
结论	非平稳	平稳	非平稳	平稳

注：ΔLHP、ΔLRET 表示原序列的一阶差分序列；(c) 表示单位根检验中的截距项、时间趋势项与滞后阶数。文中所有检验与计算均运用 EViews 6.0 软件进行。

从表 12-13 可以看出，房地产价格对数和房地产税收的一阶差分变量均小于 5% 显著水平下的麦金农（Mackinnon）临界值。因此拒绝变量 ΔLHP、ΔLRET 具有单位根的假设，可以认为上述各个变量都是一阶差分平稳的，即所有的变量都是一阶单整序列，即 I（1）。

（三）格兰杰因果检验

由于检验结果对滞后期长度的变化比较敏感，即滞后期选择的不同可能会得到不一致的结果。为了正确反映房地产税和房价之间关系，本书在检验的过程中选取了 4 个不同的滞后期，分别是 1、2、3、4，以使结论稳定。相对自由度而言，所选取的滞后期已足够长，检验结果如表 12-14 所示，房地产税和房价之间并不存在因果关系，这意味着既不能说房地产税的变化是房价变化的原因，也不能认为房价变化不是房地产税变化的原因。本书得出的结论是，我国房地产政策的制定与发展具有相对的独立性，它并不受到房价波动的影响；反过来，我国的房地产税收的变化也难以对房地产价格波动产生足够影响，这意味着如果现阶段仅仅依靠房地产税对房地产价格进行影响是难以达到预期效果的。

表 12－14　格兰杰因果关系检验

原假设条件（格兰杰因果性）	滞后阶数	F 值	概率 P 值	结论
LRET 不是 LHP 的格兰杰原因	1	10.8582	0.006	拒绝
	2	1.67324	0.241	不拒绝
	3	3.76546	0.078	拒绝
	4	4.62873	0.119	不拒绝
LEP 不是 LRET 的格兰杰原因	1	2.14493	0.169	不拒绝
	2	6.53111	0.018	拒绝
	3	2.94520	0.121	不拒绝
	4	4.67874	0.118	不拒绝

注：以上检验中的结论是在 10% 的显著性水平上做出的。

第五节　小结

房地产市场的不完全竞争性和房地产本身的外部性以及准公共物品属性为房地产调控提供了理论依据，同时，实证表明近年来我国房价波动还会对居民收入差距产生一定的影响，以上这些都说明了现阶段我国政府加强房地产调控的必要性。当前我国房地产调控政策经历了调控起步、规范市场、支持与抑制并存、稳定房价、调控反复和坚决抑制房价上涨共六个阶段，具体调控政策涵盖了在宏观调控基础上所采取的金融、土地、税收、供应体系以及针对房地产企业与房地产交易调控在内的各种政策调控手段，但从调控效果来看仍不十分理想，究其原因，与现阶段我国所采取的分税制及土地出让政策存在很大关联。房地产税改革是我国加强房地产市场宏观调控的重要方向，然而现阶段我国试点的上海及重庆房地产税改革并未能有效阻止当地的房价上升，实证表明现阶段仅仅依靠房地产税对房地产市场进行调控难以达到预期效果。

参考文献

[1] Gottlieb M. Long Swing in Urban Development [R]. National Bureau of Economic Research. New York, 1976.

[2] Peter Fortura & Joseph Kushner. Canadian Inter – City House Price Differentials [J]. Real Estate Economics, 1986, 14 (4): 525 – 536.

[3] Karl E. Case, Robert J. Shiller. Forecasting Prices and Excess Returns in the Housing Market [J] . American Real Estate and Urban Economic Association Journal, 1990, 18: 253 – 273.

[4] French K. , J. Poterba. Investor Diversification and International Equity Markets [J]. American Economic Review, 1991, 81 (2): 222 – 226.

[5] Abraham J. M. and P. H. Hendershott, Bubbles in Metropolitan Housing [J] . Journal of Housing Research, 1996: 191 – 207.

[6] Potepan M. J. Explaining Intermetropolitan Variation in Housing Prices, Rents and Land Prices [J] . Real Estate Economic, 1996, 24: 219 – 245.

[7] Dennis R. , Charlotte Mack. Determinants of Real Housing Price Dynamics [R]. NBER Working Paper, No. 9262, 2002.

[8] Geoff Kenny. Modeling the Demand and Supply Side of the Housing Market: Evidence from Ireland [J]. Economic Modeling, 1999, 16: 389 – 409.

[9] Min Hwang and Quigley, John M. Economic Fundamentals in Local Housing Markets: Evidence from U. S. Metropolitan Regions [J]. Journal of Regional Science, 2006, 8 (46): 425 – 453.

[10] Mankiw N. G. , Weil D. N. The Baby Boom, the Baby Bust and the Housing Market [J] . Regional Science and Urban Economics, 1989, 19: 235 – 258.

[11] Engelhardt, Gary, and James M. Poterba, Housing Prices and Demographic Change: Canadian Evidence [J]. Regional Science and Urban Economics, Vol. 1991, 21: 539 – 546.

[12] Bartik T. J. Who Benefits from State and Local Economic Development Policies? [R]. Kalamazoo, Michigan: W. E. Upjohn Institute, 1991.

[13] Clapp J. M., Giaccotto C. The Influence of Economic Variables on Local House Price Dynamics [J]. Journal of Urban Economics, 1994, 36: 161-183.

[14] Michael J. Potepan. Intermetropolitan Migration and Housing Prices: Simultaneously Determined [J]. Journal of Housing Econcmics Volume 3, issue 2, June 1994: 77-91.

[15] Stuart A. Gabriel, Joe P. Mattey, William L. Wascher. House Price Differentials and Dynamics Evidence from the Los Angeles and San Francisco Metropolitan Areas [J]. FRBSF Economic Review, 1999: 1.

[16] Atash, Farhad. Local Land Use Regulations in the USA: A Study of their Impacts on Housing Cost [J]. Land Use Policy, 1990, 7 (3): 231-242.

[17] Collyns, Senhadji. Lending boom, real estate bubbles and the Asian crisis [R]. Washington D C: IMF, 2001.

[18] Lacoviello M. & Minetti R. Financial liberalization and the sensitivity of housing prices to monetary: Theory and Evidence [J]. The Manchester School, 2003, 71 (1): 20-34.

[19] Breedon F. and Joyce. House Prices, Arrears and Possessions [J]. Bank of England Quarterly Bulletin, 1992 (3): 173-179.

[20] Davies G. A Model of the Urban Residential Land and Housing Markets [J]. The Canadian Journal of Economics, 1997, 10 (3): 393-410.

[21] Raymond T. Housing Price, Land Supply and Revenue from Land Sales [J]. Urban Studies, 1998, 35 (8): 1377-1392.

[22] Tsoukis C., Alyousha A. Implications of Intertemporal Optimization for House and Land Price [J]. Applied Economics, 1999, 31: 1565-1571.

[23] Neillis J., J. Longbottom. An Empirical Analysis of the Determination of House Price in United Kingdom [J]. Urban Studies, 1981, 17: 9-21.

[24] Knight, John R. & Sirmans, C. F. & Turnbull, Geoffrey K. List Price Signaling and Buyer Behavior in the Housing Market [J]. The Journal of Real Estate Finance and Economics, 1994, 9 (3): 177-192.

[25] M. Ball, T. Morrison. Hosing Investment Fluctuations: An International Comparison [J]. Department Land Economy, 1995 (9): 1-2.

[26] Geoff Kenny. Modeling the Demand and Supply Sides of the Housing Market: Evidence from Ireland [J]. Economic Modelling, 1999, 16 (3): 389-409.

[27] Stein J. C. Prices and Trading Volume in the Housing Market: A Model with down – payment Effects [J]. Quarterly Journal of Economics, 1995, 110: 379 –406.

[28] Voith R. The Suburban Housing Market: the Effects of City and Suburban Job Growth [J]. Federal Reserve Bank of Philadelphia Business Review Nov/Dec, 1996.

[29] Stuart A. Gabriel, Joe P. Mattey, and William L. Wascher. House Price Differentials and Dynamics: Evidence from the Los Angeles and San Francisco Metropolitan Areas [J]. Frbsf Economic Review, 1999: 1.

[30] Dennis J. McKenzie, Richard M. Betts. Essentials of Real Estate Economics [M]. Cengage Learning Publisher, 2003: 23 –46.

[31] Fischel, William A. The Economics of Zoning Laws: A Property Rights Approach to American Land Use Controls. Baltimore [M]. Johns Hopkins University Press, 1985: 20 –56.

[32] Lillydahl, Jane H. and Larry D. Singell. The Effects of Growth Management on the Housing Market: A Review of the Theoretical and Empirical Evidence [J]. Journal of Urban Affairs, 1987, 9 (1): 63 –77.

[33] Pollakowski H. O., Wachter S. The Effects of Land – use Constraints on Housing Prices [J]. Land Economics, 1990, 66 (3): 315 –324.

[34] McMillan, Daniel P. and John F. McDonald. A Simultaneous Equations Model of Zoning and Land Values [J]. Regional Science and Urban Exonomics, 1991, 22: 55 –72.

[35] Blamley and Glen. Land Use Planning and the Housing Market in Britain: the Impact on House Building and Housing Prices [J]. Environment and Planning, 1999, 25: 1021 –1051.

[36] Landies, John. Do Growth Controls Work? A New Assessment [J]. Journal of the American Planning Association 58, No. 4 (Autumn), 1992: 498 –508.

[37] Evans and Alan. Town Planning and Supply of Housing in the State of the Economy [J]. London Institute for Economic Affairs, 1992: 81 –93.

[38] Sanuel R. Staley, Landies, Growth Control, An Overview of Their Impacts on House Values [J]. Urban Future Progran, 1997, 6: 14 –26.

[39] Lum S. K., Market Fundamentals. Public Policy and Private Gain: House Price Dynamics in Singapore [J]. Journal of Property Research, 2002, 19 (2): 121 –143.

[40] Fratantoni M., Schuh S. Monetary policy, Housing, and Heterogeneous Re-

gional Markets [J]. Journal of Money, Credit, and Banking, 2003, (35): 557 -589.

[41] Kosuke Aoki, etc. House Prices, Consumption, and Monetary Policy: A Financial Accelerator Approach [J]. Journal of Financial Intermediation, 2004, (13): 414 -435.

[42] Iacoviello M., Minetti R. The Credit Channel of Monetary Policy: Evidence From the Housing Market [R]. Working Paper, Boston College, 2003: 114 -128.

[43] Marco D. N., Christopher O. Monetary Policy and the House Price Boom Across U. S. States [J]. Journal of Monetary Economics, 2007, (54): 1962 -1985.

[44] Keith R. Ihlanfeldt. The Effect of Land use Regulation on Housing and Land Prices [J]. Journal of Urban Economics, 2007, 61 (3): 420 -435.

[45] Blanchard, J. Backward and Forward Solutions for Economies with Rational Expectations [J]. American Economic Review, 1979, 69 (2): 114 -118.

[46] Skeiner Jonathan. Housing wealth effect and aggregate saving [J]. Regional Science and Urban Economics, 1999, 19: 5 -324.

[47] Tracy J. Schnedder H., Chan S. Are Stock Overtaking Real Estate in Household Portfolio [J]. Federal Reserve Bank of New York Current Issue in Economics and Finance, 1999, 5: 1 -5.

[48] Yoshikawa, Hiroshj, Fumio Ohtake. Female Labor Supply, Housing Demand, and the Saving Rate in Japan [J]. European Economic Review, 1989, 33: 997 -1029.

[49] Leview Laurence. Are Assets Fungible? Testing the Behavioral theory of Life -cycle savings [J]. Journal of Economic Organization and Behavior, 1998, 36: 59 -83.

[50] Engelhardtg. House Prices and Home Owner Saving Behavior [J]. Regional Science and Urban Economics, 1996, 26: 313 -316.

[51] Hoynes H. W., Dlmcfadden. The Impact of Demographics on Housing and Non -housing wealth in the United States [J]. NBER Chapters, 1996: 153 -194.

[52] Poterba J. Stock Market Wealth and Consumption [J]. Journal of Economic Perspective, 2000, 14: 99 -198.

[53] Campbell John, Jcocco. How do House Prices Affect Consumption? Evidence from micro -data [R]. NBER Working Paper, 2005.

[54] Karle, Case, Johnm. Comparing Weath Effect - the Stock Market Versus the Housing Market [R]. NBER Working Paper, 2001.

[55] Bayoumit, Edisonh. Is wealth increasingly driving consumption? [R]. MF Working Paper, 2002.

[56] Benjamin Johnd, Chnloyp, Onald Judg. Real Estate Versus Financial Wealth in Consumption [J]. Journal of Real Estate Finance and Economics, 2004, 3: 341 -354.

[57] Christopherd, Carroll, Misuzu Otsuka. How Large is the Housing Wealth Effect? A new approach [R]. Working Paper, 2006.

[58] Zhi Dalin, Han Jianyu. An Empirical Study on the Wealth Effect of Chinese Stock Market and Real Estate Market [C]. International Conference on Management Science & Engineering, 2007, 14: 1837 -1843.

[59] Raphael Bostic, Stuart Gabriel, Gary Painter. Housing Wealth, Financial Wealth, and Consumption: New Evidence from Micro Data [J]. Regional Science and Urban Economics, 2009, 39: 79 -89.

[60] Pierse R. G. and Snell A. J. Temporal Aggregation and the Power of Tests for a unit Root [J]. Journal of Econometrics, 1995 (65): 335 -345.

[61] Kuznets S. Economic Growth and Income Inequality [J]. American Economic Review, 1955, 45 (1): 1 -28.

[62] Robinson A Note on the U Hypothesis Relating Income Inequality and Economic Development [J] . American Economic Review, 1976, 66 (3): 437 -440.

[63] Burns L. , Grebler L. The Housing of Nations: Advice and Policy in a Comparative Framework [M]. London: Macmillan, 1977.

[64] Washinggton D. C. Housing: Enabling the Markets to Work [R]. World Bank, 1993.

[65] Ball M. , Morrison T. Housing Investment Fluctuations: An International Comparison [J]. Department Land Economy, University of Aberdeen, 1995 (9): 1 -2.

[66] Riehard, Barras. The Real Estate Eeonomy and Design of Russian Housing Reform [J]. Urban Studies, 1995 (32): 74 -97.

[67] Green R. , Richard K. Land Use Regulation and the Price of Housing in a Suburban Wisconsin County [J]. Journal of Housing Economics, 1997 (2): 144 -159.

[68] Barro R. J. Economic Growth in a Cross Section of Countries [J] . Quarterly Journal of Economics, 1991 (2): 407 -443.

[69] Clark George, Xu Lixin Colin and Zou Heng -fu. Finance and Income Inequality: Test of Alternative Theories [R]. World Bank Policy Research Working Paper, March 2003.

[70] Drake L. Modelling UK House Prices Using Cointegration: An Application

of the Johnsen Technique [J]. Applied Economics, 1993 (25): 1225 - 1228.

[71] 沈悦，刘洪玉．房地产价格与宏观经济指标关系的研究 [J]. 价格理论与实践，2002 (8).

[72] 吴宝申．房地产价格波动与宏观经济基本面的互动机制研究 [D]. 浙江大学，2007.

[73] 李宏瑾．房地产市场、银行信贷与经济增长——基于面板数据的经验研究 [J]. 国际金融研究，2005 (7).

[74] 时筠仑，雷星晖，苏涛永．房价波动与影响因素分析 [J]. 价格理论与实践，2005 (4).

[75] 姚玲珍，刘旦．中国房地产市场财富效应分析——基于生命周期假说的宏观消费函数 [J]. 云南财经大学学报，2007 (6).

[76] 李成武，李婷．基于空间面板数据的中国房地产市场财富效应研究 [J]. 东北大学学报，2010，12 (5).

[77] 王子龙，许萧迪，徐浩然．中国房地产财富效应测度的实证研究 [J]．财贸研究，2009 (2).

[78] 骆祚炎．中国居民住房资产财富效应分析——兼论次贷危机对我国房地产市场的启示 [J]. 广东商学院学报，2008 (5).

[79] 宋勃．房地产市场财富效应的理论分析和中国经验的实证检验：1998～2006 [J]. 经济科学，2007 (5).

[80] 李玉山，李晓嘉．对我国居民消费的财富效应计量分析 [J]. 山西财经大学学报，2006 (2).

[81] 陈淑云，王志彬．中国股票市场与房地产市场财富效应比较：1998～2007 [J]. 华中师范大学学报（人文社会科学版），2008 (9).

[82] 刘国风．房地产价格上涨是否促进消费并具有财富效应的统计检验 [J]. 现代财经，2009 (8).

[83] 刘红，中国城市房地产投资的动态经济效应 [J]. 经济与管理研究，2006 (3).

[84] 黄忠华，吴次芳，杜雪君．房地产投资与经济增长 [J]. 财贸经济，2008 (8).

[85] 宋福铁．国债对于私人投资挤出效应的实证研究 [J]. 财经研究，2004 (8).

[86] 王志鹏，李子奈．外商直接投资对国内投资挤入挤出效应的重新检验 [J]. 统计研究，2004 (7).

[87] 杨朝军，廖士光，孙洁．房地产业与国民经济协调发展的国际经验及

启示［J］．统计研究，2006（9）．

［88］王三兴．房地产市场中两种需求的经济效应分析［J］．云南财经大学学报，2007（1）．

［89］袁冬梅，刘建江．房价上涨对居民消费的挤出效应研究［J］．消费经济，2009（3）．

［90］蒋旻．土地价格、房地产信贷规模对住宅价格影响的实证分析［J］．建筑经济，2009（12）．

［91］邱长溶，靳军会，赵永超．银行信贷、土地价格与西安市房地产价格的边限协整分析［J］．长安大学学报，2008（3）．

［92］李启明．论中国房地产业与国民经济的关系［J］．中国房地产，2002（6）．

［93］王子龙，许箫迪．房地产市场广义虚拟财富效应测度研究［J］．中国工业经济，2011（3）．

［94］孙靓，秦建伟．马克思的地租理论与中国房地产投资［J］．河南社会科学，2009（4）．

［95］徐联初．金融外部性问题与中央银行监管的理论基础［J］．武汉金融，2000（1）．

［96］阳小晓，包群，赖明勇．银行发展与经济增长：基于动态两部门模型研究［J］．财经研究，2004（11）．

［97］汪立鑫，曹江．外国直接投资对上海经济增长贡献的计量分析［J］．上海经济研究，2000（5）．

［98］何洁．外国直接投资对中国工业部门外溢效应的进一步精确量化［J］．世界经济，2000（12）．

［99］于华义．经济基本面还是房地产政策在影响中国的房价［J］．财贸经济，2010（3）．

［100］段忠东，曾令华．宏观经济基本面对房地产价格影响的实证检验［J］．统计与决策，2010（15）．

［101］徐国祥，王芳．我国房地产市场周期波动谱分析及其实证研究［J］．统计研究，2010（10）．

［102］曹振良，蔡晨．何国钊．中国房地产周期研究［J］．经济研究，1996（12）．

［103］刘洪玉．房地产市场周期运动规律分析［J］．中国房地产，1999（8）．

［104］梁荣．中国房地产业发展规模与国民经济总量关系研究——基于我国房地产发展“倒曲线”时期［D］．天津南开大学，2005.

［105］皮舜，武康平．房地产市场发展和经济增长间的因果关系——对我国的实证分析［J］．管理评论，2004（3）．

［106］沈悦，刘洪玉．中国房地产开发投资与 GDP 的互动关系［J］．清华大学学报（自然科学版），2004（9）．

［107］宁琰，许鹏．房地产投资、固定资产投资和 GDP 关系研究［J］．武汉理工大学学报，2008（4）．

［108］曹振良等．房地产经济学通论［M］．北京：北京大学出版社，2003.

［109］王重润，崔寅生．房地产投资挤出效应及其对经济增长的影响［J］．现代财经，2012（9）．

［110］王重润．两次金融危机对我国房地产市场调控的启示［J］．中国房地产金融，2009（12）．

［111］王重润．房地产融资结构与金融风险［J］．中国房地产金融，2006（9）．

［112］王重润．房价、股价与消费的关系：1999 ~ 2011——基于动态面板数据的估计和检验［J］．投资研究，2013（10）．